《道商》暨《道商品牌标识图》分别获得
中华人民共和国国家版权局中国版权保护中心版权登记号
登记号：国作登字 –2015–A–00247383　国作登字 –2015–F–00235729

《道商五宝赐福图》获得
中华人民共和国国家版权局中国版权保护中心版权登记号
登记号：2015-F-00235730

通商八大体系方阵图

通商五财生克图

"中国道商"学科知识体系—原创思维图集撷选（一）（二）

通商丹法战略七定图

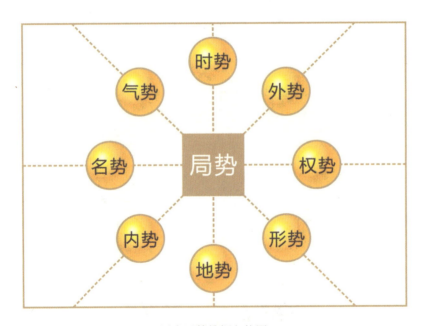

通商运筹帷幄九势图

"中国道商"学科知识体系—原创思维图集撷选（三）（四）

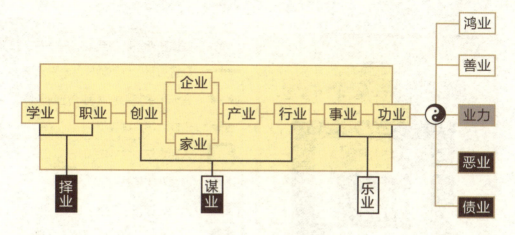

中国道商人生业务图

道商五元模式图

"中国道商"学科知识体系—原创思维图集撷选(五)(六)

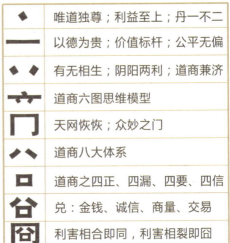

通商之商

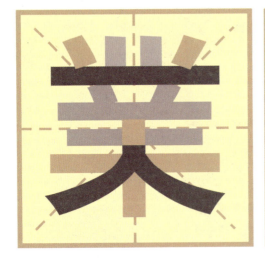

道商事业发展图谱

"中国道商"学科知识体系—原创思维图集撷选(七)(八)

道商学

DAOSUN SYSTEM

黄老道学视野下的全球商业经济治理新主张

新一代商界领袖与管理学者必修课

李海波 著

西北工业大学出版社

图书在版编目（CIP）数据

道商学 / 李海波著 . -- 西安：西北工业大学出版社，2017.5
管理体系标准培训丛书
 ISBN 978-7-5612-5359-5

Ⅰ．①道… Ⅱ．①李… Ⅲ．①道家—哲学思想—应用—企业管理 Ⅳ．① F270

中国版本图书馆 CIP 数据核字（2007）第 134089 号

策划编辑：付高明
责任编辑：付高明

出版发行：	西北工业大学出版社
通信地址：	西安市友谊西路 127 号　邮编：710072
电　　话：	（029）88493844，88491757
网　　址：	www.nwpup.com
印 刷 者：	陕西金德佳印务有限公司
开　　本：	787 mm×1 092 mm　1/16
印　　张：	24.635　彩插　6 页
字　　数：	387 千字
版　　次：	2017 年 5 月第 1 版　2017 年 5 月第 1 次印刷
定　　价：	68.00 元

"中国道商"学科知识体系系列丛书

（排名不分先后）

总 顾 问： 谢先铭　蒋信平　薛明德　王庆余　刘柏村

专家委员： 胥鸿仪　潘崇福　李久云　张　瑛　刘　伟
　　　　　　沈树圭　沈水海　沈念慈　蒋洪发　华　正
　　　　　　刘兆基　王振川　王彤江　王　昕　杨世华
　　　　　　吴理之　李文明　李镇宁　李庆辉　马　列
　　　　　　高锡友　谢逢春

丛书主编： 杨明敏

编委成员： 钱金霖　虞　薇　李海澎　潘　皓　周　洋
　　　　　　林观洲　谢　梦　常建宏　杨姗姗　刘芸霖
　　　　　　崔丽丽　庞君美　李红曼　史　路　顾亚萍

合作出品机构

普宁市正道健康咨询服务有限公司

上海博豪餐饮有限公司

上海舒同文化传播有限公司

北京耕新教育文化有限公司

深圳保利正阳投资有限公司

深圳大洋洲文化投资有限公司

河南嵩阳文化策划有限公司

前言 / PREFACE

2016年的秋天，一本堪称厚重的《道商学》问世了。

《道商学》给我们带来的，注定是一场思想的盛宴，一束智慧的远光，一次文化的洗礼，和一个时代的悄然来临。在这个"以道经商，以商显道"的新时代里，道商族群将因为有了属于自己的价值主张和思想体系，而正式登场。

自2005年以来，中国黄老道学派研究学者李海波以"十年磨一剑"的专注和精思，上承道学思想之玄奥，下探商业经济之幽明，中观芸芸众生之趋往，以独立之思想，创新之胆魄，深远之意志，务实之精神，为我们连续奉献出一系列关于"道商"的论述与著作，让纷繁杂乱、唯利是图的商业经济领域，因为有了"道"的曙光透注，而逐步明朗。李海波所创建的国际道商文化研究院，由于其对中国本土化商业思想的研究、传承、发展和创新，当之无愧地成为全球道商文化研究推广的最高权威学术机构与智库组织。

如何用文明和道德的力量来赢得世界的尊重，是大国崛起的首要前提；如何利用发展文化来培育道德的力量，成为中国走向世界的新主张。当前的世界经济，正处在深度调整的复杂局势下，面临着新旧增长动能转换的曲折波动，习近平主席提出要对世界经济把准脉，用中国传统智慧为世界经济的复苏，开出一剂标本兼治、综合施策的药方。我们不得不深信：道商与《道商学》的诞生与问世，确属时代的必然。

以《道商学》为核心主体的"中国道商"学科知识体系，继承和集成了黄老学派"治道"的思想精要与实用策略。作为中国古老智慧的保存者，道商以"道"为最高信仰，将道学智慧、治理思想、兵法谋略、养生技术、丹道法诀、伦理要求和现代经营管理思想进行了有效结合和新的发展，使"中国道商"学科知识体系成为了打通东西方文化和古今管理学不可或缺的桥梁。《道商学》的问世，将彻底改变今天的中国商人无信仰、乱信仰的现实困惑，也改写了中国没有原创性、本土化的商业经济思想体系的历史，她将为商人和企业家拓宽创新思维，化解生存危机，平衡利益冲突，谋求国际合作，实现智力升级，提供了源源不断的智慧源泉，也为催生和丰富新商业文明创造了无限可能。

道是天地的准绳，德是人心的标杆。当前社会，当"德"的价值标杆已经难以矫治人类不可穷竭的贪欲之心时，我们只有回到"道"的源头，借助天地的准绳来执规立矩，匡正社会，使有争复归于不争，令无序渐归于有序。由此而言，倡导"以道经商，以商显道"的"中国道商"学科知识体系深蕴着关怀人类、面向未来的身国治理思路，作为深具中国传统文化基因的"中国商业经济学"主导者，《道商学》为我们淋漓尽致地展现出了独具一格的中国特色、中国风格、中国自信、中国气派。

《道商学》全书共十章，作者从"中国道商"的发展简史、体系架构入手，逐步梳理、层层深入，引领读者和学者进入了一个大而无外、小而无内，可卷之亦可舒之的"中国道商"学科知识八大体系——生命体系、事业体系、兵法体系、智慧体系、形象体系、伦理体系、人才体系和产业体系。虽然一册厚厚的《道商学》在手，仍难称量出"中国道商"学科知识体系的真实分量，因为，她埋下的伏笔太多了，她预留的空间太大了，她未曾展开的学说太庞大了。故而，在作者李海波的要求下，我们成立了"中国道商"学科知识体系系列丛书编委会，旨在系统深入全面地发掘道商智财，并无私地奉献给人类社会。拥有原创的知识体系和独立的话语系统，这，或许正是国际道商文化研究院能成为名副其实"智库"的真实原因。

《道商学》暨"中国道商"知识体系的主要特点特色体现在以下几个方面：

（一）原创性

从中文的"道商"到英文的"daosun"，从"商商之富"到"陶朱世家"，从"道商丹法"到"道商兵法"，从"道商五财"到"道商六图"，从"生命三法"到"战略七定"，从"五智"到"四信"……原创思想，俯拾皆是，让人目不暇接。

（二）传承性

"中国道商"学科知识体系并非来源于作者在书斋中的臆想，也不是拍脑袋式的灵光乍现和单纯苍白的概念炮制，而是有师承、有出处、有来源，具有翔实可信的传承脉络体系。

（三）系统性

今天的商业学说多局限困囿于小处，在商言商，在商言利，而将商人与社会秩序、道德伦理、人文思想、古典谋略、生命健康和家族素养刻意地孤立开来，缺乏了仰头观天的立体高度与磅礴周流的浩然正气。"中国道商"的八大体系，将生命健康、事业发展、创新谋略、人生智慧、社会形象、伦理道德、人才培养和产业孵化有机地结合，涵盖了所有商学思想和企业经营的环节与系统。其中五财循环、六图变化、九段人才，系统而又完善。

（四）独立性

"中国道商"学科知识体系的独立性，充分表现在语言文字的独立、图像图表的独立、思维模式的独立、系统分布的独立。其八大体系既可系统互通，成一整体互为贯通，又可独立成套，各自为要，纵深发展。

（五）辩证性

"中国道商"知识体系的辩证性也是一大特色。在道商体系中始终保持黄老学派"执两用中"的思维，在身国同构、身企同治、人天相参、阴阳两利中，谋求上富其国，下富其家的道商合一。让新时代的商人在下海与上山的转换中，在身态文明与生态文明的对应中，彻底改变普通商人钻营私利、沉溺钱眼的不良形象，让财富因为"道"的注入而脱离铜臭味。

（六）专业性

道商提倡"以智启财"，通过培养五型人才，以专业精神解决商业经营、商学教育、商业策划、商业平台、商业规范等通路问题。

（七）衍生性

"中国道商"知识体系以"道"的博大精深和道商产业的丰富多彩，为新时代的道商人才创业发展提供了无限可能。

（八）约束性

道商的伦理体系也为商人的自我发展和商业世界的规范有序，提供了约束性。

（九）时代性

作为一套系统独立的创新学科知识体系，"中国道商"因时而变、与道偕行，其立足时代、面向未来的时代创新性，将永远推动和丰富道商事业的良性发展。

全球视野下的经济治理与商业秩序重建，需要聆听中国的声音。《道商学》暨"中国道商"学科知识体系的诞生，绝非偶然，而是出于时代命运的召唤。我们将一如既往，扬中国之自信，利天下之群生，为社会奉献出更多、更系统全面的原创学术思想体系，以"利天下之大利"之心而实现真正意义上的道商之富。

杨明敏

国际道商文化研究院秘书长（创始人之一）

"中国道商"学科知识体系系列丛书总主编

目录 contents

▶ **第一章　中国道商发展简史** ………………………… / 01

　　第一节　道学与道商　…………………………… 03
　　第二节　道商的概念与定义　…………………… 06
　　第三节　道商的理论雏形　……………………… 10
　　第四节　道商的历史人物　……………………… 30
　　第五节　道商的历史贡献　……………………… 39
　　第六节　道商的全球影响　……………………… 43
　　第七节　道商的时代意义　……………………… 46

▶ **第二章　中国道商体系架构** ………………………… / 55

　　第一节　守一：道商的核心驱动　……………… 57
　　第二节　执两：道商的思维方式　……………… 64
　　第三节　明三：道商的事理认知　……………… 75
　　第四节　四正：道商的衡量标准　……………… 85
　　第五节　五财：道商的价值取向　……………… 93
　　第六节　六图：道商的思维模型　……………… 106

▶ **第三章　中国道商生命体系** ………………………… / 121

　　第一节　道商生命体系的理论依据　…………… 123

第二节　道商生命体系的基本思路 ············· 128
　　　第三节　道商生命体系的系统方法 ············· 133
　　　第四节　道商生命体系的核心技术 ············· 138
　　　第五节　道商生命体系的特点特色 ············· 141
　　　第六节　道商生命体系的要点诀窍 ············· 143
　　　第七节　道商生命体系的目标状态 ············· 149

▶ **第四章　中国道商事业体系** .... / 155

　　　第一节　道商事业体系的概念阐述 ············· 157
　　　第二节　道商事业体系的理论依据 ············· 162
　　　第三节　道商事业体系的基本思路 ············· 169
　　　第四节　道商事业体系的主要架构 ············· 174
　　　第五节　道商事业体系的程序步骤 ············· 179
　　　第六节　道商事业体系的社会意义 ············· 227
　　　第七节　道商事业体系的难点诀窍 ············· 229
　　　第八节　道商事业体系的理想境界 ············· 234

▶ **第五章　中国道商兵法体系** .... / 239

　　　第一节　道商兵法体系的理论依据 ············· 241
　　　第二节　道商兵法体系的基本原则 ············· 244
　　　第三节　道商兵法体系的主要内容 ············· 247
　　　第四节　道商兵法体系的决策模型 ············· 250
　　　第五节　道商兵法体系的执行步骤 ············· 254
　　　第六节　道商兵法体系的创新技法 ············· 258
　　　第七节　道商兵法体系的时代意义 ············· 259
　　　第八节　道商兵法体系的功能作用 ············· 261
　　　第九节　道商兵法体系的认识误区 ············· 262

第六章　中国道商智慧体系 .... / 267

　　第一节　道商智慧体系的理论依据 ………… 269
　　第二节　道商智慧体系的基本思路 ………… 271
　　第三节　道商智慧体系的开发方式 ………… 274
　　第四节　道商智慧体系的主要经典 ………… 279
　　第五节　道商智慧体系的等级层次 ………… 281
　　第六节　道商智慧体系的应用领域 ………… 286
　　第七节　道商智慧体系的作用效果 ………… 288
　　第八节　道商智慧体系的难点诀窍 ………… 289

第七章　中国道商形象体系 .... / 293

　　第一节　道商形象体系的理论依据 ………… 295
　　第二节　道商的内在素养 ………… 298
　　第三节　道商的外形素养 ………… 300
　　第四节　道商的言语素养 ………… 301
　　第五节　道商的手势礼仪 ………… 302
　　第六节　道商的家族素养 ………… 304

第八章　中国道商伦理体系 .... / 309

　　第一节　道商伦理体系的时代背景 ………… 311
　　第二节　道商伦理体系的理论依据 ………… 314
　　第三节　道商伦理体系的目标状态 ………… 319
　　第四节　道商伦理体系的赏罚机制 ………… 322
　　第五节　道商伦理体系的修复范围 ………… 325
　　第六节　道商伦理体系的践行手段 ………… 330
　　第七节　道商伦理体系的作用效果 ………… 334

第九章　中国道商人才体系 ……………… / 337

第一节　道商人才体系的基本素质 …………… 339
第二节　道商人才体系的必备知识 …………… 343
第三节　道商人才体系的潜能开发 …………… 345
第四节　道商人才体系的评定方式 …………… 347
第五节　道商人才体系的段位标准 …………… 350
第六节　道商人才体系的发展方向 …………… 353

第九章　中国道商产业体系 ……………… / 355

第一节　道商产业体系的发展趋势 …………… 357
第二节　道商产业体系的类型划分 …………… 360
第三节　道商产业体系的主要特征 …………… 363
第四节　道商产业体系的整体布局 …………… 365
第五节　道商产业体系的研发模式 …………… 370
第六节　道商产业体系的内容贡献 …………… 372

第一章
中国道商发展简史

> 本章重点介绍中国道商的发展简史，从道学与道商的发展演变、道商的概念定义、理论雏形、历史人物、历史贡献、全球影响和时代意义入手，将这门古已有之的学科知识体系重现于世，吹响全球经济治理的中国号角。

道商是一门新兴的学科体系。

近些年来,在国内外的企业家和商人群体中,涌现出了一大批热爱"道文化"的杰出人士,他们善于运用道学思想和《道德经》智慧去经商创业,同时形成了独特的经营管理智慧、积极的人生价值观念和丰富的个人魅力符号。有学者将这部分的企业家和商人,统称为"道商"。

给任何一个概念下定义都有一定的局限性。对于道商的名词定义,许多人还没有真正地正确理解与掌握。对于道商的人物界定,许多人也相对缺乏一个较为清晰的评判标准。因此,要清楚无误地阐述明白什么是道商,认识到"道商"与其他商人的显著区别,我们首先要依次从"道学""商人""道商"这几个关键词入手。围绕道商文化的理论雏形,把握道商传承的历史人物,由古及今,由外及内,层层递进,逐步掌握这门年轻而又极富魅力的新兴学科。

第一节　道学与道商

作为学科性的"中国道商"知识体系，其本质上是脱胎于中国传统"道学"思想体系之内，是"道学"思想在商业领域内的重要分支与应用系统。

所谓"道学"，是指中国传统文化中以老子"道"的理论为核心的一套学术思想体系。

关于老子其人，司马迁《史记·老子韩非列传》称：

"老子者，楚苦县厉乡曲仁里人也，姓李氏，名耳，字聃，周守藏室之史也。"

又："老子修道德，其学以自隐无名为务。居周久之，见周之衰，乃遂去。至关，关令尹喜曰：'子将隐矣，强为我著书。'于是老子乃著书上下篇，言道德之意五千余言而去，莫知所终。"

作为中国春秋时代最具思想创造性的哲学家、思想家与道德家，老子在综合继承中国殷商以前文化传统的基础上，提出了以"道"为核心的概念，以"尊道贵德、利而不害、清静无为、道法自然"为基本原则，创建了中国思想史上第一个系统探讨世界存在始源问题的哲学理论体系——道学。

胡孚琛先生在《道学通论》中提出："在中国文化史上，宋代以前，道学这个词儿也专指老子道的学说而言。《隋书·经籍志》分类，以易学为首，次以书、诗、礼、乐、春秋、孝经、论语、图纬等，是谓经部。而子部中以儒者为首，祖述孔子，载曾子、子思、孟轲、荀卿之流所著书，称之为'中庸之教'。次述老子、文子、鹖冠子、列子、庄子等所著书，称为'道学'。"

《隋书·经籍志三》有如下记载："圣人体道成性，清虚自守，为而不恃，长而不宰，故能不劳聪明而人自化，不假修营而功自成。其玄德深远，言象不测。先王惧人之惑，置于方外，六经之义，是所罕言。《周官》九两，其三曰师，盖近之矣。然自黄帝以下，圣哲之士，所言道者，传之其人，世无师说。汉时，曹参始荐盖公能言黄老，文帝宗之。自是相传，道学众矣。"

老子及其"道学"思想体系，是春秋战国时期诸子百家学术思想的总源头。身为周王朝中央政府史官的老子，他不但掌握和管理着王室的天文历法、地理地图、历史文献、礼制王法等历史文献，同时也是先秦诸子的启蒙者，兼具为周王室、诸侯国培养高级人才的"教化"职责，九流百家皆受其影响。

江瑔《读子卮言》中《论道家为百家所从出》称："上古三代之世，学在官而不在民，草野之民莫由登大雅之堂。唯老子世为史官，得以掌数千年学库之管钥，而司其启闭。故老子一出，遂尽泄天地之秘藏，集古今之大成。学者宗之，天下风靡。道家之学遂普及于民间。道家之徒既众，遂分途而趋。各得其师之一端。演而为九家之学。而九流之名以兴焉。"

在老子归隐后不久，由于兵乱，周室典藏，分散民间，不复宗窥全貌。在这一时期里，各家学子都在老子道学的基础上，从自己的立场出发，各执一端，各任其说，逞干世之术于当时。孔子、墨子、孙子、文子、杨朱、孟子、庄子、韩非子、鬼谷子等诸子并作，道家、儒家、墨家、兵家、法家、纵横家等百家蜂起，中国历史上出现了第一个文化高峰，并由此而奠定了中华文化的基本框架。

近代一些学者在讨论儒道等中国思想流派在对整个中国文化体系的地位时，强调了老子道学是其他诸子之学的"纲领"。如陈鼓应教授认为："如果抛弃历史和学派的成见，实事求是地看待中国哲学发展史，那我们就必须承认，中国哲学实际上是一系列的以道家思想为主干，道、儒、墨、法诸家互补发展的历史。"两次诺贝尔奖获得者、英国著名科学家李约瑟博士也曾告诉世人："中国如果没有道家，就象大树没有根一样"。

需要说明的是，诸子百家中的道家，是在老子之后创立的一个哲学流派。道家之名始见于汉代学者司马谈《论六家要旨》。司马迁则认为，道家"以虚无为本，以因循为用。无成势，无常形，故能究万物之情。不为物先，不为物后，故能为万物主""与时迁移，应物变化，立俗施事，无所不宜"。在诸子百家之中，道家当之无愧地成为了对后世影响最大的学派之一。

《汉书·艺文志》云："道家者流，盖出于史官，历记成败存亡祸福古今之道，然后知秉要执本，清虚以自守，卑弱以自持，此君人南面之术也。"然而道家内部仅在战国这段时期内，也诞生有老庄学派、黄老学派、杨朱学派等不同派别。

事实上，"道"作为老子提出的哲学概念，不管道学系统内部各学者之间的思想文化差距有多大，不可否认的是，他们都是围绕"道"这一核心范畴来展开的，正所谓"万变不离其宗"。道学中不但包含有哲学、政治、军事、宗教、人生、医学、养生、艺术、修养等诸多领域的相关学科知识，它跟自然科技、工业制造、物理学、经济学、生命科学、信息科学、美学也息息相关，其经典传世理论俯首可拾。

有道门硕儒之称的明代道教正一派天师张宇初，在《道门十规》中申明道统源流时，也强调以老子为宗的道学思想对后世道教流派的发展推动。张宇初称："其所著则道德上下经，其徒则有关、文、庄、列、亢仓、柏矩之流，其言则修齐治平富国强兵，经世出世之术，互有之矣……后之阐化，则有祖天师、许真君、葛仙翁、茅真君、诸仙之派……此皆设教之异名，其本皆从太上而授。"

今人陈撄宁先生则将"道学"的演衍传播形式，分为"入世""出世""通别""旁支"四类。"由道通于政，则有洪范九畴，周官六部；由道而通于兵，则有《阴符》韬略，孙武权谋；由道而通于儒，则有仲舒、杨雄、濂溪、康节；由道而通于法，则有商鞅、李悝、申子、韩非；由道而通于医，则有《素问》《灵枢》《千金》《肘后》；由道而通于术，则有五行八卦，太乙九宫。此道家之通别也。"

在2009年中国经济出版社出版的《道商》一书中，笔者首次提出：在老子道学内部，根据道的研究侧重点与应用领域的不同，道学体系也被衍生和演化成为九脉。这九脉分别是：道家、道教、道政、道谋、道医、道武、道术、道艺与道商。

"富与贵，是人之所欲也，不以其道得之，不处也。"这是儒家学派的孔子提出的鲜明观点。事实上，两千五百年来，蕴含着丰富哲理和智慧思维的老子"道学"思想，作为宇宙万物的总规律或总法则，不但成为治国安邦的经典思想，更以其"通万物"的包容精神，散发在各家各宗、各学各派的思想体系中，对中华民族的形成、壮大，对中华文明的延绵、丰富，对中国人精神的净化和升华，都起到过无与伦比的作用。更以其博大精深的思想性而影响改变着世界，创造了中华文化的一个又一个辉煌成就。

作为中华民族的优秀文化遗产，老子的道学思想从古延续至今，从中国传到了国际，从道学发展演变成为道商，它已经突破了时空和民族的界限，冲破了当代所谓"神学""哲学""科学"的范畴，被还原到了原始的道的领域，体现出"执古之道，以御今之有"的实用性和广博性。道商，已越来越引起了世人的重视和瞩目。

第二节　道商的概念与定义

要了解道商的概念与定义，我们首先来认识什么是商人。

商人，是指以一定的自身或社会有形资源或无形资源为工具获取利润并负有一定社会责任的人，或者是指专业从事商品交易或商业活动的人。

"商人"一词的起源与中国历史上的商朝有关。传说中，商族是高辛氏的后裔，居黄河下游，商族人的祖先契，是一位杰出的军事领袖，由于他跟随大禹治水，功不可没，后受封于商地，成为商族人"天命玄鸟，降而生商"的玄王。六世之后，聪明多谋的王亥"立皂牢，服马牛，以为民利"，他把经过训练的牛拉着车驮着货物，沿着黄河北岸到各诸侯国去做买卖，在外族人心目中，做买卖的就是"商人"。

商族是一个非常重视贩运贸易的部族。在当时，操纵商业活动的贵族们顺着商王朝建立驿传制度所开辟的驿路，驱使着大批商业奴隶，"通川谷，达陵陆"，"大车以载，利有攸往"，在商业运输和货物贩卖中盈利丰厚。

正因为商业贸易的高度发展，商朝也博得了"商邑翼翼，四方之极"的美名。武王伐纣后，殷商的遗民被周公迁移至洛阳，由于他们失去土地无以为生，再加上政治管制，这些商民们只好依靠买卖维持生计，久而久之，"商人"便不再是一个专用的族名或地名，而演变成一种职业的代称，而买卖的职业也被称为"商业"。

《周礼·天官·大宰》载："以九职任万民……六曰商贾，阜通货贿"。最初，人们把做贩运贸易的叫做"商"，坐售货物的叫做"贾"，即所谓"行曰商，处曰贾者。"商人为中国古代社会"士农工商"四民之一，虽然他们善于"观凶饥，审国变，察其四时而监其乡之货，以知其市之贾"，但是一直没有相应的社会地位。甚至韩非子在他的《五蠹》中将工商之民称为"五蠹"之一，是社会的蛀虫，这是极不公正的。在现代社会，商人虽然早已摆脱了"五蠹"之名，但是，"无商不奸，无奸不商"却似乎成了笼罩在商人身上的一个挥之不去的品牌阴影。

当"道商"这个名词逐渐闯入人们的视野后，道商这个特殊的、略带几丝神秘感的群体也越来越受到社会的关注和重视，围绕道商这个较为模糊的概念，也引发了不少的争议和质疑。在一些人的印象中，实在难以将几千年来一直推崇"清静无为""遁世不争"的道家跟唯利是图的商人、尔虞我诈的商业产生关联。作为中国人最高信仰的"道"，与古代社会中位处"贱业"的商业二者相结合，是概念炒作还是贱卖信仰？同时，也有人简单地将道商与道教、方术或劝善性质的道德说教联系起来，认为道商理应是道教的附属品，是宗教信仰被世俗化的表现形式之一。

要解决上述的争议和质疑，我们必须首先为"道商"正名。

由于国内道商文化研究学者各自的研究立场、研究方向和擅长领域的差异，所以关于道商的概念与定义目前还难形成统一的观点。这里选择国内具有代表性的三种定义。

一、道魂商才说

北京大学哲学系主任王博教授认为：道商是用道家的精神气质去从事商业经营活动的人。

二、宗教经济学说

武汉大学哲学系宫哲兵教授在与杨凤岗先生合著的《在信仰与市场经济之间》论文中提出：道商是指信仰道教、运用道家思想和《道德经》智慧来经营管理企业、指导自己人生的商人与企业家。作为从事商业企业的特殊信仰群体，道商比一般信徒要更多地支出金钱财物。他们所要求的回报也与一般信徒不同，往往更多地要求神灵帮助生意兴隆及增进商业信任。

三、道体商用说

早在《道商》一书中，我们就对道商给出了这样的定义——"**道商就是秉承'道'的思想与精神，运用'道'的规律与力量去经商创业，实现人生大成的智慧商人。**"

> 道商的理念：**以道经商，以商显道，道商合一，富民强国。**
> 道商的使命：**以道启心，以心启智，以智启财，以财启众，众皆归道。**
> 道商的宗旨：**上富其国，下富其家，阴阳两利，天下共富。**
> 道商的标准：**利而不害。**
> 道商的境界：**不求财而财自来。**

人的进步是以头脑为标志的。要想商业经营成功，必须生财有"道"。关于"道"，老子曾作过多种解释，在《道德经》中，"道"在书中共出现了73次之多。"道"字的最初意义是道路，后来引申为做事的途径、方法、本源、本体、规律、原理、境界、终极真理和原则等等。

《道德经》说："道生一，一生二，二生三，三生万物。"将商业交易的行为冠以"生意"之名，是一门大学问。如果我们从没有领悟"道"的思想与精神，也不懂得运用"道"的规律与力量，却妄言基业长青永续经营，这无异于痴人说梦，盲目"贪生""厚生"的同时，必将过早"丧生"。

综上所述，"道商"就是：

（1）具有道家风范的商人；
（2）具有道教信仰的商人；
（3）具备道德情操的商人；
（4）具足道学智慧的商人。

当然，以上是仅作为个体属性的"道商"定义，而作为广义的、群体性的"道商"，我们认为：**道商就是"拥有道学思想智慧，掌握商业演变规律，从事商业健康发展规则与商人伦理道德制订、执行、监督的商人族群"**。司马迁在《史记》中载："故言富者，皆称陶朱。"这个"道商"族群，国际道商文化研究院也称为"陶朱世家"。

在道商文化的国际交流与传播中，国际道商文化研究院还在"2015首届道商产业发展论坛"上发布了道商的国际通行英文名词——"Daosun"。该词由"dao"和"sun"两部分组成，"dao"代表以老子《道德经》为代表的道学思想体系，"sun"的英文字意为太阳、阳光、中心人物。在汉语拼音中，"sun"读音为"孙"，寓意为道的子孙、龙的传人、道学文化的衍生者与创新者、未来商业思想体系发展的中心枢纽与灵魂人物。

道商是道学文化的传承者与传播者，是那些能够以个人人格魅力和智慧思想来凝聚创造财富、运转使用财富，并通过财富的力量来帮助和成就他人的"传承人"。

在中国传统商业思想中，商人将水视为财富，历史上曾有"生意兴隆通四海，财源茂盛达三江"之说，范蠡也留下有"使财帛如流水"的道商理论。这里其中"s"象征水源、智慧、流通、交易，也可以看成是太极图的螺旋丝。"u""n"则分别代表道学思想中的阴阳、有无、虚实、买卖、出入、存取、动静、涨伏、升降、贵贱、损益、积散、家国、公私、有余不足等概念，同时也有"行商坐贾"的含义在内。

第三节　道商的理论雏形

在人类发展的历史长河中,摆脱贫弱、实现富强始终是人们的一个美好愿望。在大变革的时代背景下,我们该以什么样的方式实现"国民"与"国家"的双向富强,这已成为众多有识之士孜孜不倦探索追寻的话题。

《系辞》曰:"富有之谓大业,日新之谓盛德,生生之谓易。"道学本为重生、贵生之学。社会富有日新,并且生生不息,才是发展的气象。其实,这套能够帮助我们"上富其国,下富其家"的道商之学,古已有之。

一、聚财葵财:黄帝的"道商"思想

道学的主要理论精华体现在哪里呢?司马谈综观了诸子百家理论后,总以"黄老"二字精确概括。王充《论衡》称:"黄者,黄帝也。老者,老子也。"此后,黄老逐渐成为了道学、道家、道教的共称。

道商之学,祖溯黄老。黄帝一生,且战且求道。《泰一杂子》曰:"黄帝诣峨眉见天真皇人,拜之玉堂,曰:敢问何为三一之道?皇人曰:……圣人欲治天下,必先身之立权以聚财,葵财以施智,因智以制义,由义以出信,伏信以著众,用众以行仁,安仁以辅道,迪道以保教,善教以政俗,……制礼以定情,原情以道性,复性以一德,成德以叙命,和命以安生,而天下自尔治,万物自尔得,神志不劳,而真一定矣。"

"葵",本意为"揆"。《尔雅》曰:"葵,揆也。"揆有确立规则并以此来审度、管理之意。如何通过立权、聚财、葵财、施智,来达到制义、出信、著众、行仁、辅道、保教,政俗的效果,这恰恰就是我们在前一节中对道商的定义和使命赋予。

二、通商生利：姜尚的"道商"思想

若论道商理论雏形的形成，姜尚的历史作用也不可忽视。

姜尚，也称吕尚，字子牙，俗称姜太公。他是齐国的缔造者，也是中国古代的一位影响久远的杰出的韬略家、军事家与政治家。姜尚早年穷困潦倒，很多历史文献中都提到他曾经做过不得志的屠夫和小商贩，经历过长期的流浪生活与商业实践。《战国策·秦五》说，"太公望，齐之逐夫，朝歌之废屠"。《尉缭子》说："太公望年七十，屠牛朝歌，卖食棘津"。直到遇上周文王后，他才得以辅助文武二王兴周伐纣，在牧野之战中立下首功，最后分封行赏时，被封为齐国君主。

齐国建立之初，以营丘为中心，方圆仅五百里，属于典型的小国寡民，不仅自然条件恶劣，还要面对被征服者随时可能发生的暴乱。治国有方的姜太公，在政治上采用"因循自然"的指导思想，尊重地方风俗，消除土著隔阂，力求天下归心。在经济上，姜太公针对齐国土地多贫瘠多盐碱，不适合耕种的现状，把"通末业"制订为富民强国的基本国策，大力发展工商业和渔业。"劝其女工，极技巧，通渔盐"。积极支持民众捕鱼晒盐，鼓励大姑娘小媳妇缝衣服、织腰带、做鞋子、制帽子，再通过长途贩运发展国际贸易，一下子使得齐国变为令人刮目相看的"东方大国"。

《史记·齐太公世家》称："太公至国，修政，因其俗，简其礼，通商工之业，便鱼盐之利，而人民多归齐，齐为大国。"

姜太公的谋略不仅仅体现在"愿者上钩"上，他还是中国最早的货币专家。在《六韬》中，姜太公对周文王以"利"建言："天下非一人之天下，乃天下之天下也。同天下之利者，则得天下；擅天下之利者，则失天下。"如何与天下同利呢？太公要求："利而无害，成而勿败，生而勿杀，与而勿夺，乐而勿苦，喜而勿怒。""天有时，地有财，能与人共之者，仁也；仁之所在，天下归之。""凡人恶死而乐生，好德而归利。**能生利者，道也；道之所在，天下归之。**"姜太公在助武王伐纣成功后，他就建议散鹿台之钱，发巨桥之粟，以赈济天下的平民百姓。

三、利而不害:老子的"道商"思想

老子是哲学思想家,但是他的真知来源于生活实践。尽管老子从商的可能性几乎为零,但他对商业经营和经济发展有着深入透彻的理解。《史记·老子韩非列传》记载:"孔子适周,将问礼于老子。老子曰:……吾闻之:良贾深藏若虚,君子盛德若愚。"老子谈到的"良贾",就是"道商"雏形。

老子不但研究了商业与商人,还进行了诸如制造业、加工业、建筑业等跨行业研究。《道德经》第十一章言:"三十辐,共一毂,当其无,有车之用;埏埴以为器,当其无,有器之用;凿户牖以为室,当其无,有室之用。故有之以为利,无之以为用。"在这里,我们看到了一个对车辆制造、陶器加工、建筑居室修造等诸多行业领域有着广博认知的老子。

老子把"道"看做是宇宙的本原,万事万物演变的总规律。社会发展的有序和无序,其产生根源分别是"天下有道"和"天下无道"。《道德经·第四十六章》讲:"天下有道,却走马以粪;天下无道,戎马生于郊。祸莫大于不知足,咎莫大于欲得。"在他看来,天下之所以会出现"有道"之治和"无道"之乱,主要在于"无欲"和"有欲"两种截然不同的态度。

老子站在人生的边缘,带着超越现实的"不欲"眼光,审视着人生理想与现实的荒谬和矛盾,批判人类自身理智的浅薄和愚蠢,以"道"的观点来看世界,得出了"人法地,地法天,天法道,道法自然"的"自然无为"结论。自然无为,就是让事物依照自身的状况去自由发展,而不要以外在的力量去干预它、约束它。这是道学思想的本质,也是老子提供给统治者治理天下的基本原则和留给社会大众人生处世的基本方法。

礼崩乐坏、诸侯争霸的春秋乱世,是天运更是人祸。这种人祸的酿成和放大,源于人心的贪婪和不公,是殷、周之时"嗜欲达于物,聪明诱于外,性命失其真"的恶果。老子认为,"民之饥,以其上食税之多,是以饥;民之难治,以其上之有为,是以难治;民之轻死,以其上求生之厚,是以轻死。""天下多忌讳,而民弥贫;人多利器,国家滋昏;人多技巧,奇物滋起。"社会经济的不健康发展,贫富差距的拉大失衡,就在于统治者与民夺利,过分地剥夺和伤害了社会大众的利益。正是由于统治者太多的人为干预,限制和左右了社会发展规律和经济演变规律，社会才会出现动荡不安。

老子通过对天道月满则亏，水满则溢这些自然现象的综合观察和成熟思考，得出了"天之道，损有余以补不足；人之道则不然，损不足以奉有余""金玉满堂，莫之能守；富贵而骄，自遗其咎"的整体认识。

要想实现天下富强，首先要"去甚、去奢、去泰"，减损自己的占有欲望。其次保持"以其无私，故能成其私"的良好心态，摆正自己的位置。第三要以"我无为而民自化，我好静而民自正，我无事而民自富，我无欲而民自朴"的原则，降低政府对于市场过分的人为干预，不轻易发号施令，以免破坏和影响"微观"市场的自发自律。在这个过程中，还需要用好"中和"的原理，进行贫富与有无的宏观调控，"高者抑之，下者举之，有余者损之，不足者补之"。只有在"天之道，利而不害"的最高原则指导下，万物才会因为得到"利"这个"一"，而得以蓬勃发展，呈现出生生不息之新意。在老子看来，如果治理者能够谨守和把握好上述原则，天下将自宾，万物将自化，五湖四海的财源将会滚滚而来，自动归顺臣服，社会亦将和谐稳定，人民"甘其食、美其服、安其居、乐其俗"，过上幸福美好的生活。

老子一方面对"五色令人目盲，五音令人耳聋"的物质资源开发利用提出批评，同时又抛出了吸引消费需求的"乐与饵，过客止"策略。对于稀缺性的转化和价格波动规律，老子提出了"天下皆知美之为美，斯恶已；天下皆知善之为善，斯不善已"的逆向思维观点，认为"贵以贱为本，高以下为基"。为了防止阴阳矛盾走向反面，背道而驰，老子认为只有效法圣人，才能在"不积"中实现最大的拥有——"既以为人，己愈有；既以与人，己愈多。"他告诫世人，我们应该"欲不欲，不贵难得之货""知足者富"。

马歇尔在《经济学原理》中称："经济学是一门研究财富的学问，同时也是一门研究人的学问。"老子在他的《道德经》中问我们："名与身孰亲？身与货孰多？得与亡孰病？"过份地贵重爱惜名利地位者，必有无辜的耻辱和大破费；过多地收集珍藏资金财物者，必有惨重的损失和大灾难。当我们每个人都学会算这一笔账后，就自然会明白"祸莫大于不知足，咎莫大于欲得"，就会"虽有荣观，燕处超然"，并最终恍然大悟——"知足之足，常足矣！"唯有身体的健康和心灵的快乐才是人生最大的财富，只有懂得知足知止者，身体生命和事业才会长久平安。

根据《文子》《列子》和《庄子》等书的相关记载，老子收授的弟子有：孔子、尹喜、文子、杨朱、阳子居、崔瞿、士成绮、庚桑楚、南荣趎、柏矩等。

四、忧百姓穷：文子的"道商"思想

文子是中国传统经济学的鼻祖，也是中国传统诸子百家中"计然家"的形象代言人。计然家，又叫轻重家，所谓轻重，就是钱的问题。计然家主要研究国家的经济发展问题，并以此为治国之道。《汉书·艺文志》道家类著录《文子》九篇，班固在其条文下注明："老子弟子，与孔子同时。"北魏李暹作《文子注》，传曰："姓辛，……号曰计然。范蠡师事之。本受业于老子。"

老子认为"一阴一阳之谓道"。《文子》说："凡举百事，必顺天地四时，参以阴阳，用之不审，举事有殃。"成败、利害、取予、得失的关键，就在于顺应天时，掌握天时的变化而制定方案，确定动静。

《文子》提出："尊势厚利，人之所贪，比之身则贱。"身体是一切财富的根源。"不纵身肆意而制度，可以为天下仪。"如何体现"为天下仪"的表率风范呢？文子提倡"量腹而食，制形而衣，容身而居，适情而行。"他深刻感悟到：一朝一国之兴，往往兴于为公而衰于自私，兴于利而误于害，兴于让而废于夺。所以，文子对"无为"的理解就是"私志不入公道，嗜欲不枉正术，循理而举事，因资而立功，推自然之势也。"

文子继承了老子"慈""俭""自然""守中"的思想教诲，提出了"不竭泽而渔，不焚林而猎。草木未落，斤斧不得入于山林；昆虫未蛰，不得以火田；育孕不牧，觳卵不探，鱼不长尺不得取，犬豕不期年不得食"的主张。对自然资源采取了有节制的利用和开采，对正处于生长期的幼小生灵发起了爱心保护的呼吁，这种讲究科学发展、可持续发展的态度，才是道商的富国利民之道。

在文子看来，"圣人不耻身之贱，恶道之不行也；不忧命之短，忧百姓之穷也。"而真正的富强之道，则是"广兮其若谷者，不敢盛盈也。进不敢行者，退不敢先也。""视民所不足及其有余，为之命以利之，而来诸侯，守法度，任贤使能，偿其成事，传其验而已。如此则邦富兵强而不衰矣。"无论是以道治国还是富民经商，都要以百姓心为心，以天下公心为心，不要自满自持。根据百姓的缺乏和盈余，帮助和诱导他们进行生产，积累财富。这样一来，天下各国就会争相学习，主动归顺。文子还强调要服从国家的法律纲纪，"犯法者，虽贤必诛；中度者，虽不肖无罪。是故，公道而行，私欲塞也。"要"因民之欲，乘民之力"，善于任用有才能的人，调动他们的积极性和参与度，帮助他人成就一番事业。这显然是属于长期的人才投资战略。

杜道坚认为："文子归本老子之言，历陈天人之道、时变之宜，卒万古于一遍，诚经世之枢要也。"

五、不损民利：杨朱的"道商"思想

杨朱，字子居，是战国时期魏国人，先秦时代著名哲学家，老子道学思想体系传承人，道家杨朱学派创始人。杨朱的见解散见于《列子》《庄子》《孟子》《韩非子》《吕氏春秋》等书中，其后学主要有子华子、詹何等人。

杨朱的学术思想，其核心就是"贵生""重己"。《淮南子》说"全形葆真，不以物累形，杨子之所立也。"在战国时期，杨朱之学极其流行，虽然儒家学派的孟子批判杨朱"一毛不拔""杨子取为我，拔一毛而利天下不为也。"（《孟子·尽心上》），但是孟子却不得不承认，"杨墨之言盈天下。天下之言，不归杨，则归墨。"

杨朱的思想来源于老子道学体系。老子、杨朱身处的春秋、战国这段历史时期，诸侯混战，民不聊生，统治阶级与民争利，"损不足以奉有余"的残酷现实进一步恶化。面对社会中贫富差距的严重失衡，杨朱继承了老子思想中对于"取予""损补"之道的系统思考，站在天下普通百姓的立场，反对统治者各种巧立名目的利益侵夺，严厉批判那些不惜损害他人（普通民众）的合法利益而满足个体（特权阶层）一己私利的非法行为。杨朱认为："古之人，损一毫利天下，不与也；悉天下奉一身，不取也。人人不损毫，人人不利天下，天下治矣。"（《列子·杨朱》）。杨朱"重己"，是重视天下生民个体价值的保存，他既反对他人对自己的侵夺，也反对自己对他人的侵夺，旨在通过对个体的自我约束和自我保护，进而达到社会的整体和谐稳定。在他看来，社会和个人是一体的，统治阶级与被统治阶级是平等的，谁也不能损害谁。自私是人类的天性，人的自私心一旦被激活，在所谓的"集体主义""整体价值观"的道德名义绑架下，个体利益常常会屈从于他人利益、团体利益。如果大家都秉持中道，互不受损，就能实现"天下大治"。

道学思想强调"身国同构""身重国轻"。个人的权利被侵夺是遵循一个由小到大、由弱及强的顺序演进的。一根毫毛和皮肤相比非常微小，皮肤和身体的一节相比又显得微小，这是再清楚不过的。然而，皮肤是由一根一根的毫毛积聚起来的，一节一节的身体是由一块一块的皮肤积聚起来的。有其一就必然有其二，有"毫末"之损就必然会造成"整体"之失。诚如杨朱弟子孟孙阳所言："一毛微于肌肤，肌肤微于一节，省矣。然则积一毛以成肌肤，积肌肤以成一节。一毛固一体万分中之一物，奈何轻之乎？"

在杨朱"一毛不拔"的背后，并不是浅薄简单的"自私自利"，而是他对普通百姓个人权益（人权、财权、物权、生命权）神圣不可侵犯的奔走呐喊，是"不夺民利""不损人利""保护私利"的高调宣言！也是他对老子思想站在统治阶级立场所阐述的"柔弱""不争"的另一角度诠释。吕思勉先生指出："夫人人不损一毫，则无尧舜；人人不利天下，则无桀纣；无桀纣，则无当时之乱；无尧舜，则无将来之弊矣。故曰天下治也。杨子为我说如此，以哲学论，亦可谓甚深微妙；或以自私自利目之，则浅之乎测杨子矣。"在利益侵犯的过程中，如果我们一开始就予以识别和抗拒，那么他们的侵夺就会终止在"毫末"上；如果他人的侵夺得到你的默许，那接下来就是最终丧失整体利益的所有权。

杨朱把天下百姓归纳为有道之"顺民"和无道之"遁民"，他认为天下百姓都是在围绕"寿""名""位""货"这四事而追逐不休。杨朱说：

"生民之不得休息，为四事故：一为寿，二为名，三为位，四为货。有此四者，畏鬼，畏人，畏威，畏刑！此谓之遁民也。可杀可活，制命在外。不逆命，何羡寿？不矜贵，何羡名？不要势，何羡位？不贪富，何羡货？此之谓顺民也。"

有追求就有欲望，也有恐惧和忧患。而欲望是一步步扩张并无止境的，不加节制的欲望就是可怕的贪欲——无厌之性。

"丰屋、美服、厚味、姣色，有此四者，何求于外？有此而求外者，无厌之性。无厌之性，阴阳之蠹也。忠不足以安君，适足以危身；义不足以利物，适足以害生。安上不由于忠，而忠名灭焉；利物不由于义，而义名绝焉。君臣皆安，物我兼利，古之道也。"

生既有之便当全生，物既养生便当享用之，但不可逆命而羡寿，聚物而累形，若有幸拥有"丰屋、美服、厚味、姣色",便可以算是过上了幸福生活的人生了。不要贪得无厌,更不要因为贪欲的不可遏止而遭外物伤生。上下皆安、物我兼利的共富共利之道,不但是上古一脉相传的正统大道,也是今天我们提出的"阴阳两利"思想重要来源。

不损毫末之利,是杨朱站在百姓的立场为其代言。事实上,杨朱也是难得可贵的管理学大师,是精通"治道"之人。《淮南子·俶真训》:"百家异说,各有所出。若夫墨、杨、申、商之于治道……"《说苑·政理》记载,杨朱曾与梁王论"治天下如运诸掌然"。他把自己比成尧舜,自称是"得治大者不治小,成大功者不小苛"的贤人。杨朱说:"善治外者,物未必治;善治内者,物未必乱。以若之治外,其法可以暂行于一国,而未合于人心;以我之治内,可推之于天下。"他站在圣人的境界和统治者的角度纵论治道,又有着与"一毛不拔"截然不同的见解:"不横私天下之身,不横私天下物者,其唯圣人乎!公天下之身,公天下之物,其唯至人矣!"

要想成为圣人,必须具备大公无私的高尚道德情操。"天下之美归之舜、禹、周、孔,天下之恶归之桀、纣。然而舜耕于河阳,陶于雷泽,四体不得暂安,口腹不得美厚;父母之所不爱,弟妹之所不亲……凡彼四圣者,生无一日之欢,死有万世之名。"只有去私心入公道,才能超凡入圣,拥有传扬万世的名利。"行善不以为名,而名从之;名不与利期,而利归之。"所以在韩非子看来,杨朱与墨翟一样有治世之才。

六、皆得其利:列子的"道商"思想

列子,本名列御寇,战国时期哲学家、思想家、文学家,老子道学思想第三代传承人。他隐居郑国四十年,不求名利,清静修道,先后师从关尹子、壶丘子、老商氏、支伯高子等。高诱注《吕氏春秋·审己》:"子列子,贤人,体道者,请问其射所以中于关尹喜,关尹喜师老子也。""老聃贵柔,关尹贵清,子列子贵虚。"列子在学术传承的同时,又有所侧重,有所发展,对后世哲学、文学、科技、宗教影响深远。唐玄宗于天宝年间,诏封列子为"冲虚真人"。

列子心胸豁达,贫富不移,荣辱不惊。"子列子穷,容貌有饥色。"他却安贫乐道,面对暴虐的郑国执政者子阳馈赠的粮食,他拒绝了这突如其来的"发展机会"。其弟子严恢问他:"所为问道者为富,今得珠亦富矣,安用道?"那些学道的人主要目的是想富有,现在我获得珠玉财宝也能富有,为什么还要用道呢?列子告诉弟子:"桀、纣唯重利而轻道,是以亡!"在重利与重道的选择上,列子选择重道。一个人如果不懂道,只知吃喝享乐,在列子看来不过如鸡狗般的禽兽而已,假如等到别人都不尊重我们自己的时候,灾祸耻辱也就临身了。

虽然列子穷而不富,但是他却通晓如何为富之道。在《天瑞篇》中,列子讲述了这样一个案例:"齐之国氏大富,宋之向氏大贫;自宋之齐,请其术。国氏告之曰:'吾善为盗。始吾为盗也,一年而给,二年而足,三年大穰。自此以往,施及州闾。'"

如何是正确的"盗"呢?在列子看来,天有时,地有利。要想创业成功,就必须掌握和获取自然资源为我所用,用天时地利、山川物资来发展农业生产、建筑房屋、繁殖生物、养殖鱼虾等一切可操作之事业,最后实现财富的拥有权和支配权。"夫禾稼、土木、禽兽、鱼鳖,皆天之所生,岂吾之所有?然吾盗天而无殃。夫金玉珍宝,谷帛财货,人之所聚,岂天之所与?若盗之而获罪,孰怨哉?"我们不能依靠偷盗等任何损害他人既得利益的行为来致富求利。以公道而发展,则无祸而有成;以私心而谋利,则多难而少成。而其核心在于"知天地之德"。

在《列子》一书中,既有他对类似于"周之尹氏大治产"等富豪的人生得失思考,也有他工艺创新、技术创新实现成功致富的真实描述。"宋人有为其君以玉为楮叶者,三年而成。锋杀茎柯,毫芒繁泽,乱之楮叶中而不可别也。此人遂以巧食宋国。""宋有兰子者,以技干宋元。宋元召而使见。其技以双枝,长倍其身,属其胫,并趋并驰,弄七剑迭而跃之,五剑常在空中。元君大惊,立赐金帛。"也有列子对盲目模仿创新所带来的深层次思考,如何在"投隙抵时,应事无方"中,避免重演鲁国孟氏的悲剧。而最高层次的成功,在列子看来,应该是"圣人恃道化而不恃智巧。"

列子认为:"农赴时,商趣利,工追术,仕逐势,势使然也。"世人多纵欲迷性,重利轻道,贪图一时所获,不念长久之积。列子对贪婪逐利者进行了诸如"宋人拾契""齐人攫金"等生动的刻画。

"宋人有游于道,得人遗契者,归而藏之,密数其齿。告邻人曰:'吾富可待矣'。"

"昔齐人有欲金者，清旦衣冠而之市。适鬻金者之所，见人操金，因攫其金而去。吏捕得之。官问曰：'人皆在焉，子攫人之金何？'对曰：'取金时，不见人，徒见金耳。'"

追求物质财富，希望生活宽裕，是人之常情。但利欲熏心，见钱眼开，进而做出有悖人性、愚蠢野蛮的行动，就显得可笑而可恨了。所以不要被眼前的利益迷了心窍，而做出胆大妄为、自欺欺人的事情。

老子曾经训诫后学："富贵而骄，自遗其咎。"列子以梁国那位"家充殷盛，钱帛无量，财货无訾"，却富贵而骄、得意忘形的虞氏为例，对我们进行了祸福无端，直而不肆的教育。他借狐丘丈人与孙叔敖的对话，阐述了对贵贱贫富转化规律的看法，"爵高者，人妒之；官大者，主恶之；禄厚者，怨逮之。"要成为道商，就要"吾爵益高，吾志益下；吾官益大，吾心益小；吾禄益厚，吾施益博。""不逆命，何羡寿？不矜贵，何羡名？不要势，何羡位？不贪富，何羡货？"如此则免于三怨，长保富贵。

列子认为，对人生起作用的不是智力，而是命运。"然农有水旱，商有得失，工有成败，仕有遇否，命使然也。"任何人都无法摆脱命运的支配，我们不能"迎天意，揣利害"，以一己之智去对抗命运。与其揣摩天意，机关算尽，希冀凭惜小智小识改变自身的贵贱寿夭，脱贫转富，不如通过"内观""致虚"或"坐忘"的方法，加强自我修养，放大自我视野，化解一切差别，忘却外物、自我的存在。对于事物的存亡变幻，应当透过其表面现象来知其"所以然""直而推之，曲而任之"，重新恢复自我与大道的统一。知命安时，使心灵重归于冲虚自然，发现事物演变进程中的必然规律与潜在机遇，掌握天道与人事之间的绝妙天机。

列子的理想境界，是国内上有效法天道无为德庇万物而不以为功的国君，下有自治自化的国民，同时还得有孔、墨等圣贤以仁义济人，使"四竟内，皆得其利"。如此，天下大治才能真正得以实现。在他看来，如果我们能够以"忠""信"持身，就可以使自己虽身处波涛激流之中，而免于外界环境的侵害制约，终生无祸。"忠、信错吾躯于波流，而吾不敢用私，所以能入而复出者，以此也。"这对于驰骋商海的道商们，可谓金玉良言。

七、泽及百姓：庄子的"道商"思想

庄子，姓庄，名周，宋国蒙人。他是战国中期著名的思想家、哲学家和文学家，是与老子齐名的道家学派代表人物，被后世并称为老庄。唐玄宗天宝初，诏封庄周为南华真人，称其著书《庄子》为《南华经》。

庄子曾做过宋国的地方漆园小吏，由于他崇尚自由，鄙弃荣华富贵、权势名利，所以生活贫穷困顿，天下皆知。虽然以庄子之才学，谋取财富高位如探囊取物，但是庄子却拒绝了楚威王的相位邀请，也谢绝了赵国太子悝"以千金奉庄子"的合理酬劳，他不愿与统治者同流合污，力图在乱世中保持独立的人格。

面对世人对富贵财利的孜孜追求，庄子首先肯定了欲望的合理性，"夫天下之所尊者，富贵寿善也；所乐者，身安厚味美服好色音声也；所下者，贫贱夭恶也；所苦者，身不得安逸，口不得厚味，形不得美服……"但是，庄子站在道学"贵生""达生""尊生"的角度，阐发了自己的独特认识观点，"夫富者，苦身疾作，多积财而不得尽用。""钱财不积，则贪者忧；权势不尤，则夸者悲。""苦心劳形，以危其真。"在财富的追逐游戏中，我们往往劳累身形，苦其心志，损伤与道契合的真性，最后一步步迷失本性，"观于浊水而迷于清渊"，到最后却难以享受财富给人生带来的真正快乐。庄子内心深处深恶那些像曹商、监河侯这样的浊富之俗商，在"外物"与"自我"的交织中，庄子认为"丧己于物，失性于俗者，谓之倒置之民。""弱于德，强于物，其涂隩矣。""驰其形性，潜之万物，终身不反，悲夫！"要想成为道商，首先要树立"尊生"的生命价值观。"能尊生者，虽贵富不以养伤身，虽贫贱不以利累形。"不会因为富贵俸禄而恣情妄行，伤害自己的身体，也不会因为贫贱困厄而追逐私利以致于拘累形躯，在阴阳两利中实现各得其宜的"天钧"，庄子称此为"两行"。

从道学的角度来重新定义"富"的概念，庄子得出了这样一番认识：

"无为为之之谓天，无为言之之谓德，爱人利物之谓仁，不同同之之谓大，行不崖异之谓宽，有万不同之谓富。故执德之谓纪，德成之谓立，循于道之谓备，不以物挫志之谓完。君子明于此十者，则韬乎其事心之大也，沛乎其为万物逝也。"

在庄子看来，处在天地之间的每一个生命个体和自然物种都是衡量大自然富有程度的标杆。如果我们能够明白天、德、仁、大、宽、富、纪、立、备、完这十大要素，执守天德，成就功业，那么自我修养的心胸就能够宽容而包藏万物，德泽充盈而使万物归往，也就会"藏金于山，藏珠于渊"，不会把世上的财富利益索取占据为一己之私有。不据财私有，就是老子提倡的"圣人不积"和"深藏若虚"，也是庄子所推崇的"天道运而无所积，故万物成；帝道运而无所积，故天下归；圣道运而无所积，故海内服。""其神经乎大山而无介，入乎渊泉而不濡，处卑细而不惫。充满天地，既以与人，已愈多。"

对于不能致富而穷困潦倒的一生，庄子认为这是由于自己不能免于时命所制造成的。

"我讳穷久矣，而不能免，命也！求通久矣，而不得，时也……吾命有所制矣。"

是什么制约了庄子迈向富贵的世俗成功呢？一方面是庄子追求"静而圣，动而王，无为也而尊，朴素而天下莫能与之争"的道德之质，他不愿意为了所谓的富贵而"机心存于胸中"，使自己纯白不备，神生不定，忘乎人之心。另一方面是他深感时势不利，"处势不便，未足以逞其能也。""贫者，非惫也，此所谓非遭时也。"在不利于自身发展的时代大环境下，庄子清醒地认识到，"夫千金之珠，必在九重之渊而骊龙颔下。"他不愿意因为侥幸的成功，却迎来人生更大的危机与不安。故而"察乎盈虚，故得而不喜，失而不忧""不为轩冕志，不为穷约趋俗，其乐彼与此同，故无忧而已矣。"

庄子也是一位深谙"治道"之理的管理大师。他认为，"通于天地者，德也；行于万物者，道也。""古之畜天下者，无欲而天下足，无为而万物化，渊静而百姓定。"强调管理的本质是对管理者自身的管束与打理。"古之君人者，以得为在民，以失为在己，以正为在民，以枉为在己。"把功劳归功于民众，把过咎归罪于自己，时时事事要求以身作则，"故曰，正己而已。"如何正己呢？那就要把利益放在身后，责任和担当放在身前，"人皆取先，己独取后，曰受天下之垢。人皆取实，己独取虚，无藏也故有余，岿然而有馀……人皆求福，己独曲全，曰苟免于咎。以深为根，以约为纪。"如果我们能够有效管理自己，以精深为根本，以俭约为纲纪，宽容待物，不侵损他人利益。"常宽容于物，不削于人，可谓至极。"那么就能达到管理之道的最高境界，"帝王之功，圣人之馀事也。""顺物自然而无容私焉，而天下治矣！"

庄子继承了老子"有之以为利，无之以为用"的有无相生思想。他尤其注重无为、无形、无用的力量。庄子通过与惠施的对话，阐明了"无用之用是大用"的观点，他借助宋国一个不龟裂手的药方伴随着的知识产权转让故事，告诉了我们一个不要"拙于用大"的深刻道理。同样的一个药方，有人因为它而得到君王的封赏，而有的人却只能世世代代守着它从事着漂洗丝絮的最低端工作。道商与俗商二者最本质的独特眼光视野，"人皆知有用之用，而莫知无用之无用也""以道观之，物无贵贱。""小知不及大知，小年不及大年"的智慧高低之别，在庄子的笔下生动凸现。庄子还告诉我们，"知道者必达于理，达于理者必明于权，明于权者不以物害己。"在他的学术思想主张里，道、理、权、物、己五者之间的关联不可打乱，孰重孰轻的本末关系更是不可颠倒。

庄子推崇屠羊说这种类型的不以"三旌之位""万钟之禄"而动摇累心的商人。他认为民生问题的关键就是"以事为常，以衣食为主，蕃息畜藏，老弱孤寡为意，皆有以养。"把百姓免于失业的奔波，把丰衣足食作为发展的主要问题，以安居乐业为前提进行繁衍生息和财物储蓄，让社会上的老弱孤寡等弱势群体得到抚养。如果我们能切实解决好上述问题，才算是真正的"生意人"。如果我们拥有和具备了"配神明，醇天地，育万物，和天下，泽及百姓，明于本数，系于末度，六通四辟，小大精粗，其运无乎不在"的道商之德，就可以"判天地之美，析万物之理，察古人之全"，德备天地，实现神明之容，成就内圣外王之道。

八、天下共富：范蠡的"道商"思想

范蠡，字少伯，又名鸱夷子皮、陶朱公，出生于公元前520年，楚国宛邑（今河南南阳）人。范蠡是春秋末期著名的政治家、军事家、道学思想家和经济学家，是黄老学派的创始人与奠基者，被司马迁高度评价为"忠以治国，勇以克敌，智以保身，商以致富"，后被公认为"中国道商"始祖，商界尊其为"商圣""文财神"。

范蠡是老子道学思想体系第三代传人。他少年时代就追随文子学习中国最早的经济商业理论——《计然七策》，即如何发展国计民生的国民经济学。他的道商思想主要体现在"富国"与"富家"两大领域。

对于富国之道，范蠡认为："夫国家之事，有持盈，有定倾，有节事。""持盈，"即国家与社会的可持续性发展，即如何在原有国力强盛的发展基础上继续保持平衡稳定与良性发展。"定倾"就是当国家政局或经济发展出现波动状态，甚至面临倾覆的重大危机时，该如何拨乱为治，转危为安。而"节事"之道，就是在国家治理与经济发展中的关键点掌控，如何识别提取管理中的要素环节，面对发展问题该如何保持与自然规律相符合的"节制"。范蠡把这三点与天地人结合，说："持盈者与天，定倾者与人，节事者与地。""持满而不溢，则于天同道，上天会佑之；地能万物，人应该节用，这样则获地之赐；扶危定倾，谦卑事之，则与人同道，人可动之。"

范蠡的守持盈之术，实为他对老子"戒盈"思想的技术性补充。范蠡分析了古往今来从天子以至诸侯的成败功过，认为无论是文王、武王的丰功伟绩，还是夏桀、商纣的劣迹暴行，都离不开一个总规律，那就是：但凡灭亡者，他们都是无一幸免地沾染了嗜好美味的恶习，沉溺荒废于声色娱乐之中，迷恋那些珍奇贵重的所谓宝贝器物。当他们一旦沾染了这些不良嗜好，总想满足自己的私欲怎么办呢？那就要与民夺利，千方百计从老百姓的手中捞钱。他们用整个国家不断加剧的贫富悬差和民众的困苦，来换取自己短暂的快乐，到最后国库越来越空虚，百姓越来越贫穷。"渐渍乎滋味之费，没溺于声色之类，牵孪于珍怪贵重之器。故其邦空虚。"最终的结局自然是"尊位倾，万物散。"民心瓦解，臣子背叛，身死邦亡。

范蠡也是"天下共富"主张的首倡者。他为了帮助越王勾践实现"天下共尊之"的战略梦想，提出了："昔者神农之治天下，务利之而已矣，不望其报。不贪天下之财，而天下共富之。所以其智能自贵于人，而天下共尊之。故曰富贵者，天下所置，不可夺也。"范蠡针对当时诸侯国君王存在的普遍现象——"利地贪财，结兵血刃，僵尸流血，欲以显于世。"告诫勾践"执其中则昌，行奢侈则亡。"

要实现富国富民，首先应该发展农业生产，"知保人之身者，可以王天下""使百姓安其居，乐其业者……民众则主安，谷多则兵强"。如何避免农业社会中不可预知的"年岁丰歉"呢？范蠡承传了计然的"十二周期循环理论"，他善于通过"治岁""明于时交"来使"八谷大成"。范蠡认为："知斗则修备，时用则知物。故岁在金穰、水毁、木饥、火旱。"当岁星处于金星的三年中，大地就丰收；处于水星的三年中，就会遭遇灾祸；处于木星的三年中，则收获平平；处于火星的三年中，就会遇到旱灾。所以，能帮我们安然度过灾祸的，是对自然规律的客观认识，和平时充足的准备。"圣主施令，必审于四时，此至禁也。"作为国家治理者，在发布农业政策时，一定要对春夏秋冬四季的阴阳顺逆进行预测，这才是保证农业丰收的关键所在。

富民强国之道，必须要搞活经济。"必且内蓄五谷，实其金银，满其库府，励其甲兵。"范蠡主张用国家宏观调控的方式来控制和平抑物价，并依据市场供求判断价格的涨落，他向社会推行了至今仍倍受各国经济学家推崇的"平粜法"，以确保农商两利。范蠡他说："出粜，二十病农，九十病末。末病则财不出，农病则草不辟矣。平粜各物，关市不乏，治国之道也。"假如一斗米的价格是二十钱，米价就贱了，则农民吃亏，农业受损，后果就是没有人愿意开荒种庄稼了。而如果米价一斗涨到九十钱，米价就贵了，商业就会受损。商业受损带来的后果就是没有人为国家和社会创造财富了。显然，这两种情况都不是政府愿意看到的。只有农商两利，各行各业趋于平衡，货物和财富保持流通状态，社会才会稳定发展。有了"农末兼利"这个国家经济发展总纲，越国在极短的时期内就开始实现了富强，成为春秋时代商业发展最为发达的国家之一。

怎样避免因经济发展和过分的"重利"，而导致社会贫富差距过大呢？范蠡在"天之道，损有余以补不足"的道学思想指导下，提出了带有鲜明自我色彩的，具备道家哲学高度和深度的主张——开天门、闭地户。作为国家经济政策的制订者，范蠡"审察开置之要，可以为富。"他辅助越王践行"越国之中，富者吾安之，贫者吾予之，救其不足，损其有余，使贫富不失其利"的中和之道，帮助越国实现了"内实府库，垦其田畴，民富国强，众安道泰"的共富盛景，也率先开创了"越王内修其德，外布其道，君不名教，臣不名谋，民不名使，官不名事。国中荡荡无有政令"的黄老道家无为而治之历史先河。

范蠡帮助勾践实现"兴越灭吴"的国家复兴战略后，"喟然而叹曰：计然之策七，越用其五而得意。既已施之国，吾欲施之家。"从富国富民的政治管理转向了富家富己的商业实践。"复约要父子耕畜，废居，候时转物，逐什一之利。"范蠡秉持"执其中和"的原则，带领家人辗转吴、越、楚、齐诸国经商，后又选择"东邻齐鲁、西接秦郑、北通晋燕、南连楚越，居于天下之中"的陶地，"以为此天下之中，交易有无之路通，为生可以致富矣。于是自谓陶朱公。"

作为道家学派学者，范蠡在十九年的商业实践中，他不但以身作则地亲自参与生产经营和商业实践，还勤于总结商业经验，善于发现商业规律，给后世留下了大量的极其宝贵的商业思想。

范蠡从道学思想的阴阳运动中获得启发，运用虚实相济的"交易有无法"，推崇"务完物"的精品战略，以"鸱夷子皮""陶朱公"的品牌传播，实行"逐什一之利"而"不敢居贵"的价格优势。在复杂多变的市场形势下，要获利赚钱，就必须重视市场行情的变化，揣度商品供求和价格的变化，以便采取有针对性的对策。根据市面上货物流通量的多与少，就可以预测出价格是贵的还是贱的，这就是经济学原理中最为朴素的"需求和供给决定价格"的最早论述。如何将阴阳学说中的"动静"思维运用到商业与经济领域呢？范蠡认为，"贵上极而反贱，贱下极而反贵"，这种阴阳转化法则是符合"反者道之动"的自然规律的。

范蠡认为，规律是事物内在的本质，是现象背后的真实，做生意尤其忌讳凭直觉、看表面、随大流。想要掌握规律必须善于观察并用心地领会，天、地、人三者之间是不断变化的。他通过对天时的提前预测实现了对商机的准确判断，"旱则资舟，水则资车"。在商品的价格波动中，"贱取如珠玉，贵出如粪土。"贵了就要把它像粪土一样出掉，贱了就要把它像珠宝一样买进，这反映的是价格围绕价值波动的真理。在经济学家的眼里，所有财富的使命是用来流通的，只有利用经济规律如同流水一样快速流通周转，才能创造出更多的财富。范蠡凭借流动而频繁的商贸活动，"使财帛如流水"，视人或物的"有余""不足"而投资，以逆市经营的"待乏"理论来赚取丰厚的利润。最后"亿则屡中，货财殖聚"，富甲天下。"十九年中三致千金"，成为"我不求财而财自来"的道商合一典范人物。

明清年间，人们把范蠡的《致富奇书》《陶朱公术》加以发挥、充实、演绎、细化，撰写出了《理财致富十二法则》《理财致富十二戒律》《商场教训》《经商十八法》等，并统称之为"商人之宝"，为中国传统商业思想的发展成型产生了重要的作用。

九、其他道学经典中的"道商"思想

除了上述道学诸子对商业与财富的相关认知外，道商思想也在其他道学经典中或隐或显地得以体现。

1.《淮南子》

《淮南子》又名《淮南鸿烈》，是西汉皇族淮南王刘安及其门客集体编写的一部黄老道学著作。梁启超曾说："《淮南鸿烈》为西汉道家言之渊府，其书博大而和有条贯，汉人著述中第一流也。"胡适也评此书："道家集古代思想的大成，而淮南书又集道家的大成。"

作为黄老学派著作，《淮南子》讲述的也多是君王如何治理天下这类话题。《淮南子》认为，"古者有鍪而绻领，以王天下者矣。其德生而不辱，予而不夺，天下不非其服，同怀其德。"治理天下的根本在于君王有道，通过行使"生而不辱，予而不夺"的德政，给予百姓财富而不聚敛民财，这样才能让百姓过上好日子且有尊严地生活。通过思想道德的感化，天地之间的阴阳二气就会平和不逆，自然界风调雨顺，万物繁衍生息，生态而又美丽。只要能够切实有效地解决民生问题，让百姓得到利益和实惠，那就没必要因循守旧，固守古制，完全可以随时势的变化而变法革新。

如何才能富国富民呢？《淮南子》认为："食者，民之本也。民者，国之本也，国者，君之本也。是故人君者上因天时，下尽地财，中用人力，是以群生遂长，五谷蕃植。"要想富民，必须增进社会财富的积累。对于财富的源头问题，《淮南子》认为财富从"道"中产生："夫道者，无私就也，无私去也。能者有余，拙者不足，顺之者利，逆之者凶。譬如隋侯之珠，和氏之璧，得之者富，失之者贫"。"先王之所以应时修备，富国利民，实旷来远者，其道备矣。非能目见而足行之也，欲利之也。欲利之也不忘于心，则官自备矣。"先王之所以能富国利民，使国库民囤财物充盈，让远方的异族归顺，这是因为他道性完备的缘故。要想强化自己顺应天时，处事周全的道性修为，惟有时刻不忘如何让百姓得利。

如何获取财富呢？首先要以农业生产为本，通过因地制宜的务农桑和养牲畜来提高社会生产力水平，满足百姓的丰衣足食。"教民养育六畜，以时种树，务修田畴滋植桑麻，肥墝高下各因其宜。丘陵坂险不生五谷者，以树竹木，春伐枯槁，夏取果蓏，秋畜疏食，冬伐薪蒸，以为民资，是故生无乏用，死无转尸。"其次要把握生态发展原则，"不涸泽而渔，不焚林而猎。"避免因过度开发而带来全社会的生态危机。第三可以通过商业交易使"四方来集，远方皆至"，增加国库收入，方便百姓生活，提高物质生活水平，使"财物不匮，上无乏用，百事乃遂"。同时，在商业经营活动中，要统一并验正尺、斗、秤等各种度量衡器具的标准，做到"一度量，平权衡，正钧石，角斗称"，制订商业管理政策，使"门闾无闭，关市无索，"最终实现"来商旅，入货财，以便民事"的目的，促进国计民生的良性发展。

《淮南子》认为："今谓强者胜，则度地计众；富者利，则量粟称金。若此，则千乘之君无不霸王者，而万乘之国无不破亡者矣。"一个国家要灭亡，即使国家再大也无法挽回灭亡的命运。现在有人认为强大的就必定会胜利，于是就一门心思盘算着怎样扩地增人；认为富有的必定会获利，于是就醉心于积粮聚钱。事实上不是这样，国家的生存取决于是否得道，而不取决于土地面积的广大；国家的灭亡取决于是否失道，而不取决于土地面积的狭窄。所以，"自当以道术度量，食充虚，衣御寒，则足以养七尺之形矣。若无道术度量而以自俭约，则万乘之势不足以为尊，天下之富不足以为乐矣。"通达于道的人，是不随随便便捞取好处的，也不会无故推辞应得的福利；自己该有的不放弃，不该有的不索取，这样就会永远充实幸福而不会失败和失落。如果我们不懂得用道术来衡量、检束自己，那么即使给你万乘之国的权势，你也还会嫌不够尊贵，即使给你天下所有的财富，你也仍然不会高兴。

2.《太平经》

《太平经》又名《太平青领书》，传说是东汉于吉所传，以阴阳五行解释治国之道，宣扬散财救穷、自食其力的思想。《后汉书·襄楷传》中说是："专以奉天地、顺五行为本，亦有兴国广嗣之术。"北京大学哲学系许抗生教授认为，《太平经》的思想也是从社会上流行的黄老道思想基础之上发展而来的，它们是早期道教思想的前身。

《太平经》上承老子遗教，它的核心思想以阴阳五行学说为理论基础，以"无为而无不为"的黄老学说为治国方针，为帝王治太平提出了一套系统解决方案。但是，由于《太平经》面对的受教群体是普通老百姓，因此它淡化了《道德经》中那些高深的哲理，而变得通俗易懂，能为大众所接受。

《太平经》认为："夫道何等也？万物之元首，不得名者。"又说："道无所不化。"这些都来源于《道德经》"万物莫不尊道而贵德"的传统观念。既然"道"的力量如此重要，君王该以何为纲，进行国家的治理呢？《太平经》

旗帜鲜明地提出了它的治道主张："**夫天命帝王治国之法，以有道德为大富，无道德为大贫困**。名为无道无德者，恐不能安天地而失之也。"

在老子、范蠡一脉相承的"守中""执中"思想启迪下，《太平经》也重点阐述了"中和"的思想及其运用，并认为：太阳、太阴、中和三气和谐而化生万物，因此在自然界中，太阳、太阴、中和三气缺一不可。"古者圣人致太平，皆求天地中和之心，一气不通，百事乖错。"只有阴阳二气的相互和谐产生中和之气，三气和谐并共同生养万物，达到平衡，才能有自然界的太平。"物者，中和之有。""阴阳者，要在中和。中和气得，万物滋生，人民和调。"故而，"太平道，其文约，其国富，天之命，身之宝。近在胸心，周流天下。"

在"中和"思想的指导法则下，《太平经》理所当然地认为，财物自然也是天地中和之气所生成，因此对财富要予以敬重。"财物乃天地中和所有，以共养人也。""中和有财，乐以养生。"财富应属全社会公有，非独予一人所有，要善于利用财富的力量来使国家富强、百姓富足。"无故埋逃此财物，使国家贫，少财用，不能救全其民命，使有德之君，其治虚空。"

对于财富拥有与生命健康的关系，《太平经》提出了"生为第一""寿为最善"的观点，认为生命比财富和地位更重要。一个人哪怕富为天下之首，贵为四海之尊，如果丧失了生命，就什么都烟消云散了。所以，要成为"欲乐居家治生畜财"的道商，首先要懂得以身财为贵的道理，应谨守"身在，财物固属人身；身亡，财物他人有也"的根本之道，不要颠倒本末，贵物贱命。

如何富而有财呢？首先要让百姓获得并行使自食其力的权利和义务。"天生人，幸使人人自有筋力，可以自衣食。"其次，要平等对待各行各业的健康有序发展，不打击排斥商业、手工业、医疗乃至宗教服务业的社会价值。"惟人居世之间，各有所宜，各有所成。各不夺其愿，随其所便安，自在所喜。商贾佃作，或欲为吏，及所医巫工师，各令得成，道皆有成，以给民可用。"《太平经》鼓励各种工艺技术的发明与应用，使"天地为万物之庐，贤人为万物工匠"。其三，要通过市场来发展经济和商业贸易，以实现富裕。"非若市，但可聚财处也。"为了积聚社会财富，应该建有"万物积聚，各资所有，往可求者"的综合型多元化经济功能体，满足百姓的各种经济需求。其四，有市场就有盗贼狡猾之辈，有利益就有虚伪欺诈之贾，"夫市，亦五方流聚而相贾利，致盗贼狡猾之属，皆起于市。"面对利益引发的各种欲望膨胀和道德堕落现象，《太平经》提倡

"以其华就实，反其伪就真，末穷者宜反本，行极者当还归，天之道也。"最后，先富起来的群体要积极主动地"周穷救急"，以带动社会整体实现共同富裕。《太平经》反对那种少数人占有大量财物，而多数人极端贫困的不合理现象的存在。"其有不足者，悉当从其取也。"既然财富是天地所产所共有，那就应该在全社会构建、推广和实现"均平"的新财富分配观。

《太平经》虽然界定了财富的所有权和使用权，反对少数人占有财富。但是，在物欲横流、金钱至上的现实社会里，人性中的邪恶因素会因为利益带来的优越性而凸显无余。如何遏止人的贪欲，建立真正的太平社会呢？

《太平经》从"天之道，损有余以补不足"的道学思想观念出发，认为财富积累应适度，多余者应当捐献出来。捐献给谁呢？一是捐献给国家，"夫金银珍物财货之用，人功积多，诚苦且劳，当为国家之用。"二是捐献给贫苦百姓以"周穷救急"，承担公益救助的义务。为什么要捐财助贫呢？因为财富是天地所共有的，我们留存积蓄下来给子孙后代享用是失道的行为。《太平经》指出："古者圣人深计远虑，知天下之财物，会非久是其有也。"在惟道是从的大前提下，我们应懂得合理地支配和使用财富，就可以获得吉祥和健康。否则，"或有遇得善富地，并得天地中和之财，积之洒亿亿万种，珍物金银亿万，反封藏逃匿于幽室，令皆腐涂。"这样的行为就会遭受祸患，受到天道的惩罚。这种惩罚，不但会殃及自身，还会祸延子孙。

与其他黄老道学著作不同的是，《太平经》给我们提供的实践方案带有很强的宗教色彩，它创造性地提出了"承负论"的天道善恶观，以解决财富分配中的不可遏止的私利至上问题。

《太平经》认为，世事万物受承负之灾的影响。对于能按天意积德行善的人，上天是会给予奖励的；反之，就会遭受惩罚。先人犯有过失，积累日多，则由后辈子孙负其过，前人为"承"，后人为"负"。如果为善，则前人积福，惠及子孙后代受其荫。如果先富起来的群体"不助君子周穷救急，为天地之间大不仁人。"这些通过不符合天道的手段获取财富或独占财富的人，《太平经》评论他们是"仓中之鼠"。这种人的最终结局必将是"与天为怨，与地为咎，与人为大仇，百神憎之。"为天地所不容，势必遭到承负的报应。

《太平经》通过宗教劝善的形式，对那些不愿均平财富的富人予以积极的劝谕、善意的讽刺、严厉的批评和宗教的恐吓，本意是在劝诫富人应富而行德，富而有道，多行仁义，常事慈善，以利财富均平。"帝王行之，其国富；吏民行之，无所不理也。"对于道商文化的形成和丰富，《太平经》有着积极的借鉴意义。

作为"经世济民"的缩写，中国传统经济学派（计然家、道商家）的诞生不但早于西方正统经济学千年以上，更由于其尊道贵德、富民让利的理念高度，对于经济运作过程中的道德归属问题、利益分配问题有着独到而卓越的解决方案。梁启超甚至认为，在中国传统的各门学问中，经济学尤为发达，完全可以媲美、乃至超越古代的希腊。

今天，道商之学正在从先秦及初汉为代表的"思想萌芽期"、百家罢黜儒术独尊后的"历史封藏期"走出，正进入以时代化、体系化、标准化、实用化为主要特征的第三历史时期——"学科建设期"。在这段特殊的历史时期里，成为标准化道商人才，将成为全球经济治理中推行"和气生财"互利模式的魅力使者，终将赢得商业世界的最高荣誉。我们也将在这段澄清治乱，使无序经济回归于有序经济的历程中，捷足先登道商"产业迸发期"的战略高地，让自己大获其益。

第四节　道商的历史人物

1. 范蠡

范蠡是中国道商的始祖。青少年时代的范蠡，虽生活在"衰贱"之家，却饱读典籍，胸怀大志，上晓天文，下识地理，文韬武略，无所不精。然而在当时贵胄专权、政治紊乱的楚国，有天纵之才的范蠡也难为世人所识，故而常常被人误称"狂人""疯子"。直到宛令文种拜访，二人结为挚友，共同离楚赴越，共创大业。

周景王二十六年，吴越两国发生夫椒之战，越王勾践大败，范蠡于勾践穷途末路之际，献"卑辞厚礼，乞吴存越"之策，向勾践概述"越必兴、吴必败"

之断言，进谏："屈身以事吴王，徐图转机"。《越绝书》记载："是时勾践失众，栖于会稽之山，更用种、蠡之策，得以存。……后遂师二人，竟以禽吴。"

为了帮助越国转危为安，范蠡亲自陪同勾践夫妇在吴国为奴三年，"忍以持志，因而砺坚，君后勿悲，臣与共勉！"在君臣韬光示弱，解除了吴王夫差的戒心归国后，身兼越国相国与上将军两职的范蠡与越王勾践深谋二十余年，他向勾践献上了七条"计然之策"，最终辅佐一个濒临灭亡的国家实现了复兴之梦，成为春秋霸主。

当政治生涯正值巅峰时刻，范蠡谨依老子"功成名遂身退"的教诲而急流勇退。他乘舟浮海到达齐国海滨后，变姓名为鸱夷子皮，带领儿子和门徒在海边结庐而居，初涉商海开始创业。年过半百的范蠡通过苦力戮身，父子治产，进行垦荒耕作，没过几年，就积累了巨万家产。由于范蠡过人的商业智慧和社会影响力，受到了齐平公与田常的联合邀请再次出任齐相。作为学者型官员，范蠡在"积著之理"的思想指导下，一手抓经济建设，一手抓学术建设。他将老子的道学思想与齐国的姜太公治政理念、管仲的治国策略相结合，又将遭遇外部危机而绝处逢生的"越国经验"与面临内部危机的齐国现状相参照，以日月升沉、赢缩转化的"天之道"，对应阴阳刑德、人权法治的"人之道"，安排组织相关人员记录和编撰了《黄帝四经》和《管子》等黄老学派系列思想著作，给后人留下了一笔巨大的政治和文化遗产。在先秦时代，黄老学派曾创下了"一枝独盛，压倒百家"的繁荣，成为诸子百家中最人多、势众、成果丰的学派，并创造和催生了中国历史上曾让全世界惊讶赞叹的汉唐盛世。

三年任满，范蠡认为"久受尊名，恐怕不是吉祥的征兆。"于是，他再次急流勇退，散尽家财给知交和老乡，举家迁徙迁居至陶地，以陶朱公的化名重操"计然之术"以治产，没出几年，范蠡经商积资又成巨富。"十九年中三致千金，再分散与贫交疏昆弟。"在世界商业史上创下了十九年中连续三次裸捐的最高记录，让秦相李斯发出了"千载之下，孰可比伦"的感慨。

《史记·货殖列传》载："后年衰老而听子孙，子孙修业而息之，遂至巨万。"范蠡后来年老力衰，就把经营产业的事情完全交给了子孙，自己安享晚年。在子孙们的经营下，范家的产业有了更大规模的发展，积累的家族财富更加庞大。

范蠡在他的商业经营生涯中，除了由楚至越，由越至齐，再由齐入陶地的著名"三迁"外，他还去过很多地方。在今天，浙江的绍兴、诸暨、宁波、桐庐、富阳、永嘉；江苏的无锡、宜兴；山东的临淄、肥城、定陶、枣庄；河南的南阳、卢氏、嵩县；河北的蠡县，江西的婺源，湖南的华容，安徽的涡阳，甚至国际大都市上海，都曾留下了丰富而动人的与范蠡相关的史料典故和民间传说。

在中国的经济思想史上，范蠡是商人心中崇拜的偶像，人们把经商事业称为"陶朱事业"，把世代经商为业或买卖公道称为"陶朱遗风"，范蠡的言论成为商人们尊奉的信条，而范蠡"以道经商，以智启财，散财济贫，天下共富"的道商思想，更被商界视作久久奉行的最高准则。

在后世学者的眼里，范蠡俨然成了老子的化身。如葛洪在《神仙传》中"老子条"就记录称："或云，（老子）在越为范蠡，在齐为鸱夷子，在吴为陶朱公……"

2. 猗顿

猗顿，本姓王，春秋末期鲁国人，是范蠡的亲传弟子，后被晋商奉为始祖。

《史记集解》载："猗顿，鲁之穷士也，耕则常饥，桑则常寒。闻朱公富，往而问术焉。朱公告之曰：'子欲速富，当畜五牸。'于是乃适西河，大畜牛羊于猗氏之南，十年之间其息不可计，赀拟王公，驰名天下。"

作为中华道商第二祖，猗顿年轻时家境贫寒，祖辈以耕读为业。他以一个落魄穷书生的身份投拜在范蠡的门下，自接受陶朱公的"道商"思想教育后，猗顿便首先进行了"择地取财，养殖掘金"。他从鲁国迁往西河（今山西西南部地区），以低廉的价格购买了一些小牲畜和家禽在猗氏（今山西临猗境）南部精心饲养。由于他的辛勤经营，畜牧规模日渐扩大，几年下来，猗顿就猪羊满圈、骡马成群了。在经营过程中，猗顿从范蠡商业思想中的"物之理也"入手，通过仔细观察、认真分析各种畜禽的生活习性，逐步摸索总结出"牛者顿足，马者夜饱，羊行自饱"的规律，继而创造了"盐水饮畜""斗米养千鸡"的饲养方法和为雄畜去睾丸的办法，极大地提高了饲养效率。善于创新的猗顿还用"留强去弱"的办法提高种畜质量，同时把本地和外地品种进行交配来繁育后代，为畜禽品种改良作出了巨大贡献。

当猗顿依靠畜牧业积累了雄厚的资本后，他又将眼光投向时人未曾涉猎的全新领域——制盐贩盐。据称，猗氏之南的河东池盐为"池水浇晒之盐，可直食用。不须涑治，自成颗粒。"于是，猗顿便不断扩大池盐的生产与销售规模，一举成为当时我国著名的盐业大王。他发明的垦畦晒盐法，大大缩短了出盐时间，至今仍在沿用。

猗顿还首开了中华民族历史上集团化长途贩运的先河，成为了当时的珠宝大亨和珠宝鉴定大师。他通过自己的运输队把河东池盐运到西域，又从西域换回一批批珍珠玛瑙、珠宝玉器，并在沿途各地设立了50多个珠宝店铺。西域各地的珠宝，就这样源源不断被带回猗地，经过猗顿的鉴定，分开种类，标明档次，划定价格，投入交易。经营珠宝，不仅使猗顿富比王侯，也使他对珠宝鉴赏达到了极高的水平。作为春秋时期第一奢侈品鉴赏家，猗顿对珠宝有着最高水准的鉴赏能力，以至于可以与相马的伯乐相提并论。这份核心技术优势和品牌影响力，让猗顿拥有了"与王者埒富"的新高度，各诸侯国的权贵们谁也不敢以商人看待猗顿。

巨富后的猗顿，不但其财富与恩师陶朱公范蠡齐名，享有"陶猗之富"的美名，他更继承了陶朱术的商业智慧，也承传了范蠡的道商之德。随着"猗顿产业集团"对外贸易规模不断扩大，来自四面八方到郇地和猗顿进行商贸交易的人络绎不绝，甚至延伸到齐、鲁、燕、楚等各诸侯国。由于猗顿对交通运输事业的发展，他无形中改变了晋国所面临的被动和不利境遇，打开了晋国闭塞的大门。猗顿居住的村落也逐步由一个畜牧区演变为远近闻名的商贸集镇，成为了中国历史上第一座"西抵桑泉，东跨盐池，南条北崛，皆其所有"的商城，后人称之为"猗顿城"，至今古城墙遗址尚在。

作为先富起来阶层的代表人物，猗顿尊道贵德，广行仁义，乐善好施，赈济穷人。每遇到国难当头，他便把自己的粮食和马匹捐给了国家，保家卫国；看到流离失所无家可归的灾民，就开仓放粮济贫民，"急公奉饷上有利于国，恤孤怜贫下有利于民"。猗顿的言行一致，从不妄语，有求必应，从不落空，生前为乡民办了不少实事，官皆敬之，民皆仰之。猗顿还为恩师范蠡盖建陶朱庙以纪念，并毫无保留地把自己的商业智慧著成《箴言集》一书广泛散发流传。譬如猗顿在经营畜牧业中摸索出："乳牛好，堪为种产者，以留之为种，劣者还卖，不失本利，坐驹畜犊，还更买怀子孕者"的经营经验，以及承传总结出"贵上极则反贱，贱下极则反贵"的道商投资智慧，对后世商业理论的完善产生了极大的影响。

猗顿作为山西商业发展史及中国经济发展史上的重要人物，被后世尊为晋商始祖。后人为了感恩怀德，同样给"中华道商第二祖"猗顿兴建陵墓，树碑立传，还盖了祠庙，永远怀念。

猗顿祠古碑文载："猗顿不朽有三：为国立功，为民立德，己身立言"。

司马迁谓猗顿："长袖善舞，多财善贾，其猗顿之谓乎"，又赞他"其财能聚，又复能散"。汉·桓宽在《盐铁论》中说："宇栋之内，燕雀不知天地之高；坎井之蛙，不知江海之大；穷夫否妇，不知国家之虑；负荷之商，不知猗顿之富……"

3. 白 圭

白圭，战国时期人，名丹，字圭，猗顿弟子；曾在魏惠王属下为大臣，善于修筑堤坝，兴修水利。《汉书》中说他是经营贸易发展生产的理论鼻祖。宋景德四年，真宗封白圭为"商圣"。

白圭曾经在魏惠王初期担任魏国国相。那时，魏国都城大梁靠近黄河，经常遭受洪水之灾。白圭施展了他杰出的治水才能，解除了大梁的水患。后来，魏国的政治越来越腐败，白圭看到这一情形，就毅然离开了魏国，到中山国和齐国游历。这两个国家的君主都想把白圭留下，帮助自己治理国家，可是白圭却都婉言拒绝了。有人问他为什么，白圭回答说："这两个国家没有必行之事，那么信用已经到了尽头了；不注重声誉，那么名誉已经到了尽头了；没有仁爱，亲情已经到了尽头了；旅行的人没有干粮，居家的人没有食物，财力已经耗尽了；不能用人，又不能自己奋发图强，事功已经到头了。一个国家出现了这五种现象，一定会灭亡的。"

离开齐国之后，白圭曾经到过西方的强国秦国，当时正值商鞅变法之时，白圭对商鞅重农抑商的政策很是反对，于是没有在秦国做官。白圭经过一番游历之后，对各诸侯国的政治局势看得更是透彻，也对政治产生了很深的厌恶，于是他放弃从政，转而走上经商之路。

按照司马迁的说法，白圭擅长经商致富，曾提出"治生之术"。事实上，白圭治生七策是对范蠡留传下来的道商理论的继承和发展：

（1）范蠡提出"与时逐而不责于人""能择人而任时"。白圭提出"乐观时变""趋时若猛兽鸷鸟之发"。

（2）范蠡提倡"贵出如粪土，贱取如珠玉"，白圭提出"人弃我取，人取我与"。

（3）范蠡提出有"旱则资舟，水则资车"的商业理论。白圭则认为"岁孰取谷，予之丝漆；茧出取帛絮，与之食"。丰收年景时，买进粮食，出售丝、漆。蚕茧结成时，买进绢帛棉絮，出售粮食。

（4）白圭用观察天象的经验预测下年的雨水多少及丰歉情况，他认为"太阴在卯，穰；明岁衰恶。至午，旱；明岁美。至酉，穰，明岁衰恶。至子，大旱；明岁美，有水。至卯，积著率岁倍。"出自于计然、范蠡一脉相承的"十二周期循环论"。

（5）范蠡提出"贵上极则反贱，贱下极则反贵""务完物"的商业思想。白圭认为"欲长钱，取下谷；长石斗，取上种。"意思是说如果为了省钱而买谷物自己吃，就买差一些的谷物，如果是为了做种子来年丰收，那就应该买上等的种子。

（6）白圭创业风格是"薄饮食，忍嗜欲，节衣服，与用事僮仆同苦乐。"生活俭朴，摒弃嗜欲，节省穿戴，能够与奴仆们同甘共苦。范蠡创业也是"苦力戮身，父子治产。"

（7）白圭曾自言："吾治生产，犹伊尹、吕尚之谋，孙吴用兵，商鞅行法是也。是故其智不足与权变，勇不足以决断，仁不能以取予，疆不能有所守，虽欲学吾术，终不告之矣。"白圭把经商的理论，概括为四个字：智、勇、仁、强。他说，经商发财致富，就要像伊尹、吕尚那样筹划谋略，像孙子、吴起那样用兵打仗，像商鞅推行法令那样果断。如果智能不能权变，勇不足以决断，仁不善于取舍，强不会守业，就不具备谈论经商之术的资格。然而白圭一生并无统军作战的人生经历，恰恰范蠡的人生中曾担任过越国相国和上将军之职。

白圭的经营之道，常从大处着眼，通观全局，在经营上从不嫌弃小惠小利，也从不靠诡计进行欺诈。他将货物流通与发展生产联系起来，既能使经营生财，又使生产有利其发展，他认为只有以足补缺，以丰收补欠收，使全国各地物资互相支援才能在辅民安民的同时为国家理财致富。在他看来，货物得到流通，既利于人民生活，又能从中赚取利润，可谓一举两得，利国又利民。白圭的这些思想认识，是符合范蠡提出的"农末两利、平粜齐物、关市不乏"这番治国之道的。

白圭出生于何年呢？没有确切可信的资料。司马迁在《货殖列传》中说白圭活动年月是在魏文侯在位时,魏文侯(公元前472年—公元前396年)继承的家业是魏桓子在三家分晋时建立的魏国。当年三家分晋时,赵氏获利最多,魏、韩得到的要少一些。魏国的核心地区是运城谷地,北部是吕梁山,南部是中条山,东部是王屋山,黄河的大拐角包住了魏国的西部和南部。

魏国的核心地区运城,恰恰就有猗顿带领门徒建设的中国第一座商贸城——猗顿城。魏文侯鼓励魏国百姓从商,支持他们参与各国土特产贸易,或许正是受启发于猗顿在商业贸易上的强大影响力。

观白圭的商业思想主张,我们不难发现白圭是"陶猗之术"的传承人。故而,白圭当是猗顿在晋魏之地培养出来的弟子。

4. 张道陵

道教作为一种以"道"为最高信仰,以黄、老道学思想为理论依据的本土化教团组织,是传承道学思想文化的主力军。在历史的演进中,道教所诞生出的各大宗派创始人物或教派领袖,都可以看成是另外一种形态的道商代表。

张陵,名道陵,字辅汉,系张良(子房)八世孙,后汉沛国丰县人。他本来是太学书生,生性好学,博采五经,遂于黄老之道,七岁时即能通道德经及河洛图讳之书,皆极其奥;长为博学之士,后弃官学道,创立了正一盟威道,俗称五斗米道。道教称张道陵为祖天师,或称正一真人。

道书上记载:张道陵闻蜀民朴素纯厚,易于教化,且多名山,乃将弟子入蜀,于鹤鸣山隐居修道。既遇老君,遂于隐居之所备药物,依法修炼,三年丹成,未敢服饵,谓弟子曰:"神丹已成,然未有大功于世,**须为国家除害兴利,以济民庶**。然后服丹即轻举,臣事三境,庶无愧焉。"

张道陵是如何建"大功于世,为国家除害兴利,以济民庶"的呢?

《太平御览》卷三百九十九引《陵州图经》:"陵州盐井后汉仙者张道陵之所开凿。周回四丈,深五百四十尺。置灶煮盐,一分入官,二分入百姓家。井上有玉女庙,古老传云:比十二玉女曾与张道陵指地开井,遂奉以为神。"

俗话说,开门七件事,柴米油盐酱醋茶,盐也是人类生活中不能离开的东西,它同时又在国民经济中占有重要地位。中国从春秋战国以来,就实行盐铁专卖,限额供应。尤其是蜀地山区,盐的重要程度,甚至比金子还贵。基于"济民庶"这个崇高理念,张道陵从老百姓的生活必需品——食盐入手,率众弟子复游各地,后在陵州（今四川仁寿）开凿盐井，置灶煮盐，所得收入"一分入官，二分入百姓家。因利所以聚人，因人所以成邑"。由张道陵最早开发的井盐业，对蜀地的经济发展起到了重要作用。他还教民以掘井取盐之法，后人称为"陵井"。通过建功立德，造福蜀民，张道陵因此获得了百姓的拥护，民众甚至将他看成是神圣，蜀地百姓尊他为盐业祖师。

后来，张道陵还在蜀汉之境设二十四治，后又增加到二十八治以应二十八宿。所谓"治"，是宗教的组织方式，带有区域管理的性质，为布化行道的专门机构，类似于今天的集团化公司的地方分支机构和服务网络。直到后来，人们习惯称县衙门为"县治"，也是由此而来。二十四治用道民命籍替代了户籍制度，用宗教道德作为教民的行为规范，教区内还设祭酒（组织管理者）分领其户，并立条制（即规戒、制度）。这样，一个宏大的宗教组织就建立起来了。凡入道者交五斗米为信，为当代"会员制"商业模式的雏形，治下还有三十"会坛"与六十"靖庐"，类似于今天的个人创业工作室。这些都是张道陵的首创。

以此而论，张道陵是东汉末年当之无愧的知名盐业大亨，名符其实的道商实业家、卓越管理大师。

及其后，张道陵之孙张鲁在汉中建立了一政教合一的地方政权。他利用政权的力量，推行正一道的一些社会和宗派主张，比如，对犯有罪过的人，不是用严刑惩罚，而是原谅三次后再加以刑罚，那刑罚也比较轻，一般是让他去修路，从事社会公益事业。同时在路上设义舍，里面放米肉，路人可以量腹而食，这类似于今天的慈善援助机构。这些措施对于天下大乱形势下的民众，营造了比较宽松的生活环境，"百姓殷富，流民归之"，得到了当地汉族和少数民族群众的拥护。连毛泽东都不得不钦佩："汉中有个张鲁，他搞过吃饭不要钱，凡是过路人，在饭铺吃饭吃肉都不要钱。他搞了三十年，人们都高兴那个制度，这有种社会主义的作风，我们的社会主义由来已久了。"

5. 王重阳

严格意义上说，本书所定义的道商并没有包含道教的专职从业人员——道士，这是为了保持和维护宗教信仰的神圣性与独特性。但不可回避的是，历代致力于道教发展、改革的祖师和宗师们，他们的人生多有以商悟道、以商护道、以商阐教的特殊经历。而道商对于道教发展的历史性贡献，更是不容忽视，值得研究。

全真教的创立者王重阳,出生于宋徽宗政和二年(1112年),咸阳大魏村人。青年时代的王重阳,属于典型的"富二代"类型人物,其家为当地富豪,家业丰厚,自幼享受荣华富贵,直到33岁仍功名无成。48岁时,深感"天遣文武之进两无成焉"的王重阳,愤然辞职,慨然入道。他在甘河镇甘河桥上遇二仙点化,从此出家修道,掘地穴居,称之"活死人墓"。几年后出关,王重阳开始布教山东,在不到三年的时间里道众达到几万人,而且培养了马钰、丘处机等七位弟子,即全真七子,从而使全真教在全国得以振兴。

强大的资金实力与卓越的社会影响力,或许是弘道的第一要素。为什么马丹阳会成为王重阳的首徒呢?史载:马丹阳"家富"。据考证,马钰祖先为避唐末战乱而迁居山东宁海州,即现在的牟平区,至马钰一代,其家业已占据了宁海全州财富的半数以上,其"马半州"的名号不胫而走,按今天的标准看可以说是典型的亿万富豪了。然而,当王重阳为开创全真教而来到牟平时,已是中年的马钰毅然抛弃巨大家业,皈依重阳祖师出家,励行苦节,专务清静。在马丹阳的人生符号中,不应缺失了"道商"之名。

无独有偶,王重阳门下的全真七子中,郝大通也是"家故富饶,世为宦族"的大富商。而全真教另外一位影响深远的领袖人物丘处机,虽然未曾有过经商致富的经历,但是在他的长春语录中,曾留下了这样的一番文字:"**其富贵者,济民拯世,积行累功,更为易耳。但能积善行道,患不能为仙乎?**"

6. 当 代

近代,中国道教协会第五届理事会会长,全真派第二十三代大律师傅元天道长为解决动乱年代的道众生计问题,曾将道家秘传的猕猴桃素酒配方,反复勾兑实验,终于掌握了制作"道家洞天乳酒"的方法与技能,在青城山创办了道家洞天乳酒厂。1985年,青城山青龙岗洞天贡茶厂和响水洞洞天乳酒厂正式投产,傅元天道长被四川省政府授予重大科技成果奖,后荣任全国政协常务委员,参政议政,被全真道徒奉为楷模。

香港知名的电影制作人、娱乐业大亨、慈善家邵逸夫先生,也是当代德寿双全的道商代表人物。1998年,邵逸夫曾亲上武当山拜会百岁高人李诚玉道长,李诚玉道长传授他四招"回春呼吸法"。作为全球最长寿、任期时间最长的上市公司 CEO，邵逸夫先生慈善为怀，历年捐助社会公益、慈善事务超过 100 多亿港元。尤其对教育事业和科技事业，邵逸夫捐赠的教育资金遍布神州大地，全中国多家高等院校均有邵逸夫命名的"逸夫楼"。而邵逸夫晚年更拨出资金，成立有东方诺贝尔之称的"邵逸夫奖"，表彰人类科技拔尖的人物，支持香港、中国大陆以及世界其他地区的科学研究。

第五节 道商的历史贡献

中华文明的最高标准就是尊道贵德。道商文化上承黄、老思想旨要，倡导"上富其国，下富其家"的价值核心。其重生保命、扶弱共富、顺乎自然的思想观点，对今天我们所直面的生命价值观与生态发展观，提出了很好的解决方案。老子的"我无事而民自富"思想，范蠡的"我不求财而财自来"境界，不但与二千年后出现的西方市场经济"看不见的手"的思想观点不谋而合，更有其不可逾越的高度。

道商文化的历史贡献主要体现在以下几个方面：

1. 商人群体的自我价值认定

在中国古代，由于社会主流群体对商人有失公允的评价，不但让商人失去了对自我价值的合理认定，更严重影响和制约了中国商业的健康发展。

对于商业和商人的处贱地位，老子首提了"良贾"的概念。他认为，"贵以贱为本，高以下为基。""处众人之所恶，故几于道。"道商站在"道"的高度，超越了普通商人对利益的浅层理解，突破了普通商人"金玉满堂，莫之能守"的历史怪圈，为我们重塑了"以道经商，以商显道，道商合一，富民强国"的道商价值观。

也正是在此思想指导下，道商始祖范蠡能够两弃相国之尊位，埋身潜心于社会公认的贱业之中寻求发展,在十九年中三致千金。他通过广散钱财普施恩德,一举扭转了商人贪财厚利,损德弃义的不良形象,并最终赢得了"商圣""财神"的最高荣誉。

2. 传统商业理论的集成者与传承者

中国当前是世界第一货物贸易大国。然而,具有中国传统文化内涵的本土化商业理论体系的长期缺位,却是中国商业羞于示人的一大硬伤。要发掘、传承、传播具有中国精神的传统商业理论,我们必须从黄老道学和道商文化中去溯本探源。

在道商学术思想体系的传承发展中,道学思想宝库中的"有无相生""利而不害""圣人不积""损有余以补不足""均平""无私""共富""兼利""和气生财"等理论观点,为中国传统商业思想的集成与丰富奠定了理论基础。无论是具有哲学思想高度的《道德经》《计然七策》《范子计然》。还是通俗化、简易化、大众化流通的《养鱼经》《致富奇书》《陶朱公术》《陶朱公理财致富十二法则》、陶朱公《理财致富十二戒律》《商场教训》《经商十八法》等。那些被冠以陶朱公之名的"商人之宝"与"治生之学",对中国传统商业思想的传承和发展产生了重要的指导意义。

今天,用"道"的哲学框架来强化商业理论的合理性,用"德"的标准体系来规范商业目标的功利性,用"术"的策略思维来打破商业创新的边界性,将中国传统商业理论带入一个全新而又完整、系统的思想体系中,使之明朗化、层次化、学科化、标准化、时代化,成为中国道商知识体系的首要任务。

3. 商业伦理道德的最早提出者与践行者

近年来,在资本的驱动压力下,中国企业越来越重视规模、利润,却忽略了道德和法律的约束。没有道德的商业,将会诞生一片"魔鬼"般的无序市场,对商业社会的健康发展构成致命的伤害。"君子爱财,取之有道。"商人作为货物流通的承载者,最重要的是信用,富贵必须要与道德匹配。

道商强调"以道经商"的价值理念,奉行"尊道贵德"的发展原则。在2500年前,范蠡便已经通过产品文化创新的手段,将市场规则、商业伦理相结合,有效地解决了商业交易中的公平问题。范蠡在他发明的十六两天星秤中,他将南斗六星、北斗七星和福、禄、寿三星巧妙组合,以十六两为一斤,对商人的自私天性进行了约束——短一两无福，少二两少禄，缺三两折寿。天下商人，谁敢冒此大不韪？

具有道商伦理道德规范意义的十六两天星秤，成为商人称量自己良心的衡器。

4. 科技创新与工艺创新的先行者

德国经济史及经济思想家熊·彼得认为，"现在经济发展的根本动力不是资本和劳动力，而是创新"。道商学术思想体系是对传统黄老道学的时代化创新与个性化升级。

黄老学派的精神宗祖轩辕黄帝曾在农业生产和社会生活方面拥有众多的创造发明，他"造宫室，作衣裳，制舟车，创弓矢，扩武器，定律历"，文字、算数、音乐等皆相继发明，果木蔬菜，种桑养蚕，饲养兽禽全面开发，自主创新带来了民富国强，于是形成"田者不侵畔，渔者不争隈，道不拾遗，市不豫贾"的盛世局面。老子在《道德经》中对车辆制造、陶瓷加工、房屋建筑等行业有过"有之以为利，无之以为用"的精辟总结。道商始祖范蠡是公认的"兴陶祖师""造缸先师"，他曾在宜兴改进烧窑工艺，发明了"垫脚石"和"闷窑"技术，曾将单孔的馒头窑改为多孔窑，将最初的坛坛罐罐进行技术改良制造了大缸，并发明了"七石缸"和"二十石缸"。范蠡还主持修建了绍兴城，参与了越国青瓷的技术研发和改良创新，发明了十六两天星秤和如意、琉璃等工艺产品，并在上海围海造田进行黄浦江开发。范蠡也是淡水养鱼技术的研发者，及史上第一本系统讲解淡水养鱼科普教材《养鱼经》的作者。《列子》书中曾提到了宋人花费了三年时间为国君用玉雕刻楮树叶片，其工艺水平足以以假乱真，堪称工匠精神的代言人。

在中国历史上，以火药、指南针、豆腐、黄麻纸、棉纺布为代表的多项实用科技发明创新和工艺改良，都与黄老道学派人物有着千丝万缕的联系。

5. 产业拓展与多元化经营的尝试者

寻求利益是几乎所有商人考虑的首要问题。而企业多元化战略则是企业为了创造效益、保持持久竞争力。事实上，多元化经营是一个难度很高的经营战略，并不是所有的企业都可以成功进行多元化发展的，多元化经营的成功率仅在10%。

范蠡是中国最早的多元化经营尝试者与成功者。据史料记载，范蠡先后从事了农业、渔盐业、贸易业、车船制造业、陶瓷加工业、畜牧业、水产业、盐业、珠宝业、皮毛加工业、投资业、运输业、旅游业等多元化经营，开创了中国历史上最早的多领域、跨行业集团化经营模式。

6. 文化价值在商业中的探索传播者

现代商业理论认为，消费行为是实现自我需要的手段和工具，品牌核心价值一定来自于消费者的心声，来自消费者发自内心的精神满足和记忆深刻的美好回味。

范蠡是中国商业史上最早从事文化价值在商业中的探索传播者。他在推行淡水养鱼技术时，首创性地将"养鱼"的产业规模化与民俗吉祥文化进行了有效结合，通过"年年有余""吉庆有余"的文化价值输出，开始了中国最早的文化产业。在对"如意"的创意设计中，范蠡也通过有形产品来倾注、表达其文化价值与思想境界。"如意"头部呈弯曲回头之状，被范蠡赋予了"久受尊名不祥""回头即如意"的人生哲理，堪称是中国商人最早的形象标识。

7. 富民强国与利益天下的担当者

一直以来，商人存在的意义就是通过加速商品流通，来实现利润的最大化。哪怕是在现代社会中，追求股东利益最大化也被写进了公司价值观中。在单纯利己主义的思想教育下，商人的社会责任与道德信仰缺失，严重制约了中国商业的健康发展。

范蠡在世界商业史上创下了十九年中连续三次裸捐的最高记录，还曾出巨资开凿"蠡河"四十三里，造起了张泽桥，为宜兴水利建设第一人。猗顿每逢国难民困之时，"急公奉饷上有利于国，恤孤怜贫下有利于民"，为国家与乡民办了不少实事。他通过商业贸易与交通运输，改变了晋国偏僻落后的国家形象，帮助晋国登上了经济复苏、礼法文明的历史舞台。

道商对于中国传统商业的历史贡献，在于他用不可争议的事实告诉我们——商人并非都是利欲熏心道德丧失的群体。勤劳节俭、信诚守法、义利兼备、家国两利的中国道商，是一个值得全社会尊敬的群体。

今天，我们如何在满足和实现商业利益的过程中，提高自身道德修养水平，培育传统人文精神,为后来人提供"以智启财"的经营智慧,带动和影响全社会的商人都能自觉成为富民强国和利益天下的大担当者,并最终引领和主导中国经济在全球化进程中的风向,将会成为未来中国道商的真实价值体现。

第六节　道商的全球影响

道商作为老子、范蠡一脉相承的道学思想子体系,它的核心要义来源于以《道德经》为纲领的道学思想体系中。

有外国企业家称:"在中国做生意,要懂老子。"其实老子的"道"不仅仅是在中国通用,更是放之四海而皆准的真理大道。老子的"道"不仅在古代社会推动着经济发展,提高人们的物质生活水平,而且在当今市场经济社会里,仍有着重要的指导意义。

在西方经济学界,一直就存在研究中国古典思想的传统。法国经济学家魁奈最先吸取了老子的"无为"思想,第一个把"无为"译成"自由放任",并创立了依赖自然法则的重农经济学。1764年2月至1766年10月,亚当·斯密进行了为期3年的欧洲大陆之行。他在法国逗留了10个月,期间会见了魁奈、杜尔哥等许多法国著名的思想家,斯密在这些接触中,加深了对经济学的认识,并着手制定《国富论》的写作计划。《国富论》曾大量引用中国文献,以致于英格兰著名经济学家L·Young认为,亚当·斯密的自由经济思想,可能来源于司马迁的《货殖列传》中"低流之水"的市场机制。而当代自由经济的鼻祖哈耶克更是将老子奉为"思想教父"。哈耶克认为《道德经》中"我无为,而民自化;我好静,而民自正"两句话,是对自发秩序理论最经典的描述。

英国当代哲学家克拉克认为:"现代经济自由市场的原理就是源自老子的无为而治。"他还认为"道家在西方的发展可能与佛教、印度教不同,它不会表现为宗教运动,而会体现在挑战过头的启蒙理性精神、非此即彼的简单化思维原则,提供新话语、新洞识、新范式,影响西方人的思维方式以及个人选择与生活方式,替代唯物主义与彼岸宗教信仰并引导我们树立生态化精神的态度,有助于西方人灵肉二元论的克服和整体精神态度的转变,道家治疗性的哲学对西方人有关真理观、自我、性别认同等的反思有积极作用,对诊治西方虚无主义的顽症具有显著疗效。"

1999年诺贝尔奖得主,享有"欧元之父"称号的加裔美籍教授罗伯特·蒙代尔说:"中国人相信的是道,这种道教的思想实际上在中国的三种主要的思想流派中都存在。道是宇宙运行的方式,是自然的规律,是一种统一的和自发的行动。世界万物和每一种变化都有它内在的必然性,都是部分的协同的合作来促进一个整体。"

1911年,德国汉学家卫礼贤首次把老子的《道德经》译成德文发表,以此为契机,德国学界掀起了一场旷日持久的老子研究热潮。德国社会学家马克斯·韦伯在《儒教与道教》一书中,指出:"在中国历史上,每当道家(道教)思想被认可的时期(例如唐初),经济的发展是较好的,社会是丰衣足食的。道家重生,不仅体现在看重个体生命,也体现在看重社会整体的生计发展。"德国前总理施罗德大声呼吁:"每个德国家庭买一本中国的《道德经》,以帮助解决人们思想上的困惑。"德国诗人柯拉邦德则号召德国人应当按照"神圣的道家精神"生活,争做"欧洲的中国人"。

老子道学思想在俄罗斯的影响更大。1842年俄国汉学家傅邱林在《祖国之子》杂志上发表了《老子及其学说》一文,文中多处引证老子原文。傅邱林大胆地指出,由于老子的继承者"渐渐脱离了老子的思想方式,构成了新的原理"而创立了道教。

在俄罗斯领导人梅德韦杰夫看来,中国文化的代表应是老子,而不是孔子。2008年,梅德韦杰夫当选俄罗斯总统后第一次访问中国,在对北京大学学生演讲时,第一次引用《道德经》中的名句"使我介然有知,行于大道,唯施是畏",竟让不少北京大学中文系的师生都一时找不到出处。据其助手称,在梅德韦杰夫的书房中,老子的《道德经》占据了非常重要的地位。在跟经济学家和企业家交谈时,梅德韦杰夫会如数家珍地谈论起老子的哲学思想。2010年6月19日,来自50多个国家的2300多位各国政要、企业和经济界人士,出席了在俄罗斯圣彼得堡召开的国际经济论坛。当全世界都在经济二次探底的威胁下瑟瑟发抖之际,梅德韦杰夫再次向与会者建议,应当遵循中国古代伟大哲学家和思想家老子的教诲来应对世界金融危机。他援引了老子《道德经》文中的一段内容说:"得与亡孰病?甚爱必大费,多藏必厚亡,故知足不辱,知止不殆,可以长久。"梅德韦杰夫盼望在后危机时代,建立一个新的经济集团,使俄罗斯和中国等国家,能在现在的金融复苏过程中成为全球秩序的决策者。

在管理学界,彼得·德鲁克被誉为"现代管理学之父",是"管理大师中的大师"。德鲁克曾说:"有效的管理者坚持把重要的事放在前面做,每次只做好一件事。""专心是一种勇气,敢于决定真正该做和真正先做的工作。""有效的管理者不做太多的决策。他们所做的,都是重大的决策。"这些理念与《道德经》中"守一"的思想如出一辙。德鲁克对1987年美国股市的大崩盘做了如是评价:"不是因为经济上的原因,而是基于审美和道德。"在德鲁克的眼里,"一个重视贡献的人,为成果负责的人,不管他职位多卑微,他仍属于'高层管理者'。"

美国麻省理工大学斯隆管理学院资深教授,"学习型组织"的创始人彼得·圣吉最推崇老子的管理思想。美国管理学大师艾博契特,在所著《二十二种新管理工具》一书中谈到管理的过去与未来时,引用了老子的"善用人者为之下,是谓不争之德,是谓用人之力。"并评论说:"讲这几句话至今已有二千年历史,它代表见识不凡的管理者长久以来都在努力,但仍未有人能够趋近这种道的境界。从某种意义来看,管理者的历史,也就是试图实践这项基本观念的历史。"哈佛大学教授泰勒·本沙哈在《幸福超越完美》一书中提倡:"极力推崇老子的顺其自然,并建议中国所有的学校、企业人员都应该好好读读《道德经》。"曾担任财富五百强公司高级执行官的詹姆斯把《道德经》尊为新世纪的商业理论。当有人问美国 GE 公司前总裁杰克·韦尔奇:"什么是优秀的管理理念?"韦尔奇依据老子的"为道日损"的思想,回答是:"简单的管理"。芬兰诺基亚总裁奥利拉自称以老子为师,他常引用老子的话是:"太上,不知有之。功成事遂,百姓皆谓:我自然。"

日本中央青森大学副校长、世界著名经济学博士酒井甫先生,则是公认的日本经济学界研究范蠡的第一人。酒井甫曾说:"我从事范蠡研究已有四十余载。范蠡真是太伟大了,不论我到世界上任何一个国家讲学,都要引用中国商圣范蠡的例子。"酒井甫在总结范蠡的经营思想的基础上,还成功研究设制出"金玉良言星云图",在日本经济学界引起了很大的反响。日本学者伊藤肇曾经指出:"日本企业家只要稍有水准的,无不熟读《论语》和《道德经》,孔老的教训给他们的激励，影响至巨，实例多的不胜枚举。"日本著名企业家"经营之神"松下幸之助是一位伟大的实业家、哲学家、畅销书作家。而让他名垂千古的并不是他的商业帝国，而是他的精神。松下幸之助曾说："把《孙子兵法》是用在销售上，把《大学》用在管理上，把最难懂的《道德经》用在最重要的领导层上。""我并没有什么秘诀，我经营的唯一方法是经常顺应自然的法则去做事。""过分追求欲望的结果是：不仅不能感到舒适，反而会感到痛苦，丧失自我。"松下幸之助的经营理念始终基于人类之繁荣幸福与世界和平。他认为："作为制造商品和经销商，不能仅仅满足于自身的繁荣。这种繁荣是次要的，重要的是让全社会能够繁荣、富足。"由松下幸之助创建的著名 PHP 运动便是其精神哲学的重要实践，这项运动核心就是宣传"透过经济繁荣来追求和平与幸福"的人文理想，经过半个世纪的不断发展，PHP 运动对日本思想界和经济界产生了极其深远的影响。

第七节 道商的时代意义

2009 年 5 月，黄老学派独立学者李海波、杨明敏、沈水海等人共同发起成立了国际道商文化研究院，提出了"以道经商，以商显道，道商合一，富民强国"的核心发展理念，通过对中国本土化商业思想的研究、传承、发展与创新，打造新经济时代的中国道商，共谋民族富强，成就以智启财的智本家，影响全球思潮。

以道治国，惟在富民。追求富强历来都是中华民族梦寐以求的理想，富强也是社会主义核心价值观在国家层面的第一要求。

今天，我们学习、传承和推广道商文化，具有如下意义：

1. 强化新时代商人的自我价值认定，塑造培育现代商人的商魂、商风

漫长的中华文明进程中，由于商业教育的整体缺位，再加上"无商不奸""重利轻义"的错误思想导向，无形中加剧和恶化了商人对金钱和财富的贪逐，缺乏对自我职业价值的合法认可，缺失对财货与生命的辩证思维，更不具备对社会道义的担当精神和散财济人的高尚情怀。

众所周知，犹太民族向来以善于经商、精于理财而著称。相较于中国传统社会对财富和谋利天性的约束，金钱至上的犹太商人视赚钱为堂堂正正的追求和理想。在犹太教经典《圣经》和《塔木德》中，上帝常常给虔信者以功利性的回报，或富足繁华，或多子多福，或长寿无忧。他们认为"钱不是罪恶，也不是诅咒，它在祝福着人们""钱会给予我们向神购买礼物的机会"。正因为其经商的天性合理合法，所以自我价值认定清晰而明确，这对其商业上的成功无疑是极有助益的。

犹太商人不同于其他民族的最显著的特征是：他们不仅重视金钱而且还珍惜自我。他们教导了敬神求财的最佳方式手段，即获取知识，使用智慧。爱学习、喜钻研、重教育早已成为犹太民族的传统。学识渊博、专业精湛，崇尚公平正义，诚实无欺，使得犹太商人看起来更像是学者而非商人，这份人文修养正是他们不断增强自信和获得客户信赖的优势条件。

国家的富强离不开商人的贡献，而中国商人的商魂缺失却制约了商人群体的健康发展。今天，当我们以道商来重塑和凝聚商人价值信仰时，只有遵循"以道经商"的法则，才能真实认识商业经营的核心本质，领悟财富聚散的演变规律，不为金钱所障目。

我们当强化商人的"贵己"精神，树立道商"五财"新观念，改变商人曾经遗留的野蛮经营模式，重塑商业世界的道德秩序，教育启迪新时代的商人要以身为贵，视生命健康和精神富有为第一财富，永远不拿生命的本钱当赌注。

我们确立了新时代商人"尊道贵德、清静守法；智慧通达、利而不害；勤俭独立、真实无伪；信诚守中、公正均平；宽容和善、富民乐生"的商魂。积极倡行"圣人不积，富而好德，聚散有道，知足者富，功成身退，超然物外"的陶朱遗风。

作为新时代的道商，我们只有真实地理解、领悟和掌握财富的意义，才能自由而又快乐地求财、运财、役财而不为外财所驱役。唯有如此,才能从"财奴""财迷"的畸形定位中走出来,获得"财主""财神"的本质提升。

我们要善于撬动财富的力量去济世利人,以财启众,最后让所有参与者都能够深明大道哲理,通达成功门庭,人人都能够进行智慧化生存。通过商魂的凝聚和商风、商德的推行,让社会大众生活更加幸福美好、内在更加充实自信,让社会更加公正诚信、更加和谐平等。

2. 突破"富不过三"的历史怪圈,延续团队和家族创新生命力

古今中外大量家族兴衰史表明,无论某一家族通过什么途径发家致富,保持富裕状态的时间,很少有超过三代的。家族企业的短暂生命周期,似乎在验证着"富不过三"已成为商人们一个无法摆脱的魔咒。面对全球家族企业普遍面临的"穷子孙"问题,一部分人士开始从遗传基因、经营战略、发展模式、人才储备、社会政局等方面入手研究,希望能够寻找和激活可以延续企业长寿基因的企业家精神,让自己的家族实现"富 N 代"。

唯有传承,才能延续。家族企业之所以短命,主要在于家族企业的优良家风传承与创新精神延续。一个真正的企业家,传承的不一定是有形的产品,而是无形的思想和精神;一个真正的道商,留下的不仅仅是如山的财富,而是符合天道的价值观念。

商人和企业家要以"道商"为创业经营之圭臬。严于律己,勤育后学,传承"以道经商"的核心理念,掌握"以智启财"的系统知识,延续"富国富家"的责任担当。我们应学习领悟"财富共有论""财富均平论""天道承负论"的思想内涵,掌握"守持盈"之术的操作技术。培育陶朱世家"五财具足""阴阳两利""富而好德"的家族风范,实现"圣人不积,既以为人己愈有,既以与人已愈多"的卓越成就,验证"道德传家,十代以上"的神奇力量。

我们深信:中国道商为社会所贡献的商魂、商德、商略、商术,将对家族兴旺和团队兴盛产生决定性的作用,帮助我们更好地继承、保住和增值财富。

3. 用系统全面的道商学科知识体系,吹响了中华传统文化复兴的号角

这是一个需要思想和思想体系,需要理论和理论体系的时代。复兴中华文

化并不是简单的文化复古,躲在故纸堆里逃避现实闭门造车以寻找慰藉,而是在文化传承中实现文化更新,在博大深厚的中华传统文化土壤中培育富有特色的学科思想体系,以服务于人类社会。

当前,伴随着世界经济秩序的波动失衡,各种涉及利益获取手段、利益分配归属的深层次矛盾不断呈现,意料之外的风险与挑战不断增多,隐态竞争和非常规竞争手段加剧。如何在复兴民族文化的同时,在"知行合一,经世济民"的思想指导下,以一套全新、系统、专业、实用的学科知识体系,开阔宏观视野,放大战略思维,提高治理与决策水平,强化文化自信与文化归属,是掌握和主导新一轮文化话语权的有力保障。

新制度经济学鼻祖、1991年诺贝尔经济学奖得主科斯教授认为:"在过去,经济学曾是英国主导的一个学科,现在美国成为了经济学的主导。如果中国的经济学家能够有正确的态度,那么经济学就会成为中国主导的一个学科。"而美国的商学院近年一直饱受批评,其主要原因就是人们认为它在教育和研究的两个方面是失败的。美国的商学院既没有培养出真正具有管理实践智慧的工商管理硕士,也没有创造与实践相关的知识。以致于科斯教授不得不认为,"如果我头脑中的'正确的经济学'首先在中国发展起来,那么就应该被未来的历史学家叫作'中国经济学派'。"

在全球化不断加深的语境中,中国正举国兴起一股"国学热"风潮,各高校和社会办学机构也纷纷在课程中增加了与"国学"有关的元素。为改变全国"国学教师"多达百万的缺口,教育部在2016年高校专业设置中首次增设"国学教育本科专业"。国学本科专业的催生,恰恰是现代中国试图在传统文化中重新规划和正视自我、展现国家文化竞争软实力的大胆突破。老子的道学文化是中华传统文化的根源之学,是最能体现国学文化中实践智慧的核心部分,目前已得到了全世界的认同。"周虽旧邦,其命维新。"今天,我们从道学这套宏观思想体系中另辟蹊径,提出了让人耳目一新且系统全面的中国道商学科知识体系,是当代"国学教育"的综合创新实力体现。

中国道商学科知识体系的提出和推广,它不属于对中华传统文化的简单复制照搬,也不应当看成是对"西学"的挑战。中国道商的出现,重新整合了传统国学中"道"与"术"的知识架构,吹响了中华传统文化复兴的号角。它不但对道学、道家、道教的创新性、标准性、普世性带来了新的冲击,提出了新的要求，奉献了新的思路，也与现代西方经济学、管理学、战略学、策划学、品牌学、营销学、创意学等实现了兼容和对话。故而，中国道商可以看作是一套全新的、系统的与当代社会相适应、与现代文明相协调，既保持有民族性，具备有传承性，又彰显了原创性，体现有时代性，同时具有系统性、专业性的学科知识体系。在中国道商知识体系中，将淋漓尽致地展示真正的中国特色、中国风格、中国气派。

4. 培养"以道经商""以智启财"的智本家，实现国家富强与全民富裕

在传统的国际分工体系下，中国长期扮演着"世界工厂"的角色，向价值链高端攀升十分困难。如何去构建根植于本民族文化的战略性新兴产业，并在全球产业价值链中获得较强的竞争力与持续的创新力，主动参与并积极尝试主导全球分工，是当前中国商业经济发展所面临的的重要挑战。

中华民族五千年的文明史，让我们具有他人不可比拟的丰富多彩的文化资源优势。在鼓励创新的时代背景下，富于想象力和激情的道商们，一旦有幸进入"能为万物主"的大道众妙之门，必将能从"能究万物之情"的道学智慧里，深刻领悟商业活动与经济发展的变化本质，以较少的物质资源消耗，迅速地将个人悟道心得转化为具有知识产权的成果、设计和产品，在相应的领域形成核心竞争力。

道商要实现"以道经商""以智启财"，成为新经济时代的智本家，就要摒弃过去以低廉劳动力输出为特征的粗放型生产模式，从道家智慧的"虚无生妙有"中，领悟未来新经济的本质与航向，转向以高新技术和文化创意为主要生产要素的集约型生产模式。通过道商知识体系的人才标准化教育，我们可以培养吸纳高水平的商业经营人才、管理人才和智库服务人才，培育一流人文企业家，强化传统商魂信仰与新时代的企业家精神，向世界经济学界传递中国的思想和主张。在未来社会的走向、人类社会面临的重大共同问题上，我们引导人们追求和遵循"尊道贵德"的总原则，以中国声音形成向上的力量、向善的力量。

当文化产业正逐渐成为支撑国民经济的一个新的增长极时，我们以"道商产业"作为引导未来经济发展与实现商业盈利的战略性新兴产业，向社会不断奉献出具有"道之尊""德之贵"的新产品、新技术、新产业、新的消费理念与消费方式，从未知和未被认知的空白领域中，获得全球认同，实现

经济增长。

"执古之道，以御今之有"的道商们，足以构建出一系列真正道商合一、德配天下的商业帝国，谱写中华民族新的辉煌，并为人类社会的文明与进步做出更大贡献！

5. 以"天人合一""道化美极"的生态环保思想，践行全球生态文明建设

生态文明，是一种人与自然和谐发展的文明境界和社会形态。然而，西方人类中心主义在人与自然的价值关系中，认为只有拥有意识的人类才是主体，自然是客体，人类可以为满足自己的任何需要而毁坏或灭绝任何自然存在物。基于此，传统西方经济也自然变成了一种由"资源——产品——污染排放"所构成的物质单向流动的经济。在这种经济中，通过把资源持续不断地变成废物来实现经济的数量型增长，导致了许多自然资源的短缺与枯竭，并酿成了全球性、灾难性的生态危机相继爆发。时至今日，人类已不得不对自己只追求经济效益的思维方式和行为方式进行深刻的反思。

生态经济学认为，相对于生态系统，经济规模发展得越大，施加给地球自然的压力越多。随着生态环境受污染程度的恶化加剧，高投入、高消耗、高污染和不平衡、不协调、不可持续的问题日益显现，生态文明建设面临着严峻挑战。出路何在？在繁荣的经济大潮中，一个让世界经济学人困惑而纠结的矛盾焦点亦愈发暴露凸显：经济成就与国民福利、阶层板结与机会公平、财富权力与社会正义、城乡差距与地区先富的关系。当我们面对着拜金主义与仇富心态的双重矛盾、物欲至上与亲情友情的难分难舍、金钱游戏与幸福生活的对立排斥、人类发展与生态环境的互不协调……如何拨开重重迷云，让中国道商的学科知识体系发挥出"经世济民，经天纬地"之功用呢？

事实上，道学思想早就为我们揭示了：人与自然的关系、人与人的关系是相互交错的，环境恶化是由特定社会关系下人的活动所引起的。在人与自然的关系问题上，道家主张从"道"的理念出发，提出了"道法自然"和"天人合一"的生态环保思想，强调人类作为自然重要的组成部分，要以尊重自然规律为最高准则，与此相应，"自然无为"就成为道家生态伦理的基本原则。老子说："万物并作，吾以观其复。夫物芸芸，各复归其根。归根曰静，静曰复命。"自然界的物质循环往复地在转化。人类应模拟自然，通过效仿自然循环系统来发展

循环经济，提高人类对资源的利用率。人类社会文明的高级状态，应当是老子所提倡的"人法地，地法天，天法道，道法自然"这种相互依赖、相互制约的和谐共生状态，或是庄子所阐述的"天地与我并生，而万物与我为一"的生态哲学思想。所以，道商也是典型的生态环保主义者。

就具体的生态伦理规范而言，道家生态思想的主要内容可概括为：自然无为、俭约节欲、齐同慈爱、利物贵生、俭啬有度、守和不争。道教经典告诫我们"不得妄凿地毁山川，不得竭水泽，不得妄轻入江河中浴，不得在平地燃火，不得以秽物投井中，不得塞池井，不得无故走马驰车，不得以毒药投渊池江海中。"而应该践行"放生养物，种诸果林；道边舍井，种树立桥；为人兴利除害"的善德，对人类爱护自身所居住的环境提出了非常高的道德要求。道商"利天下之大利"的利益观，更是打破了西方经济学狭隘的"人类中心主义"，以"道通天下"的气度和情怀，要求人类将其道德关怀从社会延伸到自然存在物或自然环境，实现"修之于天下，其德乃普"。

中华传统文化的回归，其实质是传统人文修养的回归，现代社会盛行的"物质主义——经济主义——享乐主义"生活模式，那些杀鸡取卵、竭泽而渔式的发展模式，不是天人合一的价值追求。我们只有回归"道法自然"，在"天人合一"的生态整体观中，以俭啬适度的消费观和贵生不争的环保思想，节能、减排、降耗，寻求适合自身的绿色低碳经济发展模式，走可持续发展之路，是当代道商们的重要使命。中国经济将为世界经济带来更多正面外溢效应。

道商的理想境界，应该是天清地宁，四炁清朗，"国无淫教，市无淫货"，道化美极、诗意栖息，反朴归真，万物并生。

如此，方为"生意人"真意。

6. 以"抱朴守真"、"清静自在"的逍遥精神，实现人生幸福新常态

在人心普遍浮躁的时代里，人们都在努力追求庸俗的目标——财产、虚荣、奢侈的生活与感官的享乐。快节奏的生活让我们错失了很多美好的事物，渐渐迷失了心灵的方向。正如葛洪所言："荣华势利诱其意，素颜玉肤惑其目，清商流徵乱其耳，爱恶利害搅其神，功名声誉束其体。"物质生活的繁华背后，是一张张疲惫不堪的脸庞，和一个个深陷物欲洪流中不能自拔的身心。在数字化与快生活状态下，人们总是步履纷杂、行色匆匆，最后忙得心力交瘁，忙得精神萎缩，忙得心灵苍白。

中国古训要求我们"天道酬勤""业精于勤"。然而，以"勤奋创业"为座右铭自信驰骋于地球村的中国商人，却引起了其他国家商人群体的忧虑和恐慌。瑞士《新苏黎世报》曾对中国人的勤奋提出了质疑："随着中国与西方国家经济差距的缩小，难道我们欧洲国家也应该引进每天10小时的工作制度吗？"中国人玩命工作、拿命赚钱的劲头，并没有引起他国的尊重和敬佩，反而让他国不安，"没有人能够和这些连星期天也不愿休息的华人竞争"。快生活打破的不仅仅是心灵的宁静，更有生活方式与工作机会、利益分配的平衡。

如何才能实现"诗意栖息"的道式生活？老子告诉我们："道，常无名，朴。""致虚极，守静笃，万物并作，吾以观其复。"对超然于物外的道家而言，一切都是短暂的存在，如白驹过隙，如梦如戏，一切外物被人为赋予的意义，究其本源来讲都是毫无意义的。古希腊哲学家亚里士多德认为："科学与哲学来自闲暇。"梁启超先生也曾说："天下之大患，在有智慧之人耽溺于私欲，日出其智慧以扩张其谿壑无厌的物质生活……道家欲救此病，故以'见素抱朴，少私寡欲'为教。"我们有必要在财富积累后开始追求生活及精神层面的享受。我们需要一个健康的身心，去尽情享受亲情、爱情、友情的美好，享受树木、花朵、云霞、溪流、瀑布以及大自然的形形色色，享受导引、吐纳、太极拳、静坐等对身体能量的补给，享受琴棋书画诗酒茶对精神世界的丰富。

为道为商者，不要执迷于今天的事业成就和财富拥有，而应以"去甚、去奢、去泰"的智慧教诲，保持勿贪勿执、清静不争、驾驭财富、超然物外的淡泊心境，将身心融入大自然中，融入与道偕同的美好生活中。正如葛洪所言："夫有道者，视爵位如汤镬，见印绶如缞绖，视金玉如土粪，睹华堂如牢狱。"事实证明，所有靠物质支撑的幸福感，都不能持久；只有心灵的淡定宁静，继而产生的身心愉悦，才是幸福的真正源泉。从物欲的枷锁中挣脱束缚，在名利的漩涡中自由出入，于纷繁复杂中独得安详，在尘嚣喧哗下保守静谧。只有当财富不再成为心灵羁绊的时候，它才有可能转化为智慧境界与幸福人生，以商显道，以财助道，让我们的心灵找到皈依，让身心幸福成为人生新常态。

思考与训练

1. 根据道学传承史实，整理出两条老子道学思想正统传承脉络。
2. 结合当下经济环境，试列举十条具有普遍指导意义的道学经典理论。
3. 结合老子、文子、列子、庄子等道家诸子思想理论，写一篇道家诸子思想与现代管理学的文章。
4. 分析阐述范蠡的人生成功之道。
5. 总结阐述道商文化将对自己未来人生产生什么样的积极意义。

第二章
中国道商体系架构

> 本章从商人不可或缺的"利益"这个核心焦点入手,围绕"阴阳"的交易运动,"中和"的生成法则,阐述了"道生之"的道学基础理论与基本原理,并赋予其鲜明的时代特征。尤其是作者创造性地提出了道商八大体系(四正四隅)、五大财富价值观和六图思维模式等内容,更让人耳目一新。

中国是文化大国。在中国泱泱五千年的历史长河中，古人所留给我们的文化遗产财富宝藏，是取之不尽用之不竭的。

当今时代，文化与商业经济的关系日益交融，在为经济发展提供强大精神动力的同时，我们该如何"执古之道，以御今之有"，运用"道生一，一生二，二生三，三生万物"的系统优化方法，提炼出中国道商知识体系中合理完善的架构脉络，不断强化道商核心竞争力，使其逐步形成系统化、独特化、实用化、现代化的知识结构体系，赢得全球商业经济话语权，这是发展丰富中国道商知识体系的首要任务。

由于此前道商的概念定义相对模糊，再加上道商的知识体系不够完善，只有社会上的各种独立探讨，缺乏权威学术研究机构的明确界定，导致了各种被冠以道商名义的培训课程在设计中断章取义，凌乱无序，无法形成对道商的知识体系、人才建设、产业布局的完整描述，直接影响了道商的学术思想传播。

在今天，中国道商依靠模糊描述的状况已成为历史。

第一节　守一：道商的核心驱动

守一，也称为"抱一""执一"，是黄老道家非常重要的一个哲学概念，也是中国道商知识体系中的核心驱动。

自古以来，宇宙万物有一个总纲，这就是要掌握和得到"道"这个"一"。人类社会的竞争，表面上纷乱复杂，各为其主，千变万化，莫衷一是。在道家看来，究其深层，还是无形制约有形，一道化生万术。如文子所言："道者一立而万物生矣……万物之总，皆阅一孔，百事之根，皆出一门。"万物变化，无论是向外发展还是向内深入，都必须定位于"一"，执守其"一"，这个"一"，就是万事万物变化之道的"玄关"。所以圣人明白此道后，执其一端可以通万事，得其一理可以应万变，得其一术可以晓万法。如果我们能够循其根源，执其精要，"能知一则无一之不知"，即可化复杂为简单——是以圣人抱一为天下式。

《道德经·第三十九章》："昔之得一者：天得一以清，地得一以宁，神得一以灵，谷得一以盈，万物得一以生，候王得一以为天下正。"

《庄子·刻意篇》："纯素之道，惟神是守，守而勿失，与神为一，一之精通，合於天伦。"

《黄帝四经·十大经·成法第九》："操正以正奇，除民之所害，而持民之所宜。抱凡守一，与天地同极，乃可以知天地之祸福。"

由此可知，老子的守一、抱一之道，不但是政治领域中的元首和思想文化领域的圣人们成功的共通之道，也是历代道家诸子们沿袭传承的正宗心法。尽管在道家学派与道教内部，对于"一"有多种不同角度、不同层面的认识和定义，但在中国道商知识体系中，可一言以概之：道商的核心驱动就是"利"之"一"。

一、利益的定义与分类

商业的本质是什么？商人的本性是什么？

毋需讳言，商业的本质就是利益交换，商人的本性就是利益获取。

什么是利呢？利，又称利益，就是好处、益处。利益是指人类用来满足自身欲望的一系列物质、精神需求的产品。但凡是能满足人类欲望的事物，均可称为利益。

《牛津法律大辞典》中将利益解释为：个人或个人的集团寻求得到满足和保护的权利请求要求愿望或需求。利益是由个人、集团或整个社会的、道德的、宗教的、政治的、经济的以及其他方面的观点而创造的，它包含有：金钱、权势、色欲、荣誉、名气、国家地位、领土、主权乃至于帮助他人所带来的快感。

利益是人类社会一切活动的动因，也是社会发展的基础、前提和动力。无利不起早，这是人之本性使然。司马迁在《史记·货殖列传》中指出："天下熙熙，皆为利来；天下攘攘，皆为利往。夫千乘之王，万家之侯，百室之君，尚犹患贫，而况匹夫。"人们奋斗所争取的一切，都同他们的自身利益有关。经济学归根到底其实就是为了人类的生存，或者是让人们过得更好的学科。从某种意义上讲，因为有了"利"的存在，才有了个体的自我价值实现和社会的文明发展进步。

利益依附欲望而生。马克思告诉我们："一旦有适当的利润，资本家就会大胆起来。有百分之五十的利润，它就铤而走险；为了百分之一百的利润，它就敢践踏一切人间法律；有百分之三百的利润，它就敢犯任何罪行，甚至冒绞死的危险。"正是因为有了欲望的存在，有了利益的存在，所以就不可避免地出现了既得利益者与利益争夺者，也就有了阶级矛盾、政治、战争、流血……

利益冲突直接影响和决定着世界秩序的治乱。美国学者 J.M. 布劳特在《殖民者的世界模式》中说："西方世界统治全球的奥秘，根本不在于他们在种族上、文化上、心灵上有什么优势，真实的原因只有一个，那就是欧洲人通过五百年殖民掠夺，将全世界的财富都劫掠到自己的家园中。然后，这个世界一切都由他们说了算。"

对于人性逐利的本质，亚当·斯密在《国富论》中说："人人都是自私的，要顺应和鼓励人们的自然天性。只有人们为自私的目的认真地做事情，对社会，对周围的人群也是有利的。但是人的自私行为也不能无限膨胀,要采用道德的、法律的、军事的、纯文学的方法对人们的自私天性进行约束。"

中国道商知识体系中,利益分为个人利益、团队利益、国家利益、社会利益四类。

● **个人利益**:指个人物质生活和精神生活需要的满足。它包含个人生存需要的满足与扩展,个人身心健康的维护与优化,个人才能智力的利用开发及事业功绩的创造与实现,以及个人生活品质与思想境界的完善与升华。

人的自利行为就是个人对自身利益的追求过程,在"看不见的手"的指引下,经济人追求自身利益最大化的同时也促进了社会公共利益的增长。在亚当·斯密的《国富论》中,自利原则是资本主义政治经济学总纲领,而自利与他利在市场竞争的过程中又逐渐形成互利。承认自利,尊重他利,发展互利,构筑了整个西方经济学经济发展原则的基础。

● **团队利益**:是指一种为了实现某一目标而由相互协作的个体所组成的正式群体的共同利益。它包括了家庭利益、家族利益、股东利益、企业(集体)利益、民族利益。

● **国家利益**:是指满足或能够满足国家以生存发展为基础的各方面需要并且对国家在整体上具有好处的事物。国家利益的内容是丰富、多样的。它包含有生存、领土完整、主权独立、经济财富、文化完整和国家尊严。"没有永远的朋友,仅有永远的利益。"19世纪英国首相帕麦斯顿的一句话,成为了英国外交的立国之本。实现中华民族的伟大复兴,需要坚定不移地维护中国的国家利益。

● **社会利益**:是与个人利益、集体利益、国家利益相并列的利益,是一种根据利益主体进行分类而来的独立利益。社会利益就是人类社会存在的一切利益,是所有利益概念的上位概念。社会利益的主体是公众,即公共社会,涵盖了公民个人、法人或国家,属于中国传统文化中的"天下"范畴。真正的事业是以天下之人的利益为利益的,而不是夺天下之人的利益为我之利益。

二、"利益中心论"符合中国传统文化的核心价值观

在中国传统思想文化宝库中,虽然占据社会主流的儒家思想耻于言利,但

以谋"利"、重"利"为核心驱动的思想观点却在诸子学派中屡见不鲜。无论是在哲学思想、政治观点、军事战争、商业理论，还是宗教精神中，"利益"成为了贯穿所有的枢纽与轴心。

道商提炼和坚持的"利益中心论"，符合于中国传统文化的核心价值观。

《周易·益》："利有攸往。利涉大川。"

《象》曰："益，损上益下，民说无疆。自上下下，其道大光。利有攸往，中正有庆。利涉大川，木道乃行。益动而巽，日进无疆。天施地生，其益无方。凡益之道，与时偕行。"

《周礼·天官·大宰》："太宰以九两系邦国之民。一曰牧，以地得民；二曰长，以贵得民；三曰师，以贤得民；四曰儒，以道得民；五曰宗，以族得民；六曰主，以利得民；七曰吏，以治得民；八曰友，以任得民；九曰薮，以富得民。"

《道德经·第十九章》："绝圣弃智，民利百倍。"

《道德经·第八十一章》："天之道，利而不害；圣人之道，为而不争。"

《孙子兵法·九变》："是故智者之虑，必杂于利害。杂于利而务可信也；杂于害而患可解也。是故屈诸侯者以害，役诸侯者以业，趋诸侯以利"。

《文子·上德》："治国有常，而利民为本；政教有道，而令行为古。苟利于民，不必法古；苟周于事，不必循俗。"

《管子·侈靡》："百姓无宝，以利为首。一上一下，唯利所处。利然后能通，通然后成国，利静而不化，观其所出，从而移之。"

《管子·禁藏》："囷之以害，牵之以利，能利害者，财多则过寡也。"

《吕氏春秋·精通》："圣人南面而立，以爱利民为心，号令未出而天下皆延颈举踵矣，则精通乎民也。"

老子认为："圣人无常心，以百姓心为心。"一个国家的前途命运是兴旺还是衰败，首先取决于民心的向背。怎么能够顺应民心呢？法家学派认为，人都有"好利恶害"或者"唯利是图"的本性。百姓都是自私自利的愚蠢之徒，官吏则各谋私利。近者如夫妻、亲者如父子都不可信赖。正如管子所言，商人日夜兼程，赶千里路也不觉得远，是因为利益在前边吸引他。打渔的人不怕危险，逆流而航行，百里之远也不在意，也是追求打渔的利益。正是因为有了利益的驱动，天下人才会趋利避害，为了利益蜂拥而至，也为了利益各奔东西。故而，"治民之要，在乎因民之利而导之，顺民之意而能之。"

国家的富强发展，民心的聚散离合，都与利益有关。有利益，大家就会来，人心就会聚。失去了利益，大家就会走，人心就会散。所以聚人的关键就是聚利，强国的关键就是富民。新中国的缔造者毛泽东说过："一切空话都是无用的，必须给人民以看得见的物质福利。"要让民众先富起来，让他们有利可图。只有"仓廪实"才能知礼节，只有"衣食足"才能知荣辱，只有生活富裕才能实现人民群众的尊严感与幸福感，也只有全民共同富裕才能国家强大，威震列国。

不但世间的诸家学派"惟利是图"，就连出世的宗教也不例外。道教的创立，源于人类的文明进程。道教以道德为宗本，举善积功、除害兴利是道教"济世利人"最重要的内容，也是修道成仙的基石。《洞渊》及《元精经》中说："自利利他，因果共接，上士能具此功，利益甚深。""夫利益者……修合善药，货施说善，化人无方，制造世宝，资济贫弱，功须阴行，过必阳显，此乃大圣因地之机。"道教围绕着"济世"与"利人"展开了许多教说，并身体力行，丰富了道教教义，贴近了社会人群，在中国人观念中影响深远。

道商的利益观源自于范蠡的学术思想。范蠡继承了老子"执著之者，不明道德"的批判性思维方式，他习惯于从"利"与"害"的角度看待社会问题，他对世间事物的评价标准就是一条——"天之道，利而不害"。《越绝书》中曾记载范蠡劝谏越王勾践治国之道："昔者神农之治天下，务利之而已矣，不望其报。不贪天下之财，而天下共富之。"

只不过，道商一脉相承的"利"，不是利己的私利，而是利人、利国、利天下的公利。

三、道商的利益价值观

道商是以道经商的特殊商人群体，也必将成为未来商业世界的真正主宰者。

《亢仓子》："俯拾仰取，锐心锥撮，力思播精，希求利润，贾竖之道也。"商业世界的利益就在于能在世界各地发现财富，而商业的不发达只能导致国库财源的枯竭。事实上，商业贸易最能促进文明的发展。尤其是在今天这个商业经济高速发展的社会里，商业将整个人类已经联系成互相依赖休戚相关的同胞兄弟，人们在交换商品的同时也交换了思想，获得了人性的升华与智慧的洗礼。如何扩大利益的互惠性、互利性，成了商业世界的永恒法则。

《钱本草》
唐·张说

钱，味甘，大热，有毒。偏能驻颜采泽流润，善疗饥寒，解困厄之患立验。能利邦国、污贤达、畏清廉。贪者服之，以均平为良；如不均平，则冷热相激，令人霍乱。其药，采无时，采之非理则伤神。此既流行，能召神灵，通鬼气。如积而不散，则有水火盗贼之灾生；如散而不积，则有饥寒困厄之患至。一积一散谓之道，不以为珍谓之德，取与合宜谓之义，无求非分谓之礼，博施济众谓之仁，出不失期谓之信，入不妨己谓之智。以此七术精炼，方可久而服之，令人长寿。若服之非理，则弱志伤神，切须忌之。

中国道商知识体系对于"利"的运用与升华，是沿着"**明利——创利——聚利——运利——保利**"之路演进开展的。

● **明利**：是识别真伪鉴知利害的过程。明利首重于正视利益，树立起对待利益的正确价值观。钱与利，能保证人们的生存与生活需求，满足自我尊严实现，所以"味甘"，不可或缺。在商言商，当利言利，道商们既不会耻于言利，故作清高；也不会贪迷利益，迷失本性。

● **创利**：是无中生有创造财富的过程。通过综合运用知识、创意、技术、产品、人力等多种资源，为自身、他人和社会创造利益。创利的过程，是对能力与智慧的检验，要远比拥有与获得利益更具价值。在创利过程中，要生财有道，取财有理，若违背了"利"的原则与法度，失去了"道"的伦理与规矩，终会"天网恢恢，疏而不失""污贤达"而伤神明。

● **聚利**：是由小渐大扩张财富的过程。马歇尔告诉我们，"所谓资本，是指为要得到更多的财富而提供的部分财产。"如何让财富的积累从原始积累到资本扩张，仅仅依靠个人的财智与能力是不够的，还需要借助众人的力量来赚取更多财富,通过帮助众人来成就更大利益。《吕氏春秋·恃君》云:"群之可聚也,相与利之也。" 我们应该持守"利而不害"的天道最高准则,为社会创造财富,与天下人共享利益,聚天下之财而运使。

● 运利:是由积到散使用财富的过程。财富要会积攒,更要会使用,只有将钱财花到实处才能体现价值,否则只能博得一"守财奴"之名,更会有灾难须臾而至。道商当站在"道"的高度,秉承老子"圣人不积"的教诲,领悟掌握范蠡"使财帛如流水"的投资观念,以财富的力量为依托,以百姓的心愿为枢纽,像水流一样润泽百姓,去帮助天下人排忧解难,拯救灾患。"移谋身之心而谋国,移富国之术以富民,移保子孙之志而保治"(《慎到》)。从富己过渡到富人,从富国贯穿到富民,从富一国升华为富天下。对待求利之人,我们采取"善者因之,其次利导之,其次教诲之,其次整齐之,最下者与之争"的策略,使天下熙熙众人面对利益欣喜若狂其乐陶陶,"如享太牢,如春登台。"

能运利者,势必利运亨通,"不求财而财自来"。这样的商人,不是行道又是作何呢?这样的事业,不是天下为公又是什么呢?

● 保利:是由短到长永续财富的过程。"利为害本,福为祸先,惟不求利者为无害。"人若不知"道、德、义、礼、仁、信、智"保利七术,就会被利益迷障耳目,被金钱带入坟墓之中,命断黄泉路。道商通过守"利"之一源,明利、创利、聚利、运利,以利入道,以利兴道,以利证道,以利诠释"俗商之利,乃一己之私利;道商之利,乃利天下之大利也"的崇高风尚。通过对"守持盈"之术的掌握,道商们将超越普通商人对利益的浅层理解,超越普通商人"唯利是图"的道德价值观,超越普通商人富而不贵,凡而难圣的成就修为,最终实现名利双收,福德双全,财智永续,基业常青。

大商谋道,小商谋利。谋道者,道与商双合,义与利兼得。中国道商,不是追逐钱财"损不足而奉有余"的富人游戏,而是经世济民"损有余以补不足"的伟大情怀。精通和掌握大道演变规律的道商们,他们的人生总是围绕着一个无私忘我,利益天下的核心价值观去运转作为,无论遇到什么艰难险阻,都不改初衷,直至实现最大的成功。

五利朝元图

新时代的道商们，终生围绕"道"这一个议题，专注于"商"这一个领域，围绕"利"这一个核心，研究"范蠡"这一个人物，创建"道商合一，阴阳两利，上富其国，下富其家"这一项神圣事业，正一不二，守一不失。

在"利"的核心驱动下，"道商之道"不但可以在新的历史时期"化胡成福"，更能贯穿东西方文化，凝聚海内外人心，调和阴阳分歧，消弭政治、战争、宗教、种族、人文等多方矛盾，在全球范围内树立起既古老又全新的价值观——那就是"尊道贵德"的普世价值观。

道普德溢，利益天下，自然天下太平。

第二节　执两：道商的思维方式

执两用中，是黄老道学的核心思想，也是中国道商的独特思维方式。

"两"，是中国哲学对自然界相互关联的某些事物或现象对立双方的总体概括与认知。古人认为所有事物"皆有贰也"，即有两个互相联系又互相矛盾着的对立面，他们常把互相并列的对立关系归类为"两"，或统称之为"阴阳"。

道商是什么呢？它是人类文明的高级成果。道商是"道学"与"商业"的巧妙结合，是理论与实践的高度融汇，是智慧与规则的经纬交织，是精神财富与物质财富的和谐共生，是东方传统思想与西方现代技术的整合统一，也是中国传统文化在当前时代下的一次创新性革命。道商的阴阳观蕴含着中华文明的精髓思想，要想在瞬息万变的商场中无往不利，我们必须掌握好"执两用中"的思维工具。

一、道商的"阴阳"整体观念

《黄帝内经》说："上古之人，其知道者，法于阴阳，和于术数。"

阴阳是宇宙的最基本构成。万事万物都是由阴、阳构成，它们都处在一个矛盾统一体中，阴阳既可以代表两种相互对立的事物或势力，又可用以分析同一事物内部所存在的相互对立的两个方面。"阴阳者，天地之道也，万物之纲纪，变化之父母，生杀之本始，神明之府也。"阴阳之理是华夏先民们认识和掌握宇宙万物大自然生发规律的大纲要，是产生一切思想文化（数）和方法技术（术）的源泉。

《类经·阴阳类》说："阴阳者，一分为二也。"宇宙间一切事物都可以分为阴阳，每一事物也可以分为阴阳。正所谓万变不离阴阳，阴阳两仪作为太极图之中产生出来的互体，会以不同仪式、模式、图式、形式、客仪、事宜的涵义而存在。如：

阴仪代表：静、黑、雌、柔、正、偶、刑、关、海、冷、散、无、死。

阳仪代表：动、白、雄、刚、奇、单、德、开、陆、热、集、有、生。

《素问·阴阳离合论》说："阴阳者，数之可十，推之可百，数之可千，推之可万。万之大，不可胜数，其要一也。"阴阳不仅仅是一种宇宙法则和对立思想，还是中国古人独创的一种分类方式与调控手段。古人使用阴阳关系来分析相关事物的对立属性及矛盾双方的相互关系，也是为进一步认识并把握自然界事物发展变化的根本原因及其基本规律。

关于阴阳概念的细分。在《道德经》中比比皆是：无名与有名，无欲与有欲，无道与有道，无私与有私，无为与有为，不争与有争，合抱与毫末，千里与足下，不足与有余，求生与轻死，圣人与候王，偏将军与上将军。及善与恶、美与丑、难与易、高与下、贵与贱、长与短、先与后、多与少、损与益、柔与刚、弱与强、雌与雄、黑与白、盈与虚、进与退、腹与目、彼与此、荣与辱、得与失、常与妄、昭与昏、智与愚、辩与讷、巧与拙、静与躁、重与轻、厚与薄、实与华、明与昧、曲与直、慈与勇、俭与广、吉与凶、左与右、生与死、福与祸、利与害、母与子、主与客、正与奇、鬼与神、玉与石、名与身、身与国……

在现代商业经营中，行商与坐贾，卖方与买方，宏观与微观，战略与细节，决策和实施，经营与管理，内部与外部，文化与制度，集权与民主，理性与感性，上级与下属，打工与合伙，生产与销售，硬件与软件，投资与消费，计划与市场，价格与价值，稳定与波动，短视与长远，守旧与创新，亏损与收益，实体与虚拟，竞争与合作，蓝海与红海，线上与线下，道德与利润，开张与破产，快鱼与慢鱼，海龟与土鳖，国际化与本土化，多元化与专业化，资本家与智本家，隐形富豪与明星企业家，工匠精神与互联网思维，有机蔬菜与大棚种植，环保节能与耗能排污，利用资源和保护资源，生态发展与野蛮生长，良心企业与血汗工厂，仁义管理与军事管理……凡此种种新奇概念，莫不是阴阳两端的化生体现。

阴阳的相生相成、矛盾统一及消长转化是宇宙万物的总规律。对待经济发展与商业经营领域的问题，如果我们不能从"道"的层面对阴阳概念所演化出来的各种沉浮之象有宏观、系统的总体认识，就会愈理愈乱，越干预越失败。与其听任各家学者各执一端的偏词，信服其鼓吹的经济之道有多"高妙"，不如总揽全局，执两用中，以自然无为之道去发现和识别经济演变规律，更能真实解决理论与实践的诸多问题。

二、道商的"阴阳"运动法则

中国人把商业经营行为称之为"做生意"，商人也称生意人。"生意"的概念来源于道家哲学。生意，不仅仅是一种以获取利益为目的的商业活动，它隐含了阴阳运动，万物生发，彼此共赢，互惠互利的"生生不息"财源滚滚之意趣、意境。可以这样说，商业交易的本质就是阴阳运动。

宇宙万物皆太极，一阴一阳之谓道。老子继"道生一，一生二，二生三，三生万物"之后，紧接着又提出了"万物负阴而抱阳，冲气以为和"的观点。在老子看来，宇宙间一切事物，都具有阴阳、有无、正反的两面。"故有无之相生，难易之相成，长短之相刑，高下之相盈，音声之相和，先后之相随"。这个规律，就是"道"，故称"恒也"。无论是宇宙的演化，还是事物的发展，人生的进阶，财富的累积，都要彼此互利、阴阳共济，虚实结合，才能够产生持久无穷的妙用。

《史记》记载范蠡的商业经营行为："以此为天下之中，交易有无之路通，为生可以致富矣。于是自谓陶朱公。"

一般而言，我们常人所理解的商业经营"交易有无"，就是买进卖出、交换易货。一件货物，一个产品，一种技术或服务，你有我没有，此地有余，彼地不足。于是，善于捕捉商机的商人就会敏锐地发现供需双方的阴阳盛衰，然后通过收购其有余、销售与不足，进行互通有无的经营行为，在满足和平衡市场需求的同时赚取应得利益。

如果真要追溯"交易有无"的本源,那就得回到道学思想中去领悟玄机。"无"与"有",是道学思想中两个独特的哲学概念,也是"阴""阳"的别名。"交易"本是《易经》中易理的含义之一,即阴、阳通过互相交通对流,而发生的交互作用。道学思想认为:阳有"先与之,后取之"的德性,阴有"先取之,后与之"的德性。"取"和"与"即对立物交通。其具体过程是,作为宇宙万物根本的"阳"先将元素散发于"阴","阴"从"阳"中取得所需"阳"元素并与自身的"阴"元素交配、沟通,从而生育繁衍万事万物,然后又返回于"阳"。如此周而复始。

范蠡的"交易有无之路通"。"有"是什么呢?就是有形的产品、产业、货物、实物、技术、资金、现实。"无"是什么呢?就是无形的口碑、品牌、文化、创意、思想、未来。在道商的视野里,隐性知识比显性知识更重要;潜在市场比显在市场更重要;无形资本比有形资本更重要;情感认同比物质功能更重要;生命资本比物质资本更重要;道德良知比财富积累更重要;未来机会比现实机会更重要。

不管商业的名词如何华丽变身,它的本质就是"供"与"需"的阴阳运动和虚实互补,是"有"与"无"的彼此对流与换位交易,是"取"与"舍"的先后动静与大小博弈。商,本就含有商量、商讨、商议、商定的意思,体现了阴阳来往的冲和之气。

在俄罗斯领导人梅德韦杰夫看来,金融危机的产生正是源出于某些资本拥有者贪得无厌,缺乏道德。他认为,全球应当遵循中国古代伟大哲学家和思想家老子的教诲来应对世界金融危机。而道商的出现,将帮助我们重塑道德价值,正视商业伦理,促使企业家身上流淌健康、道德的血液。

三、道商的"阴阳"辩证思维

道家认为,阴中有阳,阳中有阴,阴极必阳,阳极必阴。阴阳互根的辩证原理是道学中最基本的原理,阴阳转化和分化的规律也是经济学人必须掌握的根本之道。

要想成为财智双全的道商,首先要具备"法于阴阳"的基本认知,掌握以中国哲学为核心的思想体系和以西方技术为形器的现代工具，同时还要具备"全球思想一体化"的独特视野。

道商"阴阳"辩证思维有助于我们对世界获得整体而透彻的客观认知。

道者，以诚而入，以默而守，以柔而用。道商在决策时一定要胸怀无极图，善于从整体、全局、系统着眼去看世界，而且，还要求能立足高远，宽广、辩证、逆向的分析各类棘手问题，善于以中西合璧，洋为中用、古为今用的方针来谋求竞争优势。

在中国古代，以计然、范蠡为代表的中国古典政治经济学派（轻重家），常通过对天人、本末、农商、轻重、国民、虚实的分析研究和动态调控，来实现商业的成功，经济的腾飞，国民的富强，社会的发展。他们既利用政治手段宏观调控市场，也利用经济手段实现政治目的；既使政治从经济中体现出来，也使经济带上政治色彩。轻重家主要研究如何根据土地厚薄不同，用政策来调剂余缺，"以上壤之满，补下壤之众"；如何保证粮食价格和其他生活用品的价格平稳，使农末俱利，各行各业都得到健康发展；如何根据年景与收成的好坏来进行价格调剂，使君王得到民众的拥护。班固认为，轻重家在古代"民赖其利，万国作乂"，对国家对人民都有好处。谁能够将这套理论悟透，就可以"上富其国，下富其家"，成就圣王之事功也。

当代社会的高速发展，越来越要求我们要从宏观整体的视野，从全球的广度，从整个人类的角度，从天地人三位一体的高度去思考现象。只有注重于全球的思考，注重于未来的思考，注重无形的、隐态的思考，才能清晰完整地看清整体与个性之间最为本质的关联性，找到"以柔为用"的和谐解决方案。在市场作用和政府作用的问题上，要讲辩证法、两点论，"看不见的手"和"看得见的手"都要用好，才能推动经济社会持续健康发展。"道法自然""天人合一"与"美丽世界"，"守静观复"与"循环经济""可持续发展"都在不同角度以不同的话语强调了"法于阴阳"的整体重要性。

商人的本质是追求利益最大化。然而，"阴在阳之内，不在阳之对。"有利益的地方就有欺诈，越是高利、暴利的行业和领域，其欺诈指数也越高，其竞争密度也越大，其风险危机也越淋漓尽致，这是由道学中"利害相参"的客观规律所决定的。《道德经》告诉我们："善者吾善之，不善者吾亦善之。"在尔虞我诈的商海沉浮中，利与害、敌与我是一个永恒的现实问题。"没有永恒的朋友，也没有永恒的敌人，只有永恒的利益"。在道商思维中，因为利益边界的流动和阴阳的不断转化，在此时可能是朋友，彼时则可能成为对手；在小区域内可能是对手，在大范围内则可能是同盟。诱之以利，使之惑近利、忘远害而为我所驱；胁之以害，使之避危亡之近祸而就我掌控。在合纵连横反复无常的变化中，败者多败于不能明察事机、丧失同盟而自陷于孤弱；胜者多胜于善于结盟联合、充分利用趋利避害的人性本质而益强。聪明人总是喜欢偷奸耍滑，所以到头来都是聪明反被聪明误。反而是傻人有傻福，捡到了最后的胜利果实。故曰：大智若愚，大事在细，大功在微，大圣在真。

事实上，那些带有欺诈行为的商业活动只能欺一时，欺不了一世；只能欺人心，欺不了天心；只能欺寥寥几人，欺不了天下大众。天理昭昭，大道无私，善恶之报，如影随形。"天网恢恢，疏而不失"，凡是那些寄希望于坑蒙拐骗、巧取豪夺等种种非法手段来实现盈利的商人，其后果必将遭受大自然最严厉的惩罚。因此，道商更需要开阔的视野和前瞻性的战略眼光，用更加高超的合作技巧来创造利益价值。

道商"阴阳"辩证思维有助于我们走出狭隘片面的局部视野。

老子告诉我们，"以正治国，以奇用兵。"奇，即变化无穷的奇谋妙计与创意思维，或打破社会认知常理、颠覆常规商业模式的新概念、新模式、新产品。正，即四平八稳、光明正大的理念、风格和具备传统人文风尚的管理手段。管理者往往以常人所不具备的恢宏和大度来管理团队、宽容对手。诚信厚德，大智若愚，与人为善。商场本如战场，道商兵法体系就包含有奇与正，迂与直，虚与实，取与予，主动性与灵活性等等的辩证关系，如果说奇是以搅乱人心的破局为主要特征的话，正则是以征服人心的定局为主要特征。在当代企业生产经营和管理上，一些优秀的经营者，充分运用充满唯物辩证法的"阴阳"方法论来谋定市场，利用"反客为主""乘虚而入""出其不意""不变应变"等太极策略，赢得了显著效益。在企业发展中，外部营销要出"奇"，内部管理要执"正"。以奇为特征的行为往往侧重在一时一事，而以"正"为特征的行为往往侧重于长远和整体。所以，强调"执两用中"的道商更需要一份博大的情怀与驾驭治理变化的能力。惟其如此，道商才会立足长远、稳健发展。

传统道学研究立足"道体论"的角度认为，"道本无也，道本虚也。"然而，道商是一门"道体商用"的具有实践意义的新学科，在道商事业的发展中，我们应摒弃片面的"虚无论"思想禁锢，培养出难得可贵的务实精神。我们应该看到：一个感性的老板在煽动激励时，总有一个理性的总经理在有条不紊地执行；一个企业的执行层在脚踏实地行动时，总有一个决策班组在系统思考，这才是完美的配合，才是企业成长的必备。"合抱之木，生于毫末；九层之台，起于累土；千里之行，始于足下。"要实现合抱之木的大，九层之台的高，千里之行的远，必须从基础工作入手，一步一个脚印，踏踏实实，循序渐进，这不但要成为我们做人的价值取向，也要成为我们经营企业的行为准则。"重为轻根，静为躁君，是以君子终日行，不离其辎重。"在事业发展中，要戒浮躁而求稳重，要善于从小事做起，从易事入手，不盲目乐观冒进，不可好高骛远，空话连篇，方能有成。只有"慎终如始"，一生谨慎，才会永远立于不败之地。

在太极的世界里，祸福是相互转化的，守虚才能持盈，多藏必遭厚亡。五行之中，金本来生水，水为金之子，金为水之母。水本受金的恩德而赖以成就，但是如果水之势太强盛，阴气蓄积超过了一定的极限，子水对金母的索取太多而不加节制，突破了中和的度数，最终就会造成金的脱节和水的败亡。同理，金本来克木的道理浅显易懂，然而木中却暗藏着火，而火却是金的天然克星。假如金之势咄咄逼人，却忽略了木在暗中蓄积培育了制衡金的火之势，则难免遭遇木火反克的祸害。故而，阴气补予太过，则益中有损；阳气强盛之余，福中藏祸，惟有谨守中和之道，善于知足不辱，知止不殆，才是最理想和完美的长存之道。

在资本的市场中，资本与文化的"阴阳相胜"，也是我们同样要面临的主要问题。要么资本推动文化，要么文化推动资本；要么文化制约资本，要么资本侵害文化。只有打破界限，谋求互利，才能你中有我，我中有你，消弭矛盾，达成共识。只有资本与文化两不相伤，才能实现德交道显。

道商"阴阳"辩证思维有助于我们逆向思维能力的培养。

道商的"执两"思维告诉我们，阴与阳是转化变易的，阴阳两极都是活动的，互为转移、渗透、贯穿、变化的。当有极图和无极图化生，阴阳定位立序后，自然就产生变化更替和盈虚消长，这个变化的本身，就是"可道"。太极动而天旋地转，日月循环、寒暑更替，四时的生长化收藏，即万物的生长规律，无不包含阴阳交替之中。穷则变、变则通、通则久。一切现象界的事物都是不长久的，一切的美好概念与利益许诺都有可能是带有欺诈性的。作为道商，必须保持"不以物喜，不以己悲"的中和心态，审时度势，知阳守阴，穷极达变。如此，则可以转祸为福、危中见机、否极泰来。

在道商思维中，"反者道之动，弱者道之用"的思想被得到了充分认可和运用发挥。老子启发我们要在"以下为基"的前提下，"守虚""守雌""守不足""守无为""若愚""若拙""若谷""若不谷"。在危机中寻找商机，在未有中实现大有，在"处众人之所恶"的恶败与废物中发现事物循环利用的再生价值。无论是《道德经》中的"将欲翕之，必固张之；将欲弱之，必固强之；将欲废之，必固兴之；将欲夺之，必固予之。"还是范蠡的"旱泽资舟，水则资车""贱取如珠玉，贵出如粪土""贵上极则反贱，贱下极则反贵"，或是白圭的"人弃我取，人取我与"，都多方论证了"阴阳"方法论的合理性。道商要实现不争善胜，就要以非常人的眼光去发现洞悉并"动""用"事物发展的隐性规律，以与众不同的手段来引发其人皆不识、人皆莫知的隐态力量，创造出前所未有的巨大商机与财富，这也是古今中外的大商家们苦心揣测反复探寻的思想富矿。股神巴菲特告诉世人，"在别人贪婪时恐惧，在别人恐惧时贪婪"，已成为风靡全球的投资格言。

道商针对的群体是商人。在商人的群体划分中，有传统守旧的商人；就有现代创新的商人，有脚踏实地的商人，也有仰望星空的商人；有迷茫困惑的商人，也有逍遥自乐的商人。所以，有道商就有俗商，有下海也就有上山。俗商之利，乃一己之私利；道商之利，乃利天下之大利。俗商多争利，道商独让利。俗商重眼前利益，道商重长远利益。过分注重眼前利益，人就会被一叶障目，失去长远的战略。而那些专注于长远大利的战略家，为了目标与未来，不得不暂时搁下眼前利益。掌握太极图的逆向思维，懂得设身处地的换位思考，让大众群体能趋利于我，这样才能借助平台效应而共利、生利、利无穷。我们这个时代，缺乏的是能把控千秋大利的战略家，却总在蝇头小利的来来往往中奔走迷惑。所以道商不但要具备下海领航的优势，更要学会上山，只有上山求道，才能获得登高望远的战略智慧，拥有水绕山转的特殊本领。

上山，就是一个悟道与提升的过程。

四、道商的"阴阳"发展视野

人类思维的诞生，道商经济的发展，无不在"负阴抱阳"的冲和交易中，遵循着"道生之，德蓄之，物形之，势成之"的规律进行演变推进。

作为道商，我们要具备和熟谙道商的"阴阳"辩证思维，必须整体掌握"常无欲"与"常有欲"两种心态，善于综合运用"静观"与"玄览"两种方式。通过对"无名"和"有名"的阴阳规律把握，我们就可以清醒地识别起点性的"道"和终点性的"非常道"的客观存在。再结合"反者道之动"的法则，便能对社会发展和行业兴衰有了整体而直观的判断。

人类经济社会的发展形态经历了四个时代——农业经济时代、工业经济时代、信息经济时代、创意经济时代。这四大时代的发展转化正体现了道的阴阳交演规律，即：从小到大、由动入静、由粗转精、从低就高、化坤为乾、从体力到智能、从耗散到聚集、从物质到思想、从重有形到重无形……

在农业经济时代，以地主阶级为代表，谁拥有土地谁就拥有财富，"普天之下，莫非王土，率土之滨，莫非王臣。"随着瓦特蒸汽机的发明，人类社会进入工业经济时代，以"资本主义"工业化最为典型，拥有自然资源和机器就成为拥有财富的象征，这期间诞生了拥有石油资源的洛克菲勒家族与拥有汽车制造生产线的福特家族。自英特网诞生后，人类开始进入信息经济时代，进入了重视知识的"知本主义"时代。在信息经济时代，知识就是财富，资讯就是财富，财富拥有者的必须有与众不同的思考方式，以及精深的专业知识与广博的相关行业知识。事物发展的规律就是极则反、极则变。在许多研究未来的观察家眼里，人类未来是追求无形的精神满足的。当纯物质的文明发展到极限，世人就要通过市场经济，通过文化与精神的消费来满足其深层次需求。所以，丹麦著名未来学家罗尔夫·詹森告诉我们："继信息社会之后，人类正在迈入梦想社会。我们将从重视信息过渡到重视想象。"互联网不断扩大了贫富差距，自由职业成赚钱的新时尚，"无生意可做、无工可打"正在成为事实，而移动支付已经可以让我们走遍天下，身不带分文现金。

当前，一个被冠名为"互联网+"的概念正在风靡全球资本市场。什么叫互联网＋呢？通俗来说，互联网＋就是互联网＋各个传统行业。专业人士认为，互联网+的本质是做到了真正的重构供需。当非互联网与互联网跨界融合后，不只是改善了效率，而是在供给和需求两端都产生增量，从而建立新的流程和模式：供给端是"点石成金"，将原本的闲散资源充分利用；需求端则是"无中生有"，创造了原本不存在的使用消费场景。两者结合，其实就是我们常说的"共享经济"。

道家思想中的一句"有之以为利，无之以为用"，将会为新时代的道商们打开"玄之又玄"的众妙之门，让我们将无形无象无为的道学思想进行实践化、应用化、普及化研究，找到具有积极现实意义的航向。事实上，互联网+就是虚拟产业+实体经济的过程，也就是道商阴阳认识观的阴+阳。当然，互联网+并不是简单粗放的两者相加，而是利用信息通信技术以及互联网平台，让互联网与传统行业进行深度融合、多元组合、交互结合，在行业间产生反馈、互动与协调，最终出现大量化学反应式的融合与创新，创造新的发展生态。

倘若我们能够领悟"万物负阴而抱阳，冲气以为和"的智慧，将道商文化与健康养生、休闲旅游、文化地产、产品创意、产业创新等紧密结合，将道学文化与音乐、艺术、文学、动漫、影视等领域进行全维创新。在有形+无形、有用+无用、虚拟+实体、线上+线下、本土+国际、高尚+通俗、知识+财富、思想+产业、人文+产品……的阴阳运动中，新的财富浪潮亦将由此掀起。

五、道商的"阴阳"体系设计

在中国道商知识体系中，阴阳的动态平衡与系统配置是贯穿全局的。

道商作为一套独立完善的学术体系，并没有仅仅停留在理念层面进行道德说教，而是融古今思想于一炉，糅东西方智慧于一体，将学术思想理论体系与商业经营产业实践进行组合创新并创造出财富成果的一个过程。道+商=道商。前者是静态的，后者是动态的；前者是理论的，后者是实践的；前者是历史的，后者是现实的；前者是虚无的，后者是实有的。一阴一阳一太极，互相结合运用，就产生质的飞跃。

道商以《道德经》"有无相生"原则为总纲，在知识结构与体系设计上，处处体现出阴阳的无穷妙趣。

中国道商的八大核心体系中，"生命体系""事业体系""兵法体系""智慧体系"为四正,"形象体系""伦理体系""人才体系""产业体系"为四隅。虚实结合,重点突出,四正四隅,八方合局。在四正的体系设置中,"生命体系"重在养护于己,"兵法体系"重在竞争于人,"事业体系"强调对外发展,"智慧体系"注重对内探求。在"生命体系"中,形神、性命、身物、气血、通否、顺逆、正偏、寿夭,处处可探阴阳;在"事业体系"中,身国、治乱、古今、先后、方圆、有无、异同、公私,步步皆含阴阳;在"兵法体系"中,主客、取予、虚实、动静、利害、进退、柔刚、人天,环环紧扣阴阳;在"智慧体系"中,贤愚、真伪、静躁、表里、大小、知行、苦乐、有无,境境皆藏阴阳。在"智慧体系"的必修四大经典中,《道德经》主修战略思想,《阴符经》主修战术谋略,《清静经》

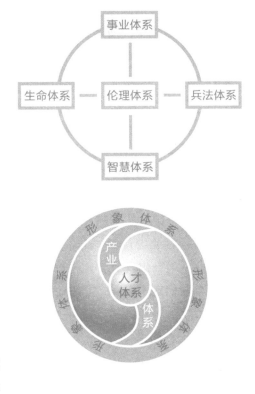

道商八大体系方圆动静图

为内正之道,《心印经》为外治之法,各有侧重,互为弥补。随处可见的"阴阳互根""阴和阳合"执两思维,在《道商学》中得到了充分凸显。

庄子告诉我们:"道昭而不道。"道有"玄谈"也有"心授",在道商标准化人才培养中,随着学习进阶的深入,当我们进入高层次的道商课程体系后,还专门有一套区别于大众传播体系之外的"隐语""密钥",以极其精炼或有异于同类学科的语言(图像)来互相交流,表达道学思想的"玄妙"之境。

在道商的商业经营与社会实践中,如何做到有效的知行合一呢?这就需要秉承"观天之道,执天之行"的系统思维,善于运用"**道术相济、德财兼备、有无相生、虚实结合、文武并重、政经合法、知雄守雌、去末居实、内外一心、上下同欲、隐显合度、动静相宜、人天同参、身国同构、取舍皆利、富贵双全**"的阴阳交易法则,实现动态弥补。如果违反了上述法则,则容易导致阴差阳错,道商两离，差之毫厘，失之千里。

所以，道商的责任，在于创造五财具足、阴阳两利的财富，这份财富不但包括了有形的财富，也有无形的财富。道商的高明，在于深知"金玉满堂，莫之能守"，而正视现实财富。通过"开天门，闭地户"的特殊手段，以"上德若谷，大德若虚"的心态，审置阴阳开关，指挥财富积散。道商的难处，在于"和其光，同其尘"，忍受非难，逆中求生。道商的伟大，在于代天演道，在损己之"有余"而补天下之"不足"，最终实现"长生久视"的非凡成就。

阴阳平衡，则商德显；共同富裕，则天下安。国际道商文化研究院倡导的"阴阳两利"观，堪为道商之最高道德准则。

第三节　明三：道商的事理认知

《黄帝四经》曰："王天下之道，有天焉、有人焉、有地焉，三者参用之。"
道商是研究"道"的运行规律与应用哲理的商人。要想成为新时代最纯粹完美的"生意人"，道商必须深刻领悟和善于运用"三"的智慧。

一、"三分法"道学思维模式

《道德经》说："道生一，一生二，二生三，三生万物。"
在庄严肃穆的道教三清大殿中，通常供奉着神态端庄的三位尊神，这就是道教的最高神"三清"。三清指元始天尊、灵宝天尊、道德天尊。三清是道教的最高主神，所谓老子"一气化三清"，实则是老子的道学思想一体三位。

道家哲学认为，道是从"无"到"有"的。自从"无极"生出"有极"，"有无相生"而后阴阳判分，太极定论，一切事物都在阴阳的运动变化中来来往往，此起彼伏，循环不休。但是，万事万物的生成演化法则，却并不是朝着一个方向绝对化的旋转运动，它们是既阳性旋转（相生），又阴性循环（相克）。阴阳二气在相生相克的状态中激荡交合，产生"道冲"的现象，逐步由二生三，孕育和产生了新的第三方状态——中和。故而，《太平经》言："元气有三名：太阳，太阴，中和。"

治道的核心思想精髓是什么呢？道商始祖范蠡坚持认为——"中和"。

范蠡曾对勾践陈述说："**臣闻古之贤主、圣君，执中和而原其终始，即位安而万物定矣；不执其中和，不原其终始，即尊位倾，万物散。**"古代的贤明君主和圣德帝王，他们的成功都在于把握了"中和"之道，用"中和"的思维去探究事物的起源和终结，用"中和"的眼光去分析事物盛衰、成败的来由和最终走向，就可以实现长治久安。假如失去了"中和"之道，就难以窥知事物发展变化的规律主线，把握不住他们整体发展的趋势开关，最后势必造成尊位不稳，社会动荡，人心不齐，万物离散，灾难频发。

中国的圣哲认为是"三生万物"，西方的智者认为是"二生万物"。表面上看，在"二分法"的思维模式下，黑白分明，简单明了。但是把客观事物的本体简单粗暴地分割成对立的两端，并最终得出"非此即彼"的判断结论，往往容易使人的思维趋于僵硬和极端，并最终失去新的视觉空间和解决矛盾的智慧高度。

三分法的基本内容就是：一个事物分有矛盾的正反两面，最终处理该事物时不是采用选择正面或者是选择反面的二选一的"二分法"思维模式，而是采用把正反两面统筹起来，将其看成第三面，也就是正反合一。阴阳相合而后各出半力的"三"，不但产生了"生万物"的不朽功用，也催生了中华文明的整体成熟与巨大高度。

从道商知识体系的角度来看，元始天尊是无极图，为道之体；灵宝天尊是有极图，为道之用；体用合一，无有合一就是道德天尊，也就是老子。当自然科学被比拟人格化时，我们当返本溯源，明白博大精深的道学思想才是真正的"天尊"。

二、"和气生财"与均衡经济学

《淮南子》说："昔者，五帝三五之莅政施教，必用三五。何谓三五？仰取象于天，俯取度于地，中取法于人……乃澄列金木水火土之性。"

和气生财思想是中国传统商业文化的核心价值。在以黄老学派思想为核心精髓的中国道商知识体系中，和气如何产生？如何才能实现和气生财呢？

《太平经》认为："太阳、太阴、中和三

生财有道图

气共为理，更相感动。"在自然界，太阳、太阴、以及阴阳平衡的"中和"之气，三气缺一不可。这三气之间的关系，是在互相交往中达到平衡，三气和谐而后化生万物。

经济是价值的创造、转化与实现，也是资源的对流、交易与放大。在人类经济活动中，各种各样的资源之间相互联系，相互制约，形成一个结构复杂的资源系统。每一种资源内部又有自己的子系统。人类历史上，为瓜分、占有、控制和争夺资源和资源运输线的政治、经济、军事、外交甚至宗教活动，比比皆是。世界经济的发展史，正是一部对资源的发现、利用、消费史，而工业化、信息化则是人类将自然资源、社会资源快速转化为财富的演变过程。

经济学的最高美学境界是实现良性循环的均衡。然而，"天下有道"和"天下无道"这两种截然不同的经济发展方式，在相当程度上却决定了资源利用方式。无道而失序的粗放式、野蛮式发展往往导致资源大量消耗和浪费，虽然经济增长让不计其数的人摆脱了贫困，但这也让世界经济发展陷入资源匮乏的窘境。或许，人类社会存在的终极意义只有一个，那就是"消费"——通过对人类资源持续不断的消灭与耗费，来达到我们生产力水平的不断提升和发展，并最终实现所谓的优化我们生活品质。

曾任国际货币基金组织及欧盟高级顾问的波兰前副总理格泽高滋·W·科勒德克认为："当代经济学思想正在经历一场严重的'灾难'。"他呼吁称："我们需要的是均衡的经济学——寻求的是平衡和克制，而非过剩、赤字、失衡与危机。所有这些弊病都将不止一次发生于人类社会和世界经济中，但这些事件应该成为例外事件而不是客观法则。真正的法则应该是均衡的，合理反映经济增长可能性的。经济增长速度也应是合理适度的。"面对当前日益加重的工业文明鼎盛、地球资源过度消耗、自然环境遭受破坏等现实，人类应当积极转变发展方式，珍惜地球资源，守护我们共有的地球家园。

《太平经》说："阴阳者，要在中和。中和气得，万物滋生，人民和调。"人是自然万物的一部分，也是自然中和之气所生。天、地、人三者同为自然界中一部分，本身就有着共生共荣的关系，因此必须要互相尊重、和谐共处。

在古代道商经济学中，范蠡认为，阳气主生，阴气主杀，阴、阳不同气，却能同功，阴阳二气要有序。阴阳有序就有无为之功，就是道法自然。在冬三月，草木枯死，万物敛藏，一切生物都在此时停止生长。所以阳气也就自然而然地要潜藏其下，隐匿其强壮和旺盛，把机会给予阴气，以便于她在外面完成杀虫螟、去污秽的功业。到了夏三月的时候，万物成长，蓬勃发展，阴气此时就要主动让位于阳气，把自己的能耐和功用藏匿其下，等待属于自己的时令到来后，再图作为。假如夏天的时候，该来的酷热却没有来临，万物就不能顺利生长；冬天的时候，大寒没有到来，阳气并没有潜藏在地下，那么植物的根茎就不会壮实，到了春天就难以萌发扩张。所以阴阳一旦失去了进退显潜这个自然规律，违背了中和之道，整个四季的序列就会被打乱。阴气和阳气只有遵从时令的安排，不同时停留在一起，不贪恋自己的功用，不显示自己的能力，万物才能获得各自所需的生长机会。

道商该如何继承了老子"慈""俭""自然""守中"的思想教诲，以"治人事天，莫若啬"的节约思想，在"取"与"不取"之间，求其中和，才能创建生态环保美丽和谐的节约型社会呢，这亦是我们义不容辞的责任。

三、"以和为贵"与中国顶级管理智慧

《黄帝四经》说："天执一以明三，天明三以定二，审三名以为万事。"

"三"，在中国道商知识体系中，常用"中极图"代称。"三生万物"其实就是道生万物或中生万物、和生万物。

在中国人的眼里，阴阳只有互动才会新发展，利益只有互惠才会有新机遇，矛盾只有互让才会有新转机。太极图之阴阳虽万变无穷，但万变万化皆因从"中"而起，一切差异都是在中间阶段中融合，一切对立都是经过中间环节而相互过渡。

阳尽阴生，阴尽阳生，形极必变，理穷必变，物极必反。

中极图的这个平衡，是宇宙万物运动变化之中短暂的中间过程，它的平衡状态是相对的、有条件的、有区别对待。阴阳乃至宇宙万物之变易转化，都要通过中极、中间、中介之途径，集中向"中极"汇聚而前进和壮大，一切事物"中"则立，"中"则正，"中"则和，"中"则不失其所而久。否则，离开"中"就只能是后退和消亡。

在中极图的世界里，有阴阳而离阴阳，是阴阳而非阴阳，不易中有易，以不易应万易，不变中有变，以不变应万变。万事万物都是由阴阳构成，而阴阳必须围绕一个焦点来运转，这个焦点就是中极，如果焦点消失，矛盾也自然消失。所以，解决问题的最佳办法就是深入到事物的核心中，看到矛盾的中心问题，中心解决了，矛盾也不存在了。惟有中极图，方可能阴能阳，能上能下，能荣能辱，能前能后，能进能退，能正能反，能顺能逆，能好能坏，能动能静，能隐能显，能无极能有极，能上天能入地。惟有得道之人，才能执两（阴阳）用中而创造出非凡的奇迹。中极图不是辩证法所谓矛盾的统一，而是融和于中庸一以贯之之道。它常是在将发而未发的状态中，以预备一切可能的将来契机。道家之智，之所以能够以静制动，以柔克刚，消弭阴阳世界矛盾，调和万事万物纷争，实得其"中机"也。

中极者，也叫人极图。天生万物，以人为贵；得人心者，得天下；失人心者，失天下。一切学问，惟有得其"中道"者方可顶天立地，获得大成功；一切产业，只有抓住了人心欲望才能牵引收放，利益丰硕。中极图内蕴藏的"中和"思想，是中国几千年来处理人际关系、民族关系、社会关系的传统原则，是中华民族的立国之本与长存之道。在太极图中，"敌""我"矛盾的对立与斗争是作为永恒的真理存在的，在中极图中，则可以看作万事万物都在一个宏观之中，是和合的，虽有斗争，但都是相对的。只有以中为准，以平为度，以和为贵，才能左右逢源，恰到好处。故而，治国要和，上下不和，虽安必危；安民要和，天时不如地利，地利不如人和；治军要和，师克在和不在众；创业要和，众非和不聚；家庭要和睦可亲；为人要和解通调；人体要气血和平；心性要心平气和；贸易要和气生财；音乐要音声调和；烹调要五味调和等等。总之，宇宙万物皆要和。在道商的世界中，商人不会再去苦思冥想如何面对"你死我活"的竞争，而是将心生欢喜地重点探讨如何更大限度的多元合作。

在现代企业管理学中,中极图也被命名为"灰度"。何谓灰度?任正非认为,一个领导人重要的素质是方向、节奏。方向是随时间与空间而变的,它常常又会变得不清晰。并不是非白即黑、非此即彼。合理地掌握合适的灰度,是使各种影响发展的要素在一段时间和谐,这种和谐的过程叫妥协,这种和谐的结果叫灰度。一个清晰方向,是在混沌中产生的,是从灰色中脱颖而出,清晰的方向来自灰度、妥协与宽容。宽容所体现出来的退让是有目的有计划的,主动权掌握在自己的手中。明智的妥协是一种适当的交换。为了达到主要的目标,可以在次要的目标上做适当的让步。这种妥协并不是完全放弃原则,而是以退为进,通过适当的交换来确保目标的实现。在道商体系中,灰度就是"中和",妥协就是"不争",宽容就是"慈"。领导人一旦掌握了灰度,就会纵横无碍、进退自如、以战则胜,以守则固。

在腾讯内部的产品开发和运营过程中,灰度一词也被反复提及。马化腾认为:很多公司在一开始做产品定义时,要么确定它是黑的,要么确定它是白的。然而,互联网产品的定义是由用户投票决定的。在一开始,我们不定义它是黑,还是白,有一个灰度的周期。所以,在腾讯创新上,马化腾提出了灰度机制:容忍失败,允许适度浪费,鼓励内部竞争内部试错。在这个灰度周期里,让用户的口碑决定它是生是死,是白还是黑。

《三略》中说:"夫圣人君子,明盛衰之源,通成败之端,审治乱之机,知去就之节。"中国的智谋高士们,常秉持中极图的原则,不作呆板的定律,不求难能的德行。虽穷不处亡国之位,虽贫不食乱邦之禄,潜名抱道者,时至而动,则极人臣之位;德合于己,则建殊绝之功,故其道高而名扬于后世。如果我们不知用"中",不加节制,一旦壮大强盛,就会很快衰老败坏,因为这违背了大道虚静柔弱的原则。凡是违背大道虚静柔弱原则的,都会过早地衰老败坏和死亡。我们只有脱离一切有形与无形的束缚,上善若水,灵活变通,方能知前后左右而不失其中,晓进退存亡而不失其正,融入变化本身,获得不可言传的玄德智慧。

四、"第三方经济学"与平台战略

《史记·律书》说:"数始于一,终于十,成于三。"

第二章 中国道商体系架构

在经济学中,有一个重要概念叫"外部性",是由马歇尔和庇古在20世纪初提出的。外部性是指在经济活动中,一个经济主体(生产者或消费者)在自己活动中的行为对另一个旁观者的福利所产生的有利或有害影响,而这种影响却没有给予相应支付或得到相应补偿,就出现了外部性。外部性可能是正面的,也可能是负面的,是一种经济力量对另一种经济力量"非市场性"的附带影响,它比较难从货币或市场交易中反映出来。

从理论上讲,一般认为外部性的存在是市场机制配置资源的缺陷之一。在这种情况下,能够在政府与经济体之外保持独立、中立的"第三方机构"——智库组织,如何避开和跳出利益的私心,把握宏观,淡泊名利,为国家和社会的中长期发展提供智慧支撑,具有积极的现实意义。

"三"在商业经济中通常被冠以第三方、中介或平台等名。所谓"第三方",是指两个相互联系的主体之外的某个客体,叫作第三方。所谓"中介",指在不同事物或同一事物内部对立两极之间起居间联系作用的环节。

一般而言,在买方与卖方的市场交易中,由于交易双方在交易前互不了解,因此可能寻求一位具有中间立场并且具有一定素质的人或者公司,来对交易进行经济或者信誉上的担保,以推动买卖顺利进行。通常,第三方或中介可以是和两个主体有联系,也可以是独立于两个主体之外,它具有相对的独立性和一定的公正性。对立的两极通过处于中介状态的第三方达成合作、共联一体,但是,如果阴阳对立面的矛盾斗争加剧,也会使第三方处于左右为难的状态,并直接导致统一体的破裂。

道商不仅要熟悉商业的各种概念与名词,更需要具备洞烛幽微的深邃目光,能够穿透各种纷繁复杂的表象,直抵商业经济热点现象的本质和内在。

当下,依托于网络而生的具有独立性、专业性的第三方平台,正在为我们所熟知。所谓的B2B,C2C,P2P,O2O,B2C……犹如乱花迷人眼,其实质不过是商家与商家、个人与个人、线上与线下、商家与客户等"阴阳"二极在互联网金融时代的新提法、新模式。"2"(TO)的真实意义其实非"二",实乃"三",它是通达彼此实现交易的中枢与平台。迈克尔·哈耶特认为:"在当今市场要想获得成功,必须拥有两个战略资产:让人欲罢不能的产品和有效平台。"在今天,我们需要以一种更智慧兼容的中和方式,通过利用新一代信息技术为载体或价值信仰为纽带的第三方平台,来改变人类相互认识、交流、交易与合作的方式，而平台一词则有了它更为广泛的内涵。通过借助于第三方服务平台、第三方交易平台、第三方采购平台、第三方理财平台、第三方支付平台、第三方融资平台、第三方物流平台、第三方托管平台、第三方评估平台……可以更快更便捷也更大规模地实现资源互换、信息互通、货物交易、财富共享。

如果说，无极图思维是理念为王，有极图思维是内容为王，那么，中极图思维就是平台为王。在"三生万物"的思想启发下，让数以千万计的大小商家在"我"之平台驱动下，成为自我平台的外延节点，从"真一图"变化为"万真图"，高频率地完成大小不等的各类"阴阳"交易，构建一个丰富多彩的无限财富世界。一转而天下皆转，一动而天下皆动，在商业经营中实现道化万端，创造一个新的商业世界。当然，平台的核心就是兼容、开放与公正、公平、稳定。如何长久保持第三方平台的独立性，尤其关键。如果第三方平台失去了公正、中和的原则，就会沦为可怕的谎言和骗局而导致阴阳两伤，原本生利的中极图就会变易为人性贪婪的欲望深渊，成为商业世界的惊心陷阱。

在创新无穷的新经济时代，公司或将消泯，平台正在蜂起，如何在"执其两端"的前提下，居中、守中、用中，将传统企业打造成为平台公司，正在成为越来越多企业的梦想。

作为道商族群的精神归宿，陶朱世家将成为未来标准化道商人才的梦想平台。

五、道商思维的"三步论"法则

《太平经》留传有"三统"的思想，即"元气有三名，太阳、太阴、中和。形体有三名，天、地、人。天有三名，日、月、星，北极为中也。地有三名，为山、川、平土。人有三名，父、母、子。治有三名，君、臣、民。欲太平也，此三者常当腹心，不失铢分，使同一忧，合成一家，立致太平，延年不疑矣。"

正所谓"事不过三"。在现实生活中，更广泛的"三分"关系还包含：上、中、下；左、中、右；前、中、后；将、相、士；耳、目、口；精、气、神；时、分、秒；责、权、利；天时、地利、人和；资本、智本、人本；高层、中层、基层；决策、执行、监督；大于、等于、小于；丈夫、妻子、孩子；物爱、情爱、性爱；固态、液态、气态；开篇、正文、结尾……

道商若欲具备"庖丁解牛"的功夫,能在看似纷繁复杂的事理中游刃有余,处理得当,必须要学会"三思而后行"。

中国道商知识体系中的"三"之道,主要表现为以下十二个方面,今择其要而简述两类如下。

三易	三才	三事	三观	三段	三士	三宝	三欲	三物	三要	三杰	三品
不易	天	持盈	心	无不为	上士	神	思欲	事物	势	将	上
变易	人	定倾	形	无为	中士	气	食欲	人物	术	士	中
交易	地	节事	物	有为	下士	精	性欲	财物	法	相	下

1. 过"三关"

王国维在《人间词话》中提出:"古今之成大事业、大学问者,必经过三种之境界。"他巧妙地借用了三段凄美的宋词,极其形象地描述了成就学问与事业的三关,同样也适合于道商。

"昨夜西风凋碧树。独上高楼,望尽天涯路。"第一境也。此乃对人生的迷茫,商业的困惑,孤独而不知前路几何。想发展,该如何发展?想创新,该如何创新?此境也是对看似"玄之又玄"的道商体系深感难以下手。在世人的眼里,道是道,商是商,道与商相合的桥梁在何处?窍门在何处?一筹莫展,痛苦迷茫。

"衣带渐宽终不悔,为伊消得人憔悴。"第二境也。至此方得入门,渐知道商真味。确立了目标和方向后,在不断去伪存真的道路上,传统思维不断被折磨、颠覆、刷新,"损之又损",虽然形容消瘦却百折不回,无怨无悔。

"众里寻他千百度,蓦然回首,那人却在灯火阑珊处。"第三境也。至此方豁然洞明而开悟,在通过不断的"有为""奋争"基础搭建,积累了足够的经历与财富后,量变成为质变,先前的辛苦付出终于迎来了收获回报。不经意间,"我不求财而财自来"。

道商亦还有三关:"见山是山,见水是水""见山不是山,见水不是水""见山还是山,见水还是水。"

第一关,乃常规之观,"见山是山,见水是水"。见利为利,见财为财,见货为货,见物为物,见善称善,见恶厌恶。商人在此关,为俗。心随物转,眼见浅薄，追逐声色，乐享厚利，流于表象，误于格局。停留于此，则难脱凡躯，莫窥先机，不知隐态，故"常有欲以观其徼"，有极图也。

第二关，乃非常之观，"见山不是山，见水不是水"。见利而思害，观危而察机，财聚愈谨慎，货敛更不安，故能而示之不能，用而示之不用，得而示之不得，多而示之不多。恰老子所谓"良贾深藏若虚"。商人在此关，为智。俗人昭昭，我独闷闷；众人蜂起，我独蛰伏。以迂为直，以患为利，见机而存疑，见恶而生喜，舍中求得，予而后取，在冷门稀缺中谋商机，趁低迷慌乱中跨步履，如此则清静内守，慧烛常明，透过现象，深察本质，知奇正之变，反虚实之用，搏击商海，如鱼得水。故"常无欲以观其妙"，太极图也。

第三关，乃非非常之观，"见山还是山，见水还是水"。执道之柄，通化之源，见利还是利，从万千私利中，独行利天下之大利；见财还是财，从诸国钱财中，稳操身心物之全财。见真还是真，见假还是假，见善本是善，见恶亦是恶。何能如此？实乃与道偕行、与德同体，"善者吾善之，不善者吾亦善之，德善；信者吾信之，不信者吾亦信之，德信。"商人在此关，为道。至此境，虚实同体，有无同源，贵贱同等，上下同欲，生死同根，可以掌乾坤之要，执造化之机。一念动而天地皆动，则利无不生，财无不运，善无不归，术无不通。故"以道莅天下，其鬼不神，非其鬼不神，其神亦不伤人，两不相伤，故德交焉"。无极图也。

道商者，商之大也。行商运利，如圣主名将治兵，随势用功，师法自然，循法演术，三反昼夜，由反而返，契合先天。至此臻境，无定式，无恒形，无常方，道商合一，万物浑然，草木皆兵，触目皆利。

2. 证"三品"

品指的是品阶、品级、层次，用通俗的话来说，即上、中、下三等。

老子将人的层次分为"三品"——"上士闻道，勤而行之；中士闻道，若亡若存；下士闻道，大笑之。"西汉董仲舒结合天人感应学说，也把人性分为上、中、下三等。董仲舒认为：上等的"圣人之性"先天就是善的，不需教育；下等的"斗筲之性"，是经过教育也难以转化为善的。这两种都是少数，都不可以名性，只有占大多数的"中民之性"可以名性，需要教育。

在中国道商知识体系中，道商的修炼进阶与个人成就突破也分为"三品九段"论。

下品道商是传统意义的商人。他们正己富家，利益族乡，通过勤奋创业和诚信经商，坚守一隅，富甲一方，改变了自身的命运和带动了家族、乡邻共同致富，扶危济困，有口皆碑，主持公道，人皆称善。下品道商厚钱财、养身财，金玉满堂犹能守。能自贵其身者，即有品。

中品道商是企业家。他们兴业富国，富贵功名皆得。通过创新产业、振兴行业、经营企业而实现并彰显自我价值。他们身上具有强烈的民族自信及"以天下富有为己任"的企业家精神。他们既是企业家，也是事业家；既在度己，也在度人。他们以智启财，利而不害，无中生有用规律，模式创新开新篇，通过自我商业帝国的不断延展扩大，帮助和影响改变更广范围的人获得就业的机会、财富的积累、事业的成功、家庭的幸福、社会的稳定。中品道商执一通万，重智财与口财，当然更不缺乏钱财，为大成图。

上品道商是思想家。他们演道行德，利益天下，具有医世之心，生生之能。他们一方面以文载道，通过构建出"与时偕行"的符合于所处时代的独立商业思想体系，来扭转矫正人心的偏航。另一方面以言弘道，通过积极主动地传播世界各民族优秀思想文化，帮助启迪世人建立正确的财富价值观并获得开启财富的生态智慧，让更多的人走上"以道经商"之路。上品道商重德财，可谓功盖天下，德润苍生，思想道德永传。名为得道，实无所得，为无极图。

第四节 四正：道商的衡量标准

在中国古代的商业文化中，有一幅经典对联叫"生意兴隆通四海，财源茂盛达三江"。在古代中国的地理观念中，普天之下，皆为中国；中国之外，则为四海。"通四海"泛指商通天下，利益各处。身为新时代的道商，我们要获得商业利益，实现财富增长，不但要有下"商海"的勇气和胆魄，更要具备以道经商、以智启财的特殊本领，拥有领航"脑海""智海"与"心海"的超凡实力。

中国道商知识体系中共有八大体系架构，分别是"生命体系""事业体系""兵法体系""智慧体系""形象体系""伦理体系""人才体系"和"产业体系"。其中，"生命体系""事业体系""兵法体系""智慧体系"为核心四正，"形象体系"、"伦理体系"、"人才体系"和"产业体系"为配套四隅。

四方	四卦	四大	四生	四纲	四灵	四季	四正	四漏	四经	四行
东	震	王	德	实	青龙	春	生命	身	道德	直
南	离	天	势	术	朱雀	夏	事业	功	心印	动
西	兑	地	物	末	白虎	秋	兵法	心	阴符	曲
北	坎	道	道	道	玄武	冬	智慧	福	清静	静

一、中国道商·生命体系

生命体系：道商如何进行自我生命认识、生命管理与生命养护的专业体系。

健康长寿是世人共同盼望之心愿，养生延命是道学的第一内容。道家学派认为，"仙道贵生，无量度人。"人的生命是最为可贵的，老子在《道德经》中明确提出了"贵以身为天下，若可寄天下；爱以身为天下，若可托天下"的主张，张道陵在《老子想尔注》也重申了这种观点——"能制长生，则福天地。""生，道之别体也。"所以，贵生与长生，成了道家修炼的终极意义。

在今天，"年轻时拿命换钱，年老时拿钱保命"已成常态，诸多商界精英人士和社会知名人物在这种恶性循环中，不断频发的"过劳死""早夭"现象，势必促使全社会尤其是商界人士在奋不顾身地以透支生命健康为代价进行创业后，学会了对生命和健康的反思。如何最大限度地养生延命，成为现代人士最亟待解决的问题，要做到"道利天下"，我们必须先确立"身重于物"的生命价值观，切实解决自身的生命健康问题。

中国道商的生命体系，源自中国传统文化的"贵生"生命价值观及道家"延生"的生命科学核心技术。道家南宗始祖张紫阳曾发出拷问："只贪利禄求荣显，不觉形容暗悴枯。试问堆金如山岳，无常买得不来无？"黄老学派认为：天下难治。难治的不在天下，而在自身。所以，懂得了治身的道理，也就会明白治国的大略。

治国、治事必须从治身先行做起，真正伟大的事业都是先由个体生命的"小我"延展福泽到整体生存的"大我"，这才是最为安全可信的传播方式。

《庄子》："道之真以治身，其绪余以为国家，其土苴以治天下。由此观之，帝王之功，圣人之余事也。非所以完身养性也。"

《吕氏春秋》："昔者先圣王，成其身而天下成，治其身而天下治。"

只有把生命视为与天下同等重要，甚至比天下更重要时，我们才能获得更好的成就事业的机遇。道商只有在完成生命第一基石的生命体系"治身"成就后，再推而广之，以内达外，才能由"内圣"实现"外王"，最后利益天下。否则就会本末倒置，于己于人于天下都无益。

千百年来，道家修炼者们始终相信，通过修道、悟道及炼养不仅可使精神生命得到升华，而且还可以使生理生命达到脱胎换骨。因此，他们对于"延生不老"的梦想，一直进行着孜孜不倦的探求与实践，并留下了极具操作性的大量珍贵经验。作为新时代的道商，我们需要在主观上培养出强烈的生命管理与养护意识，有效地规范自己生活行为方式，"或鸠仙经真人寿考之规，或得采彭铿老君长龄之术"，使自己的生活方式逐步符合自然规律。通过中国道商生命体系的专业学习，保持生命健康，延续生命活力，开发生命潜力，订制生命时长，突破生命极限，创造生命奇迹，或可真正实现"寿敝天地，无有终时，此其道生"的美好境界。

二、中国道商·事业体系

事业体系：道商如何运用道学的原理与道术的策略进行个人安身立命，和从事于具有一定规模和目标，与社会事务紧密相关的事业发展专业体系。

何谓事业？《周易·系辞上传》中说："形而上者谓之道，形而下者谓之器，化而裁之谓之变，推而行之谓之通，举而措之天下之民谓之事业。"

将形而上的"道"与形而下的"器"二者有效地结合，将思想财富与物质财富二者结合，将无形的创意智慧与有形的产品产业二者结合，在"有无相生"的过程中，导致事物交感化育、互为裁节，叫做"变"；顺沿变化而推广，行于天下，叫做"通"。将上述这些道理留给天下百姓使用，就叫做"事业"。

在古代，黄老之学主要包含两个方面内容，一是生命体系的"治身"，二是事业体系的"治国"。

《文子》："夫道无为无形，内以修身，外以治人。"

《管子》："内固之一，可为长久。论而用之，可以为天下王。"

发展事业的精微之学在黄老一脉。庄子在认真研究了道法儒墨名阴阳各派学说后，认为天下学问本出于一源，这就是"无所不在"的道术。庄子指出，古之所谓道术者，是完备的学问，足以"配神明，醇天地，育万物，和天下，泽及百姓，明于本数，系于末度，六通四辟，小大精粗，其运无乎不在。"因而是"以天为宗，以德为本，以道为门"的圣人所要研修推行的真学问。而"道术"概念的提出，那要追溯到越国复兴前期，身为相国的范蠡给勾践的国家富强提案中，就曾旗帜鲜明地提出了"左道右术"的思想纲领。

道家先哲葛洪认为，社会理想的治理者可以分成两类：治世的圣人；得道的圣人。《抱朴子内篇》称："得道之圣人，则黄老是也；治世之圣人，则周孔是也。黄帝先治世而后登仙，此是偶有能兼之才者也。""黄老执其本，儒墨治其末耳……黄帝能治世致太平，而又升仙，则未可谓之后于尧舜也。老子既兼综礼教，而又久视，则未可谓之为减周孔也。"在黄老二圣身上，体现了生命体系与事业体系的完美结合。今天的道商以治身养命的生命体系为内，以富民强国的事业体系为外。事实上，事业体系是生命体系的外延、放大和推广。

陈撄宁先生认为，道教之"教"，如果脱去它的外衣，观察它的本质，尽管派别分歧，茫无系统，其间仍然有它自己独立的精神一贯到底，二千五百年来未尝断绝。这种一贯到底的独立精神，就是历代高道大德一再申说的"理身理国之道"。

道商继承和集成了黄老学派"治道"的核心思想与相关策略，作为中国古老管理智慧的保存者，道商将中国古代治道思想、丹道法诀和现代经营管理思想进行了有效结合和新的发展，完善和充实了它的具体内容，使道商事业体系成为了打通东西方文化和古今管理学不可或缺的桥梁。

道商族群若能秉持中国道商事业体系的要求，因循自然，合协天地，内修其德，外布其道，建功立业，清静自正，去末取实，谋利天下，就能实现不争善胜，不为而成，在全球范围内建立使天下"乐推之而不厌"的学术思想和产业体系，催生新一轮让全世界为之赞叹欢呼的盛世繁荣。

三、中国道商·兵法体系

兵法体系：道商如何运用道学思想中的奇正原理和"法""术"相结合的综合策略，化解经营风险，实现以智启财的专业体系。

《黄帝四经》曰："道生法。"法是由大道演变的总规律在某一具体领域的应用智慧和实践经验。所谓兵法，指的是道学思想与道术策略在军事战争领域、商业竞争领域中具有普遍意义的指导法则。

兵法，本是一门诡秘的学问。陈撄宁先生评说："自古道家，无不知兵者，所谓有文事必有武备也。若专尚清静无为，其何以靖内忧而攘外患乎？""盖道家最善于沉机观变，不轻举，不妄动，老谋深算，施于战阵，常操必胜之权。故兵学遂为道家特长，非此不足以定大业。"

自古圣贤崇黄老，天下智士多道家。南怀瑾先生认为："中国历史，自秦、汉以后，任何政治清明的国家生平阶段，其思想与治术，大都有一共通原则，即'内用黄老，外示儒术'。且看每逢国家变故，起而拨乱反正的时代，多半有道家的人物，参与其间的现象。这几乎已成为过去历史的定例。"

近年来，"智库"一词闯入大众的眼球，成为多方关注的焦点之一。根据《2013年中国智库报告》的定义，"智库是以公共政策为研究对象，以影响政府决策为研究目标，以公共利益为研究导向，以社会责任为研究准则的专业研究机构"。作为来自民间的新型特色智库机构，以利益天下、富民强国为己任的国际道商文化研究院对中国道商思想体系的主张与完善、道商文化的传播教育和道商人才的汇集，起到了举世公认的贡献。

道商兵法有什么用呢？在一篇名为《透视实体经济：为大国命脉而战》的文章中，作者引用美国战略与国际问题研究中心国际理事会成员小理查德·埃尔克斯的话说，"在任何市场中，在争夺经济的制高点时，决定胜负的力量通常掌握在控制战略要素的生产者手中，他们不仅影响到技术创新，还影响到贯彻和实施技术创新的能力，即制造产品的能力。"因此将一国对先进制造业的追逐，称之为"为大国的命脉而战"。文章作者指出，伴随着全球化的迅速扩张，像秃鹫一样肆无忌惮地追逐更高利润的美国华尔街和英国伦敦"金融城"，成为这场"金融大爆炸"的"原爆点"，驱动发达国家竞相走向以资本市场为主体的虚拟经济发展，将制造业作为垃圾产业和夕阳产业转移到成本低的东亚发展中国家，本土实体经济呈现"空心化"。物极必反，对经济发展规律的漠视，必然会受到其铁面无情的惩罚。1970-2011年间，与资本狂欢相伴的是，全球发生了147次银行危机。其中，1980年至今，世界经历了6次重要的全球性金融危机，其频度和烈度史所罕见。《金融时报》首席评论员马丁·沃尔夫甚至相信，"随着时间推移，这些金融危机看起来越来越严重，影响范围越来越遍及全球。"如果高收入国家在未来10年或者20年再次遭遇这样一次危机，政府可能因为负债累累而束手无策，任由一场"烈火"烧尽一切。

在传统行业微利的时代，我们该如何借助道商的兵法谋略来突围脱困、以奇制胜？在国际化潮流的大环境下，我们该如何在谨守门户的前提下，实现竞争与合作两种状态"冲和"下的利益扩张？在民族产业与国民经济遭遇外有强邻环伺，内有"脱实入虚"隐患，面临外来经济体一次又一次的侵袭搅局之时，我们是否具备力挽狂澜革故鼎新的风险防范于危机治理能力？在情感与利益交织，风险与机遇并存，金钱与道德博弈的现实矛盾中，我们该如何战胜自我的私欲和贪欲，走出俗商之迷途？

其实，老子早就揭示说："不知常，妄作，凶。"《太平经》也告诉我们："凡事无大无小，皆守道而行，故无凶。今日失道，即致大乱。"道商兵法，最重要的一课就是教会我们仰俯天地自然规律，观天之道，执天之行，清虚自守，卑弱自持，通过管控、俭约和战胜发展态势下的个人欲望，以"守雌""用柔""不战""不积"的更高层次战略智慧和道德力量，来化解世界性的利益冲突和矛盾纷争，实现"以道莅天下，其鬼不神"的屈人之兵"，以慈爱、慈善的行为和道术来完成"我不求财而财自来"。

古往今来，具备独立思想主张与价值体系，能够以原创性思想主张来教育公众和汇集人才的智囊学派与智谋人才，可谓极其稀少，唯独黄老学派一枝独秀，在历史的长河中大放异彩。中国道商的兵法体系上承黄老之术，新开道商之学，为今天的商人和企业家拓宽创新思维，优化传播手段，化解生存危机，应对国际竞争，平衡利益冲突，调和市场矛盾，实现智力升级，永葆企业活力，提供了源源不断的智慧源泉，形成其长远的竞争优势。

四、中国道商·智慧体系

智慧体系：道商如何运用道学思想获得智慧化生存、实现智慧化生活、拥有智慧化人生的专业体系。

什么是智慧？智慧就是"道"。智慧是让人可以深刻地理解人、事、物、社会、宇宙、现状、过去、将来，拥有思考、分析、探求真理的能力，可以帮我们做出人生成功的决策，有智慧的人称为智者。

我是谁？我从哪里来？我要到哪里去？这是西方哲学家苦苦冥思的人生终极问题。道家认为，万事万物都是由"道"演化而生的，有了"道"，就有了世界的原始统一体。有形的事物是从无形的事物产生出来的，那么有形的天地万物是怎样演变产生的呢？列子告诉我们，天地万物的产生过程，历经太易、太初、太始、太素四个阶段，形成"浑沦"，再从视之不见，听之不闻，循之不得的"易"衍变为有形的"一"。一是形状变化的开始，清轻之气上浮成为天，浊重之气下沉成为地，中和之气便成为人，所以天地蕴含着精华，万物由此变化而生。作为道商必须思考，我们经商创业的初衷是什么？我们的"一"又是什么？在成功之后，如何让一切都回归自然开端，让生命返还于婴儿状态，让成功指数在归零后重新启动，这份魄力，当属大智大勇者所为。

一个人是否拥有人生智慧，决定了他将怎样度过一生。在当下这个人心普遍浮躁的时代里，一部分人富裕有余，却因沉溺物欲忽略了精神修养，出现了心理上的极大空虚。而另一部分人却由于物资生活条件低下，无力顾及思想品质方面的塑造，呈现出心态上的偏激与浮躁。快节奏的生活已经让我们错失了很多美好的事物，渐渐迷失了心灵的方向。

《清静经》告诉我们说："常能遣其欲而心自静，澄其心而神自清。"人的纯真本性被遮掩，人的心性就会迷于外物；七情六欲逞强，人就会随心所欲，肆无忌惮。这就在无形中失去了人的本性，导致人心浮躁、神魂颠倒、情智反常，时时处于惊恐之中，这正是人失去本性的表现。我们如果能够有效地去轻浮、去躁动，就可以清静自守，百神和畅，一意真诚，元气归返，就可以使人性与大道合为一体。所以，"人能常清静，天地悉皆归。"

道家认为，心灵的虚寂状态最容易引智慧思维。因此，人们要尽可能地摆脱欲望、烦恼的困扰，保持心境的平和、宁静，要获得人生智慧的真实呈现。老子还主张"涤除玄览"。"涤除"即否定、排开杂念，排开知识、教条的系缚。我们不但要通过"静观"向心灵深处悟道，获得灵感和智慧，更要掌握事物变易的规律，与变同变。

现代社会，人道离天道越来越远，有极图之私心越来越背离无极图之公心，富的越富，穷的越穷。商道也好，人道也罢，基本上都是亏损那些不够的，以供奉那些赢余的。长久下去，社会贫富差距就会越来越大，这才是动乱与不和谐的根源所在。"孰能以有余奉天下？唯有道者。"只有真正的道商，才能够把自己有盈余的东西拿出来，去化散有余、弥补不足，平衡阴阳、德泽天下。道商惟有超越生死之节，跳出利害之关，去荣守辱，降尊处卑，主动去分利、让利、捐利，方可"外其身而身存"，在利人利己中不失其利，最后"终生无咎"。

今天，当世界性的"大道热""道商热"兴起之时，我们认为，这不是出于人力的所为，而是人类历史的命运所内蕴的自身要求。道商的智慧体系可以有效化解现代人的致命痼疾——"钱毒""财迷"，帮助我们重现自然真性，逍遥独立于红尘之外。因为，美国物理学家卡普拉曾说过："道家提供了最深刻并且最完美的生态智慧。"

在道商的"四正"体系中，生命体系位属东方之木，生机勃发，正直挺拔；事业体系位属南方之火，热火朝天，前程光明；兵法体系位属西方之金，夺时取利，胜人胜己；智慧体系位属北方之水，清静柔弱，圆转润泽。

道商八大体系方阵图

道商一定要懂得的人生规律是，我们必须先优化生命体系，以命当先，四大牢固，解决生存需求；再开创事业体系，上富其国，下富其家，满足发展需求；再掌握兵法体系，南征北战，驰骋商海，装备竞争需求；最后怀揣智慧体系，深藏功名，超然物外，赢得智慧需求。

遗憾的是，由于缺乏中国道商的纲领性指导，我们社会中大多数的商人只在上述第二三种需求中跌跌撞撞，盲目折腾，不知归宿何方。

第五节　五财：道商的价值取向

道商的价值取向可以概括为"五财"——身财；口财；钱财；智财；德财。
《灵枢》曰："天地之间，六合之内，不离于五，人亦应之。"
《文子·上德》曰："地之生财，大本不过五行，圣人节五行，即治不荒。"
阴阳五行学说是道学文化中最重要的核心支柱。五，数也，会意字，从二，从乂。"二"代表天地，"乂"表示阴阳二气互相交错冲和。故而许慎《说文》称："五，阴阳在天地之间交午也。""行"的涵义，既有四通八达五方道路的名词意义，也有流行、行用、行进的动词意义。五行的本义，是构成宇宙万物的五种物质及其运动变化。随着古人观察和认识的不断深入，五行的物质元素意义逐渐趋于削弱和淡化，而其方法论的作用则日益加强和突出，逐渐演变成一种既定的思维模式和理论框架。

本节所探讨的道商价值取向，通常称谓"财富价值观"，是指人们对于财富的正确价值认知和合理使用。道商价值取向也是价值观的重要组成部分，是指以道商为主体的特殊群体基于自己的独特价值观，在面对或处理各种与利益相关的矛盾、冲突、关系时所持有的基本价值立场、价值态度以及所表现出来的基本价值取向。价值取向具有实践品格，它的突出作用是决定、支配主体的价值选择，因而对主体自身、主体间关系、其它主体均有重大的影响。

道商的五路财神如何体现出"以道经商"的价值取向呢?

五行	五帝	五方	五岳	五脏	五德	五数	五色	五音	五味	五志	五正	五财
木	伏羲	东	泰	肝	仁	三	青	角	酸	怒	句芒	身财
火	炎帝	南	衡	心	礼	二	赤	徵	苦	喜	祝融	口财
土	黄帝	中	嵩	脾	信	五	黄	宫	甘	思	后土	德财
金	少昊	西	华	肺	义	四	白	商	辛	悲	蓐收	钱财
水	颛顼	北	恒	肾	智	一	黑	羽	咸	恐	玄冥	智财

一、东路财神·身财

身财也被称为道商的"健康资本"。道商对于"身财"的正确认识有以下三层涵义:

1. 健康身心是财富

健康的身心是人生的第一财富,也是我们立业建功的本钱,是道商需要时刻维护的核心利益。

《道德经》说:"载营魄抱一,能无离乎?"《庄子·在宥》曰:"我守其一,以处其和。"道家认为千千万万也是由一开始,千千万万最终也不敌于一,事无全好,也无全坏,专一而终,最后必然出乎意料。身财对于道商而言,就好比是道家所守执之"1",而事业、家庭、地位、钱财则是附带的"0"。有了"1",后面的"0"越多就越富有。反之,没有"1",则一切皆无。所以,德国哲学家叔本华才会说:"我们的幸福十分之九是建立在健康基础上的,健康就是一切。"

在道商的"资本论"认识中,金钱本为身外之物,属养命之资,却非生命之本。如果一个人不健康,纵然有天大的雄心壮志,有再多的金钱,也都毫无任何实际意义。健康可以创造物质与精神的一切财富,而任何财富却决难换取健康。"万里长城今犹在,不见当年秦始皇"。如果我们过早地把自己身体都搞垮了,赚取再多的身外资财又有何用?那绝非道商之富。

所以中国道商知识体系中的"生命体系"，就是帮助道商们巩固先天"身财"的法宝。

2. 身态文明是财富

道商首倡"身态文明"。何谓身态？自身的形象与状态。何谓文明？它是人类所创造的物质财富和精神财富的总和，也是使人类脱离野蛮状态的所有社会行为和自然行为构成的集合。身态文明也被视为个人的修身素养，包括人的外表形象、语言素养、行为素养和内在的道德品质、知识水平、精神状态等。

《礼记·大学》："古之欲明明德于天下者，先治其国；欲治其国者，先齐其家；欲齐其家者，先修其身；欲修其身者，先正其心；欲正其心者，先诚其意；欲诚其意者，先致其知，致知在格物。物格而后知至，知至而后意诚，意诚而后心正，心正而后身修，身修而后家齐，家齐而后国治，国治而后天下平。"文明就是要造就有修养的人。《后汉书·刘表传》："越有所素养者，使人示之以利，必持众来。"道商的身态文明是我们展示给社会的第一张名片，是我们人际交往与商业交易的前提，也是人与人、人与社会、人与自然共利互生的基本要求。《道德经》强调："修之于身，其德乃真。"道以德显，德倚身存。只有修身才能致道，只有注重和加强自我修养，时刻彰显出身态文明的商人才算道商。

对于修身有道的道家人士而言，世上"无丑陋神仙，无衰老真人"。道商的身态文明体现了道家"贵己""炼己"的方法论。一方面强调我们要身体力行，践行于道，热爱生活，保养身体。通过良好的外在形象与精神气质，可以让我们赢得更多人的尊重，让自己能够处于最佳状态，从而促进事业的成功。"胜人者有力，自胜者强。"那些疾病纠缠、气息浑浊、失神无主、举止低俗的商人，恰恰是缺乏对自我的有效管理造成的。

同时，身态文明也重视道商的自正之道，强调以身作则的示范作用。《管子·君臣》称："主身者，正德之本也；官治者，耳目之制也。身立而民化，德正而官治。"世道人心，上行下效。己所不欲，勿施于人，己所有欲，惠及与人。拥有身财之宝的道商们，会以商人领袖的形象高标准要求自己，遵纪守法，不碰底线，心存敬畏，手握戒尺，学者形象，绅士风度，严于律己，率先垂范，和气生财，宽以待人，"善气迎人，亲如弟兄；恶气迎人，害于戈兵。"他们通过"十二去""十六守""九正"来不断修正自己的言谈举止、外在形象、文化内涵，塑造特有的人格魅力，并保持良好、健康的积极心态，以忘我无我的精神，"抱经济之奇才，当文明之盛世"，后其身而身先，外其身而身存，为天下人谋万世之利。

3. 安身立命是财富

生命价值被认为是中国传统哲学的基本精神。安身立命之道，是道商必须要面对的话题，也是道商必须开启的财富宝藏。稻盛和夫告诉我们："人不论多么富有，多么有权势，当生命结束之时，所有的一切都只能留在世界上，唯有灵魂跟着你走下一段旅程。人生不是一场物质的盛宴，而是一次灵魂的修炼，使它在谢幕之时比开幕之初更为高尚。"然而，现代科技的高速发展，物质生活的不断丰裕，依然无法遮蔽现代人内心世界的空虚：我是谁？谁是我？生命的意义何在？如何才能安身立命，给灵魂一个家？

道家认为，生命产生的根源是"道"，一切生命都从"道"中诞生，最后也将复归于"道"。从道商的角度来看，道商族群的意义就在于通过"以道经商，以商显道"这个历程，最后达到道商合一的境界后，以财启众，富民强国，完成财富大道的回归。我们把这个过程也叫"超凡入圣"。

对道商而言，人的生命是我们个体存在的最高价值，是实现人生幸福和天下兴亡等其它一切附属价值的首要前提，没有任何事物可与之相提并论。道家极其注重个体生命的价值观，老子告诉我们："故贵以身为天下，若可寄天下；爱以身为天下，若可托天下。"一个真正的领导者只有重视和爱惜自己的生命，才会推而广之重视天下人的生命；一个真正的领导者只有发现和塑造了自身的生命价值，才能带领天下人找到自我的生命价值。生命是无价的，"名与身孰亲？身与货孰多？"在生命面前，一切的荣誉虚名和珠宝财货，都是身外之物，因为生命不可复得，失去生命等于失去整个世界，一切的存在都将毫无意义，只有懂得贵身、爱身的领导者，才能堪当天下大任。故而"圣人欲治天下，必先身之立权以聚财。"

道商一旦具备了"惟道是从"的生命价值观后，就会沿袭着"知常容，容乃公，公乃全，全乃天，天乃道，道乃久，没身不殆"之路径，以"圣人不积"的指导思想，为社会创造财富、奉献财富，"己愈为人，己愈有；己愈与人，己愈多"。

道商的身财课程内容，主要体现在《中国道商》知识体系的"生命体系""智慧体系"和"形象体系"中。

二、南路财神·口财

口财也被称为道商的"信用资本"。道商对于"口财"的正确认识同样有以下三层涵义：

1. 出言要信

《中国企业家生存报告》蓝皮书中指出，"当前影响中国企业家生活品质和事业提升的首要问题：是企业家不会在公众场合演讲致使企业发展遭遇瓶颈和个人形象受损。"语言为传道之利器，道商要成为未来商业世界的主宰者，必须具备和拥有良好的语言表达能力。

口才是人的素养、能力和智慧的综合反映。传道、授业、解惑，莫不赖之以口才。英国首相邱吉尔说过："一个人能够面对多少人说话，他的成就就有多大"。马雅可夫斯基说："语言是人的力量的统帅。"我们无论是开会讲话、上传下达，还是交际应酬、传递情感，都需要用语言交流。良好的口才有利于交流双方获得重要信息，从而进行有效的沟通，最终使双方实现预期目的。中国古人甚至把国之兴亡与三寸之舌的力量紧密联系起来，"一言之辩，重于九鼎之宝""三寸之舌，强于百万之师"。口才的能力强弱，直接导致"一言可以兴邦，一言可以丧邦"的结局。

《管子·君人》曰："君人也者，无贵如其言。"要成为一个卓越的领导者，再没有什么比语言沟通更重要的了。在管子看来，君主的言语下通于臣，人臣的才力上达于君，君臣之道就算完备了。所以，善用语言，巧用语言，让语言产生生产力，是企业家不可或缺的基本素质。一个人的成功，15%取决于技术和知识，85%取决于社交能力，而社交能力中的85%又取决于语言能力。对于一个深谙传播之道的企业家来说，拥有良好的口才更是相当于拥有了赚钱的"口财"。

口财为道商的信用资本。何谓"信"？人言为信。中国传统文化认为，舌为心之苗，言为心之声。诚实不欺曰信，凡人说话要落实才能见得人，只有诚实不二的"信言"才能掷地有声，只有真实不欺的"口才"才能转化为"口财"，才具备"一诺千金""一言九鼎"的价值与分量。故而，道商提倡"口财"而非"口才"。

口才能为我们创造"财富"。然而，一旦我们为了钱财利益的获取而丧失底线时，就会滥用口才，因为语言过度而造成"食言""失言"和"失信"。在利益的驱动下，为了片面强调吸引消费者的"眼球"，某些不良商家散布不实之辞，进行夸大虚假的宣传，乱炒产品和服务概念的现象层出不穷。各种被装点得花言巧语的"王婆卖瓜式"的商业欺诈屡禁不止，各种如簧的巧舌在炮制虚假泡沫来鼓动着人们盲目投资、盲目创业……对于此类现象，《道德经》早就警示后人："信言不美，美言不信""信不足焉，有不信焉"。

言有君，事有宗，凡出言，信为先。《鹖冠子》曰："言者，万物之宗也。"真正的道商一定要发心之真言，说话应三思而行，戒欺守信，切勿信口开河，逞口舌之能而丧正真之宝。须知："财富并不只是金钱，诚信才是世界上最大的财富。"

2. 出言要善

《老子妙真经》曰："口舌者，祸福之官，危亡之府。语言者，大命之属，刑祸之部。言出患入，言失身亡，故圣人当言发而忧惧，常如临渊履冰。"语言能产生正负两种不同的能量，并直接导致"善恶""祸福"两种截然不同的行为和结果。

在道商形象体系的礼仪中，道商互见面时所行的道礼，为左手抱右拳举胸前的"拱手礼"。这套礼仪所蕴含的文化理念是，左手为善为阳，右手为恶为阴，以此寓意"隐恶扬善"的传统人文精神。

什么是扬善隐恶？《礼记·中庸》载："子曰：'舜其大知也与！舜好问而好察迩言，隐恶而扬善，执其两端，用其中于民！'"孔子认为，舜是具有大智慧的人。他喜欢向人问问题，又善于分析别人浅近话语里的含义。隐藏人家的坏处，宣扬人家的好处。过与不及两端的意见他都掌握，采纳适中的用于老百姓。

俗云："一言折尽平生福"。《太平经》云："何谓为多言。然一言而致大凶，是为上多言人也；一言而致辱，是为中多言人也。一言而见穷，是为下多言人也……是以善言无多,恶言无少。故古之圣人,将言也皆思之……愚者出言为身灾害,还以自伤。"语言的伤害力相当大,有时候一句无意之言,让听者有心,就会埋藏祸根。所以,道商在世风日下、人心混乱无序的今天,要站在中极图的角度,与人相处应以"隐恶扬善,利物济民"为准则,真实践行道家"挫其锐,解其纷,和其光,同其尘"的思想教化,"直而不肆,光而不耀",含藏锋芒,得理饶人。以善济善,而天下之善扬,以善化恶,而天下之恶亦隐。通过话语来传递正能量,用积极乐观、健康上进、真诚善意、谦和敬让的语言和文字来积累"口财",使天下和气畅行,令社会风气归于淳朴。绝不可鼓唇摇舌,搬弄是非,逞一时口舌之快,炒作宣扬负能量话题。

3. 出言要隐

能言善语体现一个人的"口才",不言不语有时候更能保守一个人的"口财"。孔子教导我们,君子要"讷于言而敏于行"。以生动激昂、清晰明白的语言充分表达自己的意愿,准确传递信息,彰显自我主张,当然有利于企业的经营管理和品牌传播,但是,对于自己的战略布局、技术优势、人才团队、资金实力、合作对象、营销策略,或对企业发展有着重大影响改变的历史机遇,都应该做到守口如瓶,防意如城,也是道商企业家必须加以重视的修炼内容之一。

《管子·心术》称:"大道可安而不可说。真人之言不义不颇,不出于口,不见于色,四海之人,又孰知其则?"大道,可以适应它而不能说得明白。合于道的理论不偏不颇,修养有素的真人不从口里说出,不在表情上流露,四海的人,又谁能知道他的真实动向呢?俗话说:"秘密若从口里出来,就已出了大门了,以后会遍于全世界。"如果我们在计划还没有实现之前,就四处宣扬的话,可能被人捷足先登,导致项目意外夭折。《道德经》告诉我们:"大音希声""大辩若讷""国之利器不可以示人"。所以,倘若谋划得不够充分,或者时机未到揭幕的那一步,最好先"塞其兑""闭其门"不要逢人就讲,闹得群雄竞起,天下皆知,这就是乱之源。

道商的口财课程内容,主要体现在中国道商知识体系的"兵法体系""智慧体系"和"形象体系"中。

三、西路财神·钱财

钱财也被称为道商的"货币资本",主要包括实物钱财和虚拟钱财两类。

货币资本是以货币形式存在的资本。什么是货币?老子曾经这样认为:"身与货孰多?""难得之货,令人行妨。""服文彩,带利剑,厌饮食,财货有余,是为盗夸。非道也哉!"管子也说:"地之生财有时,民之用力有倦,而人君之欲无穷。"《广雅》又称:"财,货也。"《易·系辞》则谓:"何以聚人曰财。"《六书故》:"财之为言才也。凡粟米丝麻材木可用者曰财。"上述文字其实已经为我们揭示了中国经济学的核心本质——财(货币);货(商品);力(生产力)。

人类使用货币的历史产生于物物交换的时代。人类文明历史初期,作为财富最主要形态是实物。在原始社会,人们使用以物易物的方式,交换自己所需要的物资,比如一头羊换一把石斧。但是有时候受到用于交换的物资种类的限制,不得不寻找一种能够为交换双方都能够接受的物品。这种物品就是最原始的货币。中国是世界上最早使用货币的国家之一,使用货币的历史长达五千年之久。从原始的贝壳、珍稀鸟类羽毛、宝石、沙金、石头等不容易大量获取的等价物,从商朝铜贝到战国时期的铲币、刀币、环钱、楚币(爰金、蚁鼻钱),从秦始皇统一中国后"以秦币同天下之币"后推行沿续至民国初期的圆形方孔半两钱,再到交子、纸币、虚拟币,我们逐渐建立了更加复杂而先进的货币制度。

何谓"钱财"?财字从贝,贝也就是货币(钱)的原始形态。所以,在中国的汉字中,凡与价值有关的字,大都从"贝"。钱的代称也不少:孔方兄、青蚨、鹅眼、阿堵物、没奈何、上清童子、不动尊、钞票、大团结……旧时铜钱外圆,中有方孔,故名孔方兄。晋人鲁褒在《钱神论》中为论:

"钱之为体,有乾坤之象,内则其方,外则其圆。其积如山,其流如川。动静有时,行藏有节,市井便易,不患耗折。难折象寿,不匮象道,故能长久,为世神宝。亲之如兄,字曰孔方,失之则贫弱,得之则富昌。无翼而飞,无足而走,解严毅之颜,开难发之口。"

钱字由"金、戈、戈"组成,"戈""哥"音同,于是世人开始与钱财"称兄道弟",一逢钱财倍感亲热。钱财的积累带来了资本的膨胀,直接推动了整个社会的变革。

在金本位以前的社会中，财与货，即交换物与货币是一而二二而一的东西。老子在《道德经》中说："不尚贤，使民不争；不贵难得之货，使民不为盗；不见可欲，使民心不乱。"所谓不尚贤，一说是不尚贤者，另一说是贤即多财，或者是富人。有学者指出，后者的可能性似乎更大一些，因为财与货正好相对。财是指常规的货币积蓄，而难得之货，则是稀有的珍宝之类。庄子说："钱财不积，则贪者忧。"所谓"不见可欲"是精华之语，实际上老子发现人的欲望是因为这样或那样的刺激，是无限膨胀、无限复制的，所谓欲壑难填就是这样形成的。"荣辱立，然后睹所病，货财聚，然后睹所争。"人为财死，鸟为食亡，对于钱财的过分偏重和狂热追逐，会使那些"贪者"丧失敬畏之心，游离于道德和规则之外。就像莎士比亚在《雅典的泰蒙》中，泰门面对黄金时的那一段发人深思的独白——"金子！黄黄的、发光的、宝贵的金子！……这东西，只这一点点儿，就可以使黑的变成白的，丑的变成美的，错的变成对的，卑贱变成尊贵，老人变成少年，懦夫变成勇士。"

《说文》曰："财，人所宝也。"俗语云：钱非万能，无钱万万不能。有钱不一定幸福，但幸福生活一定是有经济保障的。但是，在信息化的时代里，积累钱财如果只是积累一连串的数字，那是毫无意义的。我们如果不能正确认识钱财的功能与作用，不能客观对待钱财的利益与危害，就会被"钱"的"双戈"刺伤，一方面在钱财游戏中损毁自己的身体健康，另一方面在利益搏杀中戕害亲情、爱情和友情。所以《虚皇经》告诉我们："财为患之本，聚财为聚业。财为爱欲根，能招一切罪。若以财非财，始可以入道境。"

道商的钱财课程内容，主要体现在中国道商知识体系的"事业体系"和"产业体系"中。

四、北路财神·智财

智财也被称为道商的"智慧资本"，主要包括"智力""智巧""智能"、"智谋""智慧"五个不同等级的内容。

1969年，加拿大经济学者Galbraith首次呼吁社会重视智慧资本，他在写给同济Michal Kalecki的文章里表示："我不晓得你有多了解我们现今的这个社会，是由过去数十年来，你所贡献的智慧资本而形成如今的风貌。"20世纪90年代后，智慧资本一词成为管理学领域老生常谈的名词。进入信息经济、智本经济时代，企业的价值来源除人力资本、资金资本、固定资产外，智慧资本也起着越来越重要的的价值创靠作用。

智慧资本是指能够转化为市场价值的知识，是企业所有能够带来利润的知识和技能。智慧资本的价值，就是人的智慧所在，只不过表现形式不同而已，比如：知识产权、管理体制、经营策略、策划战略、个人的创造能力、应变能力、学习能力、解决问题的能力等，都离不开人的智慧这一关键性因素。

近百年来，无论是中国的经济学家还是企业管理学家，无一不在模仿和跟随所谓的西方先进模式，这种仰人鼻息、拾人牙慧的方式正遭致越来越多的批评。郑永年先生在《中国的知识短缺时代》一文中指出，"中国目前的经济学家都是些以西方经济学来指导解决中国问题的学者，他们的西方经济学理论和概念玩的比西方人都熟练，可是他们对中国的问题完全不熟悉也解决不了！中国高速发展了，身处其中的知识分子没有创造出相应的经济学理论，而是东施效颦！"真正的创造力应该产生于独有、自主的思想体系与知识体系，而这种自有体系的建立则是立足于对本民族丰富深厚的优秀传统文化汲取、传承、利用基础上。一个抛弃了或者背叛了自己历史文化的群体，是不可能建立有自己的思想体系，更不可能产出和输出智慧资本的。

中国道商知识体系内的智财（智慧资本），与传统管理学界流行的智慧资本有着较大的区别，道商的智财主要表现为"智力"、"智巧""智能""智谋""智慧"五大层次。智力注重于能力开发，主要体现在对于常识性、常规性的技能学习掌握方面；智巧注重于技术开发，主要体现在对于某一专业领域的专项技术的娴熟掌握程度，和具有高难度性质的技巧实现；智能注重于能量开发，主要体现在对于未来具有重大意义的科技水平、技术革新、人文艺术、思想体系等领域的创造性开发；智谋注重于思维开发，主要体现在事业发展和人际交往、利益博弈中所采取选择的独特思维方式；智慧注重于道性开发，主要体现在个体的身心内外有效管理及人与社会、人与自然动态平衡、协调同步等领域的研究。

西班牙谚语说，"使人发光的不是衣上的珠宝，而是心灵深处的智慧。"智慧首先教人们辨别是非，而最大的智慧存在于对事物价值的彻底了解之中。尼采认为，通向智慧之路有三个必经阶段：一是合群期，崇敬、顺从、仿效比自己强的人。二是沙漠期，束缚最牢固的时候，崇敬之心破碎，自由精神茁壮生长，重估一切价值。三是创造期，在否定的基础上重新进行肯定，但这肯定不是出于某个权威，而仅仅是出于自己，我就是命运。

老子告诫我们："以智治国，国之贼。""绝圣弃智，民利百倍。"如果我们缺乏"尊道贵德"的价值标杆，就会任小智而失大道，逞智力而弃智慧，一旦失道离德，就会伪智盛行，妖异蜂起，各种畸形创意和不良策划横行于世，使社会道德沦丧、人心浮躁，各种以假乱真的现象层出不穷。故而《列子》言："圣人恃道化，而不恃智巧。"

道商的智财课程内容，主要体现在中国道商知识体系的"兵法体系"和"智慧体系"中。

五、中路财神·德财

德财也被称为道商的"价值资本"，道商对于德财主要有"阳德"和"阴德"的区分。

价值，泛指客体对于主体表现出来的积极意义和有用性。一般情况下，价值多被冠以经济价值之名，成为构成商品的因素之一。事实上，人类生存的意义已经大大超出了生物性的生存，商品的物理属性已经沦为人类精神生活的道具，人类才是价值的最终本原。

德是人类共同生活及行为的准则和规范，是人类品行与品质的价值体现。

《周礼·地官》称："德行，内外之称，在心为德，施之为行。"

《虞书》曰："德惟善政，政在养民。水、火、金、木、土、谷，惟修，正德、利用、厚生，惟和。"

在儒家文化里，德包括忠、孝、仁、义、温良、恭敬、谦让等。《周易·系辞》说："地势坤，君子以厚德载物。"德是涵盖了诚信、仁义等一切美好品行的道德范畴，成为中国伦理的核心概念与中华民族文化的核心诉求。"仁者以财发身，不仁者以身发财，"是儒家难得的关于商业经济学人的论述。在道家看来，只有服从于道的思想和行为才能称为德。"孔德之容，惟道是从"，大德只服从于道。《庄子·天地篇》说："通于天地者，德也；行于万物者，道也。"所以，德是道之功，德是道之用，德是道之显，德是道之范。

道商提出了"德财"?"德"的字形由"心""彳""直"三个部件组成。"心"表示与智慧、心境有关;"彳"表示与行为、行动有关;"直","值"之本字,相遇相当之义。"德"字的本意为"心、行之所值",即顺应自然、社会、和人类客观需要去做事,通过我们思想与行动的协调同步,彰显价值。在中国道商知识体系中,"彳"表示双人同行、阴阳两利、团队合作、家国同富。"十"表示道商要树立起"惟道是从"的共同信仰价值观,将人文思想与经济利益紧密结合后,获得贯穿天人,横跨东西的经天纬地才学。"目"(四)表示眼目,思想聚焦,利益共享,也暗喻道商知识体系中"生命""事业""兵法""智慧"四大核心体系。"一"代表生意的本质,道生一,一生二,二生三,三生万物,我们只有抓住本质之真一,调动有利于人类文明发展的利一,围绕陶朱世家道商平台的统一,就可以"执一术而百善至,百邪去。"最后,"心"字告诉我们:一定要将自我的私欲之心降到最低,不要突破和逾越了"一"这条底线。只有做到这一点,才能"以其无私,故能成其私",真正地实现最大利益,赢得价值资本。

儒家认为:"德者,本也。财者,末也。"儒家把"德"与"财"对举起来进行比较,提出"德本财末"的思想,崇德而抑财的倾向非常突出。其实,内在的"德"与外在的"财"二者并不矛盾,片面地割裂了"德财"的统一性,人为地制造和放大"义利"二者不可调和的对抗性,是中国本土化经济商业思想难以逾越和发展推行的最大禁锢。在对财富的文化传承中,我们应该多向犹太人获取经验。犹太人通过研读《塔木德》这本经典,从小就教导他们的孩子

道商五财生克图

如何管理钱包,与如何看待财富的价值,正视财富,利用财富,这正是富裕病横行全球时代的防疫抗体。

德是人间富贵根。《荀子·王制》曰:"无德不贵,无能不官。"道商作为中国本土化商业思想的继承者,"德财"与"生意"之间的关系是如何的呢?庄子说:"形非道不生,生非德不明。存形穷生,立德明道,非至德者邪?"

《管子·白心篇》说:"建常立首,以靖为宗,以时为宝,以政为仪,和则长久。非吾仪虽利不为,非吾当虽利不行,非吾道虽利不取。"太平道从追求"太平"的社会理想出发,将德"主养"的观点推广到社会政治领域,将"德治"列为帮助帝王之治的"十法"的第四法,仅次于"元气治、自然治、道治"。司马承祯认为:"生者,天之大德也,地之大乐也,人之大福也。"那些真正懂得健康养生、善于创新谋生、掌握社会治生、追求幸福生活、热爱自然生态的"生意人",谁说不是在行德利生呢?

财富的意义不仅仅是拥有,更多的是要学会利用。文子认为:"以不义而得之,又不布施,患及其身。不能为人,又无以自为,可谓愚人。故'持而盈之,不如其已;揣而锐之,不可长保。'"《管子·心术》则提出,"虚无无形谓之道,化育万物谓之德。"我们经常把金钱视同为财富,但实际上金钱并非就是财富。在道家的眼里,"天下有至贵而非势位也,有至富而非金玉也,有至寿而非千岁也。"(《淮南子》)。衡量一个人拥有多少财富,不单是看他有多少财产、物资和思想,而是看他的财物思想对其他人、对社会创造了多少价值。如何让资本自发地、持续地为价值服务,这就是道商的"德财"。

道商的德财课程内容,主要体现在中国道商知识体系的"伦理体系"中。

来源于中国传统文化"五行"观念的道商五财价值观,是中国传统思想道德"仁义礼智信"五德的外化,也是商人真正应该皈依和信仰的五路财神。五财起始于身财,只有身旺神全,才能承载财富,身弱神衰,诚如庄子所谓"背负大舟也无力"。很多不明大道的商人,没日没夜地追求钱财,却伤害了健康之身财,虚假巧诈丢失了口财,盲目投资侥幸获利而不明智财,行奢纵欲为富不仁亏了德财。"好财不是王石富,养成至宝无价物。"五财是道商们健康完备的财富价值观。若依"道商五财观"而放眼天下,真正具足五财可名为道商的富豪名贾们,可谓微乎其微。即使是再有钱的商人,一遇道商的五财观,也都会自惭形秽。因为,他们只得五财之一二,可谓寡矣。若能得五财顺生之理,就会"身富态、口富言、钱富裕、德富足、智富有",五子团圆,自然财源广进,德财兼备,自当利益天下。

那些五财俱足的商人,才是商人中的真正贵族,也才算真正实现了道商之富。

第六节 六图：道商的思维模型

思维科学（noetic science），是研究思维活动规律和形式的科学，为科学三大领域之一。思维科学认为，思维是人类大脑活动的内在程式，是人接受信息、存贮信息、加工信息以及输出信息的活动过程，它对人们的言行以及影响外部世界的方式起决定性作用。一般情况下，我们所关注的"思想"都属于"思想的结果"，真正催生这些"思想的结果"的，恰恰是我们在论证具体问题时的认知角度、思维模型与思维路径。

人类社会的每一次重大发展，都离不开思想文明的进步。近百年来，中国各个层面的思想体系之构建及其落地、践行，大都以西方文明为指引。我们要重构中国特色的哲学社科体系，强化文化自信，必须深刻理解中国式思维的本质，提炼、改造和丰富中国本土化思维方式、思维模型与思想体系。

而中国道商知识体系内的"六图思维模型"，正是在这样的时代背景下诞生的一套深深扎根于中华传统文化土壤，具有浓厚道家思想文化特征的思维科学新主张。

一、什么是思维模型？

在当代信息社会里，知识、智力、智慧的重要性日益增长，思维对于知识的产生，对智力和智慧的形成起着关键性作用，因此人们对思维科学的关注也日益增强。中国科学家钱学森于20世纪80年代初提出创建思维科学技术部门，并把思维科学划分为思维科学的基础、思维科学的技术科学和思维科学的工程技术三个层次。

模型是人的思维构成的意识形态，通过表达从而形成的物件。所谓物件，并不等于是物体，也并不局限于实体或虚拟，不限于平面或立体。事物能随着人的思维（概念）改变而产生行为的改变，通过依据不同的概念从而改变下一阶段产物的性质与形式，这就是人类文明进化的根本。模型的根本就是构成与表现，在思想体系的构建中，我们可以借助于一些特定的工具（思维模式图）和方法将自己的内在的思维过程建立模型，形成可视化表征的认知方法，这个过程也叫思维建模。

思考是解决问题和制订决策的关键，也是成功人生不可多得的秘诀之一。人的思维运动，是一个奇妙的过程，思维的浪花在脑海里闪现出没，时而横冲直撞，时而又交织纠缠，最后扭成一团麻。所以常常会有人抱怨脑袋里很乱，想不出头绪，在面临决策时也容易人云亦云、随波逐流。这是因为多数人都没有养成思考的习惯，也缺乏良好的思维方式，他们的思维运动都是杂乱失序的，没有清晰的线索，也难以产生明确的结论。

美国学者阿玛巴尔（Teresa. M. Amabile）认为：任何领域，个人创新的实现得益于创新三角形结构。即，有内在创新动机，而不仅仅是外在的经济刺激；有专业知识和超出专业知识的广博经验积累；还必须有与众不同的创新思维方式。也许，那些天生就拥有"直觉"的人让我们钦羡不已，然而这种来自先天的灵慧，却难以在后天的成长中进行有效培养和复制，更多是属于灵光乍现式、碎片式的一闪而过。"与其临渊羡鱼，不如退而结网，"我们完全可以通过思维模型的构建，来培养整体思维意识，弥补传统思维局限，形成大脑思维的快速反应。事实表明，模型有助于我们更好地组织信息，理清思路，分析利害，做出决策。一旦我们建立起一套自己的思维模型，面对问题时就不容易惶恐、忧虑，会形成"运筹帷幄之中，决胜千里之外"的自信心力与非凡气度。

《庄子·养生主》称："吾生也有涯，而知也无涯。以有涯随无涯，殆已！"生命是有限度的，而学问知识是无穷尽的，拿有限度的生命去追求无穷尽的知识，对常人而言这是一种极其愚蠢且浪费生命的危险行为。天下的学问真的不可窥测，难以做到尽揽于胸吗？《易经·系辞下》告诉我们："天下何思何虑？天下同归而殊途，一致而百虑。"韩康伯注解称，"夫少则得，多则惑，途虽殊，其归则同；虑虽百，，其致不二。苟识其要，不在博求，一以贯之，不虑而尽矣。"

老子说："知人者智，自知者明。"一旦我们养成了思维的模型，培养出"自知"的智慧，就会终生受益无穷，而且可复制传播，利益社会。

二、大道生成思维与可视化设计

人的思维活动具有集体性质,我们认识客观世界不仅仅依靠实践来出真知,而且还要学习掌握和加工利用人类过去积累的知识、经验、智慧。最高级的思维方式应该是道家的"心术",所有的思维激活、发散、梳理、归纳、贯穿、集约、裂变……都在脑海内部形成。

《管子·心术》曰:"心术者,无为而制窍者也,故曰君。"

然而,诚如管子所言,"人皆欲智而莫索其所以智乎",大部分人都难以达到这种高深的思维运动状态,无法实现"静乃自得"。所以,我们不得不利用可视化的方式,训练自己的思维方式,再借助可视化的呈现手段,让普通人也都容易理解和支持我们的决策。将思维运动进行可视化,是从无序到有序的思考过程。这个"从无到有"的创造、开发、整理过程,与道学中的"大道生成模式"有着让人惊讶的相似性与可借鉴性。

道商学科是道学的分支与脉络。老子是生成论者,他在对于宇宙的生成过程有一个"道生一,一生二,二生三,三生万物"的摹状素描。即道生出元气,元气又生出阴阳二气,阴阳二气相互交合又生出太阳、太阴与中和三炁,最后三炁又生出万物。当然,万物的产生还将遵循"道生之,德蓄之,物形之,势成之"而发展壮大,完成循环演化。

列子认为,天地万物的产生过程,历经"太易"—"太初"—"太始"—"太素"四个阶段,形成"浑沦",再无形的"易"衍变为有形的"一",而后有三炁变化,万物化育。庄子则从"无(非物)—有(天地)—万物"的逻辑线索中,揭示了他所认识的宇宙生成模式。

《庄子·知北游》云:"有先天地生者物耶?物物者非物。物出,不得先物也,犹其有物也。犹真有物也,无已。"

《庄子·庚桑楚》说:"万物出乎无有,有不能以有为有,必出乎无有。"

可见,庄子的这种认识是和老子的"道"的本义是一脉相承的,只不过论述更加形象化和逻辑化。

如何将道学思想用于思维可视化的合理设计,将极大地方便思维的创造性、系统性、可复制性。可以这样说,道商六图思维模型的出现,势必为人类思想盛宴的花样烹制提供了源源不断的动力。

2009年,笔者在《道商》一书中首提"六图模式"。我们根据老庄哲学中关于"道生万物""万物复归于道"的系列相关描述,继承性地整理开发出了一套全新的大道生成模式图。这套大道生成模式图在道商体系中,也叫六图思维模式,即"无极图—有极图—太极图—中极图—真1图——大成图"。

大道思维是如何产生的呢?六图思维模式认为:

大道自虚无一窍中来,它具有不生不灭、无来无去、无始无终、无限无量的本性,用图像表示就是"无极图",无极图就是整体意义的道,先天地而生的道。"有极图"是什么呢?有极图就局部的、单体的、有形有象,可以窥测、掌握和能够加以运用的道。有极图是将带有强烈感情色彩的人心、欲望作用附加于道,这个被附加和左右的道会因为个体思维的局限性和立场性,而有了大小智愚的区别和是非对错的评价标准。至此,先天的"大道"就发生了交易位移,经过人为的加工改变,会以曲解、误解的方式变成了产生众多争议而各执一词,具有片面性、功利性的"非常道"。

"有无"相生,天下万事万物都会因为有了"人心"的投身参与,泛起思维的涟漪,酝酿矛盾的变化。于是,一切都呈现出太极图的变易状态。在变化动荡中,一切两元两极的事物,都会彼此对抗、彼此伤害、彼此妥协,最后在冲和状态而达到暂时的平衡,在暂时的平衡中又酝酿培育新的能量再进行变易与交易,生生不息,永不消停。这个代表二气冲和后的短暂平衡状态,就是中极图。老子讲:"多言数穷,不如守中。"通过守中,我们在知阳守阴、出有入无中终会认识到:世上的万事万物,包括人在内,都是齐一的。"天地与我并生,而万物与我为一。"人类社会的一切矛盾的对立面,诸如生死、贵贱、寿夭、荣辱、成毁都是无差别的。"知一者,无一之不知也;不知一者,无一之能知。"这个知一、齐一、守一的过程,用可视化表现就是真一图。得一之后要用一,通一之后更要变一。这个创造性地分解、裂变、化生万物、关联万事、通达万类、循环万端的过程,就是大成图。

道商六图演进程序

三、道商六图思维模型

人类的思维包含思维主体和思维对象两个要素。思维主体就是从事实践活动的人或正在进行思考的人的头脑。思维对象则是人们的思维所指向的目标。人心多变,而人的思维也是复杂多变的。从抽象性来分,思维主要分为直观行为思维、具体形象思维、抽象逻辑思维;从目的性来分,则有上升性思维、求解性思维、决断性思维;若从技巧性来分,则可细分为推理、演绎、分解、想象、幻想、灵感、直觉、递进、渗透、统摄、归纳、集中、辩证、批判、求异、求证、对比、侧向、逆向、横向、平行、转化、交叉、跳跃、组合、综合等无穷之多的思维方法。

《道德经》说:"为学日益,为道日损。损之又损,以至于无为。无为而无不为。"道商的六图思维模型,以大道的生成演化规律为路径,以简易为法则,具有原创性、独特性的思维主张与话语系统。

1. 无极图思维

老子说:"天下万物生于有,有生于无"。什么是"无极图"呢?无者没有,极者极限,没有到了极点,用图像表示就是"○"。

道家哲学认为:"道本无也,以有言者非道也;道本虚也,以实言者非道也。"无极之境,为虚无之道体,宇宙之本始,万物之起源,自然之宗祖,也就是虚空、虚无。

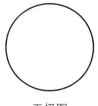

无极图

《灵宝毕法》说:"道不分之则无数,无数道之源也;道不变之则无象,无象道之本也;道不列之则无位,无位道之真也;道不散之则无质,无质道之妙也。大道无形,大道无名。"

然而,大道虽然无形却能生育天地,虽然无名却能长养万物,虽然无情却能运行日月,虽然无体却是"迎之不见其首,随之不见其后"的无限壮大。这个先天地而生的无极图,就象母体的子宫一样,在这个"无"中孕育着最大的"有"。

无极图的"无",是站在一个长久的、全局的、整体的智慧高度来看待的,因为宇宙万物本出自"虚无"。无极图代表一种整体观,是对世界和事物科学的、整体的、客观的、公正的、正确的认识。一切与无极图背离的认识,其正确性都是片面的、太极的、相对的、个别的、局部的、微观的,有限的,都会随着时间和空间的变易而转化。在无极图中,"以无法为有法,以无限为有限。"思想的最高境界,就是忘记自己在思想,只有跳出种种狭隘的思维名词之束缚,从自身的单体视野而返回到无极的大境界之中。也正是基于此,我们才会要求把握宏观的道商们,在重大决策时不能掺杂任何私心杂念,只有避开利益矛盾交织的现实社会,以天人合一的博大胸怀,获得真正解决复杂问题的金钥匙,"游心于虚,合气于漠,顺物自然而无容私焉,而天下治矣。"(《庄子·应帝王》)

在思维体系中,无极图常因其虚无、整体、包容、生发的特性,被冠以下列诸名:无极思维、先天思维、元神思维、智慧思维、虚拟思维、星空思维、形象思维、直觉思维、人文思维、战略思维、创造性思维、开放性思维等等。

2. 有极图思维

有极图,就是"有"到极点图。

在道的生成演化中,先是"有生于无",有极图的单一个体从无极图的全局整体中得以孕养和生育;然后,"有无相生",有极图和无极图合抱促进,"有之以为利,无之以为用",由"无有"的母子关系、雌雄性质进一步形成太极图,这个过程就叫"一生二"。

有极图

太极分阴阳,阴阳者,无极、有极也。无极图得太极全体,其象明;有极图是太极所含之体,其象晦。太极浑涵则阴阳合,太极散著则阴阳分,分则各执一极,互相对立而又深深吸引。所以,有极图也称有形图、有为图、有用图、实在图、厚德图、雄刚图、欲望图、物质图、罪恶图。

学道者,以精思守一为要。有极图思维,也是道家内部极力提倡却隐而未传的"精思"之道。何谓"精思"?就是人为地、执著地、深层次地精心思考。

《管子·内业》称:"搏气如神,万物备存。能搏乎?能一乎……思之,思之,又重思之。思之而不通,鬼神将通之。非鬼神之力也,精气之极也。"

能够专心一意地深思,自然会产生纯熟之虑,深远之谋。思想的极致,就能产生精气的最高作用——通神明之德。一旦我们学会了有极图式的精思,就能打通"穷理、尽性、以至于命"的神秘大门,实现修身齐家治国平天下,最终改变人类命运的崇高使命。

道家常言:"我命在我,不在天地!"站在有极图的观点来理解:人的命运当由自己掌握和主导。世上无难事,只怕有心人,有心人就是心藏有极图的人。有极图之心是私心、个人心、功利心、企图心、进取心、事业心、攀比心、竞争心。"天行健,君子以自强不息。"一旦进入以自我为中心的思维领地,获得实有和满足的有极图状态,常人往往是难以罢手驻足的。在欲望的驱动下,"把错误坚持到底就是真理!""只有偏执狂才能胜利!"有极图成功地推动了社会的发展创新和人类的文明进步,也让那些尝到功利甜头的人们更加一发不可收拾,妄图以无限的欲望去占有掠夺有限的物质。有极图在成就我们的同时,也把贪婪的人类推向了"物壮则老,是谓不道""祸莫大于不知足,咎莫大于欲得"的罪恶深渊,自谓事业圆满,实则为富不仁;自恃金玉满堂,实则莫之能守。

在思维体系中,有极图常因其理性、现实、执著、细致的特性,被冠以以下诸名:有极思维、后天思维、识神思维、逻辑思维、抽象思维、局部思维、单一思维、直线思维、聚焦思维、一根筋思维、科技思维、匠人思维、战术思维、实践思维等等。

3. 太极图思维

无极生太极,太极生两仪,两仪分有无,有无生变易。太极图,又称阴阳图、自然图、造化图、黑白图、数术图、动机图、循环图、变易图。

太极图

道学思想认为:"万物负阴而抱阳,冲气以为和。"太极图是宇宙万物生成演化的缩影图,太极图中的黑白部分,代表着阴阳(无极与有极),及阴阳的对立统一、阴阳的运动变化、阴阳的均衡和谐、阴阳的互根互存。太极这个实体是生生不息的,即宇宙无时不刻都在运动,动则产生阳气,动到一定程度,便出现相对静止,静则产生阴气。如此一动一静,阴阳之气互为其根,运转于无穷。

太极图的白色部分的黑点和黑色部分的白点,代表着宇宙万物在无限发展中的分化,即阳中有阴、阴中有阳,阴阳不是绝对的。所谓阴消阳息,阳消阴息,阳尽阴生,阴尽阳生,形极必变,物极必反,理穷则反,人穷则变,一切事物都通过"阴中之阳"和"阳中之阴"两个鱼眼,走向它的反面。而太极图中间的"S"线，则反映了万物的曲线波动性、螺旋升降性、阴阳执中性。

太极图，孤阴不生，独阳不长，阳必寻阴，阴必求阳。一切事物的最佳发展状态都是阴阳和合，有无相生的。太极图将哲学、自然科学、社会科学和思维科学融为一体，在为我们揭示宇宙万物的起源进化演变循环的自然规律同时，也为我们制订了放之四海而皆准的人生成功纲领。"上古之人，其知道者，法于阴阳，和于术数。"在太极图的世界里，"天地相合，以降甘露"是人类社会与宇宙大自然和谐同步的最美时刻，阴平阳秘是人体身心健康与人际交往、事业稳定的最高要求，阴阳两利是道商在人天同参虚实相应后的真实践行。我们千万不能无视和逾越太极螺旋的中和底线，刻意地孤立和割裂"无"与"有"之间的吸引法则，人为地制造太极图的动荡不安，最后阳消阴长、阳奉阴违、阳衰阴盛、阴阳怪气，不伦不类，乃至阴阳离绝，百无一用。我们只有打破常规思维定式，培养训练出能够出奇制胜的批判性逆反思维，以开放齐同的心境遵循着老子"上德不德"的启示，不执著、不拘泥、不保守、不封闭，就会获得"上善若水"般的智慧思维，在内在与外在的综合矛盾中自如转换，掘开创造力的源泉。

在当代创意思想中，我们要以太极图为纲领，着手于全新科技产品与古老人文思想的对接嫁合，这样才会有源源不断的新思想、新产品、新技术、新事物奉献于世，促进生产力的发展与提升，改善经济生活的品阶与质量。老子告诉我们，"故有之以为利，无之以为用。"一切有形有用的也都是有限的，而一切无形无用的却是无限的。任何事情都要阴阳共济，虚实结合，才能够产生无穷的妙用。真正的道商，往往善于从"虚构"出发，然后创造"事实"。在新的商业经济游戏规则下，最终的胜出者必定是那些具备人文气质和偏执狂精神"象做艺术品一样来做产品"的公司。苹果电脑原首席执行官史蒂夫·乔布斯告诉我们："光有科技是不够的。科技要和人文、艺术结婚，才能产生让我们的心为之歌唱的结果"。心流理论的提出者米哈里·齐克森米哈里在著作中说："有创造力的人没有单一的风格，既可以是修士也可以是唐璜，惟一共通的地方就是复杂：同时拥有相互矛盾的两个极端，并在两者之间自如转换。"

太极图以简易、对称、形象、旋转的图形，表达出了复杂的人类智慧与思维角度。太极图的阴阳变化与循环规律告诉我们，宇宙万事万物都是变化的、转化的。天下世事，如潮之起伏，都是此一时、彼一时；成一时、败一时；得一时、失一时；兴一时、衰一时。所以我们要以"易学"为人生指导思想——易则变，变则通，通则久。我们只有在审时度势的动态思维中，深刻领悟来自老子的教诲，"知其阳，守其阴；知其白，守其黑；知其雄，守其雌；知其荣，守其辱""为之于未有，治之于未乱"，才能提前预见人类社会整体的发展演进规律，积极主动地把握具体事物的生成衰亡脉络，就可以转祸为福、危中见机，长久立于不败之地。太极图的阴阳循环之理，也决定了宇宙万物之间普遍存在的因果规律，这个规律道家称之谓"天道承负论"。如果我们在为人做事、经商创业中，逞一己之能，昧一己之私，置道德良心与法律规则而不顾，就会天怒人怨，最终祸及子孙。

在思维体系中，太极图常因其动态、循环、反常、深刻的特性，被冠以以下诸名：太极思维、自然思维、全局思维、道术思维、辩证思维、跨界思维、动态思维、曲线思维、柔性思维、逆反思维、批判思维、兵法思维、战术思维、循环思维、因果思维等等。

4. 中极图思维

中极图，中正之极图，又称中正图、中和图、中庸图、中机图、枢机图、玄机图、三元图、静态平衡图、不变应变图、心机发动图。

中极图

中极图是道学思想中"三"的形象化。在太极图的世界里，阴与阳二者的运动变化是此起彼伏、动荡不安、无休无止。然而，在这场矛盾对立的运动中，阴和阳会在双方势能均衡的特殊时刻，彼此妥协让步、以自身酝酿培育的"真阴"（阳中之阴）"真阳"（阴中之阳）进行交媾投合，达成一致并形成第三方势力——中和，在短暂的相对静态中重新孕育力量，通过第三方来整合、稀释、调解、转化阴与阳双方旧的矛盾后，再次发起新一轮的变化运动。在太极图中，阴阳的矛盾对立是作为永恒的真理存在的。事实上，同一或同性的事物在一起，只能构成数量上的增加，却不会有新的事物产生而无法延续。在中极图中，则可以看作万事万物都在一个宏观之中，是生动活泼的，虽有斗争，但都是理智的、相对的，是相互激活而非相互伤害的。在宏观的前提下，只有不同事物的和与合才有新意、才有发展、才有继承、才有延续、才有相互作用与促成。

中极图的中道思想,是中华民族的正统文化,也是中国的立国之本。"中者,天下之正道。庸者,天下之定理。"做到了中,就是至善的体现;做到了庸,就是道体的大用。在儒家看来,不偏不倚,无过也无不及,合乎常情,合乎常理,惟精惟一,能达到最善,就叫作中。中极图不是辩证法所谓矛盾的统一,不是阴和阳脱离本质而追求一致性,而是阴阳处于相对状态稳定,在平衡中保留区别,在合作中保持个性,在殊途之中追求同归。所以孔子认为,"君子中庸,小人反中庸。"中极图是儒家学说的古圣心法,乃融和于中庸的一以贯之之道。

道家认为,"应化之道,平衡而止。"阴阳虽然万变无穷,但变化皆起于中。要达到中极图,就要把握《道德经》中"反者道之动"的原则,逢中则逆转,反其道而行之。"顺则凡,逆则仙,只在中间颠倒颠。"但是在逆转守中的过程中,必须掌握适度,适可而止。升者要降,降不能降到底;降者要升,升不能升到顶;阴者要阳,阳不能极;阳者要阴,阴不能极。这个适度的火候,在老子看来,是难以用语言和文字描述出来的,"多言数穷,不如守中。"惟有通过中极图才可以返回纯真的恒道,这就是"天下式"——放之宇宙万物而皆准的真理。

《庄子·至乐》曰:"万物皆出于机,皆入于机。"机,是事物发展变化的枢纽门户和其隐秘的征兆要点,也是老子所强调的"无关键而不可开"的关键所在。在庄子看来,彼相对于此而为彼,此相对于彼而为此,彼此是相对而并生的。如果我们能够将"彼""此"消除对待就叫掌握了"道枢"。中极图是宇宙万事万物运动变化之中短暂的中间过程,是此时交流的平台,属当下合作的机会,也是悟道者孜孜苦求的玄关一窍。但它并不是一成不变的,而是稍纵即逝的特殊时机,它常是在将发而未发的状态中,以预备一切可能的将来契机,掌握道枢就能够由此而入彼,亦能循彼而寻此,"在两个截然相反的正确道理之间,找到那条细如发丝的黄金中道。"这样就可以应付圆转无穷的变化。

在思维科学中,形象思维、抽象思维、灵感思维是三种普遍的思维形式。灵感思维是在不知不觉之中突然迅速发生的特殊思维形式,亦称顿悟思维或直觉思维。灵感思维的发生往往具有突发性,总是突然发生的,没有预感或预兆。同时,灵感突发之前还有一个酝酿过程,往往要用艰苦的脑力劳动来孕育,一旦成熟,立即以灵感思维的形式涌现出来。作家菲茨吉拉德说:"能同时拥有两种截然相反的观念还能正常做事的人,才是有第一流智慧的人"。如果我们能够领悟中极图的智慧法则，就会在六淫未侵之时，七情未发之际，恰如其分地获得生发之机，进入妙不可言的创意佳境。在道家看来，至道之极，昏昏默默，恍兮惚兮，惚兮恍兮。真正的思维高手并非是那些我们看起来清晰理性、逻辑分明的人，而是"庄周梦蝶"式的梦境大师、混沌儿童，是模棱两可的好好先生，是得意忘形的娱乐天才。他们绝非那些深受条条框框制约的思想僵化者。我们只有脱离一切有形与无形的束缚，方能知前后左右而不失其中，晓进退存亡而不失其正，融入"玄之又玄"的变化本身，获得不可言传的灵智。

在思维体系中，中极图常因其中和、兼顾、相似、灵机的特性，被冠以以下诸名：中极思维、平衡思维、焦点思维、温和思维、灵感思维、直觉思维、静定思维、相似思维、模糊思维、灰度思维等等。

5. 真一图思维

真一图是黄老学派传承中的一个重要图像，也称正一图、真意图、修真图、全真图、圣王图、太平图、黄宗图、神机图、金丹图、圆镜图。

真一图是道在演化过程中，由太极图的剧烈运动转化到中极图的和谐运动，再在和谐运动过程中产生的一个统摄有无，涵盖阴阳的新图像。真一图，外为〇，表示无极图；内为●，表示有极图。无中生有，虚中含实，乾坤一体，日月同辉。

真一图

古往今来，常人皆以"自我""私欲"为中心，为中极，为中央，为中轴，为内在动力，为人生果实，为●。而让他人为虚，为外，为〇，总是希望他人能够围绕自己旋转。但是，圣人无心，凡事皆以天地为心，以自然为心，以客观规律为心，"以百姓心为心"。将自我之心进行无限放大，虚合于天下，将●变成〇，由实变成了虚，由中心散到边缘，由小我归于无我，由人心合于道心，由执其身变成了外其身，由他人围绕自我这个中心旋转而变易扭转成为自己围绕他人之中心服务。因此，《道德经》所阐述的圣王之道，实乃真一之道。"以其无私，故能成其私。"得人心者得天下，为天下苍生谋福者终得福，为天下百姓谋利者必得利。故而，得真一图之妙理者，得天下。

中国医学认为："心藏神。"人体整个生命活动及其外在的表现，包括人的精神意识思维活动，统称为"神"。心主神明，是指心具有主宰人体五脏六腑、形体官窍的一切生理活动和人体精神意识思维活动的功能。同时，中医还认为"脾主意"。意即人体的意念、意识与思虑活动。《鬼谷子·阴符本经》曰："信心术，守真一而不化。"道家修炼，可以通过守真一图的存神之法，一方面调动激发人体五脏所主管的精神魂魄意，另一方面可通过内观的方式弥补五脏元气的亏损，使之凝聚集中，为人体的思维意识活动提供能量补给。

故而，《庄子》言："若正汝形，一汝视，天和将至；摄汝知，一汝度，神将来舍。德将为汝美，道将为汝居。汝瞳焉如新生之犊而无求其故。"

通过守真一之法，就可以使心的主宰神明居于身中，获得智慧增长，元气充沛，眼睛就像初生的婴儿一般纯净、光明，拥有直达事物本质的穿透力。

《太平经》又称："瞑目内观，守守一之法……可与自然之元气为一体。"

伊尹说：心智若能通于大道，就是心有灵犀一点通，就能够随事物的变化而变化，就可以应顺世间万物的一切变化。真一的"一"是什么呢？对于道商而言，人无信不立。信用是商人立身创业之根本，也是驰骋商海之制胜法宝。真一图也被称为黄婆、黄老、黄宗。黄宗之象在于"信"，道商若能以真信为宗，以真一为宗，将私志合于公道，将私利献身公利，就会执其一端可以明万事，得其一理可以应万变，用其一术可以通万法，内在真实不虚，外化同步自然，就可以"无思无虑始知道，无处无服始安道，无从无道始得道。"正如孔子所言："夫至信之人，可以感物也。动天地，感鬼神，横六合，而无逆者。"

万物从无极到有极，从虚无到实有，如果顺应"太极"规律任由发展下去，则最终难免流浪生死，一无所有。但是，惟有同道之人，才能获得根深蒂固的长生久视。真一图，就是将自己有限有量的●（有极图）投入到无限无量的○（无极图）之中，循中极而离太极，最后超凡入圣，还虚合道。老子总结说：

"故从事于道者，道者同于道，德者同于得，失者同于失。同于道者，道亦乐得之；同于德者，德亦乐得之；同于失者，失亦乐得之。"

真一图之合，是整体的融合，是全局的调和。道商要庄严地为自己签定一份人天相应、人神相盟的"大合同"，这个合同就是"道商合一"之后的合道，这个过程就是传说中的正一盟威之教。道商只有合于真一图，才会找到真正的生意人的价值和使命。

在思维体系中，真一图常因其统一、凝聚、神明、守信的特性，被冠以以下诸名：真一思维、统一思维、系统思维、全局思维、集约思维、收敛思维、神机思维、灵感思维、信投思维、一体化思维等等。

6.大成图思维

道由一而生万，由万而归一的这个过程，用图象表示，就是大成图。大成图，也叫九真图、九转图、璇玑图、圆满图、九九归一图、无所不为图。

大成图，是由九个无极图组合成的一个图像。大成图中心的这个无极图，是生发元气的根基，所有的阴阳两仪四象八卦，都在这个圆圈中潜藏和孚育。八方的八个无极图，分别潜藏和孚育着八个太极两仪四象八卦，八八六十四，大成图也是六十四卦图。学道者一旦进入大成境界，就可以执一而能通万，能根据环境和外物的改变而应对以"千变万化"。

大成图

为数之道，道本其一；为数之法，法变乎九，天之高远曰九天九霄，地之深厚曰九地九泉，人之君王曰九五之尊。在人间要想建功立业名传千秋者，必须要观天之道，执天之行。为什么道家非常注重并强调观天的重要性呢？因为，"天"是代表的宇宙能量场。日月经天，运行不息，交相辉映，万物化生。大成图也可以看作是北斗九星无限无量的能量场。天有九星镇九宫，地有九宫应九州。九星在不同的时空下，产生不同的能量场，斗转星移，在天左右天体的运行，在地形成时令变化。万物的生长化收藏，人类的吉凶祸福事，人生的贵贱与生死等，皆由九星之所为。因为九星的运行变化，才产生了阴阳太极八卦九宫，既而产生了时、空、天、地、人、文、事、物、灵。

老子认为：大成若缺！在人世间是没有绝对的十全十美的事物存在的。全真者上天归于无极图，全假者入地归于有极图，人间之至善至美，归于"九"即大成。即使在科学发达的今天，所有的高标准的尖端科技必须达到"九"，止于"九"。

大道之极归九九，大道之用在九九，人世间的一切成就也离不开九。大成图是人生磨练人格完善图，凡人要由低升高，由贱到贵，由弱到强，由无到有，一步步、一级级、一圈圈，非至九真而不能移位升迁，非至九真不能十全十美。

人生只有经历"苦其心志,劳其筋骨,饿其体肤,空乏其身,行拂乱其所为"的九磨十难,才能九转成丹证大道。

大成之数,九而九之。钱学森教授曾提出了"大成智慧学"的体系构想。他认为:"大成智慧的核心就是要打通各行各业各学科的界限,大家都敞开思路互相交流、互相促进,整个知识体系各科学技术部门之间都是相互渗透,相互促进的,人的创造性成果往往出现在这些交叉点上,所有知识也都在于此。所以,我们不能闭塞。"钱学森同时强调,我们掌握的学科"跨度越大,创新程度也越大。而这里的障碍是人们习惯中的部门分割、分隔、打不通。而大成智慧却教我们总揽全局,洞察关系,所以促使我们突破障碍,从而做到大跨度地触类旁通,完成创新。"

大成智慧,以道相通。大成图也就是跨界图,职业跨界,行业跨界,学科跨界,思想跨界、技术跨界、利益跨界、成就跨界……一心居中,八方来朝,济世利人,富国富家,和谐有序,应世应变。大成图就是世界文化大融合图,天下文明大和谐图,也是道家学派的济世利人图,是道商文化的道利天下图。大成图的学说与理论普遍地适用于世界上一切芸芸众生。这才是道家智慧的先哲们不辞千辛万苦,不计世俗得失,甘受孤独误解也矢志不改而一心追求的终极目标。

在思维体系中,大成图常因其发散、多元、通透、穿插的特性,被冠以以下诸名:大成思维、整合思维、运动思维、环行思维、星空思维、跨界思维、扩散思维、细分思维、延伸思维、交叉思维、放射性思维等等。

道商六图思维模型,是纯正的中国"智造",以保存于中国道学思想中的宇宙人生自然演化过程为法则,能够以图像的形式帮助我们快速、简单、高效地整理大脑思维,获得思想的沉淀、净化与进化。

思维是瞬息万变的,六图亦还有先天与后天之别。道商六图思维模型的某一具体图像,在思维训练和应用过程中并不需要割裂式的严格区分。很多时候,六图思维共同推动某一事件的具体发展,同时,在以某一具体图像为主导的实践中,也会有其他图像的动态配合。

"授人以鱼,不如授人以渔。"如果我们仅把独立的思想奉为人生奢侈品,那么,拥有和具备创造"独立思想"与"独立思想体系"的道商六图思维模型,更是奢侈品中的极品。

思考与训练

1. 描述绘制自身"个人利益演进图",并予以解释。

2. 结合自身工作环境,列举当前工作中面对的"阴阳"要素。

3. 试用"道商六图思维模型",定位自我的当下阶段与未来方向。

4. 根据自己的人生经历和知识积累,从"明三"的角度提出一条独创性观点并予以阐述,形成不低于1200字的文字。

5. 用自己的语言风格和独特认知,生动表述"道商五财与五行学说"的微妙关系。

第三章
中国道商生命体系

" 本章重点介绍中国道商生命体系的理论依据、基本思路、系统方法与核心技术,对道商生命体系的特点特色、要点诀窍进行了总结,对道商生命体系的目标状态进行了描述。"

中国道商生命体系的诞生、发展直至形成系统而又独立的理论体系，并不是孤立的、片面的，而是有其深厚的文化背景。千百年来，道家先哲们对于"延生养命""长生久视"的课题，一直进行着孜孜不倦的探求与实践，他们相信通过修道、悟道及炼养不仅可使精神生命得到升华，而且还可以使生理生命达到脱胎换骨。这些极具操作性的大量珍贵经验，通过传承的方式得以延续和丰富。

中国道商的生命体系，源自中国传统道家文化的"贵生"生命价值观，"延生"的生命管理手段与生命养护技术，及"利生"的道德实践论。在日益激烈的商业竞争中，作为道商五财中位列第一的"健康资本"，生命体系决定了道商的人生活法，也承担着道商及其所开创的事业兴衰成败存亡的重任，成为唤醒全球商业经济人士生命健康意识，平衡个体生命与外部世界利益杠杆，重塑生命自我控制与延续能力的新课题。

第一节 道商生命体系的理论依据

道学思想的核心精华部分，是探讨和实践有关于生命的学问。

什么是生命？道家文化认为："气来入身谓之生""从道受生谓之命"。天地之大德曰生。对人体生命的重视与生命意义积极且富有成效的探索研究，是中华传统文化的命脉所在，而生命之学无疑是中国传统文化中最为基础、最为核心、最为顶端的"圣学"。道家通过立足于生命本源这个基点，借助阴阳、五行等传统思维模型为工具，积极探索生命存在价值与延续方式，对人类的肉体生命优化奉献出了具有哲学理论高度和丰富实践经验的系列成果，引起了举世瞩目。

中国道商生命体系的核心理论，主要包含有道家文化中"贵生重命"的生命价值论、"一气化生"的生命本源论、"天人合一"的生命修炼论、"身国同构"的生命发展论。

一、贵生重命的生命价值论

《太平经》曰："天地之性，万二千物，人命最重。"贵生与长生，是修道的终极意义。

生命的本质就是贵生。在道家的人生观和生命观中，"生"，是道的别体，是道在天地间的具体显现，无生命即无大道。万物之中，人的形体生命是最重要的，因此每个人都要好好地珍惜自己的生命，尊重他人的生命。尊重生命体现的是对大道的虔诚信仰，人类对待生命的正确态度也彰显的是道家极力推崇的"至德"。

道家以贵生为其生命伦理的价值取向，以长生久视为追求目标，以自信无畏的气概发出"我命由我"的呐喊，发展形成了一系列行之有效的生命炼养方法。英国《自然科学史》作者史蒂夫·F·梅森评价说："在中国古代社会中，最有独立精神的人是在荒山穷谷中的道家隐士。道家研究宇宙之道以谋控制人的寿命，使人得以长生不老，永葆青春。"为了达到长生这个目标，道家首先对人自身进行全面细致的观察，探讨了人体奥秘与机理，试图打通性与命、形与神之间的障碍，通过炼精化气、炼气化神、炼神合道的修炼步骤，使得形、气、神、道之间互相转化、步步超越，打通形神障碍使其互融，使肉体超越和精神超越最终贯通一体，这样就达到了形神兼顾、形神俱妙的境地。英国著名学者李约瑟在《中国科学技术史》第五卷中说："道家思想从一开始就有长生不死的概念，而世界上其他国家没有这方面的例子。这种不死思想对科学具有难以估计的重要性。"

在中国传统文化中，长寿为五福之首。何谓"五福"？《尚书》定义为："一曰寿、二曰富、三曰康宁、四曰攸好德、五曰考终命。"道家认为，"夫寿命，天之重宝也。所以私有德，不可伪致。"陈撄宁先生认为，道教是要与"天命"和"自然"抗争，打破生死定律，不受造化主宰，开拓人可以"神形俱妙而成仙""长生住世"的新的人生道路，为人类的生命求取最大限度的延续直至永生，使人生获得最美满、最和谐的生命幸福。

今天，我们运用中国道商生命体系来培养人们对待肉体生命的尊重热爱，指导人们采取合理可行的方法技术，实现对生命线的延长，若能推而广之，定能福及社会，度人无量。"我命在我"，堪为人生最大的幸福与成就。

二、一气化生的生命本源论

人与万物，在茫茫宇宙与四季变迁的无穷循环流转中，都有着归本的诉求。"夫物芸芸，各复归其根。归根曰静，静曰复命，复命曰常。"在道家哲学中，每个个体生命到底是从何而来呢？我们又要回到哪里呢？

《西升经》云："修道之士若不知生之所由，道之根本，则茫茫然罔测道之来矣。欲求长生，先修所生之本，子能晓耶？"只有知道了构成生命的要素，才能进一步认识到人体生命的由来本原及其形体结构的生态性质。

道家认为，生命的形成，与宇宙万物的生成法则相同，人的生命跟宇宙万物的生命是内在一体的，存在本质上的统一关系。《周易·系辞下》说："天地氤氲，万物化醇。男女构精，万物化生。"《素问·宝命全形论》曰："夫人生于地，悬命于天，天地合气，命之曰人。"《庄子·达生》曰："天地者，万物之父母也。"气也是生命的本原，气是自然万物形成的最原始、最基本的物质，宇宙中的一切事物都是由气构成的，人与万物皆是由阴、阳二气的交媾和互相作用而孕育诞生的。

《太平经》："人本生混沌之气，气生精，精生神，神生明。"

《元气论》："元气始萌，形气始端，形成有质，结胚象卵，气圆则形备。""启阴感阳，分布元气，乃孕中和，是为人也。"

《庄子》："变而有气，气变而有形，形变而有生。""人之生，气之聚也；聚则为生，散则为死。"

生命的本原是"道"所派生之"元气"。对于道家修炼者而言，他们把这种构成天地万物的神秘能量，用了一个更准确的名词——炁。炁，也叫先天一炁，或元始祖炁。人在出生时，此炁即由天地之间降入人身。人若要求得长生，就必须修炼此炁，使之永保不失，返还于虚无，使人身与道合体。代表道体的是"炁"，乃先天之炁，生发万物，孕育生命。构成人体及维持生命活动的最基本能量，同时具有生理机能含义的是"气"，乃后天之气。

张伯端《悟真篇》："道本虚无生一炁，便从一炁产阴阳，阴阳再合成三体，三体重生万物光。"

依照《性命圭旨》等道家典籍记载，人出生之后元气先是增长，一直到16岁。16岁之后又开始消耗，直到64岁消耗至尽。这是人的元气产生、成长、消耗、衰竭的整个过程。由此可以看出元气的消耗是人逐渐衰老的主要原因。

《云笈七签》说："人与物类，皆禀一元之气而得生成。生成长养，最尊最贵者莫过于人之气也。"根据气在人的不同部位和起的作用不同，又有了不同的称谓，如真气、营气、卫气、荣气、宗气、原气、经络之气、脏腑之气等等。

三、天人合一的生命修炼论

中国人最基本的思维方式，具体表现在天与人的关系上。

文子认为："人受天地变化而生。"人的身体就是一个与自然、社会时刻交流，息息关联，具备宇宙万物生成演化属性的"小宇宙"。人与天地具有同样的形体结构，人体就是天地自然的缩影，人与自然有着密切的关系，人的生命现象是自然现象的一部分，人的结构可以在自然界中找到相对应的东西。我们在道法自然的前提下，使人体机能和自然界的变化保持一致，达到"天人合一""人天相参"，这样就能维持和延续生命。

道家把天与人相类比，于是产生了"人身小天地，天地大人身"的直观认识。"天人合一"的思想，构成了中华民族五千年来的思想核心与精神实质。

《黄帝内经·灵枢·邪客》曰："天圆地方，人头圆足方以应之。天有日月，人有两目。地有九州，人有九窍。天有风雨，人有喜怒。天有雷电，人有音声。天有四时，人有四肢。天有五音，人有五藏。天有六律，人有六府。天有冬夏，人有寒热。天有十日，人有手十指。辰有十二，人有足十指、茎，垂以应之。女子不足二节，以抱人形。天有阴阳，人有夫妻。岁有三百六十五日，人有三百六十节。地有高山，人有肩膝。地有深谷，人有腋腘。地有十二经水，人有十二经脉。地有泉脉，人有卫气。地有草蒀，人有毫毛。天有昼夜，人有卧起。天有列星，人有牙齿。地有小山，人有小节。地有山石，人有高骨。地有林木，人有募筋。地有聚邑，人有蜠肉。岁有十二月，人有十二节。地有四时不生草，人有无子。此人与天地相应者也。"

《文子》称："头圆法天，足方象地，天有四时、五行、九曜、三百六十日，人有四肢、五脏、九窍、三百六十节。天有风雨寒暑，人有取予喜怒。胆为云，肺为气，脾为风，肾为雨，肝为雷，人与天地相类，而心为之主。"

在道家看来，人与自然是一个统一的整体，人体的五脏功能活动、气血运行都与季节的变化息息相关。"人为万物之首也，若不禀天接地，负阴抱阳，岂于天地之中，惟人动合天地造化？"与天地相应，才能与天地并生，与万物齐一。

四、身国同构的生命发展论

黄老道学思想体系认为：天下难治。难治的不在天下，而在自身。"人学治世，圣人学治身。守道真也！"懂得了治身的道理，也就会明白治国的大略。所以，在中国道商知识体系中，生命体系也是道家治道思想的核心内容，是标准化道商人才培训的第一功课。

治国之道，先须治身。在道家看来，治理天下与治理身体是一个道理。治国之道的根本在于自身的自治、自理，从来没有所谓的身心修养好了而治国无策导致国家混乱的事，更不可能有身心烦乱而能把国家治理好的事。"身国一体""身国同构"的理念，一直贯穿在道家学派所有的经典之中。

为什么在对生命体系的学习掌握中，也能同时学习、领悟并落实治国治天下的方法技术呢？中国道家和中医的生命学说认为，人体具有整体性、系统性的特点，人体的一切精神意识思维活动，都是脏腑生理功能的反映。

《中藏经》说："天地有阴阳五行，人有血脉五脏。五行者，金木水火土也。五脏者，肺肝心肾脾也。金生水，水生木，木生火，火生土，土生金，则养成之道，循环无穷。肺生肾，肝生心，心生脾，脾生肺，上下荣养，无有休息……五脏五行，相成相生，昼夜流转，无有始终。……天地阴阳，五行之道，中含于人，人得之者可以出阴阳之数，夺天地之机，悦五行之要，无终无始，神仙不死矣。"

古人用人类社会运行的现象来比喻人体，把身内的五脏六腑也分配了"官职"。心为君主之官，主神明。心像君主一样主宰着人体的血脉运行，四肢百骸的营养都依赖心脏所泵出的血液供应。另外，心还统摄着人的精神、意识和思维活动，它的功能状态决定了一个人整体的精神面貌。"神明"是最清晰的意识，也就是一个人对自身、对外界最正确的判断能力，关乎着一个人的内在素质。心的生理功能正常，人则精神振奋，神志清晰，思维敏捷，对外界信息的反应灵敏和正常。如果心血心气消耗过大，就会使神明不清，此时神明向大脑发出的命令就会有误。肝为将军之官，五行属木，象征着一股阳气向上冲破阴气的束缚。肝是人体的将军，将者，智、信、仁、勇、严也。所以肝不但具有刚强之性，其气急而动，易亢易逆，也主管和产生谋虑智慧，它负责发现并化解人体内的危机并及时排除隐患。肝主疏泄，能调节人的情绪使人体气机畅通，若疏泄不及，则表现为抑郁寡欢、多愁善虑等，易于引起人的精神情志活动异常。胆为中正之官，即决断者、裁判官。胆能够影响一个人的决断能力，当人犹豫不决时，需要靠胆来拍板做决定。胆功能良好时，人做事果断干脆；胆功能不好时，就会表现为胆小、没主见。脾为谏议之官，在身体的中央，负责机体的运化，布散精气，人体哪里出现问题，身为"谏官"的脾就会把信息传递出去。

肺为相傅之官，也就是辅佐君主的宰相。肺主呼吸，它的特点是节律性很强，能够把心脏泵出的能量有尺度地布洒到全身。肺藏魄。魄，代表着人得精的生长和变化。一个人精力充沛，人就有魄力。肾为作强之官，肾藏精，主髓，为先天之本。"精"是人先天特有的维持生命运作的基本物质。也就是说一个人生下来就自然带着上天和打的赋予的生命本质。肾精充盛则人筋骨强健，精力充沛，就像一个大力士，男女生殖器官的发育成熟及其生殖能力，均有赖于肾精的充盛。脑为髓之海，大脑是收藏骨髓的地方，骨髓越多人就越聪明。

在道家学者眼里，天下无二道，圣人无二心，治身之道对应的是治国之道，生命体系联通的是事业体系。人认识天地自然规律，治理社会国家团体的稽式也是取法于自己的身体，从自己的身体内部开始，通过修之于身，再修之于家，修之于乡，修之于邦，修之于天下，一层一层，一级一级地由内至外辐射延伸，最后就可以广行而达天下。

所以，在道商看来，没有什么可以比身体更可宝贵，为道者建功立业，实现自己的宏伟抱负，必须倚赖和仰仗有一个健康的身体，才能去积极进取。如果我们自己的身体都不能实现健康、活力，企业岂能实现得了发展、创新？如果我们的生命都难以实现青春常驻，我们的企业如何能够实现基业长青？

第二节　道商生命体系的基本思路

黄帝之教，以不死为宗，韬精炼形，御六气，以游夫万物之表，其寿命益长者，谓之仙。

几千年来，以黄帝、老子为代表所建立的道学思想体系，在中国历史上产生了重大而深远的影响。虽说中国古人有"死生有命，富贵在天"之论，但人的主观能动性在生命修炼中却能发挥重要作用，"养生有道"的中国道商生命体系也将在世界性的绿色健康热潮中，得到越来越多人的认可和钟爱。

道家的养生思想，虽被历代继承者所发挥和补充，但"性命双修""动静结合""顺应自然""节制欲望""精气神全""因人而异""持之以恒"等基本思路仍沿袭数千年，时至今日仍占其主导地位。

一、性命双修

性命又称形神兼炼，指生理与心理的全面兼顾，精神与形体的同步修炼，属传统道家养生的基本理论。

命无性不灵，性无命不立。"性命"二字高度概括了人生生命的两大要素。性，乃天赋之性，包含着人的精神、心理、气质、品性、意志、情趣以及人性的本能诸方面。命，乃客观之命，表现着人的生、死、强、弱、智、愚、贫、富以及人命的时运等方面。人的生命实际上是由两个生命系统——即性（精神生命系统）和命（生理生命系统）的双重融合，性与命乃浑然一体，相依相关而不可分。就整个人体而言，形体和精神是不可分割的，存则俱存，亡则俱亡，亏其一即残缺不全。我们不但要追求活力充沛的健康体魄，也要完善和气贯通的健康心理，使精神生命和生理生命都得到活泼的发展，这才能有真正的幸福人生。只有把两者有机地统一结合起来，才能达到"形与神俱，而尽终其天年"的目的。

对习惯于生命实践的道家而言，性命双修体现为性功与命功的统一，其修养原则为"性为主导，命为基础"，其方法是以静养神，以动养形。即以静坐、行气、存神、诵经等方法来养神全性；以导引、按摩、运动、拳术等方法来养形葆命。

二、动静结合

动静结合，是道家养生的基本思路之一。目前社会上所提倡并流行开来的一切养生术，都可以"动""静"二字来加以概括。

俗话说，"生命在于运动。"根据中医的理论，阳主动，阳对人体的生命活动是起主导作用的。动能使人体内的阴阳二气产生交流，能调动气血精津液的流通运行，加速气血的循环，作为生命特征的新陈代谢也是如此。要获得健康，就必须要动起来,"动则通,通则变,变则化。"然而,动,亦不能妄动,即不能去从事任何违背阴阳法则和自然规律、生命规律的所谓"运动"。庄子在总结了先秦时代的导引养生方法后说:"吹呴呼吸,吐故纳新,熊经鸟伸,为寿而已。此导引之士,养形之人,彭祖寿考者所好也。"这些方法能"导气令和,引体令柔",对生命健康大有好处。

养生还要习静。《太平经》称:"求道之法静为本。"嵇康在《养生论》中说:"精神之于形骸,犹国之有君也。神躁于中,而形丧于外,犹君昏于上,国乱于下也。"人要修炼养生就必须回到根本上去,"致虚极,守静笃",只有达到思想上和心灵上的绝对寂静,才能"恬淡虚无,真气从之,精神内守,病安从来。"当人体心理活动完全排除意念干扰,处于"虚静"状态的时候,真气在体内的运行就更加畅通无阻,从而充分发挥机体的内在活力,使脏腑功能趋于高度协调,甚至还能将普通的凡体进一步进化升华,实现与道同体,与神相会。因此养生的重要意义就是通过除情欲、节滋味、清五脏等手段,来长效保持内在世界的纯净、宁静和祥和。

三、顺应自然

崇尚自然是道家养生的基本原则。人的生命活动要符合自然规律,以自然界的秩序变化为法,摒弃人的理性因素,在养生中采取顺乎自然的行动,才能够使人长寿。

道家主张通过"顺应自然"的修炼方法,使个体生命突破自身狭隘的限制,破除一切人为地刻意追求,打通天人之间的沟通渠道,使生命返回到原始、单纯、淳朴、本真的状态,这个过程道家称之为返朴归真。什么是真道状态呢?人最初的状态最接近自然,所以返朴归真以"复归于婴儿"的状态为最高标准。

四、节制欲望

在物欲横流的社会里,各种诱惑在把人心引入迷茫歧途的同时,也会让我们贪图物质享受,为了所谓的物质幸福而疲于奔命。道家主张见素抱朴,少私寡欲,排斥和杜绝那些过度的欲望,要学会知足常乐。

人的心本来是清静的，人的身体本来也是健康的，只是被欲望牵制罢了。老子认为："五色令人目盲，五音令人耳聋，五味令人口爽，驰骋田猎令人心发狂，难得之货令人行妨。"《阴符经》称："天地，万物之盗；万物，人之盗；人，万物之盗。"人类在猎取外物以满足自己私欲的同时，生命能量也被外物所盗取采伐，在无止境的贪欲与声色名利的追逐中，人类就会丧失自己的淳朴本性，破坏生命内部的自有平衡机制，耗散精神，亏空骨髓，戕害五脏，使肠胃、心肺、肝胆等脏腑都得不到很好休息，令人体气脉闭塞壅阻，各种富贵病、现代病层出不穷，严重影响生命健康的质量。

今天，数字化、网络化、信息化使人的生存方式发生了巨大的变化，伴随着低头族的疯狂扩张，与之相关的颈椎病、眼病也呈现高发趋势，我们也应当重新审视和定义"欲望"。只有不被外物牵制，不被工具左右，才能保持常清常静的神明之心。如果我们的生命里能主动减损那些过分多余的欲望，心志安闲而没有焦虑，真气因而得以调顺和畅，人与自然得以交通往来，这样身心清静，能量充沛，健康长寿自然不在话下。

五、精气神全

精满、气足、神全是养生的最佳状态。养气、存神、啬精是践行中国道商生命体系的核心要义，亦为道家"深根固蒂"的长生久视之道。

道家内丹学说认为，精是人身水液中的精华，是一种具有生命活力的气；气是一种具有推动运转作用的生命能量；神乃人体的精神、元性。精的作用主管化育，气的作用为运动，神的作用为觉知和主宰。人的生命起源是"精"，维持生命的动力是气，而生命的体现就是神的活动。所以，内丹家力倡"神为主，气为用，精从气"的主张，认为"圣人以身为国，以心为君，以精、气为民"。

《道德经》认为："含德之厚，比于赤子。毒虫不螫，猛兽不据，攫鸟不搏。骨弱筋柔而握固。未知牝牡之合而朘作，精之至也。"精足，人的生命力就会旺盛，一个擅长养生的人，所涵养的元精能比得上初生的婴儿，真气顺畅，精神充足，这样疾病就无从发生。道如果不懂得宝啬精气的道理，贪图性欲就会损精，违逆自然就会伤气，过度思虑就会伤神，人身也将提前进入不可逆转的衰老。

六、因人而异

每个人的生命都是独特和唯一的,正所谓"道家三千六百门,人人各执一根苗。"从古至今,由于我们人类的体质不同,禀赋各异,再加上时代、环境、习俗、礼教、道德、社会、宗教、家庭、信仰、法律、性别、年龄、学问、志趣之种种不同,为师者就会因材施教,量体裁衣,故受传者便有不同的修炼方法。我们要利用好道商的生命体系来获得养生之道,必须要分辨和把握生命个体的共性与个性,否则盲目的追求养生,结果往往会适得其反。

在道家内丹功法中,由于女子自身体质有经、带、胎、产的特点,所以男女之间的性别与体质差异,也会产生不同途径的修炼技术。如男子丹法炼精化气,女子丹法炼血化气;男子丹法入手在下丹田,女子丹法入手在中丹田;男子以肾为先天之本,女子以肝为先天之本。如何在既不违背生命养护的普遍规律的基础上,又根据个体差异探索出一条适合自己的行之有效之法,是我们必须要面对的课题。

七、持之以恒

老子告诉我们:"合抱之木,生于毫末;九层之台,起于累土;千里之行,始于足下。"对于健康的修复,生命的养护,思想与智慧的开启升华,显然不是朝夕之功可以成就的,也不是三天打鱼两天晒网就可以实现的。修炼要循序渐进,不可急功近利,贪图眼前的成效。急于求成,恰如拔苗助长,这是违反自然规律,我们切不可好高骛远,避免落下不切实际诟病。

道商无论是在养生健康领域还是在事业发展领域,都必须要有铁杵磨针、磨石为镜的勤奋与耐力,像春蚕吐丝一样不休,像啄木鸟一样用功,"惟精惟一,允执厥中""绵绵若存,用之不尽",炼心如金石之坚,不为外物所动。

若按照中国道商知识体系中"执两"的思维方式,道商的生命体系核心思想还可以借助阴阳思维进行划分,诸如:天人、阴阳、男女、老少、虚实、寒热、清浊、酸碱、动静、异同、顺逆、坐立、行住、土洋等。

第三节　道商生命体系的系统方法

中国道商的生命体系脱胎于道家养生文化系统，具有完整的体系性和鲜明的传承性，这些方法真实地表现了道家先哲们积极探求生命规律，大胆寻求生命突破的价值追求，对人类的生命健康与长寿延年起到了举世瞩目的贡献。

道商生命体系的系统方法，依据道商六图思维来划分，可以分为三法——代表无极图的通法，代表中极图的正法，代表有极图的真法。

通法，即具有普遍意义的通行有效的方法，它代表的是道商思维放眼天下的整体意识。正法，并非传统道德层面非此即彼的"正""邪"定义，而是指道商知识体系内部经过有效的筛选整理后，那些具有明确传承性、代表性、实用性，有别于道家、道教或其他养生流派，而仅仅限于学派（道脉）内部传承的正统方法。正法也可视作是介于大群体与小个体之间的专属方法。真法，即不具备普遍意义的，仅适合于单一个体在某一段特殊时期内学习、掌握的特殊方法。

在道商生命体系中，具有普遍意义的道家养生方法（通法），主要可以归纳为以下十二类：

1. 导引养生类

导引，亦作"道引"，是肢体运动与呼吸吐纳相配合的一种健身治病的道教养生术，早在春秋战国时期就已非常流行，为当时神仙家与医家所重视。《抱朴子·内篇·别旨》中说："或伸屈，或俯仰，或行卧，或倚立，或踯躅，或徐步，或吟或息，皆导引也。"导引术多以动摇肢体为门径，主要有易筋经、五禽戏、八段锦、十二段锦等方法。今多将太极、武术、按摩、点穴、叩齿、浴面、揉搓、拍打等纳入导引系统内,并与服气、存思配合,组成系列功法。通过导引,可以调和人体内阴阳,促进消化,具有除风邪、益血气、祛杂病以至延年益寿的功效。

2. 吐纳养生类

吐纳,即吐故纳新,又称服气、食气。吐纳的具体修炼方法,主要通过调节人体呼吸为手段,把身体内的浊气呼出,再慢慢吸入天地精华之气。通过吐故纳新,完成人与自然界万物进行能量交换的过程,以便呼吸育清,身心祥泰,令身中元气充沛。

吐纳养生类主要包括有服食先天气、服食星辰气、服食自然气、存思服气、吞咽内气、内气调动等方法,久之可以实现胎息、辟谷等效果。

3. 静坐养生类

静坐,也称内观、打坐、精思、静定。道家把静坐看作一种修养身心、增进健康、澄清思虑、开发智慧的重要形式。在静坐时,要求扫除一切杂念,宽衣放带,使身体不受束缚,血脉自然流通无阻,入坐时,"堕肢体,黜聪明,离形去知,同于大通"。通过精神内守,使人体气机自然运行畅达,令和气有序运行经络脏腑之间,化解郁积之处。

静坐的范畴非常广,凡是非动功类型的养生修炼方法,都可以借助静坐的形式来实现,主要包括有:心斋、坐忘、守窍、守一、返观、存神、持诵、行气、合虚等。

4. 存思养生类

存思,亦名"存想""守一"。存思养生法在方法上有许多门类,就姿势而言,可以"端坐存思",也可以"卧法存思"。常要求闭合双眼或微闭双眼,存想内观某一物体或神真的形貌、活动状态等,以期达到集中思想,使身心不分离,并洁净身心的目的。而存思的对象也很广泛,可以存思人体身内五脏六腑的神真,也可存思祖师神灵的名讳、相貌、服饰、居所,还可存思日月星辰、云雾霞光和水火器物,或可以存思某一具体的事理和问题等。

孙思邈《摄养枕中方》说:"道人疾,闭目内视,使心生火,以火烧身,烧之令尽，存之使精神如仿佛，疾即愈。若有痛处，皆存其火，烧之秘验。"通过存思养生法，可以调整和促进身体机能，达到养生、防病的目的。

5. 行气养生类

行气，为真气运行、循行之法。蒙文通先生在《晚周仙道分三派考》中认为："古之仙道，大别为三，即行气、药饵、宝精，其中以王乔、赤松为代表的行气派，于古为最显"。现存的战国时期《行气玉佩铭》记载了古代的行气养生法："行气，深则蓄，蓄则伸，伸则下，下则定，定则固，固则萌，萌则长，长则退，退则天。……顺则生，逆则死。"

在道商的生命体系中，我们将气作用于五脏或丹田、口腹称之为服气，而将气作用于手足四肢、经络脉道称之为行气。行气之法，常与吐纳、导引关联，或多混为一谈，这是由于道家"形神兼炼"的法则决定的。道家有系统的行气之法，我们今天所熟知的任督二脉、大小周天，真气运行法，都属于行气的范畴。

6. 诵读养生类

诵读也称持咒法、唱诵法。在道家、道教的养生修炼中，通过高颂、低吟、唱念等形式，诵读道家经典、宝诰、经咒、密文，来达到抒发情感、调理气机、聚精会神的作用。

诵读养生法最常见的是六字诀，通过呬、呵、呼、嘘、吹、嘻六个字的不同发音口型，借助唇齿喉舌的用力不同，再配合呼吸导引，能牵动不同的脏腑经络气血的运行，强化人体内部的组织机能，充分诱发和调动脏腑的潜在能力来抵抗疾病的侵袭，防止人体衰老，其显著的养生效果已被公认并得到广泛使用。

7. 丹道养生类

丹道养生法主要分内、外丹道，目前得以传播的主要是内丹养生法。

在道家养生体系中，内丹养生学说被誉为性命之学、内丹仙学，其理论最为精妙，方法亦最为系统完善成熟。内丹养生术通过以人体自身精、气、神为"药物"，通过性命双修而在体内"铸鼎炼丹"，实现"我命在我，不属天地"的目标。从修炼程序上，主要分炼己筑基、炼津化精、炼精化气、炼气化神、炼神还虚、还虚合道的过程。从流派上分，内丹的养生流派分为南宗、北宗、中派、西派、东派、女丹派、三丰派、青城派、清微派、伍柳派、千峰派等。从修炼方法而言，多以上、中、下三品丹法区分。

8. 膳食养生类

膳食养生，又称服食、服饵、道膳、玄门宴。饮食自古皆为养生之大要。《养生大要》称："一曰啬神，二曰爱气，三曰养形，四曰导引，五曰言语，六曰饮食，七曰房室，八曰反俗，九曰医药，十曰禁忌。"道商的产业体系中专门有道膳类别，国际道商研究院给"道膳"的定义是："道膳是指综合运用道家思想理念与文化元素，具有健康养生功能，或依据一定的道教仪轨进食的膳食体系。"

膳食的本质不仅仅是享受美味，而是补充生命能量。孙思邈认为："食能排邪而安脏腑，悦神爽志，以资血气。若能用食平疴，释情遣疾者，可谓良工。长年饵老之奇法，极养生之术也。"如果我们能有效利用食材的"药食同源"的价值，使饮食享用者在饱口福的同时，还能达到对某些疾病防治的目的，满足其养生延年的愿望，当属两全之策。

9. 情志养生类

人的心理活动，养生学家将其统称为情志。这些情志活动反映了五脏功能。五脏功能正常，情志就正常，如果情志激动过度，就可能导致阴阳失调、气血不和、伤及五脏，而引发各种疾病。众多疾病都是源于不明了自己的性格情理，不懂情志养生，不能做到很好的调畅情志。所以世界卫生组织给健康下的定义是：健康不仅仅是没有疾病，而且是"个体在身体上、精神上、社会上完好的状态"。

情志养生法，就是将这些情志的变化控制在正常的范围之内，使人的心情保持平和、舒畅，"神清志平，百节皆宁，养性之本也"。

10. 房中养生类

房中术，是指保持夫妇冲气循环，阴阳调和，以葆其青春，祛病延年的养生长寿方法，也称："男女合气之术"或"黄赤之道"。

古人认为"房中之事能生人，也能杀人"，所以道家比较注意房中养生的研究。房中养生类的修炼方法就是性生活方面的卫生知识及锻炼方法。在长期流行过程中，房中术在其不断发展壮大的高峰时期，产生过许多房中家和房中医学专著，并形成一套极为隐秘、系统、完善的男女双修术。围绕着"养精、固精、保精"的过程，摸索、总结出了交而不泄，并能使精气上行补脑。具体方法有"独卧法""御女术""采战术""采补术""四季节欲法""求子术""房中禁忌"等。

李约瑟认为，道教房中术承认男女地位平等，承认妇女在事物上的重要性；认为健康长寿需要两性合作，不受禁欲主义和阶级偏见的约束。这些都显示了道教与儒家、佛教的特异之处。

11. 艺术养生类

艺术，是才艺和技术的统称，后逐步演化成一种对美、思想、境界的术语。中国艺术注重神韵、气韵，以天人合一、师法自然为追求境界，通过琴、棋、书、画、诗、词、歌、赋的创作，可以有效地调节人的精、气、神，达到平衡与最佳状态，因此中国艺术具有多种生理与心理治疗的功能。

艺能载道。古往今来，许多世界闻名的艺术名家也是养生有道之人，如竹林七贤的嵇康既是著名琴家又是养生家。在艺术创作中，可使人忘却世间的纷繁俗虑，心灵得到净化，在心静神凝，精气内敛的同时，还能活动关节，导引行气，可谓是动静结合，内外双修。故而传统医书把书画作为"抒脑中气，散心中郁也"的愈疾良方。

12. 生活养生类

道家养生文化的通用体系，除上述类别外，还涉及行止坐卧、生活起居、接人待物、穿衣吃饭、言行举止、读书耕种、闻香品茗、登高涉水、游乐、祭拜等等多方面的日常修身之法，可谓博大精深，包罗万象。

除此之外，道商生命体系的"通法"系统中，还包括有简易养生之法，如：鸣天鼓、干梳头、浴面、叩齿、咽津、握固、提肛、摩腹、搓腰、搓脚心、按穴窍、泡脚、艾灸等等。正所谓"简易之语，不过半句，证验之效，只在片时"，道商在强调体系性的同时，也不能因这些单一便捷之法的简易性，而忽视其卓越的养生效果。

陶弘景《养性延命录》认为："若能游心虚静，息虑无为，服元气于子后，时导引于闲室，摄养无亏，兼饵良药，则百年耆寿，是常分也。如恣意以耽声色，役智而图富贵，得丧恒切于怀，躁挠未能自遣，不拘礼度，饮食无节，如斯之流，宁免夭伤之患也。"

葛洪《抱朴子·对俗篇》称："人道当食甘旨，服轻暖，通阴阳，处官秩，耳目聪明，骨节坚强，颜色和泽，老而不衰，延年久视，长在世间，寒温风湿不能伤，鬼神众精莫敢犯，五兵百虫不能近，忧喜毁誉不为累，乃为贵耳。"

如果我们在主观上具有强烈的健康养生意识，能够有效地规范自己生活行为方式，使自己的生活方式符合自然法则，则有可能获得"千岁厌世，去而上仙，乘彼白云，至于帝乡"的快乐逍遥，实现"我命在我"的生命突破。

第四节　道商生命体系的核心技术

中国道商生命体系的核心技术，也被称为道商生命体系的"正法"。

在这套系统里，主要包含有"龙门太极拳""青城八段锦""太极真元九式""乾坤日月掌""真一存神法""彭祖长寿术""六合聚气法"七种核心技术。同时充分考虑了道商的日常工作和生活规律，结合融入特色突出的饮食法、睡眠法、行走法、思考法、诵读法、书写法、会议法、忏悔法，辅以青城道膳、青城女真术等独立内容。

1. 龙门太极拳

太极拳，是利用道家"太极"的理论指导人类身心运动的养生方式，它是以黄老学说为理论，在传统养生术的基础上发展的融养生、防身为一体的拳法。

在东方文化"天人合一"的思想指导下，太极拳运用阴阳五行、导引吐纳、经络运行、运动搏击等手法；然后在精神和意念的统领下，使内气从丹田出发，沿经络节节贯穿，达于四稍后回归丹田。在这种"行云流水，连绵不断"的东方高雅运动中，达到培养精气、平衡阴阳、外健筋骨、内强脏腑、强身健体、延年益寿的目的，使疾病消失，使身心健康。随着时间的推移，蕴含着的东方哲学韵味的太极拳，正在为越来越多的中外人士所认识。

中国道商生命体系内的"龙门太极拳"具有鲜明的传承性。龙门太极拳源于青城山，由全真龙门派丹台碧洞宗一代宗师，原成都市道教协会会长蒋信平道长首度公开。蒋信平道长（1902—2013年）是中国当代道教史上最具传奇色彩的高道之一，他精于道家内丹功、睡功、轻功、剑术，于道学、武技、医药均有大成。在百余岁高龄时，蒋信平道长还曾亮相参加中国（成都）道教文化节，并远赴香港参加九龙湾展贸中心举办的"尊敬长者千寿宴"，展示青城山古传龙门太极拳。

相比于其他太极拳，龙门太极拳别具特色。作为道家高层次内修拳法，龙门太极拳其修炼动作充分融合了道家文化。诸如"太极乾坤""玄武坐镇""仙人观月""混元一抖""玄掌托珠""仙鹤展翅""玉女穿梭""白猿献果""剑指中原""筋经揉球""返璞归真""叩拜三清"等经典动作，均以道家思想命名，被评价为古朴原始、玄妙精深，浑然而天成。

2. 青城八段锦

八段锦是一种由八节动作组成的传统养生导引术，其每节动作的设计，都针对一定的脏腑或病症的保健与治疗需要，有疏通经络气血、调整脏腑功能、调节精神紧张、改善新陈代谢、增强心肺功能、活动全身关节肌肉、促进血液循环的作用。长期锻炼可使人强身健体、聪耳明目、延年益寿。

八段锦口诀为：①双手托天理三焦；②左右开弓似射雕；③调理脾胃须单举；④五劳七伤向后瞧；⑤摇头摆尾去心火；⑥两手攀足固肾腰；⑦攒拳怒目增气力；⑧背后七颠百病消。

青城八段锦来源于道教内部，与传统的八段锦在具体方法上有一定的差异性。

3. 太极真元九式

真元，是人体生命本源的先天元气，也称"炁"。太极真元九式来源于黄老学派，是一套组合融入了道家吐纳、导引、存神等综合方式的高级养生术。其谱诀为：①开合运气，莲花盛开；②单掌运气，擦拭明珠；③双掌运气，春风化雨；④马步运气，水绕山转；⑤弓步运气，平波抹浪；⑥下蹲运气，引水上山；⑦旋转运气，蜂飞蝶舞；⑧升降运气，水滴石穿；⑨自由运气，风拂杨柳。

太极真元九式通过全身各个关节与部位的圆运动，能带动人体经络和内脏的气机发动，使真元之气由丹田贯穿遍布全身，通过全身的螺旋缠绕引领气血运行，令人经络自然畅通无滞，周天自然循环运行，身中真气充沛，邪气皆去。其精髓在于调整五脏平衡，增强人体免疫细胞功能和机体抗衰老能力，一开一合，周而复始，气血自然旺盛，精神活力自然充盈。

4. 乾坤日月掌

乾坤日月掌，组合了道家吐纳、行气、聚气、存神、敛神等修炼方法，对于培育人体真气、调和气血、情绪减压，发散胸中郁积，改善自卑胆怯心理疾患，强化道商企业家领导气势，具有特殊的效果。

《六韬》上说："成与败，皆由神势，得之者昌，失之者亡"。在庄子的眼里，凡成大事业者，并不是靠暴力去征服，而应依仗于大气象、大魄力的"气度"，以"气"而化之。乾坤日月掌通过掌运日月的方法，能"善养浩然之气"，改变优化人体气场、气质、气势，孕育包藏宇宙之机，培育吞吐天地之志者。

5. 真一存神法

真一存神法，也称守一法。《庄子·在宥》曰："我守其一，以处其和。"《太平经圣君秘旨》云："守一之法，乃万神本根，根深神静，死之无门。"通过守真一的存神之法，"唯神是守"，可以使身内阴阳二气调整到神气不散的和谐状态。

真一存神法，在静坐、静思中，常常可以通过存想自己置身于道商六图的真一图中，来净化心灵，开启智慧，获得灵感，补充生命能量（元气）。按照道家修炼者的说法，人能守此虚无正室之黄庭，则心神清净。心神清净，则五脏六腑、九窍百骸之阴气俱化，诸神皆归于黄庭之一神。《太平经》称此是"长寿之根""守一复久，自生光明"，进而"神明进光，久视电光"，最后光明益大，"明有日出之光"，洞照天地上下，人体内外，可见自身或天地万物。

所以,"上古之人,春秋皆度百岁,而动作不衰"的原因,正是他们领会和掌握了"生命修炼"的核心技术,训练出"提挈天地,把握阴阳,呼吸精气,独立守神,肌肉若一"的身体素质与精神气度,故能"寿敝天地,无有终时"。

第五节 道商生命体系的特点特色

当前,伴随着社会物质财富的急剧增长,人们对于生命健康的重视程度也掀起了前所未有的高潮,养生话题受到了越来越多的人关注,各种五花八门的养生学说充斥流行,让人难辨真伪。

相对于道家养生文化中复杂庞大、琳琅满目的生命修炼技术体系而言,中国道商知识体系所整理、奉献的这套生命体系"正法"系统,具有如下特点:

1. 传承性

道商生命体系的理论知识和核心技术,皆来源于道家、道教内部的典籍记载或不记于文字的师徒传承,是经过历代道家修炼者的亲身实践与验证,具有传承性和安全性。

2. 系统性

道商生命体系的理论知识和核心技术,脱胎来源于道家数千年来的养生实践,充分考虑到整体和个体的异同性,既能循此回溯整体的养生文化大系统,掌握为学日益的"通法",又能根据个体情况衍生变化适度调整,精简改编成为道日损的"真法"。既可每天安排单独的时间来练习践行,又可充分利用步行、思考、阅读、睡眠等时间与之结合,能实现动态之中的互补。

3. 特色性

道商生命体系的理论知识和核心技术，主要针对和服务于"道商"这个特殊的商人群体，并从他们常见且多发的身体健康隐患入手，充分考虑了商人和企业家群体的生活习惯、工作特性与内心认同度，具有鲜明的特色性。

4. 简易性

道商生命体系的理论知识和核心技术，简单便捷，一学就会，能增能减，能组合练习也能拆分后单独练习，不复杂、不繁琐，便于实践操作；不受时间、场地和形式的限制，利于学习和传播。

如果我们能够主动、敏锐地将道商生命体系的核心技术和系统方法，作为企业文化项目与企业健康资本融入到"道商企业"的团队管理中，必定让我们的团队工作效率大大提高，精神风貌为之大振！

5. 实用性

道商生命体系的理论知识和核心技术，靶向性强，实用性高，尤其适合办公室群体和脑力工作者学习应用。

上一节介绍的道商生命体系"正法"系统，除了我们所熟知的健康养生效果外，它对培养道商人才同样具有"靶向性"的作用。如"龙门太极拳"和"乾坤日月掌"，对于道商的形象气质和领袖气势塑造，对于道商的使命感与责任感激发，具有强大而直观的改善与提升作用。"太极真元九式"和"真一存神法"，通过一动一静的结合，能帮助道商在人欲泛滥的社会里，澄清思路，发现本质，训练思维方式，理顺事理脉络，开发大脑灵性潜能，获得柔性生活智慧，强化道商决策的整体意识与辩证思维。"青城八段锦"能训练道商"天下大事，为之于细；天下难事，为之于易"的突破能力，"六合聚气法"能训练道商对于各种复杂信息和资源的聚集能力、整合能力、再加工能力，"道家睡功"则在保障道商获得高质量睡眠的同时，训练道商的时间管理能力，优化道商的管理情绪。

6. 递延性

中国道商生命体系的系列方法，并不是一蹴而就的，其学习掌握的逐次升级为：正法（核心技术的强化训练）——通法（系统知识的总体认知）——真法（独特方法的择一而终）。

根据标准化道商人才培养的具体设定，我们将在中国道商标准化人才培养计划的四、五、六段位制培训中，有针对性、步骤性地予以层层递进。否则，欲速则不达，如果得不到正确的教学和因人而异的指导，极易适得其反，养生不成反致伤生。

第六节　道商生命体系的要点诀窍

《道德经·第五十章》："出生入死。生之徒十有三，死之徒十有三，人之生，动之死地，亦十有三。夫何故？以其生生之厚。"

在老子的眼里，人从出生到死亡这个过程中，那些真正天生长寿的人占十分之三，天生短命夭折的人也占十分之三，还有一类人群，本来可以活得长久享有高寿的，却意外地提前进入死亡，也占十分之三。为什么会出现这种情况呢？这是源于他们太重视和追求所谓的"养生"，最终却导致了伤生、丧生的结局。道商要完成对生命健康的养护延续，实现"固蒂根深"的长生久视之道，我们应该秉持什么样的原则，该把握哪些要点诀窍呢？

在中国道商生命体系中，我们对于道商生命养护的总体原则就是二字——"顺"与"逆"。

一、顺其自然

我们该如何理解"顺"呢？

《黄帝内经·素问·上古天真论》说："上古之人，其知道者，法于阴阳，和于术数，食饮有节，起居有常，不妄作劳，故能形与神俱，而尽终其天年，度百岁乃去。"

按照《黄帝内经》的要求,我们要真正掌握源道商生命体系的修炼养护要诀,首先要"法于阴阳",系统认识"道生一,一生二,二生三,三生万物"的大道演化规律学,遵循"仙道贵生"的法则,掌握"阴阳相生"的生命修炼核心理论与技术。其次要"和于术数",学习和掌握术与数二者的关系,随时调整人体生命节律,使其与宇宙自然的外在环境相适应,以达到频率调和,不逆自然规律。其三还要掌握膳食养生法,做到"食饮有节"。其四要掌握起居养生法,做到"起居有常"。最后,我们的身体还不能去从事任何违背阴阳法则和自然规律、生命规律的所谓"运动",即"不妄作劳"。

1. 因时而动

在道家看来,"四时阴阳者,万物之根本也。是也,圣人春夏养阳,秋冬养阴,以从其根。万物沉浮于生长之门,逆其根,则伐其本,坏其真矣"。人要养命长寿,就要尊重和顺应自然规律,要懂得顺应季节的变化,根据体质和时空环境的变化,随时调整人体生命节律,使其与宇宙自然的外在环境相适应,不悖天地之理,以达到频率调和,不逆自然规律。在具体的"治养"过程中,既要对外来的"虚邪贼风,避之有时",又要调摄情志和调整生活方式、饮食结构,以主动适应四时的节气变化,同时还要掌握"缘督以为经"的法则,法于阴阳,和于术数,可以保身,可以全生。

《摄生消息论》详细总结有四时养生之道:"春三月,此谓发陈,天地俱生,万物以荣。夜卧早起,广步于庭,被发缓行,以使志生。生而勿杀,与而勿夺,赏而勿罚,此养气之应,养生之道也……春日融和,当眺园林亭阁,虚敞之处,用摅滞怀,以畅生气。不可兀坐,以生抑郁。"

"夏三月,属火,生于长,养心气,火旺,味属苦。火能克金,金属肺,肺主辛,当夏饮食之味,宜减苦增辛以养肺。心气当呵以疏之,嘘以顺之……平居檐下、过廊、街堂、破窗,皆不可纳凉,此等所在虽凉,贼风中人最暴,惟宜虚堂、净室、水亭、木阴洁净空敞之处,自然清凉。更宜调息净心,常如冰雪在心,炎热亦于吾心少减;不可以热为热,更生热矣。不得于星月下露卧,兼使睡著,使人扇风取凉,一时虽快,风入腠里,其患最深。"

"秋三月,主肃杀,肺气旺,味属辛。金能克木,木属肝,肝主酸。当秋之时,饮食之味，宜减辛增酸以养肝气。肺盛则用咽以泄之。又曰：季秋谓之容平，天气以急，地气以明，早卧早起，与鸡俱兴，使志安宁，以缓秋形，收敛神形，使秋气平，无外其志，使肺气清。此秋气之应，养收之道也。"

"冬三月，天地闭藏，水冰地坼，无扰乎阳，早卧晚起，以待日光，去寒就温，毋泄皮肤，逆之肾伤……宜居处密室，温暖衣衾，调其饮食，适其寒温，不可冒触寒风。"

2. 因地制宜

我们所处的自然环境与生命健康之间也存在着密切的联系。"一方水土养一方人"，在不同地域上生活的人，由于环境、水质、气候、饮食习惯、性格特征、生存方式的不同，也会导致身体健康受到的影响各不相同。

《素问·异法方宜论》曰："故东方之域，天地之所始生也。鱼盐之地，海滨傍水，其民食鱼而嗜咸……鱼者使人热中，盐者，胜血。故其民皆黑色疏理，其病皆为痈疡。""西方者，金玉之域，沙石之处，天地之所收引也。其民陵居而多风，水土刚强，其民不衣而褐荐，其民华食而脂肥，故邪不能伤其形体，其病生于内。""北方者，天地所闭藏之域也。其地高陵居，风寒冰冽，其民乐野处而乳食，藏寒生满病。""南方者，天地所长养，阳之所盛处也。其地下，水土弱，雾露之所聚也。其民嗜酸而食胕，故其民皆疏理而赤色，其病挛痹。""中央者，其地平以湿，天地所以生万物也众。其民食杂而不劳，故其病多痿厥寒热。"徐徊溪《医学源流论》说："人禀天地之气以生，故其气体随地不同。西北之人气深而厚，……东南之人，气浮而薄。"这说明生活在不同地理环境条件下，由于经历着不同水土性质、空气气候、生活条件的影响，就会形成了不同的个体差异。

如果我们忽略了养生中的地域差异，盲目引进和效仿他人、它地区的所谓国际流行健康知识，大肆服用异于本地的优良食材和药材，不但难以实现养生延年的效果，更恐怕适得其反，积酿新的病根。

3. 因人而异

健康养生之道，还与个体差异有关。每个人体都是一个独立运行的小宇宙，哪怕在同一片区域环境和同一时间范围内，也会存在有的人健康，有的人生病这样的情况。这种个体差异，涉及到个人的体质、性格、饮食结构、锻炼方式、生活习惯，及个体对自然时令与外界环境的敏感程度。

养生应针对个人体质而用。体质，是指人体秉承先天（指父母）遗传、受后天多种因素影响，所形成的与自然、社会环境相适应的功能和形态上相对稳定的固有特性。人类遗传学的研究发现：人的各种体质乃至于智力、寿命等都由遗传决定或与遗传有关。所以长寿之法可以学习借鉴，而长寿之道却因人而异。

《黄帝内经·灵枢·寿夭刚柔》讲："人之生也，有刚有柔，有弱有强，有短有长，有阴有阳。"意思是说，人生在世，由于各人禀赋不同，性格有刚强、柔弱之分，体质有强壮、瘦弱之别，身形有长、短之分，体质及生理功能活动有偏阴、偏阳之别。《灵枢》曾根据人的体形、性格特征、对季节的适应能力等将体质分为木、火、土、金、水五大类型。每类型再分角、徵、宫、商、羽五型，共二十五型。中医学认为人的体质主要有十种：即气虚体质、阴虚体质、阳虚体质、血虚体质、阳盛体质、血瘀体质、痰湿体质、气郁体质、湿热体质、特禀体质。

生命的个体差异不但与先天有关，也与人的性别、年龄、环境、习惯、职业、生活水平、健康状况等条件因素息息相关。道商生命体系并不排斥那些来源于西方的运动方式和现代运动方式，如高尔夫运动、网球、羽毛球、乒乓球、游泳、瑜伽、跑步等，但是我们应该知道，所有的养生知识和方法技术，都不能忽略人的个体差异，违背个体生命活动的内在规律，更不能以牺牲"自我"为代价。那些不重人情、千篇一律的养生论点，出问题是必然的。

二、逆则成真

老子认为："反者道之动，弱者道之用。"

为了达到延长生命乃至长生不死、飞升成仙的最终目标，历代道家、道教的领袖们在待人接物方面制订了一系列看似"逆于常理"的人生行为模式，作为必须严格遵守的"戒律"贯穿修道者的一生之中。而贯穿于这些行为模式之中的基本精神是清静无为、见素抱朴、少私寡欲、去甚去奢、柔弱守雌。

1. 逆其私欲

《道德经·第七章》曰:"天长地久。天地之所以能长且久者,以其不自生,故能长生。"难以遏制的私欲不但会成为万恶之源,也是万病之源。一个人如果私心满满,就会明争暗斗,患得患失。过度的私欲,也将产生同样过度的思欲,导致人心浮躁、神魂颠倒、情智反常,时时处于惊恐之中,思想上终日不得安宁,久之必致形劳精亏,积虑成疾。

事实上,人对于自己健康和生命的过度执著,对于养生和长生的过分追逐,也是私欲过重的表现。老子感慨说:"宠辱若惊,贵大患吾身……吾所以有大患者,为吾有身。及吾无身,吾有何患?"因为过度的贪生,烧丹炼汞,采补御女、猎珍食奇,遍寻秘法,河车搬运,断情绝俗,夺舍祀鬼……各种旁门小术大行其道。却不知《清静经》告诉我们说:"常能遣其欲而心自静,澄其心而神自清。"只有剔除贪欲争夺的私心,就会心旷神怡,元气归返。道商通过"后其身而身先,外其身而身存"的方式来逆转对私欲的执著,就可以心志安闲,真气顺理,各人都能随其所欲而满足自己的美好愿望。

2. 逆其习性

道家崇尚"天人合一",人的寿命虽然存在天注定的不可逆转因素,但是优质的性格习性与良好的生活方式,也是人穷通寿夭的重要原因。然而,古往今来,我们大多数人都在错误的生命价值观引导下,一方面玩命似的追逐欲望,另一方面,以极不健康的生活方式穷奢极欲地透支着我们的生命能量。

《黄帝内经》曰:"今时之人不然也,以酒为浆,以妄为常,醉以入房,以欲竭其精,以耗散其真,不知持满,不时御神,务快其心,逆于生乐,起居无节,故半百而衰也。"

《养性延命录》说:"人生而命有长短者,非自然也,皆由将身不谨,饮食过差,淫泆无度,忤逆阴阳,魂神不守,精竭命衰,百病萌生,故不终其寿。"

现代医学研究证明,只要建立起良好的生活习惯,就能杜绝各种病体侵入到人体中,避免对健康造成不利。葛洪当年提出有"十三伤",类似于我们今天的现代病。诸如:用脑过度、熬夜、体力消耗过度、极度缺乏锻炼、不合理的膳食、作息时间没有规律、纵欲无节制、过喜过悲、酗酒呕吐、心理问题等都会伤及身体。"伤"指的是人们不按自然运行的规律、人体运作的规律去生活。"天下大事，为之于细。"这些看似细小的问题往往不被人察觉，而一旦时间长久形成规律，就会恶性循环，严重影响健康，甚至"积伤至尽则早亡"。

人要养生则必去其"伤"。故而《道德经》要求我们："为之于未有，治之于未乱。"老子通过"塞其兑，闭其门""去甚、去奢、去泰""为腹不为目"的种种方式，意在使后学者逆其不合于"道法自然"的性情，改变"不知常"的生活方式，从而获得与天地合其德的道体。葛洪称："是以善摄生者，卧起有四时之早晚，兴居有至和之常制，调利筋骨有偃仰之方，杜疾闲邪有吞吐之术，流行营卫有补泻之法，节宣劳逸有与夺之要，忍怒以全阴气，抑喜以养阳气。然后先将服草木以救亏缺，后服金丹以定无穷。"我们不但要时时巡查身心，严格自律约束，培养好的生活习惯，更要掌握生命体系的核心技术，随时调整"治伤""摄生"的状态。

3.逆其伪智

《道德经》警示我们："智慧出，有大伪。"近年来，在传统文化热的复兴浪潮中，一些崇尚奇谈怪论，颠覆常理认知的"伪养生"学说也瞬间风靡大江南北。他们借助道家或中医、养生学的相关概念，忽略传统文化的基本思想，无视自然客观规律，不论地域差别，不分四时气候，不管个体差异，全部采用千篇一律的固定模式、说法和手段，传播所谓的养生知识和养生产品，给民众正确获得养生知识带来了极大的误导。素食养生、辟谷养生、排毒养生、水果养生、男性壮阳、女性补血、放生治病……各种概念让人趋之若鹜。

素食确实有好处。素食可以控制体重、净化口气、净化血液、排除毒素、帮助消化，可以改变长期肉食者养成的酸性体质，预防便秘及痔疮的产生，养颜美容，并且安定情绪，使人体焕发活力。研究发现，比起吃肉的人来说，素食者的骨头更脆，完全素食可导致缺铁性贫血和缺钙。同时，素食者往往维生素A、维生素E摄入不足，这两种维生素缺乏，使胆囊上皮细胞容易脱落，从而导致胆固醇沉积，也容易形成结石。从女性生理角度来看，由于脂肪摄入量少，导致雌激素分泌过少，极大地影响了这些女性的性欲和生育能力。此外，完全吃素会导致食物成分比例失调，当完全素食者蛋白质摄入不足时，体内的蛋白质、碳水化合物、脂肪就会失衡，会引起免疫力下降、贫血、消化不良就会接踵而来。

所以，处于青春期、育龄期、更年期的女性不宜长期吃素。

　　道商生命体系不反对素食养生，也提倡符合自己生理健康的科学素食，但是我们坚决反对盲目地、群体性的无视个体生命差异的所谓素食。对待诸如素食养生、水果餐养生、辟谷养生及饮茶、进补、夜跑等养生方式时，我们需要以辩证思维来理性分析，根据个人体质、年龄、职业等因素及是否符合天地自然法则来综合分析判断。

　　人类符合自然规律的生活方式就叫"真常之道"。如果我们不能与道偕行，以妄为常，颠倒阴阳规律，错乱自然法则，就会半百而衰，入死地，遗身殃。老子称此为："是谓不道！"本意追求养生却违背自然"生发"的规律，这是极不可取的，一个国家和民族若缺乏智慧识别能力，在"以妄为常"的长期坚持下，极有可能培养出新一代的"东亚病夫"，使国民身体素质和智力水平急剧下滑。面对"不道"的错乱颠倒，以假乱真，我们惟有"反其道而行之"，才能一键复位，调和阴阳。

　　《黄帝内经》云："故智者之养生也，必顺四时而适寒暑，和喜怒而安居处，节阴阳而调刚柔，如是则辟邪不至，长生久视。"

　　吴筠《元气论》说："人常失道，非道失人；人常去生，非生去人。要常养神，勿失生道。长使道与生相保，神与生相守，则形神俱久矣。"

　　在伪养生大肆流行的背后，我们需要从"道商兵法体系""道商智慧体系"的角度来分析识别商业利益驱动下的营销推送与无良炒作，擦亮自己的慧眼，避免因为贪求"生生之厚"带来的潜在危害。

第七节　道商生命体系的目标状态

　　如何有效管理企业家生命健康，积极预防和主动应对日益严峻的商业经济人士的身体健康和心灵健康问题，已经成为现代企业管理者不可忽视的新课题，也将是道商生命体系的历史使命和真实意义。

中国道商生命体系的目标状态,主要体现在以下四个方面。

1. 确立道商健康资产管理意识,识别隐态竞争手段

健康资产(身财)是道商要面对和保护的第一道重要资产。激烈的商业竞争中,企业家与企业管理人士的战略视野、决策能力、管理能力和风险控制能力是决定企业成败的关键因素之一。然而,中国商业经济人士的健康状况不容乐观。曾被赋予"经济脊梁""财富英雄"光环的他们,在忘我地投入事业发展与经营管理,取得一个又一个辉煌成就的同时,也付出了极其严重的生命代价。

《2012中国企业家健康绿皮书》通过对11 527份企业家体检数据的分析发现,中国企业家面临冠心病、脑血管疾病、高血压、糖尿病、肥胖等疾病风险的威胁,男性企业家、40岁以上企业家健康风险较高生活无规律、工作负荷较大、缺乏运动是企业家健康问题三大诱因。来自慈铭体检的调查结果显示,过度劳累、剧烈运动;情绪异常如忧郁、恐惧、愤怒、狂喜;酗酒、过度吸烟等生活方式,诱发了这些企业家的癌症和心脑血管疾病的发生,并夺去了他们的生命。

道商的健康资本不仅是企业人力资本的重要组成部分,也是企业风险控制的重要战略手段。从一定意义上来说,企业的竞争也是企业家的健康竞争。拥有健康的身心,可以使企业家以饱满的精神状态投入到企业生产、经营、管理和决策之中,有利于做出正确的决策,行使高效畅通的管理。企业家和高层管理者的健康出现亏损,不但会导致内部管理的脱节失序,造成企业高层人士的变动调整,也会影响到团队和社会公众信心,积聚不稳定的变局因素,引发公司股价的异常波动。若应对无策,企业则可能因个人的健康而江河日下。

事实上,世界上最伟大的管理能力是对自我生命的管理,对自身健康的管理。诸多商界精英人士和社会知名人物意外遭遇"过劳死""早夭",势必促使全社会尤其是商界人士在奋不顾身地以透支生命健康为代价进行创业后,学会了对生命和健康的反思。企业家并不缺钱,缺的是时间和对管理自身健康的意识。大多数企业家对自身健康的管理意识淡薄,对"治未病"理念的认识不足,对已存在疾病的危害性和严重性未能足够重视,再加上长期"苦其心志"式的高负荷工作,使得他们的健康状况频亮"红灯"。即使"年老时拿钱保命",我们也依然买不回健康。尽快脱离透支负债的队伍,才有可能去过一个健康幸福的人生。

如何在全球范围内唤醒商业经济人士的健康意识，确立和强化道商健康资产管理概念，提出和放大未来商业经济竞争中的健康竞争手段，最大限度地实现"养生"和"延命"，成为这部分人士最亟待解决的问题，亦为中国道商的首要任务。

2. 获得道商决策智慧来源，提升道商良好气质形象

拥有良好"身财"的企业家，将会在第一时间获得源源不断的"智财"供给。反之，一旦企业家由于长时间的劳心劳力导致"身财"亏损，就会由"苦其心志"转变为"乱其所为"。在瞬息万变的时局中，他们常常会因为身体的健康状况而精神涣散，神智失察，疲于应付，最后失去对外界社会时局、重大投资行为、内部管理经营的正常判断能力。企业经营者在迷失自我的状态中，情绪狂躁焦虑，行事胡乱折腾，不仅自己深受其苦，也会让整个公司掉进泥潭，甚至最终被拖垮。

凡事之本，必先治身。如果我们五脏功能运转平衡，精力充沛，思维敏锐，利于作出重大决策，办事也能轻易成功。如果我们对生命不加重视，对健康资本挥霍无度，心驰神劳，思虑万千，追逐名利，纵情酒色，人体元气亏乏，五脏失治，必定会精气枯乏，容颜无光，烦躁易怒，情绪常难以自控，注意力难集中，同时还会伴随记忆力衰退，工作效率降低，难以做出正确决策等状况。然而，被社会赋予了"精英"的企业家们，在工作和生活的重重压力下，他们既不愿意说累，也不允许自己软弱，既找不准事业、家庭、生活和健康之间的平衡点，更寻求不到真正的解决方案和心灵港湾，一旦无法突破生命健康的困局，便容易产生疯狂的行为走向另一极端。

从身边的小事做起就可以清晰地放眼描绘未来的成就，对自身进行有效管理就能通达对社会群体的治理智慧，这就是最高层次管理统御学的精华所在。通过道商生命体系的理论认知和技术提升，我们能帮助企业家获得决策智慧的来源，提升自身神采飞扬的气质形象，理顺人体身心内外的复杂矛盾，学会疏导和宽容，锻造出生命的高阶品质，培养现代企业家统筹全局化繁为简的卓越领导力，带领他们走向"清静自正"和"无为而治"的管理高度，获得"道商合一"的归属感和"利益天下"的成就感。

要成为一个卓越的领导者，必须要具备道学的辩证思维观，掌握阴阳循环转化和五行生克动态的内部制衡规律。用之于治国用兵，则可以小中见大、见微知著、围魏救赵、以逸待劳。只要领导者保持清静内守的心态，减少欲望的干扰，不折腾，不妄动，不费心劳神，不心驰神疲，就可以实现无为而治。故而《云笈七签》称："圣人见端而知本，精之至也；得一而应万，类之治也。与天地合其体，与道德齐其生。"

3. 实现健康长寿目标，满足尽其天年的美好愿景

生、长、壮、老、死，是人类生命的自然规律，难以逆转，但健康长寿却是人类有史以来一直为之奋斗的目标。道家的生命修炼者们向往自由逍遥及生命与大道合一的神仙生活，他们相信通过修道、悟道及炼养不仅可使精神生命得到升华，而且还可以使生理生命达到脱胎换骨，实现普通常人难以企及的高度。

高质量的生命就是活到"天年"。什么是"天年"？我们把人从出生经过发育、成长、成熟、衰老以至死亡前机体生存的时间，称之为寿命，通常以年龄作为衡量寿命长短的尺度。《左传》曾把"寿"分为上、中、下三等，称"上寿一百二十岁，中寿百岁，下寿八十"。那么多大岁数才能称为"天年"呢？《黄帝内经》说："上古之人，春秋皆度百岁乃去，而尽终其天年。"

据史料记载：道教创始人张道陵活了122岁，陈抟118岁，张紫阳99岁，薛道光113岁，许敬之136岁。张三丰在169岁后隐遁，而吕洞宾在200余岁后才归隐。在当代，武当山玄门派第24代弟子李诚玉道长2003年在玉虚宫仙逝时，时年118岁。据她的徒弟讲，在李诚玉108岁时皮肤不但细白光滑，而且头发又由根部开始返青，更为惊奇的是老人嘴里又长出了几颗新牙。2013年6月24日，被誉为"青城山镇山之宝"的道教宿老蒋信平道长仙逝，时年111岁。香港《大公报》认为蒋信平道长的高寿在于他长期习练的龙门太极拳，"除平衡阴阳，祛病维康外，也可使筋络复健，解除长者行动不便之苦。"

《西升经·我命章》说："我命在我，不属天地。我不视不听不知，神不出身，与道同久。"个人的生命同天地一样，都是由自然之气所化生，我们每个人都是自己生命的主人，我们的命运掌握在自己的手里。

4. 突破名利与生死困扰，享受快乐逍遥的境界

人与自然是一个统一的整体，维护整个自然界的和谐与安宁，是人类本身赖以生存和发展的重要前提。人的本性是要保持天然的寿命使其中途不至于夭折，因此生命的意义对于我们来说比什么都宝贵。我们只有突破名利的束缚，摆脱俗世的困扰，追求天人合一的境界，与自然融为一体，才是对待生命正确的态度。

庄子通过"妻死""老聃死"两则故事，告诉我们生命的真相是"察其生命之始，而本无生；不仅无生也，而本无形；不仅无形也，而本无气。"庄子认为生死都是一气所化，人的生死变化犹如春夏秋冬的四时交替，人的生死是自然现象，不能因为他人和自我的自然生死而执著牵挂，这样导致的情绪波动反而是影响生命状态的行为。

列子认为："形，必终者也；天地终乎？与我偕终……而欲恒其生，画其终，惑于数也。"生命，注定是要终结的。该终结的一定要终结，就好比该生产的不能不生产一样。人生是不由自主的，所以没必要强求，有形注定要死，那些想要一直长生久视，不让自己生命终结的人，都是不明白自然的规律的糊涂行为。

在列子的眼里，"人自生至终，大化有四：婴孩也，少壮也，老耄也，死亡也。"人在婴儿阶段，精神专注，意志单一，想吃就吃，想睡就睡，心神无分，因此这是最和谐的状态。外物干扰不了他，德没有比这更高的了。等到青少年阶段，血气漂浮横溢，欲望思想充斥升腾，什么物都想尝试，因此，外物向他猛烈地进攻干扰。这个阶段，德就开始衰退了。到了老年阶段，心中的欲望开始不那么强烈了，欲望思虑不断减退，身体需要休息，因此对于外物的诱惑，也是心有余力不足。这个时候的德，比起婴儿阶段当然还不足，但是比起青少年阶段，不可同日而语了。人在死亡阶段，各种欲望、思虑包括我们身体，都彻底休息了，德也返回到人出生之前的无极状态了。正如古希腊哲学家赫拉克利特说的那样："万事皆留，无物常驻。"在无极图的"一死生"状态下，人们就会明白：生是一种偶然，死是一种必然。生命就如同世间的万物一样，都是处于自然的变化之中。如此看待生命，我们就会彻底摆脱对于外物、财货、名利、情色的一切执著，看淡对死亡的恐惧，也不会因为生命的花开花谢而悲戚。

道者，万物之元首也。如果我们真正领悟了道商生命体系的价值和意义，掌握了生命管理与养护的方法技术，诚如《黄帝内经》所言："上以治民，下以治身，使百姓无病，上下和亲，德泽下流，子孙无忧，传于后世，无所终时。"

巩固和强化人体健康资本，实现生命体系与事业体系的同步构建，这才是对社会最大的福利！

 思考与训练

1. 列举当前社会上最热门的养生方式，并对其背景、前景进行分析说明。
2. 你当下的工作性质与健康状态，最适合学习道商生命体系中哪种方法？
3. 用你自己的话阐述道商"以身为贵"的价值利益。
4. 案例分析：道商生命体系内的方法技术，该如何实现产业化发展？
5. 运用阴阳顺逆的太极思维模式，立体参照"天地人事物"五元要素，进行自我生命养护的具体化方案设计。

第四章
中国道商事业体系

> 本章围绕中国道商事业体系的概念阐述、理论依据、基本思路和主要架构，进行展开，重点阐述了以道商丹法（九品）为主体的事业治理体系，为我们展示了系统丰富的黄老治道思想。同时，对道商事业体系的社会意义、难点诀窍和理想境界也予以了阐述。

中国当前正在酝酿着一场极其深刻的学科思想体系创新革命。如何借鉴、吸收西方先进的管理理论，立足中国古代治道哲学和传统文化思想精髓，以系统性、严谨性、实用性、时代性为衡量指标，从东西方治理理论的差异性中探索追寻最基本的本质规律，建立具有中国范式的道商治理学理论和框架，是对新一代道商人才的使命赋予与最大挑战。

中国道商的"事业体系"，继承和集成了黄老学派"治道"的核心思想与相关策略，作为中国古老统御治理学说的保存者，道商将中国古代治道思想、阴阳学说、五行学说、象数理论、丹道法诀和现代经营管理思想进行了有效结合和新的发展，完善和充实了她的具体内容，使道商事业体系成为了打通东西方文化和古今治理学说不可或缺的桥梁。

第一节　道商事业体系的概念阐述

道学本为帝王之学，是真正能够实现建立治国平天下伟大事功的"君人南面之术"。中国道商的事业体系，是指道商如何领悟和运用道学、道术进行个人安身立命，和从事于具有一定规模和目标，与社会事务紧密相关的事业发展专业体系。

一、什么是"事业"

事业一词，最早见于《易经·坤》："美在其中，而畅於四支，发於事业，美之至也。"唐朝经学家孔颖达诠释为："所营谓之事，事成谓之业。"营，含有筹划、策划、经营、管理的意思，把一件事情从最初始的策划构思，到中间过程的经营与管理，直到实现最后阶段的成功与坚守，就是事业。

事，泛指自然界和社会中的各种现象和活动。《说文》称："事，职也。"事蕴含着从事、治理、任用、役使、奉行的意思在内，具有经营管理的职能。业的本意，是指将丵（一丛丛生的野草）变成巾的过程，含有加工、生产、从事的意思在内。由此可见，中国传统文化中的"事业"一词，本就蕴藏有经营管理的思想、方法与过程在内。

事业与管理是有区别的。在现代管理理论中，关于管理的定义与解释，至今仍未得到公认和统一。其中较有代表性的有："管理就是决策。""管理就是领导。""管理就是通过其他人来完成工作。""管理就是计划、组织、控制等活动的过程。""管理就是由一个或者更多的人来协调他人的活动，以便收到个人单独活动所不能收到的效果而进行的活动。"完成一项事业，需要管理与被管理，需要管理者与被管理者，然而，单纯的运用管理方法，行使管理手段，不一定能成就真正的事业。

　　事业与企业也是有区别的。企业一般是指以盈利为目的，运用各种生产要素（土地、劳动力、资本、技术和企业家才能等），向市场提供商品或服务，实行自主经营、自负盈亏、独立核算的法人或其他社会经济组织。事业立足自我，面向社会，企业依靠组织，面向社会；事业发展通过个体带动群体，强调事业主导者的卓越影响力，企业发展通过群体带动个体，强调企业组织的团队合作性；事业发展强调公益，不以盈利为唯一目的，企业发展首先强调私利，以盈利创收为主要目的。

　　通常情况下，我们把个人的职业、家业、功业等个人成就等统称为事业。事实上，大多数人一辈子都在盲目从事与埋头做事，却鲜有人能真正地实现对社会和大众有着良好影响的建功立业。事业体现了人类最高层次的自我价值实现和社会认可需求，并不是所有人都乐意去创造和有信心有能力去实现的。

　　什么样的事业才是黄老道学派所极力推崇和主张的呢？鹖冠子告诉我们，"道德之法，万物取业。"采用符合于道与德的治理手段，使"寒者得衣，饥者得食，冤者得理，劳者得息"，这才是"圣人之所期也"！

　　《鹖冠子·环流》曰："斗柄运于上，事立于下，斗柄指一方，四塞俱成。此道之用法也。故日月不足以言明，四时不足以言功。一为之法，以成其业，故莫不道。"

　　在黄老学派思想体系内，"事业"常常被冠以"事功"之名。

　　《鹖冠子·泰录》曰："彼天地动作于胸中，然后事成于外，万物出入焉，然后生物无害，阆阖四时，引移阴阳，怨没澄物，天下以为自然，此神圣之所以绝众也。"

　　《鹖冠子·度万》曰："事功顺道，名尸贤圣。"

　　在鹖冠子看来，只有"临事而后可以见术数之士。"要想成就一番真正利国利民的事业，或者欲使事业兴旺发达，就一定离不开掌握有道术的术数之士。

二、"法人"思维与"人事"统一观

　　法人制度理论，是世界各国建立和完善法人制度、规范经济秩序以及整个社会秩序的基础理论。

第四章
中国道商事业体系

法人，即效法于人，法人的实质是一定社会组织在法律上的人格化。肇始于罗马法的法人制度，被认为是民法理论研究和制度设计中最富想象力和技术性的创造，也暗合道家思想"人人合一""物我合一"的文化内涵。

《道德经·第二十五章》说："人法地，地法天，天法道。道法自然。"在这段文字中，前面的三个"法"，有效法的意思；后面"道法自然"的"法"，是"法则"的意思。我们不禁要问：无论是企业法人还是事业法人，谁在效法人？什么会效法人？如果我们能够从道家思想中的"贵己""为我""身国同构"中获得启发，既然"身"与"国"会存在同理且同构的内在联系，那么，"身"与"企业"，"身"与"事业"是否也能够进行一体化的同构？在中国道商知识体系中，我们大胆地做出了一个推断：老子在"人——地——天——道"的逻辑线路中，隐藏了一个"事"的存在。

《文子》曰："圣人所由曰道，所为曰事。道犹金石也，一调不更；事犹琴瑟也，曲终改调。法制礼乐者，治之具也，非所以为治也。"

圣人（执道者）的成功与作为在于"事"，而他们成功做事的根本法则与保障就是"道"。言道不言事，这是为了避免人迷惑挣扎于"治之具"的工作方法与借助工具中，而丧失了最本质的"治之道"。

《庄子》曰："通于天者，道也；顺于地者，德也；行于万物者，义也；上治人者，事也；能有所艺者，技也。技兼于事，事兼于义，义兼于德，德兼于道，道兼于天。"

在庄子看来，用道的观点来对待处理事物，那么掌管天下的国君就是正确的；用道的观点来看待职位的不同，那么君和臣各自承担的道义就分明了；用道的观念来看待各人的才干，那么天下的官吏都可以得到很好地管理；从道的观念笼统地观察，万事万物全都齐备，应有尽有。所以，通晓天地变化规律的，我们称之为"德"；万物运行所依靠的，我们称之为"道"；领导者用来治理天下的，我们称之为"事"；那些创造性的才能，我们称之为"技"。技巧服从于事业，事业服从于义理，义理服从于德，德又将服从于道，道最后将以"无名""无形"的状态回归同化于天地万物之中，这才是他"生而不有，为而不恃，长而不宰，功成而不居"的自然本性。

《鹖冠子·天则》称："故天道先贵覆者，地道先贵载者，人道先贵事者，酒保先贵食者。"

《鹖冠子·环流》称："有一而有气,有气而有意,有意而有图,有图而有名,有名而有形,有形而有事,有事而有约……莫不发于气,通于道,约于事,正于时,离于名,成于法者也。"

鹖冠子告诉我们："君道知人,臣道知事。"将"事"的刻意隐藏,符合道家的思想特性。在文子的眼里,"天下之事不可为也,因其自然而推之;万物之变不可究也,秉其要而归之。"言道不言法,言德不言义,言本不言末,言体不言用,言虚不言实,言乐不言苦,言功成而不言建功,言无为不言有为,言逍遥不言事业……这似乎成了所有道家先哲们最迷惑人的美丽陷阱。在他们看来,"故治天下者,必达性命之情而后可也。"这种"言道不言事""言人不言事"的情况,在《淮南子》一书中得到了很好的评价。

《淮南子·泰族训》曰："故言道而不言事,则无以与世浮沉;言事而不言道,则无以与化游息。"

中国传统文化的主体是人,西方文化的主体是事。所以,中国传统的管理哲学通常只讲对人的修养、观察、考核、提升,而忽略了事。西方现代管理学说通常只讲对事的分析、判断、控制、细分,而忽略了人的主体意识。对"人"与"事"的各执一端,造成了我们对治道思想与管理学说的片面理解和冲突错位。无视东西方的文化差异,盲目引进所谓的先进管理知识,都将于人无益,于事无补。

道商人·事参同图

有鉴于此,我们提出:道商事业体系思维线索的完整路线应该是"事法人,人法地,地法天,天法道。道法自然。"

三、道商"人生业务演进图"

道商的事业体系,是属于黄老思想体系中"上义"的有为成就法。

《文子·上义》曰："仁义足以怀天下之民,事业足以当天下之急,选举足以得贤士之心,谋虑足以决轻重之权,此上义之道也。"

上义,就是最高层次的"义",属于入世有为的最高境界,是"有极图"在功成名就后的极致完美状态,也是进一步证得"德"和"道"的必经途径。《道德经》告诉我们:"上义为之,而有以为。"文子说:"上义者,治国家,理境内,行仁义,布德施惠,立正法,塞邪道;群臣亲附,百姓和揖,上下一心,群臣同力。诸侯服其威,四方怀其德,修正庙堂之上,折冲千里之外,发号行令而天下响应,此其上也。"

《易·系辞》称:"富有之谓大业。"在中国道商的认识观中,汉字中的"业",顶端的"‖"代表着中国古代哲学思想中的阴阳概念,体现了左右支柱、虚实互补、身国同构、平衡协同、守正虚中、渠道贯通的发展思想;上端的左右斜点"＼／"除了阴阳平衡的寓意外,也象征着事业腾飞的冲天双翼;"一"象征着平台、路线,也体现了《易经》乾卦的"天行健,君子以自强不息"拼搏精神。"丷"代表着资金、财富、利益;"十"代表着经天纬地的价值观,坚定的信念,雄厚的实力,及救济天下的医世之心;"人"象征着八方人才共同扶助拥护,为建功立业的神圣使命打下根基。故而,谋求"利天下之大利"的道商事业,值得全社会的广泛关注和支持参与。

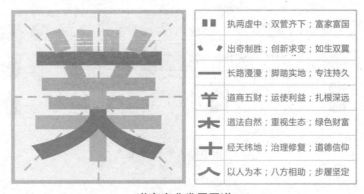

道商事业发展图谱

《淮南子·泰族训》称:"天地四时,非生万物也。神明接,阴阳和,而万物生之。"

道商的人生方向与理想事业,中国民间俗称工作、生意、活路。"活路"一词,完美体现出了人应当顺应自然法则的生活方式。天生人,地养人,每个人都有自己立足现实社会的独特的生活方式。找活路,是我们内心深处最本质的灵魂呼唤,也是人生意义的终极追求。如果每个人找不到属于自己的活路,社会上缺乏以道济世的事业,在鹖冠子看来,其结局就是"百业俱绝,万生皆困。"

在中国道商"人生业务演进图"中，真正意义上的创业应该是遵循着"学业—职业—创业—家业—企业—产业—行业—事业—功业"路线演进的。在道商的眼里，不一定有了"事业"就是利国利民的好事，如果我们不能尊道贵德，循道而行，所谓的"事业"很可能就是"债业"和"恶业"，对社会和自然贻害无穷。一旦我们掌握了道的智慧与法则，惟道是从，以慈为宝，就会突破"事业"的局限而建立"功业"，成就"善业"，实现"鸿业"。

老子告诉我们："功成事遂，百姓皆谓我自然。"鹖冠子称："成功遂事，隐彰不相离，神圣之教也。"在教人以道，导人以德的前提下，道商族群若能以符合自然规律的积极、主动、正义的方式发展事业，能够让社会大众广泛地趋从、参与并投身其中，却丝毫不觉得有任何人为的刻意安排和策划的行动痕迹，这是道家认同的最高明、也最有成就感的事业。

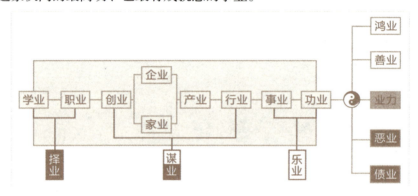

中国道商人生业务图

第二节　道商事业体系的理论依据

1989年，世界银行在其报告中首次使用了"治理危机"。此后，"治理"一词便被广泛引用。如何应对全球政治的复杂多变和世界经济的风云激荡，全球治理也被提上了世界各国首脑级峰会的重要议程。研究人士称,在过去15年中,国际社会科学文献中最为流行的术语之一便是"治理",联合国为此还专门成立了一个"全球治理委员会"。

今天,从政治、经济、文化、社会、生态等领域入手,全面推进国家治理体系和提高治理能力,成了现代化进程的新标准、新高度之一。如何从商业经营与企业创新的角度,循其道,探其理,用其术,创其业,行其德,建其功,谋求经济增长与社会治理的平衡之道,在中国道商事业体系中得到了较好的探索与体现。

一、黄老学派"治道"思想

中国道商事业体系的核心要义,主要来源及脱胎于中国古代黄老学派的治道思想。什么是治道?即治理之道。治,是相对于乱的状态而言,它既是动词,又是名词和形容词,指的是国家和机构治理得当,社会安定政治清明行业发展的和谐有序状态。

当前,全球治理体系正处于大变动、大调整的特殊阶段,世界经济在深度调整中曲折复苏,以"大国崛起"雄姿走向世界舞台的中国亟待建立一套系统完备、行之有效的国家治理体系,以参与全球秩序建设,表达和平公正诉求,引领启示未来潮流。

中国国家主席习近平告诉世人:一个国家选择什么样的治理体系,是由这个国家的历史传承、文化传统、经济社会发展水平决定的,是由这个国家的人民决定的。中国今天的国家治理体系,是在中国历史传承、文化传统、经济社会发展的基础上长期发展、渐进改进、内生性演化的结果。

著名政治学者俞可平等认为,治理意在实现善治(good governance)。什么是善治呢?即"良好的治理"。"善治就是使公共利益最大化的社会管理过程"。事实上,老子是中国历史上最早主张"善治"理念的思想家,他在《道德经·第八章》提出:"居善地;心善渊;与善仁,言善信;政善治;事善能,动善时。"

黄老学派认为,治道,首先要具备治理、管理、统御的功能。这就需要对"道术""道法"的学习掌握,在通达理解运用"道"的"法"和"术"后,处理问题善于抓住核心,以高瞻远瞩的战略思维去掌控全局,以有的放矢的政策法令去调整控制,通过"以正治国,以奇用兵,以无事取天下"的智慧,使治理的机构和组织从无序走向有序。

治道，其次还要具备治疗、修复、修缮的功能。身为治理者，在面对纷繁复杂甚至千疮百孔的低迷形势下，要具备整理、顺理和治疗、修复能力，掌握有治理和治疗政治时局与经济困局的决策艺术、管理艺术。如何为治呢？《道德经·第五十九章》曰："治人，事天，莫若啬。"效法于天道的规律去作为，是社会治理与经济治理的最高准绳和规矩。所以，真正意义上的道商，不但是治贫、治贪的良贾，更是治世、医世的良医。

文子计然也多次谈到治理之道。《文子》中讲："凡学者，能明于天人之分，通于治乱之本，澄心清意以存之，见其终始，反于虚无，可谓达矣。"什么是治乱之本呢？文子认为，"治之本，仁义也；其末，法度也。先本后末，谓之君子；先末后本，谓之小人。……故事不本于道德者，不可以为经。"故而，"原天命，治心术，理好憎，适情性，则治道通矣。"

由于范蠡出越入齐，两度为相的特殊人生经历，和他对国家富强、天下和平的成熟深远思考，使得他对老子的大道之学的理解由"本体论"转向了"实践论"。在道术并用、道法并重的思想指导下，在"持盈、定倾、节事"的系统分类下，重点探索治国之道的黄老道学，为我们更进一步接近老子"修之于邦，修之于天下"的事业大成境界，提供了极具可行性的方案。

最能体现范蠡"治道"思想的观点主张与学术体系是怎样的呢？

2016年出版的《道商范蠡》书中，笔者总结提炼了范蠡治道思想八十八字诀，即："左道右术，去末取实；国之三事，持节定倾；因循乘盗，顺于四时；卑柔徐图，豫之未形；阴阳盈虚，强索不祥；执中则昌，无过天极；民众主安，谷多兵强；缓刑薄罚，省其赋敛；天门地户，福生于内；法权两用，不失其正；静心自守，天下成利。"

治道思想体系是中国传统文化的核心精髓。在中国传统文化思想流派中，道家、儒家、墨家、法家等诸子都极其重视治道，也都在孜孜探索如何将治理天下的具体手段与"道"结合，这与我们今天构建和提倡"道商合一"的思路是完全一致的。

《礼记·乐记》曰："是故审声以知音，审音以知乐，审乐以知政，而治道备矣。"

《荀子·君道篇》曰："法者，治之端也，君子者，法之原也。故有君子，则法虽省，足以遍矣；无君子，则法虽具，失先后之施，不能应事之变，足以乱矣。"

《墨子》曰:"今天下之士君子,忠实欲天下之富,而恶其贫;欲天下之治,而恶其乱,当兼相爱、交相利,此圣王之法,天下之治道也,不可不务为也。"

《管子》曰:"利身体,便形躯,养寿命,垂拱而天下治。"

《庄子》曰:"顺物自然而无容私焉,而天下治矣。"

《韩非子》曰:"圣人之所以为治道者三:一曰利,二曰威,三曰名。"

《管子》认为:"治民有常道,而生财有常法。"在他看来,进行社会治理时必须要启用规则化、标准化的道,进行经济治理时必须要利用规律性、根本性的法。"道"是万物的枢要,身为治理者一旦掌握这个枢要来处理复杂事务,其属下就算有奸伪之心也不敢轻易触犯规则的。没有道就难以真正地有效治民,没有道也就难以真正地推动经济发展。所以,无论是进行放眼天下的全球治理,还是着眼于内部的国家治理,都是他们的"道"在那里起作用。

《管子》称:"此道法之所从来,是治本也。"

庄子对于治道也有着系统而全面的思考。庄子曾把治道分为九个层次:天、道德、仁义、分守、形名、因任、原省、是非、赏罚。

《庄子·天道》称:"是故古之明大道者,先明天而道德次之,道德已明而仁义次之,仁义已明而分守次之,分守已明而形名次之,形名已明而因任次之,因任已明而原省次之,原省已明而是非次之,是非已明而赏罚次之。赏罚已明而愚知处宜,贵贱履位,仁贤不肖袭情。必分其能,必由其名。以此事上,以此畜下,以此治物,以此修身;知谋不用,必归其天,此之谓太平,治之至也。故书曰:有形有名。形名者,古人有之,而非所以先也。古之语大道者,五变而形名可举,九变而赏罚可言也。骤而语形名,不知其本也;骤而语赏罚,不知其始也。倒道而言,迕道而说者,人之所治也,安能治人!骤而语形名赏罚,此有知治之具,非知治之道。"

在庄子看来,广义的"治道"体系,既包含有形而上的"治之道"思想,也有形而下的"治之具"策略。治之道,就是"道"的理念高度;治之具,就是法和术的执行层面,其中包括了政策制订、组织架构、岗位职责、工作流程、战术谋略、赏罚条令等。所以,在中国道商知识体系中,真正的"治道"(事业)体系,既包括无极图的治之道,也包括有极图的治之具;既包含治理之本的思想价值观,也包含治理之末的方法实践论;既体现有极图的刑政之"管",也体现无极图德政的"理"。这才符合道家"一阴一阳之谓道"

的框架设计。

鹖冠子是战国时期黄老学派的重要人物，他长于道家的天道哲学与君人南面之术，唐代大儒韩愈赞叹其："使其人遇其时，援其道而施于国家，功德岂少哉！"在鹖冠子的治道思想体系中，他认为"上德执大道"，最高层次的治理智慧就是"道治"。鹖冠子还明确提出"泰一者，执大同之制"。正所谓小智治事，大智治制，系统全面、高屋建瓴的顶层制度设计，是推行治道的核心所在。鹖冠子反对专任法制的单向性治理手段，宣扬厚德隆俊，他认为世界上一切事物和知识都在不停地变化，人要不断地学习，国家要靠大家来治理，因此"举贤任能""废私立功"是他的主要思想。《鹖冠子》称："同而后可以见天，异而后可以见人，变而后可以见时，化而后可以见道。"如何实现合天然与人治为一贯，乃黄老治道思想中最古之义，他与弟子庞谖的对话探讨中，提出了"神化""官治""教治""因治"、"事治"五大治理模式，谓之五正。《鹖冠子·度万》记载为："神化者于未有，官治者道于本，教治者修诸己，因治者不变俗，事治者矫之于末。"在今天，如何将生态治理与政治、经济、文化、社会五者结合，在相辅相成中促进共同发展，是当下中国国家治理体系的要略。

对于治道的掌握、运用和行使者，黄老学派称之为"执道者"。"执"，既有执掌、掌握的意思，也有执行和使用的意思。

《黄帝四经》称："故唯执道者能上明于天之反，而中达君臣之半，密察于万物之所终始。""故执道者之观于天下也，必审观事之所始起，审其形名。"

《文子》曰："执道以御民者，事来而循之，物动而因之。"

人类历史的发展不断证明，《道德经》及道家思想是真正的救世学说。俄罗斯领导人梅德韦杰夫多次公开宣称：《道德经》是他处理国内事务时的重要参考。2011年12月22日，梅德韦杰夫在向俄联邦议会两院发表年度国情咨文，就国内政治体制改革、经济发展模式、民主制度建设等一系列问题阐述了观点。他在提到政治体制改革时，引用了中国古代哲学家老子的话"政善治，事善能，动善时"，表明政策要具有连续性，并根据国情和客观情况制定政策。

二、中国道家的"治道"大师

《易经·系辞下》曰："上古结绳而治，后世圣人易之以书契，百官以治，万民以察。"

　　道家多出"治道"大师,中国传统文化中真正具有经世济民功用的治理思想体系,在中国道家黄老学派中得以了很好的保存和传承。近代道教学者陈撄宁认为,"试以历史眼光,观察上下5000年本位文化,则知儒家得其局部,道家竟其全功,儒教善于守成,道教长于应变。"对于这种观点,新儒学创立者牟宗三先生也不得不承认,"有无限的妙用才能应付这千差万别的世界,所以道家的学问以前叫'帝王之学'。要做王者师,一定要学道家。""尤其是担当大事的人需要这套学问,所以是帝王之学。"

　　道家推崇的治世,也称"至德之世",即道德最淳朴完备的"无治"时代,用道商"六图思维模式"表示就是"无极图"时代。在至德之世,"浑浑茫茫,纯朴未散,旁薄为一,而万物大优。"那个时候,世人的纯朴道德没有亏缺失散,社会和事物都保持在它的自然本性上,没有一切人为的造作与刻意的治理,人和万物都处于悄悄地自然生长状态,人与天地万物共存,不分彼此。后来,随着智慧的开启和世道的衰落,治理天下的道术也就开始逐步呈现,社会从"无治"渐渐进入了"有治"阶段。

　　《淮南子·主术训》曰:"昔者,神农之治天下也,神不驰於胸中,智不出於四域,怀其仁诚之心,甘雨时降,五穀蕃植。"

　　《史记·五帝本纪第一》载:"轩辕乃修德振兵,治五气,艺五种,抚万民,度四方。"

　　治五气,即管理阴阳五行之气。作为黄老学派的精神宗祖,轩辕黄帝"治五气"是黄老治道思想的极高境界,通过对自然界五行之气的管理分配和开发利用,并对应类比于社会管理系统与农业生产系统,借助人天相应、人天相参的"道法自然"手段来实现社会整体的富强与发展。

　　老子做过周王朝的史官,在古代,史官的职责主要为观察星象、管理王室典籍和收藏档案,被要求广泛参与政府的各种活动,负责进行文字记录以及文献的保管、整理,是当时天下学术思想的保存者与集大成者。《隋书·经籍志》称:"夫史官者,必求博闻强识、疏通知远之士,使居其位,百官众职,咸所贰焉。是故前言往行,无不识也;天文地理,无不察也;人事之纪,无不达也。"老子在总结前朝"祸福、成败、存亡"的演变规律时,推崇"以正治国,以奇用兵,以无事取天下"的发展模式,提出了"执古之道,以御今之有""治大国,若烹小鲜"的思想主张。老子认为，"天下多忌讳，而民弥贫""法令滋彰，盗贼多有"。人为的、繁琐的、表象的管理手段是肤浅的，它解决不了天下治理的根本性问题。所以他总结认为，"民之难治，以其智多"，故而提出"以智治国，国之贼"的思想观点。老子推崇的是"人法地，地法天，天法道，道法自然"的自然之道，他反对人为的多欲、多智和有为。在老子的眼里，道具有"常无为，朴，虽小，天下莫能臣也"的功用，"圣人用之，则为官长""立天子，置三公，虽有拱璧，以先驷马，不如坐进此道"。

老子之后的道家诸子中，文子计然"阴所利者七国"，堪称中国最早的国际管理咨询大师；杨朱曾与梁王论"治天下如运诸掌然"，他把自己比成尧舜，自称是"得治大者不治小，成大功者不小苛"的贤人。庄子推崇"同乎无知，其德不离；同乎无欲，是谓素朴"的不治之治，他认为"伯乐善治马"和"陶者善治埴""匠者善治木""此亦治天下者之过也"。范蠡被赞誉为"治国良臣"、"兵家奇才""商学大师""经营之神"，在他的治理下，越国实现了"内实府库，垦其田畴，民富国强，众安道泰"的共富盛景。白圭曾为魏相，他自称"吾治生产，犹伊尹、吕尚之谋，孙吴用兵，商鞅行法是也。"俨然也是一位治道高手。

汉初，天下初定，百姓家园被毁，无处栖身。陆贾向刘邦献《新语》十二篇，建议刘邦用道家"无为而治"的思想治国，刘邦阅后连连称善。此后，惠帝、吕后、文帝、景帝都是黄老道学的信奉者，推行"无为而治"的治国方针。当时天下太平，河清海晏，"刑罚罕用"，犯罪的人十分稀少，老百姓男耕女织，丰衣足食。汉初将相名臣奉行黄老之术的，首推曹参。惠帝元年，曹参为齐国之相，为了治理齐国，他重金请来善黄老之术的治道大师盖公，盖公为曹参阐述了"治道贵清静，而民自定"的道学思想主张。曹参以此而行，齐国大盛。丞相萧何去世，曹参代之为相，他上任后完全遵循前任萧何的旧制，一无更改。当是有一民谣说："萧何为法，讲若画一，曹参代之，守而勿失，载其清靖，民以宁一"。

司马迁专门在《史记·乐毅列传》中对黄老道学的传承脉络作了整理："乐臣公学黄帝、老子，其本师号曰河上丈人，不知其所出。河上丈人教安期生，安期生教毛翕公，毛翕公教乐瑕公，乐瑕公教乐臣公，乐臣公教盖公。盖公教于高密、胶西，为曹相国师。"清人孙星衍在《问字堂集》说："黄老之学存于文子，两汉用以治世，当时诸臣皆能道其说，故其书最显。"

道教史上，张道陵曾经在蜀汉之境设二十四治。所谓二十四治，这是根据自然界二十四节炁之机在"炁",以二十四治来参照宇宙天时来治炁,以应天地炁机之变化。张鲁曾在汉中建立了政教合一的地方政权,史称"百姓殷富,流民归之",可谓深得治道。上清派宗师陶弘景,在退隐江苏句容茅山后,不与世交。梁武帝萧衍屡请不出,但"恩礼愈笃,书问不绝",且"国家每有吉凶征讨大事,无不前以咨询,月中常有数信,时人谓之山中宰相"。若非治道大师,孰能至此?

唐太宗李世民在位时,曾大力发扬"尊祖作风",以黄老道学思想治身治国。李世民说:"夫安人宁国,惟在于君。君无为则人乐,君多欲则人苦。朕所以抑情损欲,克己自励耳""夫君者,俭以养性,静以修身。俭则人不劳,静则下不扰。"明确以不劳民不扰民为大唐王朝的执治原则。唐太宗还对范蠡的"守持盈"之道有着深刻的领会,他为教育太子李治曾经专门撰写了一篇《盈诫》,通过自己对"盈"、对"德"、对"道"的深刻理解,成为帝王治国安邦之道和永保泰盛的理论经典。

我们通过中国道商事业体系的系统学习,了解认识道家学派的整体治道思想主张,掌握"为天下之稽式"的治道思维模式,娴熟运用其具体的管理法则与流程,就能够贯通中西方管理理论,从而获得对中国本土化管理体系的全新认知和深刻领悟。

第三节 道商事业体系的基本思路

一个国家摆脱贫困落后的"亚健康"状态,从经济发展和社会生活的无序、失序走向文明有序的富足与强大,这个过程被称为治理。人类的经济活动是满足人类物质文化生活需要的活动,经济发展不仅意味着国民经济规模的扩大,更意味着经济和社会生活质量的提高。应该说,所有的经济学说都是服务于人类社会的学科理论。随着阴与阳的失序和身与物的失治,本来服务于人的资本现在却不服务于人了,这是当前人类社会的最大可悲。

在对道商事业体系的具体践行中,道商的研究者和从事者们,应该秉持一种什么样的基本原则和思路去发展事业,才能更真实地认识接近于道,获得对事物的准确认知和有效掌控呢?

一、治道的最高准则——稽式

黄老道学派强调"稽式"。什么是"稽式"呢?就是法则和标准。

《道德经·第六十五章》曰:"民之难治,以其智多。故以智治国者,国之贼;不以智治国,国之福。知此两者,亦稽式。常知稽式,是谓玄德。玄德深矣、远矣、与物反矣。然后乃至大顺。"

要实现治道的最高境界——大顺,就必须掌握稽式,知道如何治理社会的最高法则。在老子看来,治理的法则有一种是非道的行为,叫以智治国;有一种是符合于道的行为,叫不以智治国。这两种法则在社会中极其普遍。我们若能掌握治理的最高法则,就通达了"道"的玄德。玄德,就是变化、变通中的活德,它具有内涵深刻、覆盖面广,与众不同的特点。

《道德经·第二十二章》曰:"圣人抱一为天下式。"

《道德经·第二十八章》曰:"知其白,守其黑,为天下式。"

《列子·天瑞》曰:"昔者,圣人因阴阳以统天地。"

《黄帝四经·论约》曰:"一立一废,一生一杀,四时代正,终而复始,人事之理也。"

《黄帝四经·君正》曰:"无父之行,不得子之用;无母之德,不能尽民之力。父母之行备,则天地之德也。三者备,则事得矣。"

《文子》称:"夫道者,体圆而法方,背阴而抱阳,左柔而右刚,履幽而戴明,变化无常,得一之原,以应无方,是谓神明。"

上述所言的"黑白""方圆""父母""立废""幽明""柔刚""生杀""终始"等名词,都属于道学思想中的"阴阳"范畴。在文子看来:"阴阳为御,则无所不备也。"

"阴阳"的具体表现形式是复杂多样,不可穷尽的。总体而言,道商事业体系的主要思路体现有:"人天相参""身国同构""道术同用""正奇同治""政经同步""有无相生""虚实相济""动静相宜""文武并重""恩威并施""内外合力""刚柔合度""粗精同思""逆顺合动""上下同欲""利害相随""隐显合度""鬼神同功""进退合时""取予合法"。

根据《黄帝四经》《鹖冠子》等书的阐述，黄老学派对于"稽"还具体分为："天之稽""地之稽""人之稽""度之稽""数之稽""信之稽""位之稽""身之稽"等。在这各种稽式中，最为核心的莫过于取法于身之稽的"身国同构"法则了。

《鹖冠子·度万》称："天地阴阳，取稽于身，故布五正以司五明，十变九道，稽从身始。五音六律，稽从身出。"

二、治理的本质就是"自理"

老子提倡："修之于身，其德乃真。"自我治理是进行社会治理的先决条件之一，一切的外在改变，都将首先从自身的内在开始。对于道商而言，真正的治理只有一种，即对"人"的治理。对人的治理中，又可以分解为：己之道，即对"本人"的治理；人之道，即对"他人"的治理。

如何才能成就事业？《黄帝四经·十大经·五正》曰："黄帝问阉冉曰：吾欲布施五正，焉止焉始？对曰：始在于身，中有正度，后及外人。外内交接，乃正于於事之所成。"

在阉冉看来，真正的黄老学派治理之道，应该首先始于完善自身，秉执中正公平的法度，然后以法度准量他人，外内交相融洽，就可促成事业的成功。如果治理者本人内心诚实静定而行为端正，还担心国家和社会不能安定吗？如果治理者本人能秉执法度，还忧虑天下不太平吗？所以，左执规，右执矩，何患天下！

在范蠡的治道思想中，他认为：日月运行，治乱交替，就像圆环一样无始无终。造成四季序列被打乱，以致于寒暑失常的根本原因，不在天地，而在治理者本人的德行难以与天地相应。如果春天出现肃杀之气，草木难生，这是治理者的德行和自身修养不够；如果夏天寒冷，万物不长，这是由于管理者没有有效地去执行；如果秋天偏偏百花开放，这是缘于官吏们不能依法而决断；如果冬天温暖，阳气壮发，这是任意动用了国库中的财物奖赏了那些无功的人。"阴阳错谬，即为恶岁；人主失治，即为乱世。"所以治国无度，纲常错乱，就会出现四季异常的现象，这是人与天的关系失去了中和。

伊尹是道家所推崇的一位治国名臣，他曾辅佐商汤王制定了各种典章制度，对商王朝的建立、巩固和繁荣，立下不朽功勋。《吕氏春秋》曾记载有伊尹向商汤所阐述的圣王之道：

"欲取天下，天下不可取。可取，身将先取。凡事之本，必先治身，啬其大宝。用其新，弃其陈，腠理逐通。精气日新，邪气尽去，及其天年，此之谓真人。"

"昔者，先圣王成其身，而天下成。治其身，而天下治。故善响者，不於响，於声。善影者，不於影，於形；为天下者，不於天下，於身。"

上述文字告诉我们，要成为一个伟大的治理者，必须要学会自我管理与自我治理。能对自我行使有卓越效的治理，是决定事业成功、人心所向的前提。所以，从身边的小事做起就可以清晰地放眼描绘未来的成就，能够对自身进行有效管理就能通达对社会群体的治理智慧，这就是最高层次统御治理学说——"君人南面之术"的精华所在。

《管子》告诉我们："主身者，正德之本也；官者，耳目之制也。身立而民化，德正而官治。治官化民，其要在上。是故君子不求于民。"对自我管理、约束和规范，是一切对外管理的基础前提。《管子》又称："有身不治，奚待于人？有人不治，奚待于家？有家不治，奚待于乡？有乡不治，奚待于国？有国不治，奚待于天下？天下者，国之本也……身者，治之本也。"现代流行的"以人为本"管理学说，听起来虽然高大炫目，但并不是管理学的深层次本质，真正的管理之道是"以己为本""以身为先"。

詹何是先秦时期道家代表人物，传说他坐于家中，能知门外牛之毛色及以白布裹角，其"不出户，知天下"的推理能力深得老子之学的真传。《列子·说符篇》记载："楚庄王问詹何曰：'治国奈何？'詹何对曰：'臣明于治身而不明于治国也。'楚庄王曰：'寡人得奉宗庙社稷，愿学所以守之。'詹何对曰：'臣未尝闻身治而国乱者也，又未尝闻身乱而国治者也。故本在身，不敢对以末。'楚王曰：'善。'"

老子强调："知人者智，自知者明；胜人者有力，自胜者强。"知人、胜人的前提在自知、自胜，管理、领导他人的前提在于自我管理、自我领导。能胜人者，必先自胜。胜在何处？《太平经》称："古者皇道帝王圣人，欲正洞极六远八方，反先正内。以内正外，万万相应，亿亿不脱也；以外正内者，万失之也"。如果缺乏自治能力，我们就会目悦五色，五色足以令人目盲；耳淫五声，五声足以令人耳聋；口贪五味，五味足以令人口伤，更兼驰骋畋猎令人心发狂，难得之货令人行妨，最后渐失真道，难以长保。作为治理者，首先要保持清静内守的心态，减少欲望的干扰，不折腾，不妄动，一切行动要符合法度，无违于法度。

公元711年，唐睿宗召道学大师司马承祯入宫，询问阴阳术数与理国之事，司马承祯回答道："为道日损，损之又损，以至于无为。夫心目所知见，每损之尚不能已，况攻异端而增智虑哉！"睿宗又问："治身则尔，治国若何？"司马承祯回答说："国犹身也，故游心于淡，合气于漠，与物自然而无私焉，而天下治。"睿宗感慨道："广成之言也！"

治政者，自正也；治理者，自理也。真正的管理，其实就是管制自己的多欲之心；真正的治理，其实就是制伏自己的非分之念。同时，还要具备道学的辩证思维观，掌握阴阳循环转化和五行生克动态的内部制衡规律，这样就可以小中见大，见微知著，以逸待劳，在轻松谈笑间实现无为而治。《太平经》要求治理者："古君王善为政者，以腹中始起，真能用道，治自得矣。动不失其法度数，万物自理，近在胸心，散满四海。"黄老道家的无为，并不是无所作为，而是以忘我、无私的态度去为社会兴利除弊，来不及和没考虑自己的个人利患得失。如果我们连自己身体的"一亩三分地"都难以有效治理，连自己的多余欲望都难以根除，谈何治人？以何治事？那些听起来华丽动人的种种管理学新概念、新名词，极有可能是虚妄不实的"无稽之谈"。

《黄帝四经》说："道生法。"理解了黄老学派治道"道生一，一生二，二生三，三生万物"的总体原则，掌握了太极图的思维原理和阴阳呼应、以身为稽、身国同构的基本思路，就能因地制宜、因人而异、随机应变地创生出管理方法，衍生出最适合企业真实状态的管理模式。道商"己之道"的自我管理主要包括有：自我生命健康管理；自我知识技能管理；自我形象素质管理；自我行为意识管理；自我资产管理；自我财富管理；自我信用管理；自我信仰管理等。

然而，对于大道本体论的迷失，以及当代商人对"身重物轻"的认识缺位，使得我们大多数人都将工具性的资本与财货奉为上帝，视为灵魂，以至于全球性的经济灾难频发。资本使人获得了更大独立性、提升了人的自主性，同时，也使我们失去了自由时间，极大地压抑了人的主体性。如何重塑人的主体意识，强化本位意识，让经济学更好地为人和人类服务，是我们当前面临的重要工作。

《鹖冠子·泰鸿》总结称："以天子为正，调其气，和其味，听其声，正其形，迓往观今，故业可循也。"

第四节　道商事业体系的主要架构

《管子》认为："治民有器，为兵有数，胜敌国有理，正天下有分。"要行使治道来实现事业有成，就必须掌握工具，有所凭借。在信息充斥、内容为王的现代社会里，如果获取的工具和方法太多，还需要我们具备相应的"容器"来归纳、提炼、收藏，这个"容器"就是体系架构。

道商事业体系的主要架构，有"七术"和"九术"之别，其中"七术"源于《管子》的七法："则、象、法、化、决塞、心术、计数"。

1. 则

管子认为："根天地之气，寒暑之和，水土之性，百姓、鸟兽、草木之生，物虽不甚多，皆均有焉，而未尝变也，谓之则。"简而言之，就是道，就是规则、标准，是真一图的表现形式。

中国道商知识体系永恒不变的"则"就是"天之道，利而不害"的最高标准。道商的参与者与追随者们，将在以私入公、由利通道的过程中，真实地体悟宇宙自然与人事万物运行的规律，了解有为与无为、道与商之间存在的分界，详察个人事业与整体事业兴衰成败利害取舍的内在原因，成为天下商人的楷模。

2. 象

管子认为："义也、名也、时也、似也、类也、比也，状也，谓之象。"

简而言之，就是思维模式，属于太极图的表现形式。

道生万物，一切事物所呈现和表现出来的形状、名称、年代、相似、类属、依次、状态等，都是属于"象"的范畴。如果没有掌握"大道"的整体思维，不能从万事万物的复杂各异中发现、提炼出它们内在贯通的本质，人的思维就会产生茫茫然的"乱象"。一旦我们通达了万事万物的共性，掌握了"一阴一阳之谓道"的认识观，就会在庞杂万端的乱象中澄清治乱，拥有"执大象，天下往"的成就高度。

在中国道商知识体系中，"象"主要体现在以道商六图为代表的思维模式上，如何掌握阴阳的运动变化规律，依照身国同构、身企同利、身事同营的思路，在分与合、动与静、内与外、人与事、事业与家庭、工作与学习、学道与行道中，以"三五之道"为发挥，借助商业的形式来传承文化思想，借助财富的力量来引导人心归正，可谓"玄德深矣"。

3. 法

管子认为："尺寸也、绳墨也、规矩也、衡石也、斗斛也、角量也，谓之法。"简而言之，就是规范的方法、技术、制度，属于有极图的表现形式。

一切的方法、制度、律令、规定、方式、技术、守则等，都属于"法"的"治之具"范畴。法，有正、奇之分，有主、辅之属，有利、害之别，有大、小之用。有了法，就有了标杆的作用，我们就能沿袭着"法"的有形手段与路径形式，规范约束自己，客观认识事理，进一步认识和领悟"道"。

在道商生命体系中，我们把"法"细分为通法、正法、专法三类。在道商的事业体系中，我们不但首创性地提出了"道商丹法"的道商企业经营发展知识架构，也相继整理和提炼了与"道商丹法"配套的独立子系统——"企业长生术""吉祥象数设计""品牌符咒学""洛书管理模式"等让人耳目一新的新思维、新主张、新体系，丰富充实了道商事业体系的内容，引领和推动了中国传统管理哲学在新的历史机遇下的蓬勃发展。

"道商丹法"，是指借鉴道教的内丹修炼的名词术语，依照内丹修炼的程序和步骤，整合了现代企业经营管理学说的经验与成果，根据道商企业完整治理的流程与环节，充分体现了黄老道学治道思想精华，谋求企业或事业实现良性有序发展的永续经营法。

"洛书管理模式"，是指借助洛书的数字方阵为思维模型，将中国传统文化中的数字、卦象、地理、人体反应区域、及现代企业的经营行为与管理机构有机地结合，通过对"道天地人事"的参照对比，形成的一套系统全面、分布合理、协调性强的道商管理法则。

　　"吉祥象数设计"，是指借助中国传统哲学中的"象"与"数"理论，充分运用了符合大众审美情趣与特定人群的地区文化、宗教信仰、民俗喜恶的传统人文元素，在阴阳对称原理、五行生克原理、八卦区位原理、生肖冲合原理、形名意蕴原理等中国本土化设计思想的指导下，构建设计过程中的独特思维模式，有效管理观者的审美意识，准确传达符合被设计者主体需求的信息，使观者对被设计的主体形象产成吉祥美好的正念能量，塑造和干预品牌发展轨迹的全新创意设计学说。

4.化

　　管子认为："渐也、顺也、靡也、久也、服也、羽也，谓之化。"列子告诉我们："穷数达变，因形移易者，谓之化，谓之幻。"简而言之，就是变化、变通、转化、同化、交易。属于中极图的表现形式。

　　做人治事要知变化。执著于法，是"守一""专一"的过程，一成不变的守法坚持与重复坚持，能把一件最为简单的事情做到完美的极致，可以有效保证事业的目标实现和管理过程中的执行力度。但是，文子告诉我们，"德之中有道，道之中有德。其化不可极也。""利与害同门，祸与福同邻，非神圣莫之能分。"一旦时间、空间、对象与事件属性发生改变，固执地坚持就会成为创新、变革路上的最大障碍。对那些不懂得变通与"化"的人，文子批评说："夫守一隅而遗万方，取一物而弃其余，则所得者寡，而所治者浅矣。"我们可以通过管子所告的"循序渐进、强势驯服、难关消磨、熏陶影响、逐步适应、习惯调整"等方式来实现"化育"，如果能够掌握"因水之流，因民之欲"的变化之道，则可"无敌于天下矣"！

　　道中有商，商中有道。在普通人的眼里，至尊至贵的道学被嫁接植入了至贱至下的商业中，这首先是一种思想观念的"化"。在道商事业体系中，传统的治道思想衍化生成了政治学、经济学、战略学、管理学、预测学、决策学、策划学、品牌学、营销学、沟通学、人力资源学等诸多学科知识，这无疑是让人惊讶而又兴奋的,也给渐入困局的现代管理学重新开启了一扇广阔的金色大门。当道商之学生化为道商产业,治身之学进一步演化为治国之学、创富之学、济世之学,当财与货的概念从阴阳虚实互相转化的哲学思想中,演化为信息化社会、智能化社会的虚拟经济、虚拟货币、虚拟平台、虚拟办公,虚拟生活……我们不得不暂时停驻下狂热发展的脚步,站在中极图的角度与立场,反常思考,调整方向,行人之所未行,为人之所为有,才有可能实现不争而胜的道商境界。

5. 决塞

管子认为:"予夺也、险易也、利害也、难易也、开闭也、杀生也,谓之决塞。"简而言之,就是疏通、流通、开通、畅通。属于太极图和无极图的表现形式。

《道德经·第二十七章》言:"善闭者,无关键而不可开;善结者,无绳约而不可解。"塞,是壅堵、阻碍、不畅的意思。决,是决堤、决口、决裂、开渠、释放的意思。万事万物都是由阴阳构成,而阴阳必须围绕一个焦点来运转,这个焦点我们称之为中极。道家之智,之所以能够以静制动,以逸待劳,后发而能先于人者,无非是得其"中极",善攻"中枢",掌握了决塞的智慧手段。

塞:有身心病理之塞,道商生命体系可调;有私欲贪执之塞,道商智慧体系可解;有钱财前途之塞,道商事业体系可通;有思想心智之塞,道商兵法体系可破。"教本乎君子,小人被其泽;利本乎小人,君子享其功。使君子小人各得其宜,则通功易食而道达矣。"在劳心与劳力,管理与被管理的对立状态下,我们要善于借助对冲来获取共享共利的机会,更要主动创造被对方需要和利用的价值所在,用制度和文化的双向通道,接纳和满足被管理者的合理化欲望与合法性要求,从"决塞"中获得开通、释放、对流、包容、互助、合力,就能成就真正的伟大事业。

在道商事业体系中,决塞多应用于内部管理、潜能激励、市场推广、策划创新、品牌建设、危机处理,及信息反馈、跨文化交流等方面。

6. 心术

管子认为:"实也、诚也、厚也、施也、度也、恕也,谓之心术。"简而言之,就是管理者的自我修养之道。属于有道商六图的组合状态。

什么是心术呢?就是最高层次的治理之术。在文子看来,道德的力量具有

"匡邪以为正，振乱以为治，化淫败以为朴"的神奇功用。为什么把领导管理者的道德力量命名为心术呢？文子称："主者，国之心也。心治则百节皆安，心扰则百节接乱。"心有君主的地位，含藏有神明之原。

在道商学科知识中，心术通常在道商形象体系、道商伦理体系中重点体现。本章事业体系中，心术作为"身国同构"核心思路下的"修身"之道，贯穿于道商丹法的各环节，尤其在企业战略、企业管理、企业品牌、企业文化中更加凸显。

7.计数

管子认为："刚柔也、轻重也、大小也、实虚也、远近也、多少也，谓之计数。"简而言之，就是操作程序、实施步骤、阶段分解、流程控制、评价标准。属于大成图的表现形式。

计数中，计有计划、计量、计策的意思；数有数量、数字、刻度的意思。老子既重视"则"与"象"的宏观战略，提倡"化""决塞"的灵活战术，他也极其重视"法"和"计数"的微观控制。虽然我们提出了"以道经商，以商显道"的响亮口号和"阴阳两利，天下共富"的崇高目标，但是，我们该用道学的什么理论来指导商业经营？在商业经营的哪些环节中，我们能够针对性地植入道学思想来提供解决方案？这就需要我们找准要点，分解流程，制订阶段性目标，启动一体化程序，做到虚实互补，前后相随，环环紧扣，步步衔接。运用精细化策略，从事物的"毫末"细微之处，设计出大小多少远近的目标，分析出祸福利害成败的可能。

在道商事业体系中，计数的思想贯穿于每个环节之中，体现了"天下大事，为之于细"的精微之理。

在以管子"七法"为主体架构的道商事业体系设计中，如果我们能够客观认识"则"的不变性，训练养成"象"的相似性，辩证审视"法"在运动变化中，动态分解出来的对管理对象的"决塞"作用，对管理者的"心术"提升，全面掌握"化"的灵活创新，正确评判"计数"的目标坚持。就能够实现文子所说的："圣人能阴能阳，能柔能刚，能弱能强，随时动静，因资而立功；睹物往而知其反，事一而察其变。化则为之象，运则为之应。是以，终身行之无所困。"

除此之外，道商内部还有一套同样来源于黄老道学治道思想体系，经过提炼、总结和优化后具有独创性的"九术"架构系统，更为简单易行。

第五节　道商事业体系的程序步骤

道商丹法，是道商事业体系中的主干学说，也是借助于中国传统道学中的丹道术语，形象、生动地诠释了道学应用智慧，表达了道商个体与整体的有序发展理念，贯穿于道商事业体系经营环节的原创性事业发展模式与道学管理系统工程。

丹法，也称丹道、内丹学、仙学、性命学。丹道学说，属于圣贤安身立命之法，是通达大道的捷径，为人生成就的极致。古代炼养家认为，道家三千六百门，惟有金丹是正道，丹法是实现肉体生命延长和不死的不二法门。作为道学思想体系中影响最为深远的宝贵遗产，以内丹术为代表的传统丹道学说，以"人身一小天地"的"天人合一、天人相应"思想为理论，以"性命双修，水火互济"为方法，在阴阳的常规运动过程中大胆地进行"颠倒阴阳，重铸生命"的突破性尝试，通过采养"精气神"等在体内结丹的特殊手段，来提高人体的生命功能，完善生命意义，并最终获得超越生死极限，实现长生不老的理想境界。

古今中外大量家族兴衰史表明，无论某一家族通过什么途径发家致富，保持富裕状态的时间，很少有超过三代的。企业既然是"法人"的，也就与人一样具有寿限和生命周期。据美国《财富》杂志报道，美国中小企业平均寿命不到 7 年，大企业平均寿命不足 40 年。而中国，中小企业的平均寿命仅 2.5 年，集团企业的平均寿命仅 7~8 年。现代的企业不仅生命周期极短，能真正走向强大的企业，更是廖廖无几。

运用道学中的丹道原理与丹法技术，帮助企业家们激活家业、企业、事业的长寿基因,获得梦寐以求的永续经营,无疑是中国道商知识体系奉献给全球的经营管理者们一份丰硕厚礼。

一、四大牢固·创业筑基

道商丹法的第一步,为"筑基"。

筑基,是丹道学说的专有术语。"筑"有建筑、构筑、筑造之意;"基"有基础、基石、根基之意。《天仙正理直论》曰:"修仙始曰筑基,渐渐积累,增益之义。"万丈高楼平地起,无论是生命体系给予我们的身强体壮、精神旺盛,形神俱妙,活力四射,还是事业体系带给我们的家兴业旺,实力雄厚,辉煌腾达,基业长青,它们的强大与强势,都是建立在良好的、一丝不苟的"筑基"这个前提条件下的。

为什么要筑基呢?老子认为,"重为轻根,静为躁君,是以圣人终日行,不离其辎重。"常人创业多遭遇失败,这是因为他们心浮气躁,好大喜功,不能清醒客观地认识自我。他们往往执著于商业经济学说中各种巧立名目的概念名词,盲目效仿和追求着他人的成功经验,而忽略掉自身的知识结构、思维方式、资金实力、团队能力、地域差异、时代特性的种种差异,一旦根基不牢却又意图快速发展,必将导致失败和倾覆。所以,老子劝告我们:"高以下为基,贵以贱为本。"文子说:"不益其厚而张其广者毁,不广其基而增其高者覆,故不大其栋,不能任重。"一切都要从筑基开始入手,道商要成就事业,一定要稳重厚实而不要跟风冒进,要健康发展而不要病态跨越。

道商的事业筑基,须把握"法、财、侣、地"四大要素。

1. 法

法有文武之分。"文法"即自身或自我团队所具备的方法与技术,主要包括有创业者的知识结构、能力特长、技术优势、成功经验、智慧灵性、思维方式、性格禀赋等;在创业团队或企业经营中,多指核心竞争力,如专业技术、专利成果、科技优势、管理制度、营销手段、研发能力、行业标准等。

"武法",主要指外部制订的带有强制性的法律、法规、法令、法度。创业者,要根据其所在国家、地区的相关法律法规,和所从事行业的相关法规、准入标准等法令条文，依法登记，合法经营，守法为先。

对"文法"的运用，要掌握"大道简易"的原则，善于提炼和聚焦核心优势，以免为"法"多所累，自缚手脚。

2. 财

财有正奇之分。"正财"，即常规认识中创业所需要的资金、钱财、股权、货物、产品等。"奇财"，即道商知识体系中的广义"五财"概念。除了常规的资金钱财内容外，还包括创业者及其团队成员的身体健康、生产安全等"身财"内容；品牌价值、行业地位、传播方式等"口财"内容；人才结构、创新能力、研发能力、专利技术、知识产权、创意特色、战略高度、管理理念等"智财"内容；以及价值使命、社会服务、慈善行为、良好信用等代表"德财"的具体行为。

我们经常在探讨，创业者该如何赚取"第一桶金"。然而，道商丹法却要求我们，要善于分析识别"第一桶金"中"金"的属性。事实上，企业的盈利得财，往往是由于"奇财"的夯实与推动来实现的；企业的失财亏损，也是由于"奇财"的缺陷和短板造成的。

3. 侣

侣有内外之分。"内侣"，即创业者在婚姻中的合法配偶，包括父母子女等家庭成员。创业就是一场征战，需要耗费大量的时间、精力、财力，不但无暇照顾家人，难以享受到爱情与亲情的甜蜜温馨，甚至在很多时候还会拖累家人。事业的成功往往得益于家庭成员尤其是配偶的宽容理解、责任承担、无私奉献，败亡于家庭成员的反对、阻挠和自乱阵脚。如果能够得到家庭成员的鼎力相助，创业者就无后顾之忧。

"外侣"，在丹道学说中也称道侣，即护持修道的人。在商业经营与事业发展中，"客侣"包含有投资者、合作者、管理者、执行者、使用者及支持者。

传统丹经诗曰："求财求侣炼金丹，财不难兮侣却难。得侣得财多外护，做仙何必到深山。"法在身中易行，财在身外易得，惟有"侣"属知音同道，万千人中，亦难求也。若有高人指点、贵人扶持、同仁信任、下人拥护、亲人护助，事业岂能无成？朝夕立见功果。

4. 地

地有虚实之分。"实地",即创业者所处或所拥有的地区、地段、地盘、地产、工地、厂矿、基地、办公地点、店铺网点、终端陈列等,这属于创业者的发展根据地。按照道学的观点,"蛟龙得水,而神可主也;虎豹得幽,而威可载也。"故而为商之道,要知"居善地"之妙理,若能得地之利,顺天之时,集人之力,就可以一举腾飞。

"虚地",即创业者在另外一个虚拟空间的地域拥有。通常我们所熟知的名词有:思想高地、团队氛围、创新环境、交流空间、互联网平台、电视电台与报纸杂志的广告覆盖等。

文子说:"根深即本固,基厚即上安。"通过对筑基"四大要素"的整理、归纳与对照,我们首先会获得"自知者明"的客观认知,清晰地照鉴出自己的真实状况。在采用太极图思维法分析出自我事业发展基石的优劣、短长、残全、有无后,即可通过"补漏"与"炼己"的手段,立足这四大基石,不断添砖加瓦以积累资源、夯实根基。我们要创建事业,到底有多少可用的"家底",有多少可以用得上的"资本",一个相对完备且暂时领先于人的"小我"就呈现出模糊形象。

我是谁?我要到哪里去?我该做什么?我该如何成就更加完备的"大我"?通过筑基炼己,我们在不断的战略深思与灵魂拷问中,即可进入道商丹法的第二个环节:铸鼎安炉,战略布局。

二、铸鼎安炉·战略布局

鼎炉,是丹道学说中的专有名词。在道商丹法中,我们把事业发展进程中的战略布局,命名为"铸鼎安炉",这是因为鼎具有至高无上的"道"的象征,定鼎中原、问鼎天下是中国文化中事业发展与扩张的最大成就。

战略,也称谋略,它的本意是指导战争取得

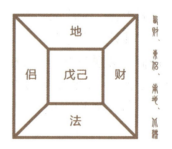

胜利的全局性、基本性、长期性智谋与策略。后来被广泛引入政治治理、经济发展、企业管理等领域，成为事业发展与经营发展的总纲领、总规划、总高度。

铸鼎安炉，就是通过执道来谋划、规划事业。道商要实现"以道经商"，我们就要把个人事业、团队事业上升到"道"的高度，通过"道"来立标杆、定大局、提炼愿景使命，构建价值信仰，实现其存在意义。

道商丹法中对于战略布局的"铸鼎安炉"，主要围绕"七定法则"展开的。这"七定法则"就是：定性；定态；定尚；定量；定点；定法；定阶。

1. 定性，即道商对"战略"的宏观认识与立体把握

道商要铸鼎，首先要认识"道"。掌握了道的原理与法则，具备了道的高度与广度，有助于我们准确、清晰地提炼出具有统揽效应的战略制高点，成就为叫响天下和战胜市场的有力武器。

《太平经钞》曰："夫道何等也？万物之元首，不得名者。"

《管子》曰："道也者，上所以导民也。"

中国式战略，它有着与众不同的高远意境，注重在宏观性、前瞻性的思维状态下，营造出高屋建瓴、叱咤风云的独特感觉，追求一种"善战者不怒，善胜敌者不争""不战而屈人之兵""制形于无形"的战略之势。在进行战略布局时，我们要从道的高度、深度、广度去立意，要体现出九层之台之高，有合抱之木之大，有千里之行之远。凭借和取象于"鼎"虚而能容的形象与胸怀，充分体现出涵盖包容万物生长的德性，提炼出放之四海而皆准的价值观。

老子说："执大象，天下往。"通过代言大众利益，构筑团队愿景，凝聚上下心念，赢得市场认同，概括提炼并超越一切世俗的、已有的、狭隘的观点说法与口号，就能体现出高瞻远瞩和独树一帜的风范。凭借战略立意，可以使社会、市场的其他观点自动降格并归依在我们的核心价值观外围，成为附属与补充。

2. 定态，即战略布局者的当下状态与现实身份识别

道商丹法，实为铸造真我，成就大我的升华演进过程。它的前提，是要客观认识并清晰识别当下的假我、小我。

"我是谁"？这个问题一直困扰着人类社会。《管子》说："圣人之所以

为圣人者，善分民也。"对于人群的划分，管子提出了"四民"之分，老子提出了"三士"之别，文子则详细列举了天地之间有"二十五人"的说法，孔子、杨朱、庄子也分别提出了"贤、不肖者""遁民""倒置之民"等观点。在道商知识体系中，我们也可以利用"六图思维模型"和"三派五型九力"来分析判定人才类型。

真正的道商，应该"有所为"与"无所为"。虽然说"天生我才必有用"，但是，历史却一再用事实向我们发出忠告，并不是所有的人都需要给自己的人生进行战略规划，也并不是所有的企业都需要进行战略布局。通过定态，我们可以清楚地识别当下的自己，是庄子笔下的鸠雀还是鲲鹏，是河伯还是大海，是"拾契""攫金"的俗商，还是"盗天而无殃"的道商，是"挟技艺之长者"还是"思想者"？对于那些不具备发展潜力，不具备战略意识，不出现战略机会的个人与企业，盲目地给自己铸鼎安炉谋求战略高度，反而是自我焚化式的"烧钱""烧脑"行为。

安身立命，只有先安而后能立。无论是为商为政之道，还是为圣为凡之道，都需要清楚地认识自我，安身定态，如此方尽其能而成其用，达到和谐有序。只有我们对当前的自我有了客观清醒的认识，我们才会从"天子之剑""诸侯之剑""庶民之剑"中，明白无误地选择合适的战略目标与之嫁接匹配，实现对接。如果一个个人或公司不是在做"正确的事情"，那么，"正确地做事情"或者高效率地做事情并不能挽救一个公司的命运，轻者造成财物损失，重者造成生命终止。所以，企业战略重点解决有所为和有所不为的问题。

定态，是为了在下一步的战略布局中，保证我们的每一步决策方向都没有偏离正确的轨道。

3. 定尚，即战略布局者的理想境界与虚拟身份描述

什么是定尚呢？苏洵在《审势》中说："治天下者定所尚。所尚一定，至于万千年而不变，使民之耳目纯于一，而子孙有所守，易以为治。""故圣人出，必先定一代之尚。"

道商丹法中的定尚，在现代企业战略中称为"战略目的"。伴随着思想智慧的升华和个人价值使命的逐步清晰，道商的内心想法也发生着深刻的变化，为什么活着的问题会成为他们心中的首要问题。在定尚的过程中，有的是思而

后行的顿悟战略，我们称为"略而后战"，有的是行而后思的渐悟战略，我们称之为"战而后略"。当道商产生强烈的战略意识后，他们也就开始了真正意义上的"寻道之旅"。

一切伟大的商业成就，都来源于一个伟大的创业梦想和正确的战略思路。如果说"定态"解决的是我是谁的现实问题，那么定尚就将破解"我要成为谁"的远景问题。《文子》认为，"治大者，道不可以小；地广者，制不可以狭；位高者，事不可以烦；民众者，教不可以苛。"道商要想立命恒久，必须用志高远，不能被小道小得所误。只有立下大志许下大愿才有大成，倘若只是钻研一些浅识小语，并希冀求得高名，几乎是不可能的。正所谓"小辩害义，小利破道，道小必不通"，只有明达大智之人思想深刻，方可有一番成就。

在丹道学说中，定尚也称"下丹种""入丹基"。什么是"丹"？《唱道真言》曰："丹也者，一炁之所结也。"刘海蟾《还金篇》中说："金丹者，天地之气也。"柳华阳认为，丹道学说以"药物喻金丹，金丹喻大道。"故而，丹者，单也，执一之功，不二之选。

《庄子》曰："神何由降？明何由出？圣有所生，王有所成，皆源于一。"

《道德经》曰："昔之得一者：天得一以清，地得一以宁，神得一以灵，谷得一以盈，万物得一以生，侯王得一以为天下正。"

《黄帝四经》曰："若发号令，必厥而上九，壹道同心，上下不□，民无它志，然後可以守战矣。"

中国历史上，周平王东迁后，天子的权威大大减弱，诸侯国内的篡权政变和各国之间的兼并战争不断发生，与此同时边境族群趁机入侵，华夏文明面临空前的危机。在这个时代背景下，管仲辅佐齐桓公，对内施行各种政治经济改革，对外推行"尊王攘夷"的战略口号，以诸侯长的身份，挟天子以伐不服。"九合诸侯，一匡天下"的齐国迅速崛起，成为春秋第一强国。

传统丹家亦认为，"丹田若无真种子，犹将水火煮空铛。"道商丹法的"定尚"，实为道商事业与中国经济发展鼎炉中"安魂""下种"的过程。"九合诸侯，一匡天下"的战略理念就是齐国崛起的"丹种"。

一位管理大师曾说过，没有战略的企业就像流浪汉一样无家可归！在对战略目的的定尚中，需要把握"简易不烦、高明不俗、凝聚不散"的原则，从"道德情操、传承义务、行业责任、国民信仰、天下抱负"五大角度进行提炼。

4. 定量，即战略布局者的任务指标与目标量化

如果说，定性与定态之间，是"天"与"人"的关系；定态与定尚之间，是"小"与"大"的关系。那么，定尚与定量之间，就是"虚"与"实"的关系。作为理念性、口号性、虚拟性的战略目的，一定要与行动性、目标性、真实性的战略目标结合，战略布局才有实现的可能。

在范蠡的道商思想体系中，他对越国复兴的国家战略提出了"左道右术，去末取实"的纲领性指导意见。道，是属于战略层面的"定尚"；术，是属于战术层面的"定点""定法""定阶"；末，是抽象性的战略目的；实，是具象性的战略目标。在战略布局中，那些种种华而不实的口号宣传、虚伪荒诞的事件作秀，空洞无益的概念包装，以及打肿脸充胖子式的跨越式发展，都是道家所批评的"伪智"，是一个真心实意为国谋福为天下谋利的行道者所厌恶和反对的。而那些对战略理想的指标化、具体化描述，或确定、衡量、检验战略行动成败的指标，是战略布局者所关心和重视的。

问鼎天下的高度固然可敬，一言九鼎、使命必达的力度更值得信赖。在政治治理中，农业生产、粮食增收、经济增长、军事实力、官吏队伍、民心稳定等方面的具体数据，是衡量民富国强的客观标准。在企业经营中，企业的行业地位、市场占有率、利润、营业额、国际市场空间、技术领先程度等，也是体现企业战略是否得以有效实施的保障。

5. 定点，即战略布局者的历史机遇与行动理由

点，指的是能给战略布局者带来重大改变的关键节点、特殊时机、外界机会。

《道德经》曰："惚兮恍兮，其中有象；恍兮惚兮，其中有物。窈兮冥兮，其中有精。其精甚真，其中有信。"在恍惚混沌看似平静无为的状态中，攸然呈现出来的"有象""有物""有精""有信"，实在改变整体状态的关键所在。《庄子》："万物皆出于机，皆入于机。"如果我们能够清醒、快速地抓住这些变化之"机""毫末"之兆，就能够成就"合抱之木"的强大。

在企业经营中，定点也被称为战略机遇，主要是指那些影响企业长远利益的外在的、重大的有利变化，包括产业升级、技术进步、市场开放等具有时代性的发展机会。对待战略机遇的"点石成金"，我们不但要以清静之心被动等候,更要以"为之于未有"的智慧远见和特殊手段来早作准备,暗中培育呵护,以便于抢占战略先机,实现不争而胜。庄子在《逍遥游》中为我们描绘的鲲鹏,假如没有逢其"海运"的特殊节点,哪怕它具备鲲化为鹏的先天资本,拥有乘云直上九万里的战略气魄,纵然再"怒而作"的冲刺发展,亦不得其机,难以冲天凌云。

在传统丹道中,"定点"被描述为"玄关一窍""阳关三现""一阳勃举""活子时"。

6. 定法,即战略布局者的战略手段与战术策略

道商丹法中的战略"定法",也被称为战略手段、战术策略、行动方略。其具体的方法策略,可以根据太极图思维进行延伸展开,然后因时因地因人的无限细分创意,也可以按照道商六图的思维模式进行整理归纳。

在黄老学派中,战略定法被称为文武之道,而丹家独谓之"擒龙""伏虎"。

《黄帝四经》言:"因天之生也以养生,谓之文;因天之杀也以伐死,谓之武。文武并行,则天下从矣。""审于行文武之道,则天下宾矣。号令合于民心,则民听令。"文武之道,也可以表述为柔与刚、静与动、内与外、收与放、缓与急、小与大、专与博。一旦我们掌握了阴阳运动变化的法度与规则,在战术制定上就可以信手拈来,游刃有余。

黄老道家对于战术和道术的运用,可谓层出不穷。老子有"正复为奇,善复为妖"的微明之道,范蠡有"计然七策"等定倾之术,《黄帝阴符经》有"三盗相宜"之法,《黄帝四经》专门提出了六法,即"观、论、动、专、变、化"六柄。无论方法多么变化无穷,总体来说都归于"清静无为""因循自然"、"守一易简"的旨要。

在企业战略中,定法常被分解为一体化战略、多元化战略、发展型战略、收缩型战略、防御型战略、开拓型战略、差异化战略、集中化战略、撤退型战略、稳定型战略、转移型战略、领先型战略等。另外,还存在长期、中期、短期战略划分以及整体和局部战略之分。也可以从"技术领先""品牌价值""低价优势""渠道垄断""组织文化""人才优势""地缘优势""公关优势"等方面来突出和表现具体的单一策略。

事实上,事业发展和企业经营的每一个局部战略环节中,都会产生和需要特殊的"定法"，以无法为有法，以无限为有限的无极图思维，是解决局部问题、微观问题的最有效武器。

7. 定阶，即战略布局的程序过程与发展阶段

战略布局，主要体现为落实战略目最终实现的任务分解和排兵布阵。当我们面对的总体战略框架确定后，如何去建立一个战略执行体系其实并不难。在这个铸鼎、安炉、点火、送丹的系列过程中，我们用"定法"去激活培育"定点"，用"定点"来调整校准"定法"，再对照"定态"的自我实力，展望"定尚"的神圣理想，罗列"定量"的目标计划，就能够得出战略阶段的任务分解。

道商的事业体系遵循的法则是"道法自然"，在自然界中，桃树三年结果，梨树五年结果，银杏树一般却要种植二十年后才能结果。企业家的能耐不在于看清企业目前是什么样子，而在于能够预测企业3年后、5年后、10年后甚至更长时间会成为什么样子。所以对于真正利国利天下的事业发展和企业经营，千万不可怀揣投机心理，一定要深谋远虑，耐得住寂寞，忍得住冷落。而今天的企业经营者连开张的前提都没有具备，却都恨不得马上就可以捞取大把经济利益，这种短视与急功近利为中国商业经济的虚浮埋下了祸根。

《黄帝四经》曰："一年从其俗，二年用其德，三年而民有得，四年而发号令，五年而以刑正，六年而民畏敬，七年而可以正。"真正具有圣明智见的领导者，常能从无形中看到有形之路径，从柔弱中发现强大之可能。要将个人心

道商丹法战略七定图

中的远景清晰明白地传递给团队，带动团体走向事业辉煌的胜利彼岸，就必须要从万世中划分出长期战略、中期战略、短期战略，给人以真实可信的希望。

道商丹法中对于"定阶"的划分，主要为"有为""无为""无不为"三段。有为，即筑基夯实的战略准备阶段；无为，即等待机遇酝酿变化的调整阶段；无不为，即发展盈利多元扩张的创收自化阶段。

在传统丹法中，"定阶"被命名为修行次第。自古即有"百日筑基""十月怀胎""三年哺乳""九年面壁"之说，此为修道必须经历的历程。《性命圭旨》中也记载有"九鼎炼心图"，值得揣悟。

《黄帝四经》:"夫为一而不化:得道之本,握少而知多;得事之要,操正以正畸。前知太古,后精明。抱道执度,天下可一也。"

只有铸鼎安炉,战略布局,才能金光四射,盆满钵满。所以,真正的道商首先应当是战略思想家,其次才是优秀的经营管理者!没有战略思想和战术思维的企业经营者,很难立足长远,更无法想象道商们"无为而治"的神奇境界。

三、运风调火·生态立向

火候,本是烹饪名词,专指菜肴在烹调过程中,所用的火力大小和时间长短。后来为丹道学说借用,成为丹道学说中的重要概念。

在道家丹道修炼过程中,火候至关重要。丹道修炼从事者普遍认为,火候是丹道修炼中最难把握的要素,也是最为隐秘的成功关键,"丹经易得,火候难求""药物易知,火候难准"。一直以来,火候均被视为是丹道学说中"只可意会,不可言传"的秘中之秘,故而,"圣人传药不传火,从来火候少人知""契论经歌讲至真,不将火候著于文。"

在事业发展和企业经营中,道商丹法的"运风调火"具有什么样的指导意义,能够帮助我们实现什么目的呢?

1. 运风调火,首先要识别风、火之态,不为风沙障目,不为躁火乱心

《道德经·第五章》:"天地之间,其犹橐籥乎?虚而不屈,动而愈出。"

在道商丹法中,当我们对事业和企业进行了通盘的战略布局后,"铸鼎安炉"的战略布局给我们呈现出了"直之无前,举之无上,按之无下,挥之无旁"的橐籥(大风箱),如何借助、发动内部的风力实现发展之道?

由于企业经营者的心火被点燃,有极图的作用也将开始彰显,表露无遗。"动,而愈出。"心念的萌动、欲望的触动、机遇的催动、时势的变动、贵人的拉动,让一颗心不再安分起来。很多经营者高抗着战略的梦想大旗,在社会中一股不正常风气的影响带动下,听信了某些所谓的智者高人煽风点火,以"站在风口,猪都能飞"的悖论为理由,不顾自我的现实根基,不能客观辨析社会经济发展的真实态势,开始了盲目的"有为"与"多欲"。他们一头狂热地扎进了"多元化发展""跨越式扩展""上市融资""快速致富""圈地圈钱"的概念火海中，去追求实现一飞冲天的壮志。

庄子说："水之积也不厚，则其负大舟也无力；风之积也不厚，则其负大翼也无力。"倘若我们自身没有培育出自由控风的大翼，却肆意放任贪大求快的欲望驱使，置道学思想中的"火之候"时间刻度与"水火既济"的策略妙用为不顾，以违背企业生态发展的"猛火式"发展来谋求变局，势必会造成火势荼毒而水源枯竭，阴阳绝离而丹炉爆裂。在企业的资金血液被透支抽干的情况下，必将因泡沫破裂而事业破败，企业破产。老子忠告说："轻则失根，躁则失君。""风口论"的一度风靡，恰恰折射的是当前社会的整体轻浮和集体迷茫。我们千万不要等到最后在华丽地坠落时，才发现自己并不具备大鹏的羽翼与实力。所以，在《道德经》中，老子提出了"企者不立，跨者不行""知足不辱，知止不殆"的思想主张。掂起脚后跟站着的人，是站不久的，迈开大步跨行的人，是走不远的，因为这都违背了自然的规律。过分的追求成功，反而会导致更大的失败！

2. 运风调火，在于集而不在于散，在于一而不在于万，在于精而不在于博，在于寡而不在于多，在于强而不在于大，在于简而不在于繁，在于守而不在于求

许多企业发展到一定的时候，都喜欢走多样化或称"多元化"的经营道路。他们的基本理论是：多样性导致稳定性，即在多个领域经营，可以降低风险，所谓"东方不亮西方亮"，有些领域不盈利，但其它领域可能盈利，总体还可以平衡。这个理论乍一看有道理，但实际有问题，即许多规模或实力不济的企业，在进行多元化经营时，将有限的资源分散了，即"撒胡椒面"，面面俱到，其实是没有一面突出的，往往是业绩平平，或者精力太多分散而将企业拖垮。

真正的道商智慧，推崇的是"少则得，多则惑"的经营思路，追求着"守其一，万事毕"的简约精神。一件事情，如果踏踏实实做，很可能做得越来越成功。道商丹法从一入手，一能生二，二能生三，三能生万物。我们只有聚焦特色，聚敛优势，聚拢心力，聚集资源，聚照目标，才能把事业坚持下去，"守而勿失"，如鸡抱卵，如龙养珠，勿忘勿助，不沾不脱。机会对成功很关键，但看到机会并不一定能够让人成功。在潮流和风口前，我们要善于培风、化风、驭风，而不是任风将我吹刮得东倒西歪。只有守一之本，执一之要，才能立足稳固，步步为营。认真回顾一下许多成功的企业，都是在某一领域做得非常专业，因为专业，所以受到消费者的青睐，从而使企业迅速壮大。

3. 运风调火，要妙在于运行、运动、调配、协调

把握方向靠铸鼎安炉，把握大局靠运风调火。作为道商，方向和大局是必须心中有数的。对于"做强"还是"做大"这个大局问题，中国

道商生态布局五段图

道商事业体系根据《管子》治道思想总结为五字——定；富；强；胜；大。只有定而后能富，只有富而后能强，只有强而后能胜，只有胜而后能大。事业发展和企业经营，如果我们经营者的自身修养没有十足的定力，所营之业难以实现和保持稳定状态，动辄以"强""大"高谈阔论，实为烦恼妄想。

万事万物都讲究"火候"，都需要进行生态化的"运风调火"，以谋求健康化的发展。《公羊传》说："大者曰灾，小者曰火。"风火之害，可谓大矣。故道商在治理之中，要明白风与火的利害之本，通晓其治乱之源，就可以在"进火退符"中，游刃有余。只有炼化去除了风火之害，才能成就"一蹬九万里"的风火轮神器。

4. 道商丹法的难点，在于妙用文武之火

文火，即柔和的自然无为。自然而然，不疾不速，按部就班，循序渐进，此之谓。武火，即刚猛的非自然力的强力催动。迅雷烈风，突出奇兵，雄鹰之发，猛虎之搏，此之谓。什么时候该发展？什么时候该保守？什么时候该抓住机遇？什么时候该放弃机会？什么情况下用文火？什么情况下用武火？凡此种种，都要根据内部的实力根基来定夺，以目标方向论取舍，再结合外部的"势""机""风"大小真伪决定的。机会虽大，实力不济；项目虽多，精力不够，利益虽广，消化不良，均要以清静之水来灭减心头躁动之火。人体、企业和国家一样，稳定要高于一切，中和重于一切。

伊尹，是"火候论"的提出者。《庄子·庚桑楚》："汤以庖人笼伊尹。"既掌握了烹调技术，又深懂治国之道的伊尹，曾将整个人世间看成是做菜的厨房，而那些复杂的治国之道就是他口中惹人垂涎的食谱。伊尹曾以烹调为例，向汤

阐明自己的治国主张："火候很关键,快慢缓急掌握好,能很好去除腥味,去掉臊味,减少膻味。美味全由鼎中精妙的变化而产生,只能意会不能言传,就象射箭驾马,阴阳变化,四季规律那样,须花费时间,多多实践,细心观察体会。掌握了其中的奥妙,制出的肉就会熟而不烂、香而不薄、肥而不腻,五味恰到好处。""治国如同做菜,既不能操之过急,也不能松弛懈怠,只有恰到好处,才能把事情办好。"伊尹的这番话,正是后来《道德经》中"治大国,若烹小鲜"的思想出处。

"和气生财"是我们行商的重要原则。要想实现真正的大成就,必须要掌握中和有度的调火法则。行商之"火候",须不急不躁,不滞不呆,动若脱兔,静若处子,能文能武,能收能放,无过之亦无不及,就可恰到好处。点火、助火、控火、制火,需要高深的中极图谋略智慧为依托。任何人,无论事业多么兴旺发达,一旦违背中极图的规律,失其中正,就会导致玩火自焚的危险。

鼎炉安稳,风火呈祥。"运风调火"这个过程在易道卦理中,火风二物,先成鼎卦,乃木上有火的大吉大利之象。道商当取法于鼎足三分,正立不倚,从而持正守位,为国家和人类社会所倚重,不负使命。后演风火家人之卦,内火外风,风助火势,火助风威,相辅相成。喻道商在事业中与所有参与者打成一片,融为一体,共成家人。以治家之道而治事、治企、治天下。发生于内,家道正;形成于外,天下安。

四、采药添物·融资取材

药物是指能影响和改变机体生理健康功能,对生命具有维护存在、预防疾病、诊断显化、干预救治,或加速终结的物品。在道家丹道学说中,由于内、外丹家的区别,药物主要可以分为"有形"药物和"无形"药物两类。有形的药物主要有金、银、铜、锡、铅、汞、朱砂、雄黄、云母、芒硝、硫黄等矿物质。无形的药物主要有黄芽、白雪、黑铅、红汞、日魂、月魄、金乌、玉兔、坎水、离火等繁杂隐晦之词,究其本质,不外乎身外阴阳二气和身内精气神三宝的思维延伸。

在道家丹士的眼里,要想实现生命的永存,就必须要在"鼎炉"内烹煎制化"药物",以炼去杂质,凝结金丹,成就圣胎。假如没有"药物",要想九转成丹,无异是痴人说梦。在道商事业体系中，事业和企业的经营发展都是拟法取象于"人之道"，人不吃饭不吸收营养，则四肢无力，难以远行；企业不融资不采药添物，也将裹足不前，内忧外困。所以，在道商丹法系统中，我们把事业发展和企业经营中的融资行为，以丹道学说的名词命之为"采药添物"。

按照道商六图的太极图思维来划分，道商丹法的药物主要可以分为"身内"药物和"身外"药物两类。

> **身内药物：**
> 道德、仁爱、慈善、智谋、精神、诚实、信念、忠诚、勇气、正义、良知、欲望、礼数、动力、健康、活力……但凡身心所存、五德所显、七情所动、六根所通，皆可入其内药。道商的"五财"亦可看成是身内之药而加以利用。
>
> **身外药物：**
> 权势、地位、名誉、容貌、利益、信息、渠道、财富、资金、货物、技术、日月星辰、风雨雷电、矿藏油气、草木沙石、飞禽走兽、鱼鳖水产……但凡目之所及、心之所念、事之所牵、物之所联，皆可划归外药。

今天的商业学、经济学理论，都把"融资"视为筹集、融入资金的行为与过程，所谓融资就是货币资金的持有者和需求者之间，直接或间接地进行资金双向互动的经济行为。在资金的流向中，既包括资金的融入，也包括资金的融出。这种资金的对流互助，是符合于道商精神的。

《道德经》告诉我们："天之道，其犹张弓与？高者抑下，下者举之，有余者损之，不足者补之。"尽管这种资金的流动是带有极强的功利性的，并不具备天道的无私与公益特征，但却是最符合人间社会规则的一种互助方式。通常情况下，企业的融资行为主要表现为基金投资、股权转让、银行承兑、银行授信、委托贷款、对冲资金、贷款担保、P2P融资、众筹、集资等多种形式，由于资金获取渠道的难度加大，各种民间自发的具有圈层效应的集资与借贷行为，正在各地蔓延蜂起，在资金调配使用的灵活多变中也随之带来了诸多不安全因素。

资源，是人类开展任何活动所需要具备的前提。要把握发展机会，必须具备相应的生产要素与经营资源。道商丹道系统对于"融资"的定义，突破了传统意义上的"资金"限制，在道的广阔世界中，发现和追求一切可用资源的交融对接与共享互用。哈佛商学院教授斯蒂文森先生认为,"创业是不拘泥于当前资源条件的限制下对机会的追寻,将不同的资源组合以利用和开发机会并创造价值的过程。"这个资源获取的过程,就是道商的"采药添物"与"融资取材"。

成功的创业者大多都是资源整合的高手,创造性地整合资源是他们成功的关键因素之一。资源的种类很多,按照太极图思维来分,有有形资源,也有无形资源;有物质资源,也有非物质资源;有有用资源,也有无用资源。但是,随着时代的演进、环境的位移、事件的重要程度、物资的价格波动,以及个人思想高度、地位权势、价值需求的拓展与所从事职业的改变,我们对资源的价值定义也将伴随"天""地""人""事""物"五者的变化而产生根本性改变。

要想实现"采药"融资,首先要"认识药物",即明确我们的事业发展究竟需要什么样的资源。是资金还是资源?是货物还是人物?是上端的平台影响力,还是下端的渠道经销商?在这个认识过程中,需要以道家"损之又损"的策略,透彻地认识到最本质的资源本身。

其次要"确定药源",即照资源的定义找到我们需要的资源在什么地方,包括其位置、存在方式、被使用情况等。如何确定资源呢?《庄子》说:"夫千金之珠,必在九重之渊,而骊龙颔下。"我们可以通过太极图思维入手,从"有无相生""高下相通""首尾相连""远近相系""利害相随"来寻求资源的所在,识别资源的形态。

其三要"掌握药具",具备获取和使用资源的基础条件、匹配实力与获取方法、获取代价、利用策略等。是以物相抵,还是以权相让?是以财相赠,还是以利相许?是以德相感,还是以地相割?如何才能实现丹道修炼中的"擒龙制虎",具备"和合四象,攒簇五行"的深厚功力,是每一位道商的长期性必修功课。

其四要"体会药效",即资源融入后的自我状态与对事业、企业产生的各种真实反映和整体影响。传统丹道讲得药后会产生诸如"一点红光""龙吟虎啸""灵光团团""回风混合""幽中见明""肾管快乐""气行周天"等丹景。成功对接吸纳外部资源后,是否能够如"回风混合"般的打成一片?是否全体上下卯足了发展的劲头,看到了利益的"一点红光"和"灵光团团",具备了"肾管快乐"的充沛精力,对事业方向和企业的未来具备了"幽中见明"的清晰视野呢?

其五要"认识药性"。道商丹法,看似融资,实为阴与阳两股资源力量的融会贯通。这些资源被我们成功对接获取后,会产生什么样的价值?如何防范药物不当的不适应甚至毒副作用？故而"融"之一字，最为关键。道家丹道修炼过程中，如果因为"药物"采取不当，将会有生命危险发生。

◆ **案 例**

列子生活贫困，面容常有饥色。一次，一位列国使者入郑拜访列子时，发现这位自己仰慕的有道之士，竟然经常在饿肚皮的情况下埋头搞学问，他便对郑国的宰相子阳说起这件事："列御寇，是一位有道的人，居住在你治理的国家却是如此贫困，你恐怕不喜欢贤达的士人吧？"子阳听说此事，随即派遣官吏给列御寇送粮食。列子见到派来的官吏，再三辞谢不接受子阳的赐予。

官吏离去后，列子之妻对此困惑不解并痛心地埋怨他："我听说作为有道的人的妻子儿女，都能够享尽逸乐，可是如今我们却面黄肌瘦。郑相子阳瞧得起先生方才会把食物赠送给先生，可是先生却拒不接受，这难道是我的命不好吗？"列子笑着对妻子说："子阳并不是亲自了解了我。他因为别人的谈论而派人赠与我粮食，这是让我感到耻辱的。而且接受别人的帮助，却不为别人的急难而死，是不合道义的。如果为别人的急难而死，却是为不讲道义的人而死，难道又符合道义了吗？"后来，正如列子所料，不久百姓作乱杀了子阳。

列子见细微之处而远离不义。如果他当时接受了馈赠，为其所用，肯定也会不免于祸。而且列子有饥寒之忧，尚且不随便取利，看见利益就想到要符合道义，看见利益就想到危害，更不用说他处于富贵之中了。

——《列子·说符》

在企业进行融资时，一切资源的融入，应该秉持合情、合理、合法、合时的原则，不要为融资的概念迷惑而盲目融资。在道商丹法中，我们通过筑基炼己、铸鼎安炉、运风调火，并使其具备了鼎炉的容受力及对风火的掌控力后，才能融资取材，采药添物。如果我们实力不稳、境界不高、能力不强，在不能"同声相应，同气相求，同义相担"的前提下，贸然引入外来"物种"求大求壮，投融资双方就会各怀鬼胎，互相剥害，很有可能将引资融资的梦想变成了"引狼入室"的恶果。对外部的资源、资金的过分倚重，容易积毒为患，埋藏祸根，破坏企业生态，毁灭企业战略。对所谓的"天使投资"不能清晰识别，不能保持稳健笃行的发展定力，自诩为得利自喜，却不知财重伤身，猛药要人命，更能加速企业的破产败亡速度。

要想做到情投意合的其乐融融,我们需要以道商丹法思想为指导。丹经告诫我们:"所谓药物者,譬象也。后世学者见丹经药物之说,误认为有形有质之物,而遂采取山中草药,配合服食,妄冀长生。或采五金八石,煅炼丹药服食,妄想飞升。殊不知有形之药,仅能治有形之病,而不能治无形之病。若欲治无形之病,非采先天真一之气,余无他术矣。""有此真意,真铅方生。"真意就是真心实意、正心诚意,不虚不诳,不奸不伪。"要在致心诚意,格物致和,去人欲之私,存天理之公,自然心中无限药材,身中无限火符,药愈采而不穷。"

对道商而言,真正的灵药、大药,是先天真一之气,是我们"富而好德,利益天下"的赤诚真心。

五、阴阳交泰,管理运化

有人类的地方,就有管理的存在。黄老学派为中国治道思想体系的集大成者,其管理学的源头可以远溯黄帝。这位华夏文明的肇始者,在统一了黄河中下游地区各部落后,便组建了具有国家职能的社会管理机构。他举风后、力牧、常先、大鸿等以治民,设百官而各有专司,政和清明、上下通畅。整饬营卫,盟炎帝以壮社稷;威临四海,平蚩尤以弭战乱,怀德归心,天下宾服,扩土开疆。

采药添物之后,道商丹法即将进入"阴阳交泰"的管理运化环节。道商的管理学说具有哪些鲜明的个性特色呢?

1. 道商管理学具有形象而又直接的名词解释

什么是管理?法约尔认为:管理是所有的人类组织都有的一种活动,这种活动由五项要素组成的:计划、组织、指挥、协调和控制。广义的管理是指应用科学的手段安排组织社会活动,使其有序进行;狭义的管理是指为保证一个单位全部业务活动而实施的一系列计划、组织、指挥、协调、控制的活动。

对于管理的概念定义,中国道商知识体系认为:

"管"就是在有极图思维的指导下,带有强制手段的管束、控制、安排、指挥、驾驭;"理"就是在无极图思维的指导下,富有柔性策略的道理、情理、法理、事理、机理。管理之道,就是"一阴一阳之谓道"的完美结合与动态替补。

无论是道商管理学，还是东西方各种主张的管理学，凡是涉及到"管"的学问，都必须讲一个"理"。《韩非子》说："万物各异理，而道尽稽万物之理。"《庄子》认为："道，理也。……道无不理。"故而，道具有顺理、梳理、调理和治理万事万物的功用。《管子》说："别交正分之谓理，顺理而不失之谓道，道德定而民有轨矣。"能够确立和区别上下关系，规正管理者与被管理者的职能，叫作"理"；顺理而行而没有缺陷漏洞，就接近于"道"。道德规范一旦确立，被管理者就知道自己该干什么不该干什么，就有章可循，有轨可行了。最高层次的管理学当属无所不通、无所不宜的黄老治道思想体系。道商管理学说以道为理，以阴阳为法，可以帮助我们梳理各种复杂环境、复杂关系下的经纬脉络，通过审理利害，燮理事机，修理患难，最后实现调谐阴阳，消弭矛盾，统一方向，创造成果的目标。

没有来龙就没有去脉。筑基给了我们"强其骨"的强健骨力，铸鼎给了我们"虚其心"的磅礴心气，调火给了我们"弱其志"的专一精神，采药给了我们"实其腹"的资源配备。接下来，就需要在管理这个环节中通过"阴阳交泰"的方法策略，效法"神农尝百草，定药性，归经"的步骤，来实现对资源的消化吸收、运化分布。有了药物才能谈到封炉，有了资源才能牵涉管理。所以，在道商丹法系统中，管理这个环节也被引申为"封炉""固济""乾坤交泰""取坎填离""周天循行""导引归经"等丹道专用名词术语。

2. 道商管理学具有简单而又系统的内容划分

《道德经·第二十八章》曰："朴散为器。圣人用之，则为官长。故大制不割。"

道学思想看似无为无用，平淡无奇，但是一经演化，就可以凭此而设计出治理天下、管理国政的制度与模式，这套最高准则的模式就是"器"。虽然"天下神器，不可为也，不可执也。"但是"器"的执行者如果是符合于"道德标准"的圣人，就可以立为"天下式"，使自己成为最有成就的治理者。

无论是国家政权还是团队事业，都需要管理。《管子》认为："民闲其治，则理不通；理不上通，则下怨其上；下怨其上，则令不行。"如果社会缺乏有效的管理，就会造成各种社会矛盾的产生、凸显、冲突和恶化，然后令社会失序，政令不通，使天下陷入乱局之中。一个公司或企业如果缺乏有效的管理，也会盲目经营，上下相怨，互相拆台，使事业发展难以继续。

真正意义上的有效管理，都需要借助管理模式来进行。管理模式是在管理理念的指导下建构起来的，主要由管理思路、管理内容、管理工具、管理方法、管理程序等组合而成。

在管理学中，管什么？谁来管？这是管理的客体与主体。道商管理学的主要思路，主要围绕着"管什么"和"理什么"两条主要脉络进行展开的，"管什么"与"理什么"这两条思路，也被称作是道商丹法中的任督二脉。在道商事业体系中，我们针对道商管理"管什么"这个课题，总结概括为"五元管理模式"。元，具有基本、首要的意思。所谓"五元管理模式"，即**"天""地""人""事""物"**这五大基本要素。

《鹖冠子》曰："君也者，端神明者也；神明者，以人为本者也；人者，以贤圣为本者也；贤圣者，以博选为本者也；博选者，以五至为本者也。"

《淮南子》曰："失本则乱，得本则治，其美在调，其失在权……成功立事，岂足多哉。"

在道商的五元管理模式中，在天、地、人三才贯通的基础上，因天地而取物，因人而立事，然后有"事元""物元"的搭配划分，"天""地""事""物"四元，分别从上下左右的经纬之线中交会于"人"。未来的管理，不仅仅是对人力资源的开发利用，对人才知识的重视加工，也将体现为对人欲的尊重和矫正，对人心的点亮与扩容，对人性的深刻掌握和灵魂提升。让每一位管理成员发现生命的真正价值，实现生命的无限活力，是道商管理学的核心精髓所在。真正符合于"道"的管理模式设计，应该充分体现出"提挈天地，统领事物"的气魄与能力，以及"以人为本，贵己轻物"的核心价值。只有"人"为天地事物的核心枢纽，才能事由人起，物尽人用，最后达到庄子所说的自由逍遥境界——"物物，而不物于物，则胡可得而累邪？"

鹖冠子认为，一个真正的管理者要具备两方面的知识，即知人与知事。大千世界，无奇不有，如果我们不知晓事情的来龙去脉，不知晓事情的发展趋势，那么我们就很难解决、处理事情。然而，知事的本质还是归于对自我的知识与技能管理。鹖冠子为我们列举了九种必须掌握的"事之道"，即一要懂得大道的总规律，二要懂得阴阳变化的枢机，三要懂得法令制度，四要懂得天文星象，五要懂得神怪风俗，六要懂得六艺技能，七要懂得人才鉴定，八要懂得器具操作，九要懂得战略战术等。中国道商学科知识中的八大体系，就是对"自我"的多元疏导与复合型提升的通路。

《管子》说:"夫道者虚设,其人在则通,其人亡则塞者也,非兹是无以理人。"德鲁克也曾经说过:"管理是关于人类的管理,其任务就是使人与人之间能够协调配合,扬长避短,实现最大的集体效益。"《庄子》告诉我们:"夫圣人之治也,治外乎?正而后行,确乎能其事者而已矣。"在庄子看来,推行法度,只不过是治理社会的表面现象。最高层次的管理智慧,难道是去治理社会外在的表象吗?他们不过是顺应自己的本性后,再去感化他人,创造出"我无为,而民自化"的最高成就。"顺物自然而无容私焉,而天下治矣。"

《庄子》说:"知道者必达于理,达于理者必明于权,明于权者不以物害己。"被誉为科学管理之父的弗雷德里克·泰罗认为:"管理就是确切地知道你要别人干什么,并使他用最好的方法去干。"在泰罗看来,管理就是指挥他人能用最好的方法去工作。指挥他人工作,需要"管",如何发现最好的工作方法,需要"理"。在管理工作中,管理者不可避免地会身陷于"感情""利益""规则"和"使命"四者交织的乱网之中,如果不能有效梳理,合理区分,就会愈管愈乱,深受其害。所以,在道商管理学说中,"管什么"是道商管理系统内使"阴气下行"的任脉,"理什么"则是道商管理系统中令"阳气上升"的督脉。

中国道商知识体系对管理者的身份定位,要兼具"父""师""兄""官"四仪,要有父之严、师之明、兄之仁、官之威。在"本人"与"他人"的交叉辐射中,会出现"跨界式"的自我管理——自我家庭、自我家族、自我团队、自我组织、自我企业、自我学派、自我行业、自我政党、自我民族、自我国家……如果我们能够将"自我管理"的内容延伸展开,由己及人,由内及外,就会产生对他人的管理智慧与管理行为。

在现代管理学中,法约尔提出把管理的基本职能分为计划、组织、指挥、协调和控制。后来,又有学者认为人员配备、领导激励、创新等也是管理的职能。通常情况下,完整的管理行使过程包含了六大环节:管理规则制定、管理资源配置、管理任务分解、管理过程控制、管理效果评估。而管理手段则包含有强制、交换、沟通、激励、惩罚五个方面。

在道商管理学中,我们将这个"理什么""怎么理"的过程,分解简化为三大系统——职司、人力、制度。

●职司,包含事业发展或企业经营中的部门(机构)设置、岗位设置、职责范围等内容。

事业的成功离不开管理和行使管理职权的相应职能部门。《荀子》告诉我们："人之生，不能无群；群无分则争，争则乱，乱则穷矣。故无分者，人之大害也；有分者，天下之本利也。而人君者，所以管分之枢要也。"《吕氏春秋》也说，"万物殊类殊形，皆有分职，不能相为。"

如何分职呢？在管仲看来，有道的领导者通过设立五官来治理社会，又有五衡之官来纠察官吏，使管理者不敢背离法制而滥用职权。一个有序的政治管理系统中，君主提出愿景构想，把握战略方向，宰相根据君主的意图来分解任务、遵守执行，然后又出谋划策让各级官吏具体落实，再通过官吏的管理职权让民众出力服役。在具体的执行过程中，又借助于符节、印玺、典章、法律、文书和册籍，加以考验管理，这就是辨明公道和消除奸伪的管理方法。

在黄老道家的治道历史上，轩辕黄帝曾最早建立了古国体制：划野分疆，八家为一井，三井为一邻，三邻为一朋，三朋为一里，五里为一邑，十邑为都，十都为一师，十师为州，全国共分九州。然后，黄帝又制定国家的职官制度，设置了以云为名的中央职官，又有左右大监负责监督天下诸部落，设三公、三少、四辅、四史、六相、九德共120个官位管理国家。

东汉末年，张道陵在蜀中创建正一盟威之教（也称天师道），他对于自己弘道事业的社会化推广，提出了"治""坛""靖"等管理机构的职司名词。治，是天师道在各个辖区的管理中心，各"治"中设立有"祭酒"的管理人员职位，也称"都功"，总理辖区的所有事务。除了二十四治（后增加为二十八治）之外，天师道还设立有会真三十坛，通真六十靖，以供徒众之用。坛，为道教祀天拜表，发号施令的临时性地址；靖，为治中之静室，乃道士清修之所。天师道以二十四治方式建立政教合一的组织机构，主张信徒努力修道，"各安其位"，以达到"治国令太平"的理想，对我们今天研究道教组织机构史实，构思文化事业推广方案提供了参考。

汉唐盛世的"宰相制"，一度成为中外宪法学家所推崇的楷模。这套管理体制也是道学思想"有为、无为、无不为"在管理领域的具体呈现。在这个制度里，君主处于无极图的无为状态，被虚位化。无为，就是不直接负行政上的责任，所以他永远都不会犯错误。宰相"上佐天子而下治百官"，处于有极图的有为状态，负有立法、行政和司法上的实际责任，被实位化。有为，就难免会犯错。

如何保证宰相尽责尽力，不做错误的事呢？就有监察御史在宰相后面作监督，专事弹劾，处于中极图的状态。这种三权分立，相互制约的管理模式，在道商事业体系中被称为"三奇管理法"。

现代企业治理结构的完善，关键在于如何平衡决策权、执行权、监督审计权，即如何平衡股东会、董事会的决策权，与经理人的执行权、监事会的监督权的关系。如何有效地掌权、放权、控权（监督），是一门高深的学问。道商事业体系中提出的"洛书管理模式""五营管理法则"，借助于九宫区位、五行属性的社会意义来设计组织机构的职司部门，再根据企事业的实力规模来定岗位、定职责，其设计理念充分体现了道家"治人事天"的管理思想。只有确定职司，"明分任职"，才能治而不乱，明而不蔽。

●人力，包含事业发展或企业经营中的人才标准、选拔手段、培养计划、测评内容、利益创造、文化氛围等内容。

一个具有发展潜力的团队，必须要容纳和接受各种不同的人才，以达到阴阳互补。杰克·韦尔奇总是不厌其烦地给那些年轻的、缺乏经验的各级领导者以忠告和建议，他说："我能给你们最大的忠告，就是千万不要企图自己单独完成某件事情。你必须精于和你统领的团队里的每一位聪明的家伙打交道，与他们建立良好的合作，并充分激励他们。"

《列子》认为："治国之难，在于知贤，而不在自贤。"知贤，就要把握好《道德经》提出的"无弃人"原则，能无弃于人，就是"慈"的表现，就能具备将"无用之用"产生大用的远见卓识。一个领导管理者即使再神通广大，也有"玩不转"的地方，能够乘人而任智，聚天下之才，集众人之力，才能成就霸业宏图。不自贤，就能避免管理中的"自见者不明，自是者不彰，自伐者无功，自矜者不长。"所以管子说："是以为人君者，坐万物之原，而官诸生之职者也。选贤论材，而待之以法。举而得其人，坐而收其福，不可胜收也。"用人得当，就可以坐而治国，所以，高明的领导者总是广求人才，以图壮大自己的事业。

道商对"他人"实施的有效管理，是在匡正个人语言、行为的基础上，以社会荣誉、事业成就、职务威权、道德善意为"文武威德"四维，以"父师兄官"为四仪，循着"识人—择人—鉴人—育人—任人—驭人"六脉而系统展开，最终以"执柄"或"失柄"为评价标准。在推己及人的过程中，修炼"小我"逐步向"大我"的突破、凝聚与强化过程，并最终实现道家学派"大己而小天下"

的思想高度。

得人心者，得天下；得人力者，得市场。如何甄别和求取人才，这是最困难的事。道商管理学借鉴于六图思维模型来定义、测评人才，以"君臣佐使""将相谋""情商智商"的组合法则来选拔、配置人才，以合理而诱人的"财富、福利、职权、荣誉、机会"来吸引和驾驭人才。正所谓：主道得，贤材遂，百姓治。治乱在主而已矣。

● 制度，包含事业发展或企业经营中必须遵守的工作制度、运作流程、奖励制度、惩罚制度、监督机制、协调机制等。

管理的意义，在于更简单、高效、快捷、便利地开展工作。要实现管理的多快好省，减低人力、物力、财力的过度消耗，就必须制定规范明确的工作制度，实施科学合理的过程控制，以越少的资源投入来取得最大的成效。通过奖惩条例和监督、检验、协调机制，使管理者与被管理者之间，以及各个上下、平行的部门之间协调有序，最大地发挥员工的潜力，提高效果、效率、效益。

完美的管理体系需要相应的制度保证。所谓"国有国法，家有家规"，企业制度对于企业来讲，就是经企业全部人员认可，并对全部人员权益同时具有约束、保护双重作用的"规矩"。要实现以道治事，在选拔任用人才后，必须制订有效的工作制度、业务流程，同时实行奖惩、监督与协调沟通机制，明确是"当为"还是"不当为"。

在道家看来，"法令者治之具，而非治清浊之源也。"法令和制度只能治末，不能治本。因此，真正的道商管理者，要从冰冷无情的"制"中，去探寻和提炼充满人文关怀的"度"，要善于从"仁义管理"与"狼性管理"的双面性中，探索刚柔并济的管理风格，以防止"法令滋彰，盗贼多有"的制度弊端。得制之度，就会守中有节，阴阳平衡。强权贵势，却能守雌用柔，以员工为中心，营造信息畅通、身心愉悦、健康活力的工作氛围；重法守制，却能上善若水，以创新为利器，打造拼搏奋进、凝聚高效、敢于承担的实力团队。同时，在制度的设计上，一定要秉持"为道日损"的简易原则，尽可能地做到简单明了，因地制宜，避免流于形式主义。

3. 道商管理学具有深刻而又智慧的核心思想

德鲁克认为："发展中国家的管理者所面临的一个基本挑战就是，如何发现和确定本国的传统、历史与文化中哪些内容可以用来构建管理,确定管理方式。"

在道商丹法中,管理运化的环节也被称为阴阳交泰。道商丹法总结提炼了阴阳交泰的十大管理法则,分别是:地天交泰;水火交融;龙虎交欢;古今交合;有无交通;智愚交流;荣辱交融;刚柔交会;利害交易;损益交际。

《易经·系辞》曰:"天地氤氲,万物化醇;男女媾精,万物化生。"所谓氤氲,就是天气下交于地,地气上交于天。在丹道学说中,乾为天,代表思想;坤为地,代表行动。离为心火,代表领导;坎为肾水,代表下属。领导者的位置该如何正确摆放呢?老子认为"贵以贱为本,高以下为基""善用人者为之下""后其身而身先,外其身而身存""处众人之所恶,故几于道。"老子以江海为例,告诉我们说,江海之所以能够成为千百条河流、溪流之王,就是因为它处于河与溪的下游,所以百河千川归往于江海,百谷之王如此,人中领袖亦如此。只有取坎填离,引处下之水上升,使炎上之火下降,才能铸鼎炼丹,实现"处上而人不重,处前而人不害,是以天下乐推而不厌"的圣人之功。后来美国的艾博契特在其《二十二种新管理工具》修订本的序言中指出,老子书中的"善用人者为之下,是谓不争之德,是谓用人之力,是谓配天古之极",是一种境界高超的用人哲学。

天阳	地阴
大股东	小股东
决策者	管理者
主治者	受治者
管理者	执行者
治外者	理内者
思想力	资金力
统治感	归属感
创新者	保守者
放任派	精细派
荣誉心	权利心
激励机制	挫折意识
狼性思维	牛性思维

《道德经》讲："我无为而民自化；我好静而民自正；我无事而民自富；我无欲而民自朴。"学会控制与授权是高层次领导者所必须具备的基本素质。作为管理者，最好能够有效的控制和约束自己的智慧、能力与表现欲望，充分授权你的下属去积极有为。通过阴阳上下的颠倒，将权力结构的"正金字塔"变成"倒金字塔"，员工不再被动地在管制束缚下工作而是主动自觉地完成自己应当做的事情，可以使员工的知识层面、能力特长和技术优势得到快速提升。也能使领导者摆脱日常管理事务，在"虚极静笃"的日常修炼中，去发现和把握全球经济的风云变幻之势，胸有成竹地放眼未来，运筹发展大计。庄子借批评惠施说："弱于德，强于物，其涂隩矣。由天地之道观惠施之能，其犹一蚊一虻之劳者也。"只有上"无为"，才能下必"有为"，只有"有为"与"无为"交融互利，才能塑造更为科学有效的管理机制。

道商的"取坎填离"管理法则，被今天的管理学者们理解为权力结构的转换。我们在阴阳交泰思想的指导下，在高层与基层、思想与行动、决策与执行、智力与魄力、情商与智商、文化与金钱、价值与利益、守旧与创新、技能与沟通、挫折与激励的阴阳对冲中，完成复合型人才的培养。

在道商丹道系统中，企业（事业）的发展经营自从进入"采药添物"后，就要务必通过管理运化环节，令其消化吸收并有序发展，让企业（事业）这个"法人"在丹田气满的状态下，运而化之，即可实现滋养骨肉，沸腾热血，通行百脉，运转周天，"畅于四支，发于事业"的改变，这将是管理的真正价值体现。

道商管理者应该在"吾将以为教父"的价值感召下，善于运用"不言之教"，积极培育"无为之益"，从"没有管理的管理"中，使管理进入更高的层次和更高的境界。那些在被管理者眼里"不知有之"的管理人，才是最高层次的道商领袖——太上！

六、九转七环，营销结丹

营销，简而言之，就是有计划、有策略的销售。销售什么呢？有形的产品，无形的价值。

在道家丹道学说中，丹种在进入鼎炉之中后，持续经历运风调火的锤炼优化，通过采药添物的资源配置，借助阴阳交泰的交流凝聚与导引输送，散漫的精气神就会逐步形成"核心能量团"——丹。这个核心能量团,道商丹法中称为"核心利益"。

亚当·斯密在1776年就指出,消费是生产唯一的目的。美国市场营销协会2004年对"市场营销"的新定义是:"市场营销是一项有组织的活动,它包括创造'价值',将'价值'通过沟通输送给顾客,以及维系管理公司与顾客间的关系,从而使公司及其相关者受益的一系列过程。"美国营销大师philip kotler则更简明直接地说,营销就是比竞争对手更有利润地满足顾客的需要。

在完整的道商事业体系中,我们从创业之处的筑基到管理成型,企业(事业)已经产生了两大价值,一个是内延性的自身价值,一个外延性的市场价值。如何将自身价值对外辐射,转化扩大为社会价值?如何将市场价值对内回收,转化创造经济价值?这个价值结合、价值转换的过程与结果,就是道商的丹法。

道商对于营销的认识是:营销就是"结丹"的过程。我们在筑基的前提下,充分体现企事业法人的战略意志,贯彻执行生态方向,引入吸收资源药物,再经过内部管理的合理配置与输送运化,最大限度地实现价值创造与利益交换,以此满足和平衡人类各种需求欲望,促进社会整体良性发展。

如果说,创业筑基、战略布局、生态立向、融资取材、管理运化这五大环节是内向型的学道、悟道、执道的过程,那么,从营销结丹开始的后四大环节,就是外向型的用道、行道、合道的过程。

现代营销理论层出不穷,从4P、4C、4R、4V已经发展到了6P、12P。在道商丹法的"营销结丹"环节中,我们将其概括为"道""法""术"三字。其中,"营销之法"可以具体分解为七个流程环节,"营销之术"可以笼统概括为九大策略技术,我们把它称之为"九转七环"。

1. 营销之道,主要概括为"小中见大""虚中见实"八字真诀

营销,是一个创造与实现利益性"小我"的过程。营销之道,包含和缩影了道商丹法的所有环节,充分体现出了"小中见大""以一概万"的小天地思维。

在营销环节中,既有属于筑基层面的类似4P概念等,以"产品、价格、渠道、促销"来完成四方基石,也有战略层面的商业模式设计,生态层面的拳头产品打造,核心价值塑造和独特化销售主张;既包括了融资层面的公关传播、事件营销、捆绑销售内容,又细分完善了管理层面的渠道设计、区域划分、市场管理、

利益协调、奖惩激励、客户服务等。如果说,战略布局勾勒和构思了"我是谁",那么,营销结丹就正式亮相和展示了"我是谁"。

文子提出,"古之渎水者,因水之流也;生稼者,因地之宜也;征伐者,因民之欲也。""物必有自然而后事有治也,故先王之制法,因民之性而为之节文。"因,就是顺和应的意思。营销之道,要"因天""因地""因人"而变。真正的营销之道亦要学习水的精神,在产品快速流转中获得财富,在财富快速流通中获得价值,在价值流行中获得真正的利益——利世益人。在不同的时空条件下,我们面对具有不同的政治立场、宗教信仰、法律规则、治乱状态,和宏观经济收入、科技领先程度、文化风俗、社会风气、消费心理、消费习惯的国家与地区,即使是同样一个行业或产品,也应该以"无常势""无成形"的太极思维进行变通,改变方式,调整策略,谋求目标群体的普遍接受并实现利益最大化。

2. 营销之法,主要体现为首尾相顾的"七环法则"

道商营销系统的"七环"中,分别是**产品、市场、价格、渠道、促销、服务、广告**这七大环节。

(1)"**产品**",在《现代汉语词典》中被解释为"生产出来的物品"。产品是指能够提供给市场,被人们使用和消费,并能满足人们某种需求的任何东西。对于产品的整体概念,菲利普·科特勒等学者倾向于使用五个层次来表述,即核心产品、形式产品、期望产品、延伸产品、潜在产品。产品设计者、营销推广者在进行产品设计、生产、定位和提供时,应充分考虑到能提供顾客价值的五个层次。马克·佩里博士认为,产品属性包括内在、外在、表现和抽象四项内容。

道商理解的产品,是个人或集体"产生的作品"。真正的产品,不应该是体力式、机械式的简单加工与复制生产,更应该充分体现出生产者知识结构、传承经验和智力创造、精神意愿,是倾注了设计生产者心血的作品。这也是"中国制造"与"中国智造"的最大区别。在道商体系中,产品包括有形的实物产品、无形的虚拟产品;有满足于功能性的产品,也有体现为有人文性的产品,有核心的拳头产品,也有外围的附加产品;有高雅的奢侈产品,也有通俗的大众产品;有合情合理的常规产品,也有出奇求异的创意产品……要生产什么产品、创造什么产品,一方面取决于自己的优势坚持,另一方面则取决于市场需求。因人之欲,是产品快速流通、大量流通的关键所在。

(2)**"市场"**,即买卖双方进行交易的场所。在《周易》中就有了市场的雏形:"神农日中为市,致天下之民,聚天下之货,交易而退,各得其所。"哪里有社会分工和商品交换,哪里就有市场。随着社会分工的不断细化和经营场地、经营思路的不断拓展,在庄子的时代就有"桂鱼之肆"和"屠羊之肆"之说,今天行业划分更为细分。同时,还有买方市场、卖方市场、低端市场、高端市场、农村市场、城市市场、区域市场、全球市场、国内市场、国际市场、竞争市场、垄断市场、商品市场、人才市场、现货市场、期货市场、实体市场、网络市场、产品市场、资本市场等。购买者与购买力、购买欲望,决定着市场的规模与容量。

我们通常说,"残酷的市场竞争"。在产品同质化异常严重的今天,小企业与新产品往往很难进入市场。但是,市场真的完全饱和了吗?道商智慧要求我们,要学会由表入里,由此及彼,善于把目光穿透表面现象看到更深入的细微层面。一旦我们掌握了大小、远近、美恶、虚实的阴阳转化能力,我们就具备了无中生有的创造智慧,就能够在"众人熙熙""众人攘攘"的恶性竞争与拥挤争夺中,独辟蹊径,发现属于无人区的蓝海市场、绿海市场,从而获得不争善胜的利益独享。从大处构思,从虚处寻觅,从小处立足,从细处把握,就一定能够寻找到属于我们的市场机会。

(3)**"价格"**,是以货币为表现形式,为商品、服务及资产所订立的价值数字。价格是价值的货币表现,也是"产品—市场"的走向中的关键因素。价格分高低,产品在市场中的定价如何,完全可能影响到整个公司的发展、存亡。价格的制订确立及波动变化,与生产成本、价值赋予、市场需求、营销策略、推广时期都有着极大的关系。随着经济全球化和区域贸易自由化的迅速发展,国际市场竞争日趋激烈。对于缺乏很强品牌、技术优势的出口方来讲,商品价格必然成为主要的竞争手段。前些年,许多中国企业为占领国际市场,不惜采取低价出口策略,以八亿件衬衫换回一架波音飞机,是发人深思的。如果一昧采取盲目的低价策略,受损的将不仅仅是厂商的收益,包括了市场秩序、国家的声誉,甚至会引发国际贸易限制措施的打压,造成巨额附加值的流失和长期的机会损失。

传统道商思维"取什一之利""薄利多销""不敢居贵"不失为一种坚守与智慧,新时代的道商在太极思维指导下,综合权衡数量与质量、快速与慢速、机械与手工、有用与无用、开放与限额、创新与复古等环境因素，厚利少销，敢于居贵，同样是可取并可行的。如何选准时机进行定价、涨价、降价，有很深的技巧。

（4）"渠道"，原本指水流的通道，后被引入到商业领域，引申为商品的营销通路与流通管道。美国营销协会（AMA）对渠道的定义是：公司内部的组织单位和公司外部的代理商、批发商与零售商的结构。渠道设计的好坏，直接影响到企业的收益与发展，一般而言，渠道越长、越多，企业的产品市场的扩展可能性就越大，但与此同时，企业对产品销售的控制能力和信息反馈的清晰度也越低。

国内营销专家指出：在新的形势下，渠道的边界正在逐渐融化、打破，各种跨行业通路正在得到广泛应用，产品渠道与传播渠道正在进行交叉组合，使商品到达消费者的渠道越来越丰富和有效。在道商丹法中，渠道设计通常可以分为直线渠道、曲线渠道；纵向渠道、横向渠道；自有渠道、合作渠道；利益渠道、价值渠道；现实渠道、虚拟渠道；单一渠道、复合渠道等。

（5）"促销"，也称销售促进（SP），指企业向消费者或用户传递和沟通产品或服务的有关信息，帮助消费者认识产品或服务给消费者带来的利益，促进和影响人们的购买行为和消费方式。简单地说，促销就是确定促进销售的方式方法。在商业经营和事业推广中，利用足够的利益做诱饵，能够打动和改变目标对象原本冷漠、无视的看客心理，在极短的时间内调动其消费欲望，培养和激活其参与兴趣，改变和阻击竞争者的市场扩展力度，加速市场占有率。同时，市场、渠道和终端客户因为促销带来的利益驱动，也会改变调整合作参与方式，实现密切关注、大力支持和大量购买，在增加产品销量、制造社会话题的同时，营造热销之势。通常情况下，促销采用的方式有无偿赠送、免费体验、优惠购买、特价抢购、买一送一、抽奖吸引、娱乐参与、话题制造等。

《黄帝阴符经》称："天性，人也；人心，机也。"营销的本质是如何洞悉并抓住用户的欲望需求，并予以满足。老子告诉我们，"上善若水"。要像水润泽万物一样，去满足消费者的消费欲望，就必须站在消费者和市场的角度，"以百姓心为心"，为目标对象提供产品和服务。百姓心是如何的呢？老子说："五色令人目盲，五音令人耳聋，五味令人口爽，驰骋田猎令人心发狂，难得之货令人行妨。"现实中，人性的弱点也不少：贪婪、好色、求玄、猎艳、崇拜、嫉妒、无知、迷信、懒惰、虚荣、恐惧、难抵诱惑、热爱免费、害怕孤独、随波逐流等等。越国大夫文种曾说："高飞之鸟，死于美食；深泉之鱼，死于芳饵。"孔子也说："走者可以为罔，游者可以为纶，飞者可以为矰。"关于人性的一切弱点，正在被精明的商家加以利用放大和开展无孔不入的营销。在道商丹法中，根据五色、五音、五味的细分延伸，及七情六欲的概念深化，利用"眼、耳、鼻、舌、身、意"六根对应，从色彩创新、视听效果、气味散布、品鉴感受、现身说法、氛围营销等方面构建促销策略，必将能创造"过客止"的奇观，真实俘虏和深刻影响消费者的内心世界。

（6）"服务"，是为客户提供价值的一种手段，使客户不用承担额外的成本和风险就可获得所期望的结果。市场营销的宗旨就是以顾客为中心，所以如何对待顾客进行服务，也是营销取得成功的核心内容。格隆罗斯认为，"市场营销是在一种利益之下，通过相互交换和承诺，建立、维持、巩固与消费者及其他参与者的关系，实现各方的目的。"要实现共同的利益，建立、维持、巩固各方面的关系，就要以人为本，善于服务。

《道德经》告诉我们，"后其身而身先，外其身而身存。"文子说："夫道，退故能先，守柔弱故能矜，自卑下故能高人，自损弊故实坚，自亏缺故盛全，处浊辱故新鲜，见不足故能贤，道无为而无不为也。"世界上没有尽善尽美的产品，市场永远在变，人心的变化永远难以把握。如果我们只去适应市场的复杂波动和无尽变化，永远处于被动，谁能赢得用户的心，谁就能赢得市场。顾客的后面还有顾客，用心而真诚、细致服务的开始才是销售的开始。在今天，企业之间的竞争越来越多地表现为服务竞争。但是，服务态度分真伪，服务质量分优劣，服务也并不是简单的妥协和顺从，对消费者的教育、引导和价值成就，也同样是服务的重要内容。如何通过服务来维护顾客情感，保持竞争优势，是一门需要"用心"的学问。

（7）"广告"，即广而告之。李奥贝纳称，"做生意的唯一目的，就在服务人群；而广告的唯一目的，就在对人们解释这项服务。"好产品的质量并不是自己认可就行，关键是得到市场或消费者的承认。广告的目的，就是以一定的信息内容、信息数量、信息渠道、信息形式，向最广泛的目标群体或消费对象传达事业、企业或其产品的价值主张，以达到引起社会关注，推进事业发展，实现利益增收或价值增值的目的。

广告传播要把握什么要素呢？一类是显性要素，它通过信源、信息、媒体、通道、对象和反馈，扩大广告文化的氛围，强化广告的全面功能。另一类是隐性要素。它通过情感因素、心理因素、时空环境、文化背景、权威意识进一步拓宽广告文化的功能。根据道商的太极图思维模式，广告还可以分为公益广告、商业广告；实物广告、媒体广告；户外广告、室内广告；动态广告、静态广告；平面广告、立体广告；流动广告、固定广告；图文广告、音像广告；强势广告、柔性广告；高雅广告、恶俗广告；单一广告、整合广告；传统广告、新概念广告等。对于企业来说，广告宣传该如何创新，铺天盖地的广告宣传之后，是否能够达到满意的效果，都是一个未知数。要达到一呼百应的效果，必须通过精心策划，在充分领悟并借鉴道商六图模式的前提下，以"善战者不怒，善胜人者不争"的境界为智慧修养标准，或独立诉求，或多元组合，或守一不变，或系列贯通，以"出其不意、攻其不备"的方式，抢占"耳、目、口、心"四大战略高地。

营销大师特劳特在《营销战》里说："营销战就是一场思想战，战场不在别的地方，而是在人的大脑里"。营销七环，环即环绕、旋转。在市场的瞬息万变中，一定要以灵活无拘的状态为常态，以首尾相顾的策略为呼应，环环相扣，圈圈衔接，才能步步为"营"。

3. 营销之术，主要表现为"九转"的阴阳转化模式

道商的营销之术，主要来源于对《道德经》思想为总纲要的具体应用。

《道德经·第二章》说："有无相生，难易相成，长短相较，高下相倾，音声相合，前后相随。"一切事物，都有它的阴阳面，既对立又统一，在矛盾中构成和谐和平衡。从"因"到"果"形成一个逻辑链条，从"果"到"因"也是一个逻辑链条。相反者自然相成，相逆者自然相抱，地球是圆的，顺着相逆方向一直前进的两个人，有可能最终会在一个点上相遇，这就是"殊途而同归"的道理。

宇宙万物，都在道的作用下向反面转化。道商丹法的"丹成九转"，转，即转变、转动、转化、扭转的意思。为什么要"转"呢？这是因为：当一"因"多"果"的情况下，因果逻辑思维就可能发散，容易迷失方向。而反过来从"果"到"因"思维，就可能快速找到最短的思维途径，进而拟定出最简捷的操作路线。

一阴一阳之谓道。道商知识体系中的"营销结丹"系统，其九转策略又称"太

极九式"。它们分别是：无中生有式、化朽为奇式、借虚入实式、倒行逆施式、分合有道式、以小搏大式、转危为机式、由此入彼式、物我两忘式等，虽名九式、虽称九转，然而太极之理是万变无穷的，"任君开展与收敛，千万不可离太极。"所以九转也是循环万转，无休无止的。

《道德经·第三十六章》告诉我们："将欲翕之，必固张之；将欲弱之，必固强之；将欲废之，必固兴之；将欲夺之，必固予之。""物或损之而益，或益之而损。"太极在不断转化，我们的一生也充满着变数。虽然现代营销学所罗列的营销之术非常繁多：传统营销，网络营销，差异化营销，整合式营销，捆绑式营销，教育式营销，情感性营销，病毒性营销，活动营销，论坛营销，家庭营销，电话营销，个性化营销，会员制营销，微博营销，微信营销，互联网概念下的新营销等等，但仍可以太极阴阳之理来诠释和归纳。要成为具有大成功的智者，一定要通晓辩证法，知道阴极必阳，物极必反的事物规律。老子把这都称做"微明"，即微妙的高明。

《周易·系辞》称，"富有之谓大业，日新之谓盛德。生生之谓易，成象之谓乾，效法之谓坤。极数知来之谓占，通变之谓事，阴阳不测之谓神。"如果我们能够领悟到"化而裁之谓之变，推而行之谓之道""变而通之以尽利，鼓之舞之以尽神"的变化、变通思想内涵，就能达到神而明之的阴阳不测状态。正如戚继光《纪效新书》中说："遇敌制胜，变化无穷，微妙莫测，窈焉冥焉，人不得窥者谓之神。"

除上述"太极九式"的营销之术外，道商营销系统的法还有各种奇术奇法，如"有极法""五贼法"（五贼在心，施行于天）"七六法"（七情六欲）"三要法"（九窍之邪，在乎三要），及热点引爆法、剑走偏锋法、欲擒故纵法、以稀为贵法、以慢为优法、薄利多销法、恐惧放大法、喜感刺激法、义愤填膺法、懒惰生利法等。

在营销之术中，我们还要掌握好点与线、争与合、先与后、内与外、名与实、引与推之间的辩证关系。如何聚焦吸引点、制造概念点、强化诉求点、放大差异点，营造依赖感，需要道商去用心揣摩，紧扣时代变化和人心动向的旋律。常人只知道顺从顺行，顺应自然之势，却不知真正的大英雄，都是善于倒行逆施、迎难而上的。虽然能够娴熟运用"太极九式"去主动创造价值需求的道商，总是显得那么凤毛麟角、寂寥星辰。可他们一旦出现，就意味着开创出了一片崭新的天地，并且往往带领企业成为新产业或新行业的标志性领袖人物。

《庄子·大宗师》说："鱼相忘乎江湖，人相忘乎道术"。鱼通水性是天生的、自然的，而人通万物之性则要靠道术，道商营销的最高境界，就是无为之为，不销之销，天下风靡，自然而然。

《混元圣纪》说："自至尊上帝，莫不由金丹而得道。"通过道商丹法的"九转七环"，我们在满足社会消费需求（利人）的同时，也实现了自身的商业价值（利我）。在阴阳两利、盆满钵满的状态中，道商的核心价值——"利一"，也得以彰显。这将是深根固蒂、真我复苏、丹光溢彩、花开果结的喜庆时刻。

后世丹经每言"金丹"，皆称先天一气。而道商之"金丹"，亦名"天下同利"。道商的真我，一定是具备道体和善心的。

七、身外有身，品牌炼神

品牌是商业经营的核心要素之一，也是保持竞争优势的重要利器。品牌之所以被人推崇倍至，是因为其具有巨大的无形资产，可以在消费者心目中赢得更多的信任、树立起更好的形象，消费者往往只为品牌特别是名牌而消费。在产品同质化越来越严重的今天，品牌的神奇作用愈发凸显。

狭义的品牌，是制造商或经销商加在商品上的品名标志。"品牌"这个词来源于古斯堪的那维亚语 brandr，意思是"燃烧"，指的是生产者燃烧印章烙印到产品。科特勒认为，"品牌是销售者向购买者长期提供的一组特定的特点、利益和服务"。广义的品牌，是具有经济价值的无形资产，也是产品给予消费者们具有独特的、长期的、能够被快速识别认知的价值系统。

金丹成，丹光就会照耀苍穹；元婴显，真身就会向外巡游。在营销结丹之后，企业会因为营销系统的循环运转而获得造血功能，得到经济利益或社会效益的大幅度提升与持续增长，实现可持续发展与产业增值。与此同时，被贯注了企事业"法人"意志的真我（元婴），也在市场中被赋予和体现出独特、鲜明的性格，"好产品自己会说话"，整个经营活动开始变得生动起来。如果说，有形的产品体现出企事业发展的"形"和"体"，品牌则是企事业发展的"神"与"魂"。要想让企业一劳永逸地实现长远盈利，要想将产品卖到天边，卖到我看不见、去不了的地方去，卖到客户的心里去，这就需要进一步进行"品牌炼神"。我们可以借鉴于丹道中"元婴出窍，身外有身"的裂变和扩展效应，来主动树立品牌意识，强化品牌价值，将营销结丹之成果，进一步培育为"元神""圣胎"。在"足不出户，传行天下"的品牌运作中，通过品牌传播深入到消费者的心里去，让消费者、社会大众对企业及产品产生培育出坚定的价值信仰。

在道商丹法中，品牌炼神包括"**品牌内容**""**品牌阶段**""**品牌核心**"三部分。

1. 品牌内容，主要分"品"系列和"牌"系列

品				
（甲）品名	（乙）品相	（丙）品质	（丁）品鉴	（戊）品位

品名： 即品牌的对外名称与通用称谓。《说文》说："名，自命也。"要成为品牌，首先要有一个代表着商品特定属性的品牌名，这是品牌最基本的含义。管子曰："物固有形，形固有名。"在品牌运作中，是先加工、制造出实物产品，然后根据产品的外观形象、功能用途来再设计品牌名，还是先构思提出品牌名称，再根据品名来创意、调整产品外观，并没有一成不变的固定法则。

在道商事业体系中，"吉祥象数设计体系"通过充分运用中国传统文化中的阴阳、五行、八卦、十二生肖等文化元素，结合经营主体的行业属性、产品特性、价值个性及经营者的相关信息，利用阴阳对称原理、五行（五色）冲合原理、八卦归属原理，及文字、词语的音韵、意韵、信息，为品牌设计学奉献出了具有鲜明特色和吉祥涵义的原创理论体系。

品相： 即产品的外观设计、形态特征、创意特色等。对产品来说，消费者看到的首先是它的外观，其次才会了解到其内部结构、使用方式和价格贵贱。那些造型精巧美观，形态生动有趣、构思新颖独特的产品，不仅能够给人一种美的享受，而且能使顾客产生信任感，是产品进入市场后第一时间抢占消费者眼球的有力手段。那些技术性能虽好却外观丑陋，给人粗糙、拙劣感觉的产品，是难以让人内心接受并成为大众喜爱的品牌的。

产品的"品相"，取决于产品开发者的创意思维与价值观念，除大众内心认可的产品形态外，与新旧技术、包装材质、色彩改变、功能增减、使用方式、地方背景、文化赋予,及某一特定时期的社会热点的组合嫁接,有着紧密的内在联系。

品质: 即品牌产品的质量,主要表现为产品的"真实性""标准性""安全性""耐用性""服务性"。以次充好,以假乱真,以劣代优,以土充洋,以旧替新,以山寨假冒正品,这都违背了品牌的真实性原则。不管那个行业,领先的品牌企业莫不追求技术的突破、超越与完善,以充分保证产品品质的"真""善""美"。如果产品的真实性、标准性发生问题,那么它的安全性、耐用性和服务性就要大打折扣。

品鉴: 即品牌产品的用户体验与身心感受。重视用户体验是一种"以百姓心为心"的道学思维,我们只有重视消费者、研究消费者,才能征服消费者。在品鉴方式中,一种是在自我的主导下,通过主观意识的策划与定义,帮助消费者做出体验感受,得出品鉴结论。另一种是在消费者的参与下,通过免费试用、现场感受、信息反馈,进一步促成付费购买。或在取得体验者授权的前提下,将试用、品鉴的身心感受、效果作用,通过一定的媒介渠道进行传播发布,完成广而告之的传播行为。

在品鉴的策略应用中,需要从"眼、耳、鼻、舌、身、意"六根进行切入。

品位: 即产品的格调、档次和价值体现。品牌最持久的含义和实质是其品位、价值和个性。不论一个产品怎么好,它的材料材质都是可以替代的,工艺技术都是可以超越的,功能用途都是相对的。伴随着时代的变迁,与科学技术的发展,经济收入的提高,竞争对手的强大,以有极图的单向实用主义为追求的品牌都将被取代和淘汰,而那些被充分赋予了独特文化内涵、思想主张和人品性格的人文品牌,则将成为一个时代或群体的精神符号,而长屹于世。品牌拥有了品位,就在社会和市场中有了自己的归属领地,就具备成为名牌、王牌的人文基因,可以强化消费者的信任度、追随度、忠诚度,使企业在与对手竞争中拥有了后盾基础。所以,最高层次的品牌,一定是气质的发散与传播,是品位的领航与掌控。

牌,从片,从卑。"片"指锯开的木头的一半,泛指扁而薄的东西。"卑"意为仿真品、模拟品、替代品。"牌"的本义是实物模型或授权凭信,如腰牌、金牌、令牌等,也指代替实物展示的文字说明。

道商"品牌炼神"系统中,我们还可以把"品牌内容"分解为以下五牌。

牌				
(子)底牌	(丑)正牌	(寅)出牌	(卯)名牌	(辰)王牌

底牌:是一个企业或产品的扎根发展之地,是企业或品牌的底气来源。"九层之台,起于垒土。"因地制宜地去提炼品牌背后的人文历史和概念元素,发掘品牌故事,制造品牌亮点,是支撑"品牌炼神"的根砥与基石。

正牌:是企业或品牌的正面性形象塑造。品牌的形象策略,是组织和个人为了确立自己在社会公众心目中的形象而采取的一系列有计划、有效益的行动。《黄帝四经》说:"故唯执道者能虚静公正,乃见正道,乃得名理之诚。"在品牌策划中,树立"正牌"形象是企业的一件大事,它小则影响企业的名声、产品的销售,大则影响企业的信誉、经营的成败。

出牌:指一系列能够产生品牌积累与品牌价值的推广策略。它包含:品牌构建策略;品牌经营策略;品牌传播策略;品牌竞争策略;品牌管理策略;品牌转换策略等。道商的出牌策略非常丰富,既可以简而言之为"奇""快""稳""准""狠"五字诀,同时还有专门的系统方法,如道商的"符号兵法"和品牌"三战法则"。

品牌"三战法则",是根据道教"三尸神"概念而加以创新的。道教以三尸神分别对应三种欲望,上尸让人产生思欲,故品牌策略则有"思想战"对应;中尸让人产生食欲,故品牌策略则有"实用(功能)战"对应;下尸让人产生性欲,故品牌策略则有"冲动战"对应。这"三战法则"实为品牌经营中,针对三种不同消费群体及消费习惯的出击策略,其最高境界是征服目标群体的肉体感受与精神意志。

名牌:即在市场上具有广泛知名度和美誉度的成熟品牌。通过品牌策略的系列"出牌"手段,其真实目的是希望将品牌从散乱无名的"底牌"上升为"正牌",再从"正牌"迈入"名牌"。品牌成为名牌后,就能体现出产品的品质和品位,代表着企业的信誉与地位,可以使消费者因为品牌的知名度、美誉度而不断重复购买和持续消费,培育出品牌忠诚度。品牌持有者也可凭借名牌效应,吸收资本资源,进行市场扩张、获取更大利益。

《黄帝四经》称:"名实相应则定,名实不相应则争。"真正的名牌必须是市场的认可和消费者的认同,那些仅依赖于某些行业组织评奖产生的名牌,是毫无意义的虚名。

王牌: 即不争而胜、不战而威的领袖地位。洛克菲勒说:"如果把我剥得一文不名丢在沙漠的中央,只要一行驼队经过——我就可以重建整个王朝。"美国可口可乐公司前任董事长罗伯特曾说:"只要'可口可乐'这个品牌在,即使有一天,公司在大火中化为灰烬,那么第二天早上,企业界新闻媒体的头条消息就是各大银行争着向'可口可乐'公司贷款。"由此可见,品牌之所以被人推崇倍至,是因为其具有巨大的无形资产。真正的财富并不是一连串的银行数字和堆积如山的实物,而是一种思维方式,是一项事业的千秋延续,一份文化的代代传承。

古人说:"陶朱事业,子贡生涯。"《黄帝四经》说:"达于名实相应,尽知情伪而不惑,然后帝王之道成。"当年商汤只不过是一个仅拥有七十里地的小诸侯,但是他善于遵循中和之道,任用伊尹为相,打着为天下"除残去贼"的旗号,把天下英雄都招募到自己的身边,训练士卒,带领诸侯的军队讨伐夏桀,最后老百姓都唱着颂歌来归附于他。

在道商的世界里,真正的王牌是"陶朱世家"以道经商,富而好德的金字招牌,是"我不求财而财自来"的商业成就,是"藏天下于天下"的财富思维,是众口铄金薪火不息的思想传承与事业延续。

2. 品牌阶段包含有"聚神、养神、净神、炼神、运神、守神"六大过程

精神的壮大推动着事业的发展和个人的成就。范蠡曾说,"有百里之神,则有千里之君;有千里之神,则有万里之君。"作为道商,我们在进行企业的品牌炼神时,需要把握什么样的原则,经历哪些阶段呢?

《道德经·第十章》曰:"载营魄抱一,能无离乎?抟气致柔,能婴儿乎?涤除玄览,能无疵乎?爱民治国,能无为乎?天门开阖,能为雌乎?明白四达,能无知乎?生之蓄之,生而不有,为而不恃,长而不宰,是谓玄德。"

①**聚神阶段:** 这个阶段也称"五气朝元",为品牌构筑期。从品名、品相入手,将融资取材的五方资源,管理运化的五大系统,营销产出的五条渠道,集中在企业的战略目标与生态定向中,以专注之力统筹优势资源,为品牌建设服务。

如果能够调和阴阳,使企业在运作过程中,各个环节都能正常有序,平衡和谐,团结一心,这是创建真实不虚品牌的第一步。

此阶段的整体原则可以概括为:"营魄抱一,能无离乎?"

②**养神阶段:** 这个阶段也称"温养",为品牌培育期。缓缓施功,循序渐进,从从底牌、品质入手,一方面从外环境中深度发掘独特的品牌文化,另一方面从内环境入手铸造规范品质保障。守雌用柔,看似无为不争,实则自强于内。

此阶段的整体原则可以概括为:"天门开阖,能为雌乎?"

③**净神阶段:** 这个阶段也称"沐浴",为品牌优化期。在对品牌进行提炼净化时,我们应删繁就简,洗涤和清理我们头脑中的固化思维与狭隘陈见,摈弃和净化品牌炼神过程中的浮躁虚妄与奸巧伪智,站在"以正治国"的高度,以"正牌"思维看待品牌发展问题,避免出现瑕疵和过错。

此阶段的整体原则可以概括为:"涤除玄览,能无疵乎?"

④**炼神阶段:** 这个阶段也称"九年面壁",为品牌强化期。品牌的形成,是企业经营和管理者投入巨大的人力、物力甚至几代人长期辛勤耕耘建立起来的与消费者之间的一种信任。企业在品牌经营中,决不能盲目贪求品牌在一夜之间壮大起来。就像瑞士斯沃斯手表公司在其品牌经营中,就决不滥用"瑞士制造"概念,而是严格规定其产品只有在瑞士国内生产、加工、组装的产品才可以使用。多年来严格的质量管理和工艺要求,使之产生了浪琴、雷达、欧米茄、劳力士、天梭等一个个如雷贯耳的著名品牌,建立了无可匹敌的质量信誉,以其华贵的品牌个性几乎垄断了全球高端手表市场。

在"炼神"与"出牌"的过程中,以"九年"的长期性,"九转"的突破性,"九鼎"的延伸性来强化品牌家族实力,不断创造消费者广泛参与的"品鉴"机会,用真实的用户体验和需求反馈,来补充品牌能量,扩大品牌影响。从地方到全球,从短期到长期,从单一到系列,从生产到经营,从弱势到强势,从攀附到输出,从个人到社会,从企业到事业,从商品到文化,等等,在品牌系统母子相生的层层突破中,实现品牌的真正价值。

此阶段的整体原则可以概括为:"爱民治国,能无为乎?"

⑤**运神阶段:** 这个阶段也称"三华聚顶",为品牌辉煌期。道商体系中的"三华",既是品牌本身的"精、气、神"光华四射、令天下仰望膜拜;也是品牌"三战"中的"思想战""功能战""冲动战"在消费市场中的全面覆盖,一揽无遗。

同时,也是企业家自我成就所实现的"财富""地位""荣誉"三种光华笼罩。当品牌成为名牌后,你还能以谦虚、低卑的"无知"心态,去不断适应新的时代环境和竞争形势吗?我们面对用户的意见反馈时,还能真诚接受外界的批评和质疑,从善如流吗?

此阶段的整体原则可以概括为:"明白四达,能无知乎?"

⑥**守神阶段**:这个阶段也称"身外有身"。在品牌成为名牌、王牌后,我们能否以"生之蓄之,生而不有,为而不恃,长而不宰"的胸怀,保持柔弱,守住初心,像初生的婴孩一样含德守淳,以饱满而充沛的品牌活力和生命力,迎接每一天、每一步的成长。

此阶段的整体原则可以概括为:"抟气致柔,能婴儿乎?"

3. 品牌炼神的所有核心奥秘,可概括为一个"信"字

何谓"信"?《白虎通·情性》曰:"信者,诚也。专一不移也。"《国语·晋语》曰:"定身以行事,谓之信。"管子也说:"质信以让,礼也。"在中国传统文化中,"信"为五德之中的中央土德,代表着厚重、稳定、坚固与承载。

《黄帝四经·十六经》载:"昔者黄宗,质始好信,作自为象,方四面,傅一心,四达自中,前参后参,左参右参,践位履参,是以能为天下宗。"

道家认为,"信"就是真一,也是黄帝、黄宗、黄庭神的代名词。以信立品,以信出牌,一定能成为"天下宗"——放之天下而皆准的核心价值观。

信,可以理解为信心、信用、信念、信义、信仰、信服。《黄帝四经》曰:"诺者,言之符也。""信者,天之期也。"道商要想品牌经营取得成就,成为商业世界的王牌,必须从"信"上入手,激活信心,建立信用,构筑信念,施行信义,强化信仰,让市场与消费者信服。只有深信不疑,才能精益求精;只有守信重约,才能不负使命;只有取信于人,才能长立不败之地;只有信义著于四海,才能生意畅通全球。

《道德经》告诉我们:"重积德,则无不克。"只有我们以"重积德"的人品,来制造产品,经营商品,交易货品,才能以商显道,纠正世风,品行三界,德配天地。

八、还虚合道，文化生利

古语有云："修道者多如牛毛，得道者少如麟角。"在完成"品牌炼神"后，道商该如何培养出消费者对品牌忠贞不渝的感情，让品牌升华成为文化信仰，这是每一个品牌和每一位道商的终极使命。要完成这个过程，就必须从"身外有身"的品牌炼神阶段，进入"还虚合道"的文化生利系统。

中外辞书大典对"文化"的通用定义是："文化是人类所创造的物质财富与精神财富的总和。"文化既然是一种财富，属于人类共同创造、共同拥有的劳动成果。那么，道商传承文化、创新文化、传播文化的过程，也就是创造财富、实现利益的过程。

在道商知识体系中，"文"与"化"两个字，饱含着道学思想与商业经营的的核心奥秘。

"文"，从玄从爻，代表着宇宙间万事万物的运动轨迹、运行线路和信息纹理，它们的运动变化与生成演化法则，可以总结归纳或描述成为阴阳二气的交易现象与交往行为，用图像表示即是"乂（yì）"。上古时代，文字与符号是一体的。《尚书序》曰："古者伏羲氏之王天下也，始画八卦，造书契，以代结绳之政，由是文籍生焉。"代表阴阳二气运行轨迹的纹理路线，也是"象"。但这种"象"和"图"并不是我们肉眼看到的有形之象，而是事物在"玄之又玄"的微观层次的阴阳变化。"圣人有以见天下之赜，而拟诸其形容，象其物宜；是故谓之象。"在中国古代圣人的眼里，天地之道，不外乎阴与阳。阴阳相推而生变化，所谓的物质财富与精神财富，利益与亏损，供应与需求，都是阴阳的相生、相胜、相错、相推的诸般交往交易行为。

"化"的字形，是两人相背转化，具有变化、转化的意思，代表着宇宙间阴阳两种事物运动变化的结果。"物生谓之化，物极谓之变。"化，是新事物、新产品、新产业从无到有的产生过程；变，是旧事物、旧产品、旧产业从小到大的盛极而衰过程。管子称："渐也，顺也，靡也，久也，服也，习也，谓之化"，代表着"渐进、顺从、磨炼、熏陶、适应、习惯"的整体过程。

荀子告诉我们："神则能化矣。"老子则言："化而欲作，吾将镇之以无名之朴。"以道经商的道商们，不但要知"变化之道"，更要主动地去识别、左右和掌控"变化之道",才能获得鲲化为鹏的生命升华。在道商丹法系统中,通过创业筑基,我们客观而清楚地认识了自我,然后借助于战略布局的"铸鼎安炉",给企业的生命发展接通了"道"的程序。此后,无论是其生态立向、融资取材、管理运化、营销结丹,都围绕此虚无之"道"而演化推行,由"虚无"中去诞生"实有"。从营销结丹到品牌炼神,变化又开始了。这个过程又将"实"渐渐转入"虚",由生产工艺到品牌经营,由技术领先到理念制高,由产品销服务到氛围营造,由经济利益到社会效益,由实物资本到智慧资本,由钱财流动到思想流动,由企业家到事业家,等等,在虚实互补、虚实转化中,强大的品牌文化(王牌)必然会征服消费者,促使产品消费成为一种文化的自觉。

这一步程序,就是"教行於上,则化成於下"的文化生利。

道商丹法系统中的"文化生利",在中国道商事业体系中的完整阶段主要表现为:

阶段	道商使命	完成环节
一	以道启心	战略布局
二	以心启智	生态立向;管理运化
三	以智启财	融资取材;营销结丹
四	以财启众	品牌炼神
五	众皆归道	文化生利

中国古代思想家认为,"文以载道。"在道商丹法系统中,文化的结构层次主要包含有:个体文化;团队文化;社会文化。

1. 个体文化

个体文化具体表现为某一事业、企业及品牌的创始人,或形象代言人及主要经营管理者的个人风貌,言行举止,行事风格,精神理念,价值追求,亦即道商的"身态文明"。

"一滴水中见太阳。"个体,是折射和透视整体的通道。企业文化,在很多时候都表现为企业掌控者的个体文化,他们的喜怒哀乐,一言一行,深刻影响和左右着团队文化的建设。企业经营者如果表现出极强的控制欲望,凡事亲力亲为，要想实现"无为而治"的管理境界是很困难的；企业管理者如果推崇个人英雄主义或实用主义，那么充满人文关怀和舒适享受氛围的企业文化就难以营造。企业经营者的贪婪逐利、自私狡诈、暴躁浅薄、背信弃义、堕落腐化等不良行为一旦被识别和放大，无论其产品和技术多么具有竞争优势，都将会遭到市场的遗弃。

在未来的商业世界里，内在将主宰外在，人品将决定商品，企业家的言行举止，喜恶好憎，无不代表着所处企业的价值航向。顾况在《文论》中引用《周语》之略说："孝、敬、忠、信、仁、义、智、勇、教、惠、让，皆文也。"文以载道，文化承载和推行的是什么"道"呢？用现代人的说法，就是人类善良的天性，对美好事物的追求，和对社会、团队的责任感，亦即企业家精神。

在"以道经商"的过程中，道商们或刚强坚毅，或热情专注，或冷静睿智，或厚道淳朴；或拼搏奋斗，力挽狂澜；或怡情山水，热爱自然；或忧国忧民，乐善好施；或周游列国，贸易全球；或重情重义，慈孝仁爱；或助学兴教，广育英才，等等，通过调整修补、收敛隐藏、真实展现、刻意放大等策略，道商的个体文化与身态文明，会得到积极彰显，影响和改变企业团队文化、社会文化，为商人的价值塑造与人类的文明进步做出贡献。

2. 团体文化

在中国文化中，"文化"具有"以文教化"的功能，可以对人进行性情的陶冶，品德的教养，行为的规范，成功的辅导。团体文化又称企业文化，它既包含有团体的生产文化、物质文化、创造文化、创新文化，也包含有团体的制度文化、管理文化、行为文化，还包括团体的心态文化、生活文化、感受文化。

善治外者，必先安于内。管子强调，"凡牧民者，欲民之正也。"管理文化首先必须是一种传播正能量的文化，只有人心齐正，才能事业兴旺。美国著名智囊公司——兰德公司花费了20年的时间跟踪世界500家大公司，发现百年常盛不衰的企业有一个共同特征，就是树立了超越利润的社会目标，不以利润为惟一追求，他们都有一套坚持不懈的核心价值观，有一种崇拜式的企业文化，有一种有意识地灌输核心价值观的行为。

在道商看来，单方面的强调"狼性""竞争"和"创造"的有极图思维，忽略"柔性""互助"与"自由"的无极图思维，这样的团体文化是不健康的；

企业经营者一味强调外部用户满意度，却忽视或无视内部员工的满意度，这也是极不正确的。我们今天讲的以人为本，首先要以内部为本，以团体为本，企业的内部稳定远远要大于对外发展。管子告诉我们，可以通过"厚其生""输之以财""遗之以利""宽其政""匡其急""振其穷"等六个方面入手，培养团体成员七项符合于"义"的行为准则。这七项行为准则就是：孝悌慈惠、恭敬忠信、公正友爱、端正克制、勤俭节约、敦厚朴实、和睦协调。

只有家兴，才能业旺。对于企业来讲，只有多激发员工参与度，多关注员工满意度，多提升员工幸福度，让他们能够在企业中"甘其食，美其服，安其居，乐其俗"，企业才会有相对长远稳定与发展，才能在激烈的市场竞争中立于不败之地。故而，《孙子兵法》称："上下同欲者胜。"

团体文化的创建，是个体文化的延展与放大。所谓"上梁不正下梁歪"，代表团体的企业文化哪怕策划得再美好华丽，而代表个体的企业经营管理者各行其是，不予遵照，团体文化与个体文化就会背道而驰，企业文化就会流于表象，沦为空谈，得不到真正的执行推动。

3. 社会文化

社会文化即全社会的整体文化，通常指一个国家、地区或民族的文化传统、道德信仰、衣食住行、行为规范、知识素养、风俗习惯、价值风尚等。

文化如何才能实现生利？有人把公司经营分为三类：一类公司出售的是文化，二类公司出售的是服务，三类公司出售的是质量。在中国道商知识体系中，我们把"文化生利"的行为分解为两个过程：一是利用社会文化来代言企业或品牌，在背景中寻找前景，在文化中寻找商机；二是利用品牌或企业来创造文化，在前景中设计背景，在商业中酝酿文化。

事实上，当一个企业在进行商业贸易的时候，人们已经不只是把它看作是一种商业行为，而把它与文化联系起来。我们经常说到，开德国汽车，用日本相机，带瑞士手表，听荷兰音响，坐美国飞机，等等。这些说法，就把这些商品上升为一种世界广泛传播并认可的文化了。所以，企业文化的最高特征，就在于它不仅仅是一种商业行为而成了某种文化的象征。在美国很物美价廉的大众饮料星巴客，之所以能从一个微不足道的小公司发展成为全球的咖啡帝国，正是得益于其文化的演绎。雅斯培·昆德在《公司宗教》中指出："星巴克的成功在于，在消费者需求的中心由产品转向服务，在由服务转向体验的时代，星巴克成功地创立了一种以创造'星巴克体验'为特点的'咖啡宗教'"。雅斯培·昆德认为星巴克的"咖啡宗教"是由具有大致相同的人生情调、社会身份的人组成的一个共同体。

《唱道真言》说："夫道之要，不过一虚，虚含万象。世界有毁，惟虚不毁。道经曰形神俱妙，与道合真。道无他，虚而已矣。形神俱妙者，形神俱虚也。"只有虚，才能生与化，才能容与纳，才能用与藏，才有妙与趣。

九、长生永寿，企业上史

所有的商人都希望自己的事业永远"日不落"，但是，万事万物都有一个至高无上的特定法则，那就是"出生入死""有始有终"的自然生成律。面对全球家族企业普遍面临的"穷子孙"问题，如何才能突破自然规律的制约，避免"有到极处便是无"的阴阳规律，并相对长久地保持"盈而不溢"的大成境界，这是一个千古的难题。

身为道商，在家业、商业、事业的晋级中一路走来，从一位普通而无知的求道者、学道者，转化升级成为行道者、证道者、传道者，从无功无业到建功立业，从富己富家到富国富民，品牌的价值已经实现了"执大象，天下往"的感召力。从"还虚合道"的文化生利，进入"长生永寿"的企业上史，道商丹法又启动进入了由虚转实，由散到聚，由人到天的阴阳逆转程序中。

1. 丹法的目的：突破生死极限

长生永寿是道商丹法的最高成就。什么是丹法？中国道商知识体系认为，丹法就是道学思想在某一具体领域的应用方法与系统工程。

《金丹纂要》曰："金丹者，何也？无上至真之妙道，金刚不坏之义也。初非别物，本来一灵而已。此一点灵明永劫不坏，如金之坚，愈炼愈坚，所以道家谓之金丹。上士修丹之始，必借阴阳五行以成之，其后渐以阳火煅炼，真金养成。真金养成。真金纯阳之体，遍体生光，此金丹之真境界也。"

古代道家认为，通过丹道修炼，可超出生死的命数限定，不在阴阳五行的流转循环之中，而名登仙籍，长生不去。丹法之所以成为最高层次的"无上至真妙道",是因为整个宇宙都有着统一的根本法则,这就是道。广成子告诉黄帝:"我守其一,以处其和,故我修身千二百岁,形未衰也。"老子也总结说,"圣人抱一为天下式。"抱一其实就是执道,不论是自然界,还是人类社会,都必须遵循这一根本法则。故而,丹者,单也,一也。我们能否择一而从,执一而用,守一不败,用一生的精力干好一件事业,创造一个震铄千古的品牌,对道商来说,是一项艰巨的任务,也是一份高难的考验。

在道商看来,一个商业品牌或一项事业成果,能不能得到社会的高度认可,是否可以名载史册或万代传承,是它能不能成其为"伟大"的衡量标准。遵循天道的根本法则去做事,是历经千年而"形未衰"的有力保障。炼丹家眼里那永劫不坏的"一点灵明",在道商系统中或可理解为类似于"我是谁"这样的,人类与生俱来的终极使命与核心价值观。丹法修炼的主要目的是为了"不坏"与"生光"。"不坏"具有永续经营的意思在内,"生光"则要求企业或商业品牌要一直保持有品牌的光辉形象(美誉度)、神圣信仰与使命感召力。

《钟吕传道集》曰:"法效天机,用阴阳升降之理,使真水真火合而为一,炼成大药,永镇丹田;浩劫不死,而寿齐天地。"

要获得"浩劫不死"的大药,我们必须要掌握好"出有入无"的道学智慧。传统丹法中"阴阳升降之理"与"真水真火合一"的天机,道商则统称为"阴阳两利"。

2.阳之利:功盖天下,利益无边

在当前的社会环境里,由于个人私欲的膨胀和惯性利益的驱动,许多企业经营到一定阶段,总是希望将"蛋糕做大",他们迫切希望借助资本运作的手段,踏上股市的快车道,而使财富急剧暴增,这其实是一件非常危险的事。

老子警告我们说:"守此道者,不欲盈。"盈,就是圆满、充实、丰盈、全盛的意思,也就是事物发展到极致的鼎盛状态。道家忌"盈",正所谓"金玉满堂,莫之能守。"一件事情做得太满了,就会过犹不及,招致自然规律的夺损。事实上,无论是个人对自己肉身寿命的长生奢望,还是企业家对自己的企业或品牌的永续梦想,从本质上讲都是一种"自生"的自私行为,是局限于小我的"有身"认识。

在老子看来,"以其不自生,故能长生。"实现企业长生永寿的解决方案,首先要"不自生"。不自生，简单地说就是不为自己谋私利。那些既无服务于天下的战略使命，又无推动人类社会文明发展与进步的核心技术，只是希望借"上市"之名圈钱牟利，不择手段进行财富与资本巧取豪夺游戏的富商，必将是"金玉满堂，莫之能守"，遭到时代的无情淘汰和社会与民众的唾弃。

《吕氏春秋》言："贵富而不知道，适足以为患，不如贫贱。"中国从来就不缺少身家显赫的富豪，也不缺少好善乐施的好人，缺的是往往是既有钱又懂如何行善的有道之士。真正的长生久视之道，其表现形式是"莫知其极"。《道德经·第五十九章》说："莫知其极，可以有国。有国之母，可以长久，是谓深根固蒂，长生久视之道也。"

老子所谓的"莫知其极"，也就是"圣人不积"的另一状态，是范蠡"使财帛如流水"的大通。不自生，不积，是道家重点研究和秘不示人的持盈之道核心精神。不积，就是不当守财奴，要将自己多余的利益拿出来进行慈善救济，以弥补不足。不积，需要我们从思想认知上打破对自我利益的执著。管子感慨，"孰能法无法乎？孰能亡己乎？"老子也说，"吾之所以有大患者，为吾有身，及吾无身，吾有何患。"失败的根源在于对拥有的执著，无所谓拥有，也就无所谓失败。

如何才能长生永寿呢？老子告诉我们，"善建者不拔，善抱者不脱，子孙祭祀不辍。"文子则说："事无功德不长。"《庄子·应帝王》曰："明王之治，功盖天下而似不自己，化贷万物而民弗恃；有莫举名，使物自喜；立乎不测，而游于无有者也。"功盖天下而利益苍生的范蠡，财施于外，福生于内，他为何始终难以摆脱被财富追赶纠缠的命运呢？这其实源于他能够终生遵循老子"圣人不积"的教诲，在世界商业史上创下了十九年中连续三次裸捐的最高记录。喝水不忘挖井人，共同富裕起来的人们纷纷发挥品牌传播的作用，于是天下皆称道陶朱公。

所以，道家先哲们极力倡导的"不积"行为，并不是付出之后的没有、丧失与消灭，而是藏天下于天下的巩固、突破与扩容。当我们从"有我""有身"的品牌炼神状态，转换为"无我""无身"的文化生利阶段，这仅仅属于手段而非目的。真正的目的，是为了获得与道合同的大有与大通，拥抱与回归老子所看到的整体境界——"譬道之在天下，犹川谷之于江海。"

真正善于建立大言大功大德的道商，他们的利益是不能脱离天下百姓这个人心基础的。古今中外，只有有财富重责任、有资本厚道德、有地位善良知的企业家才能驰骋国内外,积累财富,服务社会,才会留名青史。道商的真正成就,不在上市而在上史;道商的真正追求,不在拥有而在大有。大有,不是独占天下利益的自我拥有,而是三千功满、八百行圆的财富共通和精神大通。

3. 阴之利:思想传导,德普无疆

任何一个伟大事业的背后,必然有着一种无形力量的支撑,这种无形的力量就是思想。道学思想认为,无形是有形的母体,思想是行动的先导。人类社会的每一次重大进步,都得益于思想的推动,与物质世界比起来,思想更具有久远性。

马歇尔在《经济学原理》中说:"不论科学艺术思想或实用工具中所体现的思想,都是历代相承的最'真实'的遗产。如果世界物质财富遭到破坏,而这种财富由此创造的思想却被保留下来,则它会很快地得到补偿。但是如果所丧失的是思想,而不是物质的财富,则这种财富会逐渐消失,世界复归于贫困状态。如果我们丧失了对事实材料的绝大部分知识,而保留了建设性的思想观念,则我们很快地重新获得这种知识;而如果思想消灭了,则世界势必复归于黑暗时代。"

《道德经·第三十二章》说:"道常无名,朴虽小,天下莫能臣也。侯王若能守之,万物将自宾。天地相合,以降甘露,民莫之令而自均。"伟大的思想总能被人各取所需地加工、炮制,最后转化为巨大的财富资本,通过各种不同的表现形式和承载方式,来为人类社会服务。所以,一个深刻领悟"无私"而"不积"的道商,并不仅仅体现在对所拥有金钱的驾驭流通上,它可以是物资,也可以是服务,可以是技术方法,也可以是思想观念,甚至可以是平台。庄子说:"天道运而无所积,故万物成;帝道运而无所积,故天下归;圣道运而无所积,故海内服。"运而不积的,更应该是思想的传播、推广与弘扬。

大象无形!一个真正的道商,他的身份也是变化而无形的。"名,可名,非常名。"道商既是商人的代表,也是道的化身,他可以在道学的思想家、道商的实业家、道术的创新家、道德的慈善家等多重身份中任意切换。

老子告诉我们,"故从事于道者,道者同于道,德者同于德,失者同于失。"自《道德经》问世后,它拥有过数以千计的注释者,以及400多个不同的版本,并被翻译成30多种文字,影响遍及世界。其传播之广、影响之深,让人叹为神奇!道家奉他为创始人,道教奉他为祖师,学术界称老子为"双父"(中国哲学之父、世界哲学之父),在宗教信仰者的心里,老子更是天地间逍遥自在、三清化一、

法力无边的神仙,是居住于三十三天之上的太上老君。道商之祖范蠡通过"传人"和"传家"两条途径,成功地打破了"富不过三代"的定律,实现了道商事业的基业长青。他在经商贸易上的相关思想,均被视作商界久久奉行的商业准则,每逢年节,商人都要悬挂一幅装裱讲究的范蠡圣像于中堂,点香焚烛后,再由长及幼依次向范蠡圣像行跪拜之礼,其"陶朱遗风"被永久地留传下来。

《黄帝四经》说:"功合于天,名乃大成,人事之理也。"管子曰:"人与天调,然后天地之美生。"在道商知识体系中,"合同"二字并不仅仅是商业合作中当事人双方相互制订、相互要求、相互制约的简单契约文书,它完美承载和体现了中国文化道商合一、人天相印、利害共担的全部奥秘。作为"先富起来"的群体,我们应将自我的一颗真心投入到为人类的文明、发展与进步中,为人类的幸福、美好生活而谋求。只有与天地合其德,与日月合其明,与阴阳合其序,与四时合其用,才能与道同运,与民同利,与圣王同其功,最终实现阴阳两利。也只有在这种自然无为的境界中,道商才能超脱一切个人主义、自私主义的荣辱得失思虑,让自己的心念通于天道,让自己的行为符合公道,永远不会面临失败。

《太平经》说:"夫道者,乃大化之根,大化之师长也。"老子则自称:"吾将以为教父!"道商的最高成就,是道商实业家与道商思想家两种身份的自由切换,是"有之以为利,无之以为用"的大开大阖,是阳利天下与阴利万物的兼爱无私,是功载史册与名登仙箓的大成永生。如何通过法财两施,来实现阴阳两利,五财并生,是中国道商知识体系永远不可被替代的核心主张。

第六节 道商事业体系的社会意义

道商丹法的核心理论基础是黄老思想。在数千年的历史长河中,黄老道学丹道体系的发展,正在经历"外—内—外"的演化过程。

从先秦时代天下风行的烧炼金石、秘制药饵的外丹术，到汉唐以来演为主流的运神采药、凝结精气的内丹术，道学思想中的丹法体系首先经历了"由外至内"的伟大探索与历史变革。这次变革促进了化学、中医学、药剂学、健康养生与人体生命科学的丰富与发展。葛洪、陶弘景等道学大家在其著作中就保存有不少早期化学制药的方法，孙思邈所制"太一神精丹"是世界医学史上最早使用砒霜治疟疾的良方。现传中医丹药的炼制有升、降、烧三种，皆由传统道家外丹术遗法衍化而来，被历代医药学家所继承和发展，推动了中医丹药的发展。

被誉为"万古丹经王"的《周易参同契》，是东汉著名黄老道学家魏伯阳奉献给社会的第一部内丹学理论专著。魏伯阳将人体真炁运行的规律同天地间日月运行、阴阳消长的规律统一起来，他把人体当作炉鼎，以《易经》的卦爻来对应人体真炁运行的规律，首开内丹学说之先河。此后，历代丹家都以此为核心理论进行了展开，从广度、深度上进行了继承发展。俞琰对魏伯阳内丹思想的评述说："道无不在，头头俱是。三圣如其度以作《易》，黄老究其妙以作丹。炉火盗其机而为烧炼之术。或著于言，或修于身，或寓于物。此皆仰观俯察，明阴阳配合之法；远取近用，得造化变通之理。"

今天，伴随着道商丹法的创建与提出，丹道学说又将经历一场"由内治外"的应用转化与历史变革。道商丹法体系的出现，是内丹术发展到极致的一种形式演变，也是在新的时代背景下，根植于黄老道学思想体系的丹道学说从内部的壮大走向外部的突破和拓展。道商取象于丹，巧妙地将事业、企业经营发展中的宏观系统和流程、环节、要点，与宇宙自然的阴阳运动规律对应，以生命健康之机外延为事业发展之理，以丹法佐证事业经营之法，以事业对应丹道修行次第，其大无外，其小无内，充分体现出中国道商知识体系对道学思想的传承、创新与妙用。

> 道教全真龙门派祖师丘处机对于丹道修炼曾作如下评价："夫上乘者，修真养性，苦志参玄，证虚无之妙道，发天地之正气，除尘世之冤愆，广行方便，大济阴功，只候三千功满，八百行圆，然后身超三界，位列天仙矣！或跨銮鹤而朝金阙，或驾彩凤而赴瑶池。千真恭敬，万圣护持，与天地同体，日月同明，岂不为出家人之大丈夫哉！"

我们认为：道商丹法的创建，其本质是属于"应用体系"的内丹学说正在朝着代表"思想主体"的黄老道学回归与汇宗的演变过程。但是，仅仅理解为简单的回归也是具有局限的，这场归返之旅，正是新的生命、新的体系、新的机遇的开始，是黄老道学"内以治身，以成丹；外以治事，以成功"的内外兼得，是古代丹家"三千功满，八百行圆"的人生大成。这场归返之旅，也必将对当前世界性的经济危机、生态危机、社会道德和信仰危机进行"化腐朽为神奇"式的修补，对具有中国特色、中国风格、中国气派的经济学、管理学、经营学的构建与发展，起到里程碑的意义。

第七节 道商事业体系的难点诀窍

孔子认为："政之急也，莫大于使民富且寿也。"让百姓生活富足与生命长寿，是天下最紧要也最值得去从事的大事。道商的生命体系和事业体系，就是让人们正确认识和打开财富、健康大门的两把金钥匙。

事有大小，业有成败。道家认为，"纵令堆金等山岳，难买仙宗半句机。"机，是事业成败开合的关键所在；诀，是古圣心口相传的核心要点。如果我们不识其机，不得其诀，纵然胸怀冲霄壮志，也难以入门。

在中国道商知识体系中，那些严重制约我们事业良性发展的难点关卡，主要体现为以下十二字（十二去）：庸、俗、浅、短、浮、躁、懒、散、贪、枉、顽、背。

1. 庸：资质不及

每个人在社会中都有自己独特的价值和存在意义，道商立身兴业之先决条件，首重于安身立命。知道自己该干什么，不该干什么，是否适合创业，"既然是松树，勿求结仙桃。"如果错误定位自己的人生方向，盲目借鉴他人的成功经验，就会迷失根本，遭来失败。

事实证明，历史上那些能够成就事业建立奇功的人物，往往非大英雄大豪杰莫属。如果我们资质平庸，根基不牢，智力不及，阅历不够，心性不稳，自身漏洞短板太多，道商谓之"炼己不纯"，是难以打造成其大器的。若能甘于平凡，找准价值，以其不争，反而容易获得另外一番属于自己生命意义的真正成功。

2. 俗：从众难立

独立的思考能力，对一项事业的推动发展极其重要。鹖冠子说："欲喻至德之美者，其虑不与俗同；欲验九天之高者，行不径请。"一个人如果缺乏独立的思考能力和与众不同的独特见识，只知道盲从大流，跟随模仿，虽可赢取眼前小利，但是难以大成。

古人认为，行成于思，而毁于随，观念决定事业成败。在想象力严重缺失的年代，社会中绝大多数人都在不断压缩自己的生存空间，禁锢自己的思维，不敢有自己真正的创新想法，也不敢将自己的创新思想付诸于行动。借用他人的话语权来向他人推广自己，这是当前中国知识学术界和经济学界所面临的一种困境。一个真正内心强大的人，总是善于从"处众人之所恶"的空白市场中，发现机遇，找准切入点，敢于想人之所未想，行人之所不行。

3. 浅：表面功夫

浅，即浅薄、浅表、粗浅的意思。

《道德经》告诉我们，"渊兮，似万物之所宗。"事物的本质与客观真相总是潜藏至深，需要我们以"玄之又玄"的深入精神，去不断发掘，深入探索。看问题不够深刻透彻，看不到事物发展的核心本质，或者做事没有有极图的恒心与钻劲，浅尝辄止，半途而废，不能持续深入，也是"浅"之症象。作为道商，一定要透过现象看到本质，透过所谓的管理、营销、品牌、技术一切有形的"子"系统，回归到最根本的大道思想。

4. 短：狭隘眼界

短，即短视、狭隘。事业成功需要立足深远，浅，代表着纵向立面的局限；

短,代表着横向平面的制约。

社会中的大多数人,属于"朝菌不知晦朔,秋蝉不知经年""睹秋毫而不见泰山"的群体。他们的目光不具备"望远镜""放大镜""显微镜"的特殊能力,对事物的发展进程看不到未来方向,看不到远景前途。作为道商,我们首先要从狭窄的视野中解放出来,从私欲的泥潭里抽身出来,以"执大象"的雄心壮志来铸造战略之鼎。如果我们不能够"为之于未有,治之于未乱",看不到一个行业、技术或思想主张在百年后的生存状态,进入不了无极图的大境界。当然也就囿于眼前利益,困于现实得失,难以放出超现实的"长线",谋不到"我不求财而财自来"的核心利益,完不成人生的大作为。

5. 浮:华而不实

浮,即轻浮、浮夸的虚假粉饰与概念炒作。

管子认为,"道之用也,贵其重也。"在现代的市场法则与营销理论灌输下,许多企业和品牌忽略了商业经营和技术研发的根本之道,他们热衷概念炒作,善于话题制造,追求眼球经济,喜欢虚假包装。盲从与媚俗,轻浮与虚假,恰恰是制约当代经济健康发展的最大障碍,也是造成经济危机和信用危机的美丽泡沫。

作为道商,要杜绝"声华实寡"的行为,切不可好高骛远,"毋为虚声""是故事者生于虑,成于务,失于傲",那些夸夸其谈的聪明人之所以难以成事,就是太过于务虚而失去了核心根本。取得一点成绩就会沾沾自喜,邀功自赏;打听一些信息就会故作聪明,改变航向。这样的企业,不但难以抵抗市场的风吹雨打,更会被同行鄙视而难以为尊。

6. 躁:胡乱折腾

躁,即轻举妄动,肆意施为,盲目任性,胡乱折腾。

事业常成于坚忍,毁于躁动。做事急噪,思考烦躁,性格暴躁,控制不了自己的情绪,就会犯下不可弥补的过失,在事业发展中丧失主动权和控制权。管子说:"乱国之道,易国之常,赐赏恣于己者,圣王之禁也。擅国权以深索于民者,圣王之禁也。"真正的领袖人物应当望之如山岳般的静穆稳重,如果治理者脱离和随意更改游戏规则,凭个人的喜恶和心情来随意发布指令,必将会因为"花样作死"而造成大业倾覆,大权失去。

7. 懒：业荒于嬉

懒,即懒惰、懈怠,荒废。

老子告诉我们,"上士闻道,勤而习之。"一个勤字,道破了诸多成功的奥秘;一个懒字,消磨了多少英雄的前程。古今中外,凡成就事业,对人类有作为的无一不是脚踏实地、艰苦攀登的结果。故而,鹖冠子曰:"君子不惰,真人不怠。"

8. 散：缺乏系统

散,即散乱、零碎、孤立、脱离。

唯物辩证法认为,世界是普遍联系、永恒发展的,内在的矛盾运动是事物发展的根本动力。所以,我们对这个世界的理解,必须建立在系统性思维体系之上,只有用全面、联系和发展的眼光看问题,才能找到最有效的解决方案。

在事业发展中,面对各种利益矛盾与利害关系,如果单向性、孤立性地看待问题,就会陷入表象化、浅层化的局限之中。因此,道商要掌握系统性、全局性、关联性思维,才不会断章取义,顾此失彼,造成事业发展进程的断链与脱节。有了系统思维,就可以组织串联起生活中的各种碎片化的灵感,管理和筛选各种外部信息来源,确定战略重点,明朗目标计划,排序先后顺序,避免盲目调整与僵化保守。

9. 贪：逐利失度

贪,即没有节制,不择手段的获取。

在商业经营或事业发展中,如果我们逾越了"中"这个法度,贪功冒进而不知节制,贪大求全而不知退让,就会损害和侵占到他人的利益空间。一旦突破了商业世界和利益游戏的规则,就会遭致失败。所以,在道商的事业体系中,我们不但要学会适时地踩油门,更要随时保持"踩刹车"的谨慎状态,不要让财富积累突破人生的中线滑向极端深渊。

10. 枉：偏邪伪智

枉,即歪曲、偏邪、作风不正。

《黄帝四经·四度》曰:"正者,事之根也。执道循理,必从本始,顺为经纪。"一个平等而文明的社会,秩序应该是高于一切的。但是,在"有钱能使鬼推磨"的错误价值观引导下,无商不奸与为富不仁,成了商人群体的致命硬伤。

作为道商,首先要让自己成为社会秩序与商业规则的坚定信仰者与践行者,不以一己之私去破坏天道的规则,不以浅薄的成功去扭曲社会的正义,就是守住了商人的底线。"人莫得恣,即道胜,而理得矣。"做人不逾法度,做事不犯法律,始终保持谦虚谨慎的态度,循道守法,慎终如始,则鬼神不欺,风雨不害,行于长久,永无败事。

11. 顽:僵而不化

顽,即顽固、呆板、保守和僵化。

今天我们所处的时代,是一个巨变、突变的时代,各种新理念、新产品、新技术东西层出不穷,充满了速度、创新、变化和挑战!在类似于沧海桑田的运动变化中,我们需要以顺其自然的灵活变通思维,因循并掌握天地的变化规律而获得发展的机遇。道商要以"上善若水"的圆融智慧,以"不执不滞"的创新思维迎接和应对变化,在小与大、快与慢、虚与实、新与旧、简与繁、巧与拙、分与合的太极转换中,巧妙地结合时间、空间及消费群体的不同,紧跟时代,领先潮流,创造新品。不可呆板停滞,冥顽不化,拘执于框框教条之中,放弃更新、升级的历史机遇。

12. 背:阴差阳错

背,即错过、违背、流失的意思。

《道德经》讲:"民之从事,常于几成而败之。"影响事业成功的关键因素,除了时代机遇、个人根基、智慧谋略和能力优势、行为习惯之外,还有"天运""命运"的存在。这种命运的捉弄,也是黄老学派"阴差阳错"的重要理论。当事物发生了阴差阳错的时候,于是就产生了差错、失误、错误、过错的过程,这种阴差阳错,民间通常称之为"背时"。

得时者昌,失时者亡。对于道商来讲,无论行事还是悟道,都是让人受益无穷的至理。如果错过时机,背逆阴阳,不但福吉失去,反会自取其祸。

第八节　道商事业体系的理想境界

人类社会是一个命运共同体，在"分久必合，合久必分"的阴阳转化中，全球化和一体化的呼声为我们带来了难得的历史机遇，也酝酿着新一轮的冲突、对抗和麻烦，如何体现独立性，保持多样性，承认差异性，找准合同性，走出复杂性，需要高明的治理智慧。掌握黄老学派"身国同构""天人同参"的治道思想，不但可以内以治身，也可以外以治事，不但可以小用治家，也可以大用治世。真正的道商，其实也是人类健康与欲望治理，经济贫富调控与道德体系重建的治道高手。

如果说，"事法人，人法地，地法天，天法道"是道商事业体系的演进逻辑，那么，"道法自然"则可以描述为道商事业体系的理想境界。

道法自然，语出于《道德经·第二十五章》："有物混成，先天地生。寂兮寥兮，独立而不改，周行而不殆，可以为天地母。吾不知其名，字之曰道，强为之名曰大。大曰逝，逝曰远，远曰反。故道大，天大，地大，人亦大。域中有四大，而人居其一焉。人法地，地法天，天法道，道法自然。"

"道法自然"的本意为：最高等级的治理手段（道），是必须效法与遵从（法）宇宙万事万物运动演化的最本质规律——自然有序、和谐相安的运行法则。

在道家的眼里，"我自然""自然无为"，是道的存在状态，"法自然"是接近和理解、同步于道的有效策略。

道商事业体系的"道法自然"境界，主要有三种表现形式。

一、复妄为常的自然天性激活

道家认为，人受天地阴阳之气的变化而生，人的生命、禀赋和价值使命都是来源于天的。效法天道，既是人类社会的基本道德伦准则，也是人类社会一切活动的最高标准。

在道家的眼里，天有好生之德。天道虽然具有"以万物为刍狗"的自然无情，但同时也具有"和阴阳，节四时，调五行，润乎草木，浸乎金石，禽兽硕大，毫毛润泽，鸟卵不败，兽胎不殰"的大爱无私。人若能怀天道，抱天心，效法于天，就能达到"复归于婴儿"的淳德，令天下归之，奸邪畏之。

天之道，行使的是"损有余以补不足"的宏观调控与自然平衡，然而，悖逆和无视天道规则的人之道，则践行着"损不足以奉有余"的成功信条，以道德缺失者和规则破坏者的身份，在纷争与动荡的制造中满足于畸形的成功。管子认为，"百利不得，则百事治。"促进社会各行各业的整体良性发展就要消灭单向性的暴利。为了追逐利益与无止境的更大利益，人们以各种欺诈、奸巧和伪智的名义，来挑战、破坏、颠覆人类与生俱来的自然淳朴天性，抹灭人性的道德之光，取而代之的是贪得无厌、厚利无耻和掠夺有理的所谓动物狼性。在利益最大化的旗帜下，众多企业人士和经济人士单方面地追求快速扩张、规模产出、成本控制，却忽略了最基本的社会责任与法律、道德约束。在"以妄为常"的不良发展中，本该为人类幸福生活服务的科技创新，也演变成了加速人类道德沦丧的元凶利器。

自然天性的蒙蔽与扭曲，是造成人类社会互不信任、互相伤害的前提。不道德的经济活动只会泯灭人的良知，颠覆人类和谐相安的基本秩序。管理，是单纯为了创造效益吗？管理大师彼得·德鲁克说，管理是一门真正的博雅艺术。管理的本质，其实就是激发和释放每一个人的善意。对别人的同情，愿意为别人服务，这是一种善意；愿意帮人家改善生存环境、工作环境，也是一种善意。管理者要做的是激发和释放人本身固有的潜能，创造价值，为他人谋福祉，这就是管理的本质。印度前总理曼莫汉·辛格曾猛烈抨击本土企业家，称印度商业领袖的"道德缺失"会削弱他们在全球扩张的能力。中国政府总理李克强也认为，市场经济是法治经济，也应是道德经济。社会的发展不仅需要物质基础，还需要精神追求。李克强建议："中华民族传统文化中一直非常重视精神生活和精神追求，在当今发展市场经济的过程中，更要深入研究、传承传统文化的精髓。"

《道德经·第十六章》告诉我们："复命曰常，知常曰明。不知常，妄作，凶！知常容，容乃公，公乃全，全乃天，天乃道，道乃久，没身不殆。"

在尊道贵德的中国道商知识体系中，我们将敬天利人的中华文化主体精神作为立身之本，将道利天下的天道规则作为一切经济活动中必须遵循的根本原则，以道学思想中"以有余以奉天下"的反者道之动思维为策略运用，去其妖智，节其私欲，激发善意，消灭暴利，依术循道，正其所行，复妄为常，去假归真，其功与德可谓大矣。

二、顺理事机的自然运转策略

文子认为："治不顺理则多责，事不顺时则无功。"道法自然，不仅仅是一种理念层面的激发善意、返朴归真的道德理想，它更是道学管理智慧中具有技巧超越性的玄德境界。

庄子认为："眇乎小哉，所以属于人也；謷乎大哉，独成其天。"在庄子看来，自然（天）是世界万物的总源头与创造者，如果我们能够领悟至高无上且永恒不变的大道，以"保始""守宗"来把握事物的本质，就能够掌握治道的最高智慧，不会陷入"蔽于人而不知天"的局限思维。

《庄子·德充符》中为我们虚构了一位极具个人魅力的治道大师"哀骀它"。庄子说，卫国有一个名叫"哀骀它"的人，相貌奇丑而吓人，然而，他却具有像地心引力一样的精神魅力。男人与他相处，思慕而不舍离去；女人与他相处，深爱而甘心跟随。鲁哀公听说哀骀它其人其事后，就把哀骀它请到鲁国来。三个月后，鲁哀公见到哀骀它就崇拜得五体投地，他要请哀骀它当宰相，把鲁国国家大事全部托付给他。自此以后，哀骀它便坐在相府里俨乎其然地总理国家事物，但见他眼睛看着各种官府文牍，耳朵谛听各类民间纠纷，嘴巴应付列国使者络绎不绝的拜访，手里还不停地起草告国人书。真是五官与四肢齐动，脑袋与心灵并用。在"目送飞鸿，手挥五弦"之间，把鲁国上下十几年累计下来的政经大事，陈年要案处理得妥妥帖帖，皆大欢喜。正当鲁国人全体目瞪口呆，崇仰得发懵之时，哀骀它挂起相印，不声不响地走了。

真正的治理就是对自我的治理，真正的事业就是创造使"物不能离"的道德境界。才全而德不显的治道大师哀骀它，之所以能够让人授以国政，就在于他掌握了"死生、存亡、贫富、贤与不肖、毁誉、饥渴"这些事物运动变化的自然规则。如果我们能够使内在的智慧日夜不间断地保持着"与万物为春"的自然真性,就能获得"善行者无辙迹,善言者无瑕谪,善数者不用筹策,善闭者无关键而不可启也,善结者无绳约而不可解也"的高超能力,具备"上与道为友,下与化为人"的大通智慧。

庄子认为,"受命于地,唯松柏独也正,在冬夏青青;受命于天,唯尧舜独也正,在万物之首。幸能正生,以正众生。"我们只有通过炼己而自理自正,就能接通天地之大德,获得天地的授权,具备引导和帮助社会大众匡正性命的智慧能力。庄子的这番说法,或可看作是对老子"以正治国"思想的补充,也是从尧舜、松柏的"人"与"物"层面对"道法自然"的全新注解。

三、功成事遂的自然消潜境界

作为道商,伴随着事业一步一个脚印的成功与壮大,我们在"修之于身,其德乃真;修之于家,其德乃余;修之于乡,其德乃长;修之于邦,其德乃丰;修之于天下,其德乃普"的自我超越与发展演进中,真实地构建和实现了自己的商业王国,实现了事业的圆满大成。此时,要遵循"反者道之动"的规律,从大自然"益之而损"的无情淘汰中,主动进入"损之而益"的韬光消潜状态。

天道忌盈,成功者也最忌居功自傲和骄傲自满。什么是大成呢?老子告诉我们,"大成若缺。"什么是功成呢?老子告诉我们:"功成,名遂,身退,天之道。""功成事遂,百姓皆谓'我自然'。"河上公解释说:"大成者,谓道德大成之君也。若缺者,灭名藏誉,如毁缺不备也。不敝者,不尽也。"道商一定要从世俗名利的枷锁中解脱出来,以"大成若缺"为境界,持而勿盈,揣而勿锐,富而勿奢,贵而勿淫,功而勿满,名而勿骄,走运夷保泰的中极图正道。

老子称:"良贾深藏若虚,君子盛德若无。"鹖冠子说:"成功遂事,隐彰不相离,神圣之教也。"《清静经》也称:"既入真道,名为得道。虽名得道,实无所得;为化众生,名为得道。能悟之者,可传圣道。"大名者无名,如果人人都追求出名,追求有我,追求当有名英雄、知名富豪,那么,谁来当无名的大英雄,谁来当不名的隐性富豪呢?如果人人都追求在人生的舞台上争当主演,谁将在幕后担当无名的总导演、总策划?道商若能穿越世俗社会中大众所孜孜追求的功名、利禄、权势、尊位等等，做到无己、无名、无功，就可以打破了心灵上的种种隔阂和限制，将自身与外物相冥合的境界，真正地实现"道法自然"，使人的精神世界得到彻底解放。

 思考与训练

1. 根据本章的"人生业务演进图"，你当下处于什么阶段？
2. 联想并描述个人身体部位与事业经营中各要素环节的对应关系。
3. 请分析自我事业发展中所需要采集的"药材"。
4. 请从《道德经》中找出与管理学相关的经典章句，并予以阐释。
5. 按照本章战略七定的法则，制订自我人生战略发展规划。

第五章
中国道商兵法体系

> 本章围绕中国道商兵法体系的理论依据、基本原则和主要内容,重点介绍了道商兵法的决策模型、执行步骤和创新技法,对道商兵法体系的时代意义、功能作用与认识误区也进行了总结归纳。

在经济全球化的时代，伴随着新经济、新技术、新模式的不断开启，商业经营也势将进入一个全新的未知领域，传统意义的发展方式正面临着巨大的颠覆与挑战。在新旧模式的交替中，市场空间的挤压增缩带来的利益冲突，将会成为各个经济主体的矛盾焦点。如何在新的竞争格局中，强化竞争意识，提升竞争水平，优化竞争策略，主动弥补机遇识别与风险判断的掌控力与转化力，将成为决定企业生死和商业品牌成败的关键。

中国道商的"兵法体系"，来源于中国古代的兵法思想和道家智谋思想体系，它以尊道贵德的价值主张为诉求，以道法自然的规律演变为核心，以自胜、胜人的双向贯穿为脉络，通过道学思想中的奇正原理和"法"、"术"、"势"相结合的综合策略，充分调动自身优势，识别矛盾焦点，转换竞争思维，化解经营风险，并最终实现"不争而善胜"的最大利益，获得以智启财的良性资本。

第一节　道商兵法体系的理论依据

《鹖冠子》称:"虑事定计使智,犯患应难使勇。"

在中国道商知识体系中,事业体系与兵法体系二者的关系,可以概括为"方圆动静"与"先后相随"。要成就事业的伟大辉煌,必须有赖于高超灵活且领先于人的智慧谋略。

道商兵法体系来源于黄老学派的智谋思想体系。智谋是人类智慧的高级表现形式之一,无论是战乱纷争,还是盛世繁荣,诸子百家均以智谋见著于世。他们怀揣"不可示人"的思想利器,辅危主,存亡国,释怨解难,合纵连横,在波诡云谲的政治舞台和刀光剑影的沙场中,妙用阴阳之理,巧弄风云之势,演绎着各自独特的历史使命,追求着最大化的利益价值。

道家的兵法思想体系源远流长,曾为人类的智慧宝库作出了杰出的贡献,创造出了诸如《道德经》、《阴符经》《握奇经》《孙子兵法》《鬼谷子》《鹖冠子》《尉缭子》《六韬》《三略》《素书》《三十六计》《太白阴经》《百战奇略》等传世经典,涌现了众多名铄千古的智谋大师,如:风后、姜尚、老子、孙武、范蠡、鬼谷子、鹖冠子、黄石公、张良、魏征、徐茂公、李靖、李泌、李筌、刘基等。这些经典作品和智谋名家们精湛的道学思想,不仅对中国的社会产生过积极的作用,也对西方国家的军事乃至现代政治、外交和商业经济产生了重要的推动作用。

兵法与智谋的本质是为事业和社会服务的,自古道家先哲,无不熟知兵法。《鹖冠子》说:"智士之功,事至而治,难至而应。"唐朝道学名家李筌在《太白阴经》中也说:"有国家者,未有不任智谋而成王业也。"在道家看来,没有事功为价值依托的智谋,只能算小聪明和巧诈伪智,是不足称道的。盲目而低级的斗智斗勇，只会让天下纷争失治，成为社会秩序和商业规则的破坏者。如何去发现那些符合于道的"不争之争"，才算掌握了道商兵法的核心精髓。

道商兵法体系的历史渊源，可以上溯轩辕黄帝。相传黄帝"且战且学仙"，他在讨伐蚩尤之时，由于蚩尤多方变幻，黄帝连连败北。后来，"夜祷于天"的黄帝得九天玄女夜授兵书，掌握了三宫五意、阴阳之略，太乙遁甲、六壬步斗之术，阴符之机、灵宝五符五胜之文。终于扭转战局的黄帝，成为天下之共主。此后，《黄帝阴符经》遂成为黄老道家的兵法圣典。

老子虽无统兵作战的军事斗争经验，但是作为深刻研究"前朝祸福成败存亡之道"的王室史官，老子提出了"夫佳兵者，不祥之器，物或恶之。故有道者不处"的思想观点，反对暴力与征伐。《道德经》说："用兵有言：'吾不敢为主而为客；不敢进寸而退尺'""是谓行无行；攘无臂；扔无敌；执无兵。"虽聊聊数语，便点出了兵家之精髓，以至于对兵法研究甚深的毛泽东都公开承认："《老子》是一部兵书。"

《孙子兵法》认为："善用兵者，修道而保法。"老子的道学思想对兵家圣者孙武子的兵法体系影响至深。老子提出："以正治国，以奇用兵，以无事取天下。"孙武子继承了老子这个观点，他提出了"以正合，以奇胜"的主张。老子强调"上善若水""天下莫柔弱于水，而攻坚强者莫之能胜，以其无以易之。弱之胜强，柔之胜刚，天下莫不知，莫能行"《孙子兵法·虚实第六》也阐述说："夫兵形象水，水之形，避高而趋下；兵之形，避实而击虚。"在这种思想的指导下，孙武帮助吴王阖闾，击破强楚，称霸诸侯，充分显示了道家思想在事功上的伟大。正所谓"上士得道于三军，中士得道于都市，下士得道于山林。"功成后即身退的孙武子，世莫知其所踪，一派道家风范。

道商始祖范蠡不但在商业、经济、政治领域有传世思想，他也是中国历史上少有的军事指挥家与军事理论家，且有兵书传世。《汉书·艺文志》著录的兵学名著"兵权谋"一类中，在《吴孙子兵法》《齐孙子》《公孙鞅》《吴起》之后，专门列有"《范蠡》二篇"。

范蠡认为："知保人之身者，可以王天下；不知保人之身，失天下者也。"富国富民是国家兴旺的前提条件，百姓生命得到保障，生存没有隐患，生活能够幸福，一个国家才会充满生机。但是，"使百姓安其居，乐其业者，唯兵。"强兵也是富国的重要保证，没有巩固的国防，一旦外敌入侵，老百姓流离失所，经济建设就无法继续进行，国之政体就会动荡不安，再美好的事业梦想都将沦为空谈。

范蠡继承了老子的慎战思想，他曾对越王勾践阐述他对战争的认识与立场："臣闻兵者凶器也，战者逆德也，争者事之末也。阴谋逆德，好用凶器，试身于所末，上帝禁之，行者不利。"道家不好战，但并不废战。如果有他人、他国、他民族要兴兵作乱怎么办？《文子》一书则称："有圣人勃然而起，讨强暴，平乱世，为天下除害，以浊为清，以危为宁，故不得不中绝。"当战争来临时，为了避免或尽量减少战争带来的伤害，为了阻止和消弭战火的无端蔓延，道家人士就会坚定不移地挺身而出，用智慧和谋略作为武器对战争行为予以制止和反击，以除暴安良，惩奸罚恶。

在范蠡的兵法思想体系中，他以"定倾危"的救亡图存为兵法使用目的，以"先行不利"的慎战思维为使用主张，以客观世界的自然变化之道为基本原则，以道学思想的"阴阳、盈虚、主客、刚柔、攻守、进退"等术语进行专业展开，以"柔弱胜刚强"的策略为核心指导，以"阴节""阳节"的变化为动静枢机，以"天、地、人、事、物"为整体参照，以"豫知未形"为备战理由，以"谷多，民众"为军事保障，以"匿身无见其功"为系列展开……在范蠡的战略布局与统筹指挥下，偏居东海蛮夷之地的越国仅用了短短二十年，便走出了岌岌可危的大败局，实现了诸侯共尊的天下霸业。

社会发展到今天，经济格局变化剧烈，商机遍布，给我们提供了史无前例的发展机会。但是，商场如战场，有利益的地方就有冲突。在商业的世界里，充满着各种隐显难辨的利益冲突与矛盾竞争，也充斥着各种惟利是图的尔虞我诈和勾心斗角。联合国开发计划署在一份报告中认为，经济全球化只对少数人有利，使大多数人变得更加贫穷，造成了极端的不平等。若不知兵法，不通智谋，不但难以建功兴业以商显道，更恐怕折戟商海血本无归。

《黄帝四经》称："智者为天下稽。"道商的兵法体系是事业成败的准则和模式。将传统的东方智谋思想加以梳理和提炼，并且融入西方技术，遵循"与时迁移，应物变化"的法则，奉献出一套系统化的道商兵法体系，培养具有中国思维和全球眼光的商业经济人士与智囊人才，这是时代的迫切需要与必然选择。这些精通"道商兵法"的商业人才们，"以静正理，以神察微，以智役物，见福于重关之内，虑患于杳冥之外"，静可以无事无为因循自然，动可以力挽狂澜革故鼎新，以深谋大略唤醒时代、导引潮流，在变中求机，在乱中求治。

《管子》曰："举事如神，唯王之门。"真正的道商，不仅仅是一位神采飞扬的养生家、企业家、管理学家，他更应当是一位深谋远虑的兵法家和竞争大师。

第二节　道商兵法体系的基本原则

兵法以战胜为目的。道家学说，其本质就是一门如何战胜自我的高层次智慧之学。

道商兵法体系的基本原则和主要思路，充分体现在"抱道执术""乘势因欲""奇胜正合""首尾相顾""守雌居柔""守静居后""守虚居贱""守愚善隐""守时得机""避实击虚""无为不争"等精髓思想观点中。但道商兵法所推崇的根本之道，在于炼己自胜。

《孙子兵法》曰："昔之善战者，先为不可胜，以待敌之可胜。不可胜在己，可胜在敌。故善战者，能为不可胜，不能使敌之必可胜。"

人类因生存而竞争，因竞争而用智谋。要生存，就必须学会在以"自我"为中心的前提下，与他人、与他类、与他国、与他民族、与自然、与社会进行抗争，而追求自我利益的最大化。在兵家的眼里，历史上那些真正懂得兵法之道，善于用兵作战的人，他们总是首先创造自己不可战胜的条件，并潜心等待可以战胜敌人的机会。如果能够保证自己不被战胜，就可以牢牢将主动权掌握在自己手中。世无常胜将军，再厉害的兵学大家也难以保证对手一定会被我方战胜。所以，善于作战的人要想战胜他人，首先就要具备挑战与超越自我的雄心与能力，要有破釜沉舟和置之死地的雄心气魄，要做到的就是随时随地强化自己。

如何使自己战胜虚假的小我，成就真实的大我，长久保持不被战胜的绝对优势，这是兵法的核心精要。

自胜的观点，在黄老学派的思想著作中俯拾皆是。

《道德经》曰："知人者智，自知者明；胜人者有力，自胜者强。知足者富，强行者有志；不失其所者久，死而不亡者寿。"

《文子》曰："能成霸王者，必胜者也；能胜敌者，必强者也；能强者，必用人力也；能用人力者，必得人心也。能得人心者，必自得也；能自得者，必柔弱也。"

但是，自胜也好，胜人也罢，都不能盲目地胡作非为，必须建立在对规则之道的高度认可和巧妙运用上。在道商的眼里，掌握和拥有了"道"，就能够清晰透彻的发现事物运动和发展的潜在规律，了解周围的一切变化和时机，从而可以从容不迫、游刃有余地达到自己的目的，由"得道"到"道用"。所以《孙子兵法》在谈到"道、天、地、将、法"五大要素时，将"道"列为五要之首，"主孰有道"是进行胜败判断的重要指标，惟有"有道之主"才能"将将"而令民与上同意。

《文子》言："庙战者帝，神化者王。庙战者法天道，神化者明四时，修正于境内，而远方怀德，制胜于未战，而诸侯宾服也。"

《淮南子》说："兵失道而弱，得道而强；将失道而拙，得道而工；国失道而亡，得道而存。"

学道的目的是什么？《直言诀》告知："镜以照面，智以照心。镜明则尘埃不染，智明则邪恶不生。"拥有"自知者明"的清静智慧，是成就"自胜者强"的前提，要获得照鉴本心的高层次智慧，就要通过炼己的手段来"涤除"世俗社会的非道认知和失德行为。

治外者必先治内，善争者必先善正。道商兵法体系与其他竞争学说最大的区别在于，道商始终追求的是自胜之道。这个自胜的过程，也就是黄老学派的"自刑"与"补漏"，属于炼己之法。炼己者，即是炼去杂质，行于中正，只有去杂质则能见真主人。《黄帝四经》记载："黄帝曰：'吾身未自知，若何？'对曰：'后身未自知，乃深伏于渊，以求内刑。'"内刑，也就是炼己的手段，通过对自我欲望主动地割除、清理、整治，来获得修正。传统道学理论中，提出了种种诸如"三毒""四毋""五贼""五危""六害""七伤""八疵"之类的名词，认为这是妨碍和制约我们个人成长与事业成功的"毒虫"，必须以坚定的的态度予以斩除。

《唐李卫公问对序》说:"兵之道难言,大要不外奇正二字。"什么是奇呢?《百战奇略》认为:"凡战,所谓奇者,攻其不备,出其不意也。"就是要针对对手的薄弱环节,发动一系列了让他们意想不到的隐形攻势、柔性策略,获得和掌握战胜的主动权。

知人	胜人
自知	自胜

哪里是对手最薄弱的环节呢?《文子》告诉我们:"征伐者,因民之欲也。能因,则无敌于天下矣。"《阴符经》认为:"天性,人也;人心,机也。"如果能敏锐地发现人的欲望之"心机",通过"因民之欲"的策略,我们在保持自身中正,慎守身心门户的同时,可以利用"五色""五音""五味"的感官刺激和"难得之货"的物欲诱惑,通过勾钓、激活、牵引和控制竞争对手或目标群体的内心欲求,或示之以物,或诱之以利,或动之以情,或造之以境,或言之以义,或许之以名,等等,就能获得"不战而屈人之兵"的最高境界,实现黄老道学中"天下莫能与之争"的不争而胜。

《孙子兵法》称:"故将有五危:必死,可杀也;必生,可虏也;忿速,可侮也;廉洁,可辱也;爱民,可烦也。"通过分析将领主帅的性格弱点,就可以制定出相应的"攻心""护心"策略,达到乱其敌心或克制己身的目的。与其说孙武子是在教我们如何利用"五危"击败敌人,不如说是教导我们如何通过炼己而巩固内势,去除"五危"。故而,老子告诉我们,"夫唯病病,是以不病。"我们要"知其荣,守其辱,为天下谷。为天下谷,常德乃足。"为将者必须要识得权变,不可固执于所谓的道德优势,让僵化的长处变成了戕害自身的长矛。

在以《道德经》为总纲的道商兵法体系中,实现"自胜"要从以下九个方面入手,进行调整、弥补和优化。

①战胜自己的狭隘视野与短浅目光;
②战胜自己的世俗偏见和极端思维;
③战胜自己的欲望贪婪和唯利是图;
④战胜自己的骄奢淫逸和自我放纵;
⑤战胜自己的暴力残忍和刻薄嗜杀;
⑥战胜自己的伪善道德和个人情感;
⑦战胜自己的陋习缺陷和行为不检;

⑧战胜自己的轻浮躁动和性格障碍；
⑨战胜自己的优势长处和成功荣誉。

在了解和掌握道商兵法体系"自胜"的基本原则与核心概念后，我们就可以从守其一而通其万，正其内而治其外了。

中国道商知识体系在全程"补漏"的系统中，提出了"身漏""心漏""功漏""福漏"四大漏洞，值得道商的从事者们时时检省，日日更新，不断地给人生基业打上补丁。我们只有用道学的智慧思想来要求、修复、调整、武装自己，恢复到澄澈、明智、柔和、沉稳、精专、仁爱、智勇的健康状态，才能谋求发展；否则，跛足前行，以漏求功，必将催生价值观畸形变异的事业，其结局也将面临失败。我们只有具备了坚如金石的防护系统，才能杜绝在商业经营中终日面对的金钱、奇货、贪婪、奢靡、纵欲等诸般腐蚀，避免社会上形形色色的俗商带来的干扰与冲击，不致于迷失本性，丧失道真。

第三节　道商兵法体系的主要内容

在黄老学派看来：万事万物，首先要从"道"入其手，先掌握其潜在的规律，做到心中有数；然后手中有术，利用这个规律，运转阴阳去发挥领先优势，引领潮流。

在中国传统的兵法思想体系中，兵家主要分为"兵权谋家""兵形势家""兵阴阳家""兵技巧家"四派。提倡"左道右术"的范蠡不但是兵权谋家、兵形势家的代表人物，他更擅长"阴阳"和"技巧"的用兵之道。我们也将在道商标准化人才培养的"六段"课程中，对范蠡兵法中的"兵阴阳"课程进行一定程度的公开。

在《道商学》教程中，道商兵法体系的主要内容有"两法""四胜""三段""万用"之分。

1. 从横向层次而论，道商兵法体系可以概括为两法，即"武兵法"和"文兵法"

武兵法，即专门服务和应用于军事战争的兵法系统；文兵法，即广泛应用于政治、外交、经济、商业、事业、生活等各领域的兵法系统。

在历史上，范蠡的兵法思想不但可以作为"武兵法"应用于军事战胜和国家复兴，也被公认为具有胜人一筹的谋略，可以助人轻易摘取成功的"黄金印"。如明人徐伯龄《蟫精隽·卢生传》写道："以文章举进士不第，遂弃蝌蚪业，学拥剑，读《太史公》《范蠡兵法》，曰：'熟此则取苏秦黄金印易事耳。'"白圭自称"吾治生产，犹伊尹、吕尚之谋，孙吴用兵，商鞅行法是也。"他用"智""勇""仁""强"四字来概括商业理论，也属于文兵法的范畴。

中国道商知识体系作为黄老道学思想体系的保存者，我们不但整理提炼出黄老道家两千余年中积累下来的治国理政丰富经验，继承了阴阳数术、三五之道、奇门六壬等道术精华，为社会奉献出了《势》《创意道法术》等具有现代风格的"文兵法"著作，对商业竞争、品牌传播和创意创新提供了来源于古老智慧却让人耳目一新的策略主张。同时，我们还率先提出了"隐态战争""隐态竞争"概念，对未来战争的发展形态和演变方式、应对策略给出了系统的方案。伴随着这一系列独特思想主张和体系著作的推出，已逐步得到了社会各界的广泛支持与高度认同。

或可以这样说，中国道商知识体系内的八大体系，恰是应对未来健康战、经济战、文化战、人才战、生态战、价值观战的强有力武器，能在愈演愈烈无休无止的私欲泛滥中，帮助人类返璞归真，正本清源，具有调整和掌控人类自身命运航向的特殊意义。

2. 从纵向层次而论，道商兵法体系的"四胜"，主要体现在"天""地""内""外"四个方面

其主要内容可以概述为：①认识和掌握客观规律；②战胜和管理自我欲望；③战胜和超越竞争对手；④宰制和调整市场环境。

掌握规律	通天	帝
宰制市场	达地	王
战胜对手	治外	霸
战胜自我	安内	强

要认识和掌握客观规律，道商首先要具备对"道"与"非道"的认知力与判断力，善于从整体的社会发展趋势和特殊的时代背景中提取信息，借助"阴阳""五行"或"六图"等思维工具为参考评价标准。然后，利用掌握的自然演变规律这个"一"，再去真实而准确地定位自己，清醒而透彻地定义对手，从"无用""不毛""虚空"中发现市场空间。但是，这个过程一定要顺其自然，要把握好"为而不争"的原则，不要把自己的主观愿望凌驾于客观规律之上，妄图用自己的一己之私去改变自然法则，否则，必将"为者败之，执者失之"。故而，我们认为：道商兵法，是一门真实掌握了宇宙自然规律与深刻洞悉复杂社会关系后，运用道学的原理和方法、策略巩固强化自我，超越和战胜对手或市场并获得对市场主治权的实用学说。

3. 从演进流程而论，道商兵法体系的主要内容可以概述为"三段"——决策、执行、创新

决策，即"观天之道"与"运筹帷幄"，通过内向性的整理大脑思维碎片，加工处理信息要素，使之形成具有关联性、有序性、前瞻性、合法性的行动指导方案。

执行，即"执天之行"与"决胜千里"，指外向性地梳理事件发展脉络，落实细节要点，布置工作任务，使之形成具有系统性、可操作性、可控制性的实施过程。

创新，即"守正出奇"与"超越突破"，指综合性地利用现有的资源实力和技术手段，对现实状态进行理想化改造，使之形成具有超越性、反常性、利益性且不失合理性的结果或成果。

大到治国平天下，小到修身求发展，"谋定而后动"，是成功的至关重要因素。掌握了道学思想的原理，进入了道商的知识体系，我们就可以娴熟运用道商兵法的智慧进行千变万化，实现大成之用。我们以"道"为核心，以"商"为平台，可细分衍生出诸多子类课题，如：创业兵法、创意兵法、管理兵法、营销兵法、品牌兵法、融资兵法、谈判兵法、公关兵法、危机化解兵法、生活兵法等等。在"道"的统领和制约下，在"德"的规范与润泽下，对经济学与商业经营学的丰富完善、创新升级，创造并提供了巨大而全新的想象空间。

第四节　道商兵法体系的决策模型

决策，即决定的策略或方法。

决策管理理论认为：管理的实质是决策，决策贯穿于管理的全过程，决定了整个管理活动的成败。决策是一个系统思维的过程，通常是指从多种可能的方案中作出最佳的决定和选择，它包括前端的信息收集与真假识别、中端的行动环节与利害判断，末端的目标审查与弥补措施。如果决策失误，组织的资源再丰富、技术再先进，也是无济于事的。

在中国道商知识体系中，"以道经商"是决策者必须遵循的首要原则，"以智启财"是经营者必须掌握的特殊技能。为了实现特定的目标，我们需要在综合分析客观规律的前提下，借助于一定的思维模型和方法工具，根据自身的价值标准对未来行动做出最为有利的决定。如何运用道学的原理，帮助决策者在大脑中建立出具有全维视野、快速反应、动态弥补、准确判断的系统决策模型，是提高决策质量，降低决策成本，减少决策误区的强大而有力的思想武器。

万事谋为先，谋定而后动。一个不经意的决策偏差，常能将一个国家或企业带入毁灭败亡的深渊。道商要在自己的人生经营中做出正确的决策，必须掌握正确的思维方法，在大脑内构建起正确的思维模型。

道商兵法体系中的决策模型，主要体现为以"势"为核心的"九势"思维。这"九势"分别为：内势、外势、时势、地势、气势、形势、名势、权势、局势。这套"九势"思维方法，中国道商知识体系命名为"八卦复九宫"的战略决策思维模型。

1. 内势

内势，即自我内在所蕴含的势能。作为兵法谋略学的"主体"，内势也代表决策者的自我，执行决策者的自我，目标行受益者的自我。

道商兵法体系中，内势主要包含有六大要素：①先天所优；②后天所能；③知识所集；④智慧所通；⑤有形所显；⑥无形所潜。决策者应当根据"内势"的六大要素进行梳理调整，短则补之、长则扬之、弱则蓄之、优则兴之，以达到自信，实现自贵，成就自强。

2. 外势

外势，即自我内势所面对的外界、外在的势能。道商兵法体系中，外势主要包含有三大要素：

（1）友：自我内势的支持者、合作者与利益分享者。

（2）敌：自我内势的反对者、破坏者与利益侵占者。

（3）非敌非友：在局势复杂，形势不明，内外之势难分高下的情况下，对主、客双方保持中立状态的观望者与利益投机者。

3. 时势

时势，又称天时、天运、天机。它属于中国传统文化中"天"的范畴，是宇宙大自然在其运动演化过程中，对某一特定群体的人或事物所呈现出的具有周期规律性，拥有重大转折与强行改变的决定性力量。道商兵法体系中，时势主要包含有三大要素：①时运（长期）；②时期（中期）；③时机（短期）。

4. 地势

地势，是空间环境对我们每个人产生的特定性的影响力和作用力。道商兵法体系中，地势主要包含有三大要素：①地产。②地利；③地理。

5. 气势

气势简言之，乃气焰和声势也。在荀子看来，人生最大的成功，是懂得"王者"之道，因为它能够具备"夺之人""臣诸侯"的气势。要培养浩然之气，我们首先要对自己内势充满自信,在正直无私之中培养它,则会博大刚健地树立,充塞在天地之间。若能持之以恒,将道义融入并成为自己身行的一部分,以仁爱之心对待世间万事万物,浩然之气自会不期而来,如影随形。

6. 形势

聪明的人虽然善于谋划,但总不如认清形势、顺应时代高明。道商兵法体系中,形势综合表现为七大要素,即有形的"形势"包含有"架势""样势"与"腔势"三要素,无形的"形势"包含有"政治形势""经济形势""科技形势""文化形势"四要素。

7. 名势

名势,名就是名誉、名义、名分、名声。论是人或是物,一旦有了名,就自然惹人注目,身价倍增。如果有名有份,有质有量,企业就会挤身于群龙之首,创汇创利,利国利己。道商兵法体系中,名势主要包含有八大要素,即:真、伪、古、今、雅、俗、引、推。

8. 权势

权势,即权力、权位、权威和权利。《韩非子》认为:"君执柄以处势,故令行禁止。柄者,杀生之制也;势者,胜众之资也。""势"的根本,就在于如何通过权变进而牢牢掌握事物的主动权。

道商兵法体系中,权势主要包含有六大要素,即:利、害、高、下、敬、损。

9. 局势

高手所拼者,内功也!竞争者之间的竞争,一切都是"以人为本",是属于两个个体的竞争,两套思维方法和思维模式的竞争,两个团体背后所蕴蓄的"势能"的竞争。一旦准确把握到"局势"的整体宏观性,就可以预见到未发生的事,而提前做好准备并能驾驭它,趋利避害,取得胜算。所以,要成为一个真正的成功者,必有通识局势之心。

"定天下者,必明于天下之大势,而后可以决天下之治乱。"太极生两仪,两仪生四象,四象生八卦。我们通过对"内势""外势""时势""地势""气势""形势""名势""权势"的总体分析和全局判断后,就可以得到一个呼之欲出的立体"局势",这个过程在道商兵法体系中称之为"八卦复九宫"。

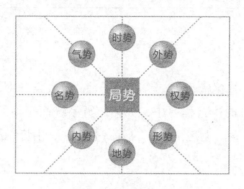

道商运筹帷幄九势图

在道商"八卦复九宫"的决策思维模型中,"内势"有强弱,"外势"分敌我,"时势"有远近,"地势"藏利害,"气势"有大小,"形势"分好坏,"名势"存真伪,"权势"有高低。要想决胜于千里之外,必先运筹于帷幄之中。树"内势"以求"主见",辨"外势"以晓"客观",知"时势"以应"天时",执"地势"以取"地利",蓄"气势"以统"万物",明"形势"以弄风云,借"名势"以博"盛誉",仗"权势"而壮"实力"。如此八方合谋,立体呈现,帷幄之中,大局已定。若能预知胜而果然胜,预知败而果然败,均为胜;预知胜而竟然败,预知败而竟然胜,假使对于预知无错,就是因为时运向背;不能预知胜败将如何"结局",均为败。

不谋万世者,不足以谋一时;不谋全局者,不足以谋一域。历史上的智谋之士之所以能够通晓局势变化,正是出于对道学思想的深刻领悟,对天地间阴阳运动变化规律的真实掌握,和他们"后其身而身先,外其身而身存"的清虚淡泊、让利天下,才成就了类似于"山中宰相"这样的伟大智者。而那些当局者之所以身在局中不知局,实乃利欲牵引,思维"局限"所致。

第五节　道商兵法体系的执行步骤

《淮南子》："神莫贵于天，势莫便于地，动莫急于时，用莫利于人。"

在道商兵法体系的执行程序中，如何进行系统而完整的"任势"呢？我们独创性地提出了被誉为"七星剑阵"的道商七势——生势、蓄势、审势、借势、攻势、兴势、化势。

道商决胜千里七势图

1. 生势：即"无中生有"的创生、诞生、产生、生育、生长过程

生意的内涵不仅仅是让我们获得简单的生存机会与野蛮盲目的生长，更重要的是如何把握"生生不息"的本意，对自己的人生和事业进行生态化策划，完成由小变大、由弱变强的一个生命周期。在生势中，通过发现真实自我，认清环境市场，以"巧立名目"的策略给自己一个相对准确、相对长远且有别于他人（公司、品牌、产品）的定位，可以赢得自我的发展机会，划分独立的市场空间，感召专属的目标群体。

在生势环节中，应该加以重视和把握的要点有"生理"（需求理由）、"生机"（切入机会）、"生根"（核心价值）。同时，生势的状态有：原创性生势、替代性生势、弥补性生势。

2. 蓄势：即蓄养、蓄积、蓄谋势能的过程

兵家认为，"势者，积势之变也。"势贵在积，范蠡也有"积贮之理"留传后世。为了自我长远的发展，必经过长期而有准备的蓄积和贮存，韬光养晦，潜伏待机，才能产生如同火山爆发、剑拔弩张般蕴藏着极大的动力和能量。

蓄势的过程，一为内势不强，二为外势难敌，三为时势不得，四为地势不利，五为形势不明。由于客观条件的制约，只能潜身暗处等待机遇，或隐藏实力"假痴不颠"，或退守一方、无为而为。待得内势充沛之时，时空转换之际，然后一发可以冲天，一鸣足以惊人。

在商业社会里，立足未来市场的蓄势而谋与战略隐伏，也是商家制胜的策略，一旦客户养成熟悉的、固定的消费习惯后，这种"潜伏"的消费习惯在市场显化时，就会变成长期可靠的厚利。

3. 审势：即审查实力、观察机会、分析利害、判断得失的研究与决策过程

古今中外，但凡有为之士谋进取，无不出乎正确的审势。只有认清客观形势，把握事物发展变化的趋势后，才能制定出与之相适应的方案策令，而不做违背实际情况、逆历史发展方向而动的事。

审势，需要具备管中窥豹、一叶知秋的洞察力，将思维由近及远、由此及彼的延伸展来。作为将帅，必须善于审势与相敌，正所谓"知彼知己，胜乃不殆"，若"势均，难以挑战，战而不利"。当然，善于审势的智者，不但可以通过自己对全局的清醒而客观的认识，来获得真相、把握势能。更善于运用"三反昼夜，用师百倍"的智慧，出奇施谋，布置疑相、幻相和假相，来达到和扰乱对手对形势或局势的正确判断，实现设局。

4. 借势：即借助和捆绑、利用他人的势力势能，来壮大充实自己

借势在古代兵法中也称"借光计"，借，有假借、借助的意思。从兵法的角度看：凡是能让我们为人做事增光添彩的人、物、事、情，都可以借其势。要实现跨越式发展，就要善于借助和利用客观条件为己所用，这是接近成功亘古不变的真理。

在借势过程中须要把握好分寸，识得大局，用好"正借"和"反借"两大策略，自然引势利到。若不知借之法、借之径、借之巧、借之境。难保不会借鸡不成，反蚀把米。

5. 攻势，即攻击、攻伐、斗争、进攻之势

曹操在《孙子注》中说："吾所以守者，力不足也；所以攻者，力有余也。"市场竞争，是一场没有硝烟的战争。美国营销专家詹姆斯先生在其《商界竞争兵法》一书中指出："商业战争，就是指企业之间相互关系的一种敌对状态"。在这场残酷的"战争"中，由于市场趋于饱和，竞争双方从一开始就形成了一种"同行是冤家"的态势，许多企业为了争夺那一块眼前的蛋糕，不得不打起精神，或合纵，或连横，去进行你争我夺的殊死斗争，以期打垮对手，独享利益。常言道：先下手为强，后下手遭殃。如果企业缺乏必要的强劲攻势，不能称霸市场，不但很难攻城掠地，实现扩张，更有可能销声匿迹，永远沉没。

《百战奇略》说："远其强而攻其弱，避其众而击其寡。"敌我对峙双方，谁一旦率先发动攻势，就可以掌握主动权而制人。在道商兵法中，虽然"天下莫柔弱于水"，但"攻坚强者莫之能胜"。水之势能一旦勃发，则决堤冲坝，穿石毁物，无坚不摧、无所不至。

6. 兴势，即为了实现复兴和兴旺的目标态势，而主动营造出的"兴风作浪"之声势

所谓"兴势"，就是在"内势"充足后，凭借自己的智慧和力量，通过一定的手段和策略，营造出一种有利于自己生存、发展和壮大的态势、格局和趋向，从而影响和改变整体局势，达到人为创造时势，凸显形像，增进优势并且打击对手的目的。

兵法认为，"势"贵在"造"。《孙子·计篇》说："兵者，诡道也。故能而示之不能，用而示之不用，近而示之远，远而示之近。"通过"兴风潮"与"造势头"，制造话题、捏造谣言、打造精品、塑造典范……通过造出声势，给人以假乱真。故而善兵者不泥于法，多谋者必能出奇。

7. 化势，又称变势，即变化、转化、物化之势

兵法认为，势贵在变，亦贵在化。在道商兵法中，"化势"包含有"变化""转化""物化"三层境界。

化势首在于"变"。"虽有诚信之心，不知权变，危亡之道也。"外界的场态时刻发生着变化，自我内在的思维也要跟随规律，适应变化。其次，化势，也在于"转化"势能，借力打力。在面对自我"失算"与对手"暗算"的复杂情势下，我们要善于在"奇正"之间寻求不断变化，还可以根据"外势"的变化和转移，而巧妙使用"用间"和"反间"的策略，扭转战争形势，把对方的强势转化为弱势，把对方的长处分化为短处，把对方的重势化解为强弩之末。"智者之举事也，转祸而为福，因败而成功。"只有具备转危为机的"转化"能力，才能大事化小，小事化安，用兵如神。

化势之"化"，也为"物化"。《投笔肤谈》所讲："凡用兵之法，主客无常态，战守无常形，分合无常制，地退无常度，动静无常期，伸缩无常态。"中国文化的最高境界就是"兵无常势，水无常形"的化境。在化境中，一切人为的区分、芥蒂、隔阂都将失去意义。经商创业者，若能随物而成势，应物而生变，则可以处处圆融、行行圆通，无论是经营人生，还是经营商业、谋划天下，都能够很轻松地获得大成功。

在道商兵法体系的"七星剑阵"中，七势的演变程序是：

先以"生势"转化"无有"关系，确定自我根基。

次以"蓄势"转化"虚实"关系，壮大自身实力。

再以"审势"转化"显隐"关系，权衡阴阳动静。

"审势"之后，即可判"内势"之强弱，"外势"之利害，足以理顺两组阴阳关系。

内势偏弱，欲求发展，即可"借势"发力。

内势够强，尽情发展，遂以"攻势"畅行。

外势有利，随心发展，既可"兴势"取乐。

外势失利，亦可发展，凭借"化势"避祸。

第六节　道商兵法体系的创新技法

古人认为，"救弊之术，莫大乎通变。"道商兵法体系的创新技法，是根据道学思想中关于事物的创造、生成、转化、变易等运动规律而总结出来的原理、技巧和方法。

用兵之道，以"计"和"技"为要。管子曰："计先定于内，而后兵出于境。"当新理念、新技术、新商业模式、新文化形势和新产业形态，成为人类经济发展的强大动力时，擅长于化虚为实的道商们，将运用"奇正"的道学原理，以"数中有术，术中有数；阴阳燮理，机在其中"的兵法智慧，不断强化自己的创新意识，提高自己的创新成果，以保持身处变革时代的领先优势，推动商业经济的发展与进步。

创新技法离不开对规律的总结和运用。目前，开发人类创新思维的实用技法主要有：①自由联想法；②强制联想法；③分析法；④设问法；⑤类比法；⑥分离法、⑦扩散法；⑧组合法；⑨迁移法；⑩还原法。上述这些创新技法，或可视为道商知识体系中"六图思维"的技术演变。

《孙子兵法》曰："战势不过奇正，奇正之变，不可胜穷也。奇正相生，如循环之无端，孰能穷之？"在中国道商知识体系中，我们将"道商"系列著作中提出的系列创新技法，根据道商"六图思维模型"归纳整理为：

（1）**无极图技法**：无中生有式；物我两忘式。

（2）**有极图技法**：点石成金式；以小搏大式。

（3）**太极图技法**：借虚入实式；倒行逆施式；化朽为奇式；转危为机式。

（4）**中极图技法**：由此入彼式；移花接木式。

（5）**真一图技法**：攀龙附凤式；喜结连理式。

（6）**大成图技法**：庖丁解牛式；连环隐伏式；万法归宗式。

上兵伐谋。多方为战或百战百胜，并不是道商兵法中最为高明的。伟大的商业公司总是在道学的"阴阳奇正"创新思想指导下，尽可能地创造需求、制造新生，而不仅仅是满足需求与被动跟随。创造一方"属于自己的天空"和一种"渴望中的生活方式"，既考验着一个企业出色的想象力，又考验着企业把理想变成现实的能力，只有当企业面向未来时，创新本身才变得有意义。

在新的商业经济游戏规则下，最终的胜出者一定是那些创造新的价值需求，通过多层次、全方位的纵深横入来"化生诸天"，获得无人争夺的全新市场空间和战略属地并超越竞争的公司。

第七节 道商兵法体系的时代意义

道商兵法体系为保障利益而产生。

道商所关注和保障的利益，不仅仅局限于个人得失或企业成败的经济利益这一个领域，它还包含了国家利益、民族利益、行业利益、产业利益、品牌利益、个人健康利益、道德价值利益等。要赢得和保障自身利益，就不可避免地要参与到各种社会竞争和商业竞争之中。

在道商兵法体系中，商业竞争的主要征伐形式表现为：① 同行搏杀；② 跨界突袭；③ 地区市场厮杀；④ 国际市场征伐；⑤ 虚拟经济与实体经济的利益平衡。

在上述这些竞争形态中，竞争的主要内容将表现为"道商五财"的具体细分，如：资金实力、技术优势、科技实力、产品特色、价格优势、管理水平、人才结构、知识产权、商业模式、服务意识、品牌价值、文化元素、消费习惯、地段区位、市场空间、渠道掌控、行业排序、时代趋势、政策机会、社会资源、信息获取、战略远见、生命健康、良知道德、慈善行为、企业家精神、思想主张与价值观、个性符号、舆论影响、社会活动参与度等。

道家认为"利害相随"。在新的经济形势下，竞争的形态正呈现出隐蔽性、迷惑性和复杂性。在"大道泛兮，其可左右"的利益流动下，经济全球化的大潮不但使国际间的经济关系变得更加复杂，也使国际间的政治秩序和治理规则变得更加微妙，对单体国家或地区的传统产业形态、生产力水平、消费意识、文化保存、国家安全、社会稳定产生了巨大的挑战。广泛的参与其实并没有带来绝对的公平，为了分得经济全球化的一杯羹，部分参与者迫于眼前利益或着眼未来利益，不得不出让或放弃部分主权，以局部利益的牺牲舍弃来谋求融合，在"走出去"的同时也"被进入"，在"融资引利"的同时也不可避免地被"引患育害"。在单体的有极图向整体的无极图转化过程中，在多方谋求自身利益最大化的博弈下，新的规则必然会导致一系列"利于此则害于彼"的经济霸权主义产生，现实的人类社会正在从"互利"的理想境界中，被迫进入"互盗"的残酷现实。

在"互利"与"互害"之间，我们需要以过人的眼光和高超的技巧，进行利益识别、利益平衡和风险控制，以达到《阴符经》"三盗既宜，三才既安"的稳定与有序。在这个进程中，那些以湮灭民族文化为基点，动辄鼓吹西方普世价值、过渡渲染自由市场经济的学者，是不可能肩负起中华民族伟大复兴的重任的。在"道"的规则制约下，道商兵法体系将为道商事业体系提供利益识别、利益创造、利益获取、利益运化、利益保障、利益增值的链条式服务。

《孙子兵法》曰："兵者，国之大事，死生之地，存亡之道，不可不察。"面对利益的忽隐忽现，我们在任何时候都不能掉以轻心，不能仅凭道德热血来推动事业，而忽略了最基本的商业规则，和那些传统规则的挑战者、破坏者与颠覆者。否则，面对新的经济浪潮来袭，就会束手无策，难以应变。老子告诉我们："祸莫大于轻敌，轻敌几丧吾宝。""慎终如始，则无败事。"道商要获得商业经营的长久成功，实现事业发展的持续兴旺，就必须进入道商兵法体系的深入学习中，让兵法体系为事业体系护航服务。

第八节　道商兵法体系的功能作用

道商兵法体系的创立，不但可以让我们学习、保存黄老道家两千余年中积累下来的智慧谋略与兵法思想，对现代商业竞争、企业管理、信息获取、资源利用与人际关系处理等领域，提供独到的见解和丰富的案例。它还具有如下功能作用：

（1）**自我提升作用**：清醒认识自己，准确定位自己，强化自我优势，弥补自身缺陷，战胜诱惑浮躁，提升智慧等级。

（2）**团队强化作用**：调和股东矛盾，防范利内部斗争，保持内部活力、动力与向心力，改变经营团队和全体员工的盲目随意和消极散漫心理，打造龙虎之师。

（3）**竞争合作作用**：了解显性对手，识别潜在对手，转化竞争矛盾，提高竞争水平。设计内部竞争与外部竞争相结合的竞争机制，促进多元合作。

（4）**创新升级作用**：集中开发和汇聚团队智力，善于识别和利用"无用之才"，积极开展技术创新、产品创新、概念创新、内容创新、模式创新、产业创新。

（5）**市场扩张作用**：创造市场需求，抢占市场机遇、扩大市场空间，保障既得利益，培育长远利益，创造经济价值和社会影响力。

（6）**风险管控作用**：修身避祸，化解人生危机；管理纠偏，预防经营风险；识别真伪，理清利害吉凶；扭转乾坤，破解事业障碍。防范利益欺诈，避免各种恶意的入股参与、收购兼并，保障资金安全。

（7）**规则维护作用**：对新的商业规则和经济秩序的制订、执行、监督与维护，对商业中各种低级恶劣的竞争行为发起制止或制裁。

通过对道商兵法体系的学习掌握，掌握创新利器的道商们在风云激荡的全球化局势和错综复杂的利益交往中，能够主动树立竞争意识，从容应对各种新型"隐态战争"和"隐态竞争",在经济战、金融战、货币战、科技战、文化战、健康战、价值观战中,保持自己的强大独立而长胜不败。

根据道商兵法体系而设立的"黄老智库",作为新形势下的民间新型特色智库,我们立足根本,从中国传统黄老道学思想体系中汲取智慧源泉,以独立新颖的思想价值观和系统完整的知识体系,从纯学术的狭隘研究视野走向广阔的的行业应用服务,正在脱颖而出。

第九节　道商兵法体系的认识误区

受中国传统文化中的负面因素影响和错误解读,兵法谋略也不可避免地存在一些习以为常的误区,导致了今天社会上我们所熟知的谋略书籍,都过分强调诡诈取巧之法,追求厚黑不良之术,而对道德规则和秩序纲纪有着本能的轻视。在错误的价值认知推动下,常常使得学习兵法的人陷入"急功近利""唯利是图"的思维误区,舍其本而逐其末,擅其奇而失其正,求于利而废于道,曲解了兵法的原意,与真正的智慧背道而驰。

要学习掌握道商兵法体系,就必须要培养正确的识别能力,端正学习态度,才能掌握兵法的精髓思想。探寻传统兵法思想的不足,是我们掌握道商兵法体系必须正视的一个问题。

在"道商兵法体系"的学习中,我们需要走出的认识误区主要有:

1. 走出"诈术"思维

《孙子兵法》说:"兵以诈立。"兵法具有以智取胜,以战止乱的功能。许多人一提到兵法智谋,总是用戴着有色眼镜的目光去看待,将其简单评判为"阴谋""诈术"并嗤之以鼻,其实这是有失公允的。事实上,"诈"不应该成为经营的常态,企业经营的常态应该是"以正治企"。只有当企业遇到生死攸关的经营风险，难以用常规手段协调利益矛盾，化解利害冲突时，才能"出奇制胜"地运用兵法智谋来化害兴利，突破困境，走出困局。

《太平经》曰："凡事无大无小，皆守道而行，故无凶。今日失道，即致大乱。"道商兵法作为一种探究事物发展与经营制胜的规律之学、规则之学，它既具有"不为尧存，不为桀亡"的客观公正性，也具有"逢凶化吉，趋利避祸"的灵活变化性。道商兵法培养的不是"精致的利己主义"，而是未来商业规则和商业秩序的制订者、执行者与监督者，绝非规则的挑战者和破坏者。

在奉行金钱至上的社会里，"劣币驱逐良币"的故事不断上演，各类商业欺诈层出不穷。越来越多的企业，由野蛮生长步入黑色权贵的生存模式；越来越多的商人，由利益追逐走向道德缺失的心灵荒漠。道德败于邪恶，真实败于谎言，良知让位于奸诈，实力落伍于吹嘘，而道商兵法体系堪为道商们驰骋商海的"照妖镜"和"护心镜"。在以道经商、尊道贵德的前提下，道商兵法体系可以帮助我们有效地战胜并遏制肆无忌惮的资本野心，控制约束膨胀骄纵的权力欲望，维护商业交易中的公平正义和经济发展中的道德良知，避免"逆淘汰"。道商兵法的运用者，一定要道德齐备、理法兼得、生杀有术、阴阳调谐等等，否则，差之毫厘，谬以千里。

2. 走出"显性"思维

在道家看来，"道贵于隐。"在一个健康有序的商业世界里，道商既要尊重和运用"显规则"的力量，也要识别和调动"潜规则"的力量，只有"一阴一阳"的高度凝聚和完美配合才能称之为"道"，才能实现"阴阳两利"。

在社会资源的分配过程中，有极少部分的群体是因为带有"潜规则"行为的私下交易与隐秘手段走向了成功，由"潜规则"带来的机会独享和资源独占，造成了社会分配的严重不公与"显规则"的破坏，也使得劣币驱逐良币的行为更为容易。《道德经》说："渊兮，似万物之所宗。"在道商兵法的认识观里，"潜规则"是规则的一种独特表现形式，需要被正视、理解甚至得到重视的。那些不违背道德伦理和不破坏规则秩序，游离在虚空状态和处于隐形市场的"潜规则"，恰恰是道商知识体系中所探寻的"玄之又玄"核心内容。

孙武子说："微乎微乎，至于无形，神乎神乎，至于无声，故能为敌之司命。"如何开发道商的显微智慧，激发其潜力潜能，是道商人才培养的关键所在。

我们通过对"道"与"非常道"的准确判断,来窥其先机,睹其未兆,发现无用之才,扶助微弱之势,在相对长远的战略孵化周期内,创造社会大众不予重视或难以想象的巨大价值,一策而转危机,一击而定乾坤,是道商兵法智慧的高超运用,也是道商对"潜规则"的常规颠覆。

3. 走出"敌对"思维

从道的角度讲,商业竞争中没有永恒的朋友,也没有永恒的敌人。有的,只是创造利益最大化的合作与共赢。在商业利益的流动与转化下,道商要善于跳出眼前利益的局限性,走出浅层的、当下的敌对思维,不拘于一城一域的得失,而应从更广领域、更深层次寻求合作共赢的可能。

如果说,道商的生命体系是"固本培元"之学,那么事业体系就是"经世致用"之学,而兵法体系就属于"救亡图存"之学。通过道商兵法的学习,从"为主为客""进寸退尺""先予后取""抱怨以德"的曲线运动中,获得对事理的非常见解,找到矛盾利益的更好解决方案,避免人云亦云的现实困惑,实现化敌为友,方可天下无敌。

4. 走出"好争"思维

范蠡认为,"争者,事之末也。"经济学大师阿尔弗雷德·马歇尔曾说过:"'竞争'这个名词背负恶名,而且还包含某种利己心和对他人的福利漠不关心的意思。"事实上并非如此,有序的竞争让利益分配更加公平合理,也让人类社会充满着发展与生机。

道商兵法重视"不争之争"的力量。如何利用"守柔""守雌"来诠释"不争",是道家用兵的鲜明特色。道商在事业发展中,应强化自我筑基和自我管理的本位优势,重视战略领先、理念领先、技术领先和服务领先,以构建内在的核心竞争力。通过随时保持柔弱的生长态势,道商可以杜绝低层次的竞争手段和对抗冲突,避免进入"好争"的凶地与洼地,以免陷入无意义无休止的价格战、广告战、营销战之中,既浪费精力,又消耗实力。

5. 走出"亮点"思维

自改革开放以来,中国商界曾涌现了为数众多的点子大王、策划流派和营销高手、创意奇人,他们都以自己独特的风格、利用自身的专业特长纵横商海,更有经典手笔让人拍案叫绝。但也有平庸之辈,或口说大话招摇撞骗,或瞎拍脑袋盲目创意,或执著小处忽略大局,或脱离实际违背根本,虽博得一时之眼球效应,但最终却如昙花一现,销声匿迹。

"灵光一闪"式的创意火花与和策划亮点确有可贵之处,但是"良药虽好不宜久服"。那些藉希望于几个"金点子"就能挽救企业命运的人,是很难有大作为的。在企业经营中,如果仅仅单方面重视"拍脑袋"后的亮点刺激,而忽略了道商丹法所强调的宏观整体,就会被一叶障目,因小失大,求其一斑而失去全豹。

道商兵法体系,不求亮点与灵光,而处处皆显亮点与灵光。我们相信,在道德之光与智慧之光的双重作用下,真正能够创造价值亮点震铄千古的企业,非道商企业莫属。

6. 走出"个体"思维

《尉缭子·战威》言:"凡兵有以道胜,有以威胜,有以力胜。"真正的道商兵法智慧,不是恃其聪明才智,而是以清静明彻的心胸,远见卓识的目光,厚德稳重的步伐,去体悟天机,执行天道,寻求"人天合谋""至境无为"的最高境界。

天地自然的造化,是世界运行的完美楷模,也是商业谋利的最高准则。《淮南子》言:"顺道而动,天下为向;因民而虑,天下为斗。"只有心智合于大道,谋略通于天心,能够得到源源不断的"道义"之势的支持。我们不要把自己的主观愿望强加于客观规律,不要用自己的私心欲望去改变大自然的规律,一切人为的干预都是没有真正掌握道商兵法的表现。那些鼓吹私欲至上的"人定胜天"观点,妄图用私心人欲去挑战自然规律、违背自然物性、破坏自然生态者,必将恶果自食。

"以无法为有法,以无限为有限。"只有人天合谋,才能天遂人意。注重人与人、人与天、人与自然大融合的道商兵法,比之于不顾后果的人为智慧,更具有合理性和积极意义。

思考与训练

1. 列举出你心目中最能代表道家兵法思想的经典著作。
2. 你所理解的道商兵法最显著特点是什么？
3. 请将道商兵法中的决策九势浓缩为三势，并予以解释。
4. 请根据《阴符经》总结出不低于三种兵法理论。
5. 试阐述分析道商生命体系与兵法体系二者之间的微妙关联。

第六章
中国道商智慧体系

> 本章通过对道商智慧体系的理论依据、基本思路、研修经典的综合阐述,指导道商运用独创的六图思维模型进行智慧开发。同时首提道商智慧的"五智"等级,对道商智慧的应用领域、作用效果和难点诀窍也提出了鲜明的理论主张。

在欲望的驱动下，人类不断地追逐着财富拥有、事业成功和生命健康。然而，现代文明的不断推进，科学技术的高速发展，物质生活的丰富充裕，并没有真正解决人类精神世界的归属问题，也没有能够带来与物质世界同步的幸福感。各种观念冲突、价值对抗、利益取舍和精神压力，依然无休无止地困扰和折磨着人类的身心。幸福感的缺失正在引发全社会的广泛关注与持续讨论。

中国道商的"智慧体系"，来源于中国道家的老庄哲学体系，它以"道通天地"的智慧本源为核心，以真一不二的生命状态为追求，以道家诸子的传世名著为依托，以复杂多变的现实生活为参照，以六图联用的动态平衡为开启，以反思质疑的独特思维为奥妙，以五智贯穿的层层突破为升级。帮助道商们在财富和金钱的纵横往来中，获得对人类社会的深刻洞悉，完成对生命意义的终极把握。

第一节　道商智慧体系的理论依据

道商是追求实现人生大成境界的智慧商人。道商智慧体系，是道商如何运用道学思想来获得智慧化生存、实现智慧化生活、拥有智慧化人生的专业体系。

什么是"智慧"？古希腊哲学的集大成者亚里士多德在《形而上学》卷一对"智慧"（Sophia）给出的概念定义是："智慧就是有关某些原理与原因的知识。"而在《形而上学》卷十一，亚里士多德则对"智慧"提出了更为精炼的定义："智慧是第一原理的学术。"

只有涉及"第一原理的学术"才是智慧。何谓第一原理？即万事万物的创始本源与核心要义。古希腊哲学家一致关注和重视万物的本源，认为只有本源性、本因性的第一原理，才是真理与知识的源泉。可见智慧不同于一般的经验知识，它是涉及到事物的根本性原理或原因的深邃见解。有关第一原理的知识理论和学术思想是最高层次的本体智慧，而如何去运用第一原理的智慧来指导我们的人生、生活与事业发展，则属于应用的智慧。

根据《道德经·第四十二章》中"道生一，一生二，二生三，三生万物"的相关阐述，"第一原理"来源于"道"。在道家和中外哲学家的眼里，"智慧"就是"道"的代名词，有智慧的人一定是掌握了大道运行演变规律的有道之人，最高层次的智慧实际上就是"道"的智慧，最高层次的智慧思想体系也就是关于"道学"的智慧思想体系。

德国哲学大师黑格尔在《中国哲学》中告诉我们："中国人承认的基本原则是理性——叫做'道'。""道为天地之本、万物之源。中国人把认识道的各种形式看作是最高的学术……老子的著作，尤其是他的《道德经》，最受世人崇仰。"同样作为德国哲学家的谢林在《神话哲学：中国哲学》中却认为：

"道不是人们以前翻译的理性，道是门。"老子哲学是"真正思辨的"，他"完全地和普遍地深入到了存在的最深层"。海德格尔在《语言的本性》中又告诉我们："老子的'道'能解释为一种深刻意义上的道路，即'开出新的道路'。它的含义要比西方人讲的'理性''精神''意义'等更原本，其中隐藏着'思想着的道说'或'语言'的'全部秘密之所在'。"

在希腊语圣经中，"道"就是logos。约翰福音开篇就说："太初有道，道与神同在，道就是神。"西方哲学史中常将关于规律性的哲学概念被称之为"逻各斯"（logos）。逻各斯具有事物本质的意思，一般指世界的可理解的规律或公式。宗教哲学家斐洛·尤迪厄斯曾尝试将宗教信仰与哲学理性相结合，他认为，逻格斯是上帝创造世界的工具，是人和神交通的中介，上帝的智慧就是内在的逻各斯，上帝的言辞就是外在的逻各斯。法国哲学家德里达认为："整个西方思想与民族精神，都以逻各斯为中心概念。逻各斯是西方民族精神的最高概念，道是中华民族精神的最高概念，二者惊人的相似，可以说是'逻各斯与道同在'。"

在中国道学思想体系中，"智慧"常被冠以"道""道德""玄德""神明""知""大知""道术""太一""泰一"等概念名词。

《道德经·第十四章》"执古之道，以御今之有。能知古始，是谓道纪。"

《鹖冠子·泰鸿》："圣人之道与神明相得，故曰道德。"

《道德经·第五十六章》："常知稽式，是谓玄德。玄德深矣、远矣、与物反矣，然后乃至大顺。"

《庄子·天下》："曰：'神何由降，明何由出？''圣有所生，王有所成，皆原于一。'"

《庄子·养生主》："吾生也有涯，而知也无涯，以有涯随无涯，殆矣！已而为知者，殆而已矣！"

《庄子·逍遥游》："小知不及大知，小年不及大年。"

《文子·下德》："老子曰：帝者体太一，王者法阴阳，霸者则四时，君者用六律。体太一者，明于天地之情，通于道德之伦。"

《鹖冠子·泰录》："入论泰鸿之内，出观神明之外，定制泰一之衷，以物为稽，天有九鸿，地有九州。泰一之道，九皇之传，请成于泰始之末。"

在道家看来,"道"和"智慧"是不可窥测、不可穷尽、不可描述、不可形容,甚至是不可传播、不可复制的。在《庄子·天运篇》中,庄子借老子对孔子的一番教导,来说明了这个问题。老子认为:"假使道的智慧可以进献,那么谁都会向国君进献大道;假使道的智慧可以奉送,那么谁都会向自己的双亲奉送大道;假使道的智慧可以转告,那么谁都会告诉给他的兄弟;假使道的智慧可以复制馈赠,那么谁都会用来留传子孙。"但事实上这很难办到。老子提出了"中无主而不止,外无正而不行"的观点,即内外结合方能体道。如果内心没有领悟力和自持力,智慧就不能存留在心中;有了领悟力却没有执行力,真正的智慧也得不到外界的响应,不能为外者所接受,大道还是难以成功推行。

基于以上认识,中国道商知识体系对"智慧"给出的定义是:**"智慧就是个人对道的整体性、变化性、独特性、实用性领悟和理解,是对宇宙万物大自然之间存在的微妙关系的深刻认知和掌控驾驭。"**

或可简言之:智慧,就是对"道"的领悟力与执行力。

在道家的眼里,那些真正具有最高层次智慧等级的人,就是"真人""至人""圣人""上德"或"善为道者"。如:

《淮南子·精神训》曰:"所谓真人者,性合于道也。"

《韩非子·扬权》曰:"故圣人执一以静,使名自命,令事自定。"

《道德经·第三十八章》曰:"上德不德,是以有德;下德不失德,是以无德。"

《道德经·第十五章》曰:"古之善为道者,微、妙、玄、通、深,不可识。"

第二节　道商智慧体系的基本思路

今天,是一个智慧被无限滥用的时代。各种被冠以"智慧"之名的概念层出不穷,各种关于"智慧"的培训课程打出的广告正在将谎言说到极致。

道商如何才能获得真正的智慧呢?

《庄子·大宗师》称:"且有真人,而后有真知。"在道学思想体系中,我们具备"真知"和"大知"的前提,就要成为无所不通的"真人"。所以,要具备真正的道商智慧,我们首先要培养自己成为道商,而成为真正道商的前提,则是要具备诚而不诈、信而不疑的"真一"之心。

《黄帝内经》开篇的篇名,就叫"上古天真论"。在道家的传说中,轩辕黄帝曾求道蜀中青城山和峨眉山,他见到了传说中的天真皇人并请教真一之道。所以,真诚实信的"真一"之心,不仅仅是我们大众所理解的初浅层面的商业信条,更是开启道商智慧宝库的金钥匙。

"真",是智慧的门户。什么是"真"呢?庄子在《渔父》篇中,为我们讲了这样一个有关智慧的故事:

孔子周游列国中,曾来到过一片名叫缁帷的树林,他坐在长有许多杏树的土坛上弹琴吟唱,弟子们在一旁读书。这时候,有个捕鱼的老人下船而来,他听完孔子的吟唱后不由得感慨:"他离智慧的大道实在是太远了!"

孔子听罢渔父的感慨,他凄凉悲伤地长声叹息并行礼咨询渔父:"我在鲁国两次受到冷遇,在卫国被铲削掉所有的足迹,在宋国遭受砍掉坐荫之树的羞辱,又被久久围困在陈国、蔡国之间。我不知道我有什么过失,遭到这样四次诋毁的原因究竟是什么呢?"

渔父批评孔子说:"你实在是难于醒悟啊!有人害怕自己的身影、厌恶自己的足迹,想要避离而逃跑开去,举步越频繁足迹就越多,跑得越来越快而影子却总不离身,自以为还跑得慢了,于是快速奔跑而不休止,终于用尽力气而死去。不懂得停留在阴暗处就会使影子自然消失,停留在静止状态就会使足迹不复存在,这也实在是太愚蠢了!你仔细推究仁义的道理,考察事物同异的区别,观察动静的变化,掌握取舍的分寸,疏通好恶的情感,调谐喜怒的节度,却几乎不能免于灾祸。该怎么解决问题呢?"渔父给孔子的建议是:"谨脩而身,谨守其真,还以物与人,则无所累矣。"认真修养你的身心,谨慎地保持你的真性,把身外之物还与他人,也就没有什么拘系和累赘了。如今你不修养自身反而要求他人,这不是本末颠倒了吗?

孔子问渔父:"请问什么叫做真?"渔父回答:"真者,精诚之至也。不精不诚,不能动人。"

所谓真,就是精诚到了极点,在道商知识体系中,就是有极图的思维法则。

不精不诚的人，是不能感动人的。真正的悲痛没有哭声而哀伤，真正的怒气未曾发作而威严，真正的亲热未曾含笑而和善。"真在内者，神动于外，是所以贵真也。"在渔父看来，"故圣人法天贵真，不拘于俗。"智慧的人总是效法自然看重本真，不受世俗的拘系。愚昧的人则刚好与此相反，他们不能效法自然而忧虑世人，不知道珍惜真情本性，庸庸碌碌地在流俗中承受着变化，因此总是不知满足。只有"法天""贵真""不拘于俗"的人，才是智慧而快乐的人。《庄子》书中记载的这位向孔子提出"真我"主张的渔父，被普遍认为就是文子计然。

列子曾经问他的老师尹喜："智慧最高的人可以在深水中游泳不会窒息，站在火中不感到炽热，在最高的地方行走不至于战栗。请问他们如何达到此境呢？"尹喜回答说："是纯气之守也，非智巧果敢之列。壹其性，养其气，含其德，以通乎物之所造。"

真正的智慧和道术，是积聚了纯真之气的结果，而不是聪明、技巧和果敢所能办到的。当我们把天赋的纯诚真一之气凝聚完备，我们的精神世界就不会有任何缺陷不足。所以圣人把自己隐藏在天真之气中，就没有任何外物能伤害他。管理之道也是如此，当整个团队围绕一个核心价值观紧密凝聚的时候，也是彼此间信任度最高的状态。在高度的信任（真信）之中，管理成本就会大幅度降低，各种猜忌、防范、监管、伤害也难以滋生，工作的快乐度和幸福感愈发凸显，就会进入道商的自化管理，实现老子所说的"兕之不能投其角，虎之不能措其爪，兵之不能容其刃"的境界。

生意的本质追求的是什么？不就是对人事物的价值发现与利益交换吗？我们如果能保持天真之纯和，不把占人便宜看成"能力"，不把奸巧伪智看成"聪明"，不为外物诱惑和俗世浅见拖累，就可以轻松自如地交易出入，"使财帛如流水"，在流动中化生新事物，在交易中孵育真精神，这就是"诚可以动化"的道术，也是范蠡"我不求财而财自来"的道商智慧。能够葆养人性的天真，就能够以精诚之心，凝聚"纯气"的力量创造奇迹，以"真信"的魅力感动天地。在这个前提下，倘若我们以真心对待一切合作伙伴，哪怕对方怀着欺诈之心而来，最后也会被感化归诚。如果天下的商人都能秉承至诚真一之心，说真话、办真事、出真品、行真道，这样的商人也就具备了"良贾""真人"的品行。

《鬼谷子》曰："真人者，同天而合道，执一而养万类，怀天心，施德养，无为以包志虑思意，而行威势者也。"

《洞元自然经诀》曰："道言：真人者，体洞虚无，与道合真，同於自然，无所不能，无所不知，无所不通。"

《淮南子·俶真训》曰："古之真人，立于天地之本，中至优游，抱德炀和，而万物杂累焉，孰肯解构人间之事，以物烦其性命乎？真人不再以人间事为累。"

道家的真人，不仅仅是广泛知晓天理和通晓智慧的大学者，他们也是彻底超越了思维的拘执，超脱了物欲的拖累，超越了得失的困缚，超越了生死的羁绊，超越了时空的限制，具有了与道同在的无限能力和无所不通的大智大慧。在"大通"之后，他们浑身上下都散发出"七窍相通，窍窍光明"的智慧之光，也就"不出户，而知天下"了。

《庄子·天下》赞称："关尹、老聃乎，古之博大真人哉！"

第三节　道商智慧体系的开发方式

智慧是如何产生的呢？

在道家的认识观里，真正的智慧是从"无"中产生的。其实不尽然，智慧一方面来源于空寂寥廓的"无极"境界，同时它也脱离不了知识的积累、经验的总结、思想的传承和丰富的社会实践，甚至智慧还产生于摧残式的痛苦与磨砺中。离开现实社会的复杂生存环境而单向性地追求空寂的智慧，是很难真正实现的。

在道商智慧体系中，我们根据道商六图思维模型将智慧的开发方式总结为六大途径，分别是：有极图式、无极图式、真一图式、太极图式、中极图式、大成图式。

1."有极图"——为学日益

智慧离不开知识，没有知识的积累和沉淀就没有智慧的升华。故而，要拥有非凡而超人的智慧，就要拥有大量的知识储备，不断地接受学习教育。孔子说："学而不思则罔。思而不学则殆。"在追寻智慧的漫漫长路中，唯有勤奋地学习，深入地思考，有目标有价值地坚持，才能跨越崇山峻岭。

《庄子》说："指穷于为薪，火传也。不知其尽也。"要获得成熟的智慧型知识，仅仅依靠自我的苦学是不够的，还需要有父母或明师引领入门，以学术、思想、理论、技艺的传承方式，获得具有真知灼见的智慧。

学术思想需要传承，高超的技艺也需要传承。《列子》一书记载，鸿超能做到矢射妻眸而矢在目前落地的高超技艺，鸿超的师父就是传说中的夏代神射手逄蒙，而逄蒙的技艺则"学射于羿"。列子本人不但是尹喜（关尹子）的弟子，他还拜老商氏为师，以伯高子为友，学得一身非凡的本领，可以御风而行。

2."无极图"——为道日益

庄子说："吾生也有涯，而知也无涯。以有涯随无涯，殆己！"人生是有限的，但知识是无限的，用有限人生毫无目的地追求无限知识必然失败。所以，光靠外向获取式的学习积累来获得更多的智慧也是很难的，还必须借助内向消融式的感受领悟，来窥见智慧的身影。

作为人类辩证思维的鼻祖，老子认为要认识事物，必须根据事物的本来面貌，不能有任何附加。在老子的眼里，智慧产生于"无极图"的无欲之中，只有在"夷""希"、"微"三者混而为一、打成一片的"惚恍"之中，耳、目、口乃至五官六根的常规感官作用消泯，我们才能获得超感官的深层智慧。

文子曾向老子求智慧之道，老子告诉他："故上学以神听，中学以心听，下学以耳听；以耳听者，学在皮肤，以心听者，学在肌肉，以神听者，学在骨髓。故听之不深，即知之不明，知之不明，即不能尽其精，不能尽其精，即行之不成。"最高层次的学问就是"学在骨髓"的神听。老子不但将神听的智慧传授给了文子，他的另一弟子亢仓子也得到了真传。亢仓子介绍说："我体合于心，心合于气，气合于神，神合于无。其有介然之有，唯然之音，虽远在八荒之外，近在眉睫之内，来干我者，我必知之。乃不知是我七孔四支之所觉，心腹六脏之知，其自知而已矣。"智慧的最高层次并不是来自于器官的功能，也不是来自于具有理性的、逻辑性的学习思维判断中，而是来自精神的感知，这种感知我们称之为"太上感应"。

如何才能达到"神听"的太上感应呢？庄子为我们提供了"心斋"、"坐忘"两大入手方法。什么是"心斋"呢？就是精神上的斋戒，意谓摒除杂念，使心境虚静纯一，而明大道。以虚空广漠的无极心境，摒弃智欲，澡雪精神，除却秽累，掊击其智，断绝思虑，就可以获得对大道的真实感受和领悟。什么是"坐忘"呢？郭象认为："坐忘不是忘记周围所有存在的事物，而是忘记事物存在的迹象和事物存在的理由，内心感觉不蓟它的一身，外界不认识有天地，然后旷然与变化为体而不通。"通过坐忘，忘却有极图模式下的一切概念、名词、理论、方法、框框、教条，抛弃一切逻辑性的浅层次聪明才智，才能与大道相化合一。

3. "真一图"——精诚通神

要借助"真一图"开发智慧，首先就要具备独立的思想观念，拥有独特的见解主张。

《庄子》说："见独，而后能无古今；无古今，而后能入于不死不生。"当我们在无极图的心斋与坐忘中，排除一切干扰杂念，甚至忘掉自我，就可以使心窍豁然打开。心窍打开后，能够洞见和彻悟独立的道，拥有自己的主张；拥有自己的独立主张，就不会受到任何思想教条和时空生死的束缚。

在真一图的模式中，智慧产生于精诚的专注、专一之中。《尚书·大禹谟》记载有代表中国传统文化成功的十六字心传，就是"人心惟危，道心惟微，惟精惟一，允执厥中。"如果我们做任何一件事情，能够保持心志专一而不分散的"真一"状态，就会达到神妙境界。

《庄子·天下》称："不离于宗，谓之天人；不离于精，谓之神人；不离于真，谓之至人。"最高层次的管理之道，就是发现事业宗旨和价值核心，掌握管理中调动人心的根本之道；最高层次的发展，就是专注用功持之以恒，保持八风不动的定力而不为外界的利欲诱惑干扰左右；最高层次的智慧，就是让自己内心世界的"真一"圆镜复明，慧光明彻，智照天下。当精神凝聚时，所谓的万物之变，万事之化，就会其动若水，其静若镜，其应若响。只有当我们没有主观偏见和一己之私时，事物的功用与价值就会客观彰显，商业世界的各种假恶丑现象也就无处藏形。

4."太极图"——差异之美

在道家的眼里，尺有所短，寸有所长。一切事物的大小、是非都是相对的，人生的贵贱、荣辱也是无常的，要获得智慧就不能执著于表面现象和人为的得失，而忽略了事物被隐藏的真相。每个人的智慧都有自己的难以企及的领域，每个人的优势都有自己独特的境界，客观认识人、事、物之间的独特价值，正视和保持自己个体差异，不失为明智之举。

在道商的五型人才中，有以智谋服务擅长，有以经营发展称王，有以著述讲学为优，有以纵横公关为奇，有以规则制定为强。这在庄子看来，"道之所以亏，爱之所以成。"这种差异和不完美的缺陷，恰恰是由于我们个人的优势和偏好造成的。所以，庄子对道商五型人才给出的最宝贵建议是，"是故滑疑之耀，圣人之所图也。为是不用而寓诸庸，此之谓'以明'。"真正的大智慧者，不留恋于迷乱世人的炫耀，不以自己的一孔之见、一技之长夸示于人，而专注在事物自身的功用，和坚守在自我的核心价值追求上，这就叫住"以明"。

有泰山就有秋毫，有鲲鹏就有鸠雀，有长寿就有夭折，有道商就有俗商。人对于井中之蛙不能和它谈论大海，这是由于它局限在井中很小的地方；对于夏生秋死的昆虫不能和它谈论结冰的事情，这是由于它的生命周期被局限在很短的时间内。同样，对于浅薄偏执的人不能和他谈论真正的真理大道，这是由于他被世俗之学所束缚。所以真正的大智慧者都是看似"大智若愚"的木讷淳厚，往往什么都不懂的人却总是一副明察秋毫的样子，自以为自己无所不知。大智大慧的人能够观察到事物的远近，因而小的不以为小，大的不以为大，这是因为他们深知宇宙无穷、事物无穷、知识无穷的深邃。

5."中极图"——妙不可言

中国智慧追求的是"此中有真意，欲辨已忘言"的美妙境界，希望超越语言文字的限制而直接进入事物真实意义的内核。所以，"书不尽言，言不尽意"的动态微妙，是中国智慧的最显著特征；"相视一笑，心领神会"的妙不可言，是古代道家在学术思想传承中的特殊手段。

语言和文字是传递真理智慧的最佳途径，但是中国哲学尤其是道家哲学却不太相信这种传递作用。庄子认为："世之所贵道者，书也。书不过语，语有贵也。语之所贵者，意也，意有所随。意之所随者，不可以言传也。"

列子认为，偶然成功的事情，表面上似乎成功了，实际上并没有成功。偶然失败的事情，表面上似乎失败了，实际上并没有失败。所以迷惑往往产生于相似！运用中极图的模式开发智慧，我们就不以自己的主观认知和书本知识，以及那些过时的知识、被淘汰的经验为智慧，也不能以任何他人、他企业、他国的所谓成功经验为准绳。做任何事情，都不能泥古不化，要靠自己从实践中摸索出规律，在理论和实践相结合的过程中获得真正的不可言传的智慧。

6."大成图"——实践真知

康德说，科学是知识的有机组合，智慧是人生的有机融合。真理就在我们的身边，智慧也隐藏在我们的日常生活之中。如果我们缺乏识别、提炼、总结、运用的能力，就会迷囿于书本知识，而错失生活的智慧。

道家推崇"圣王之道"，古之圣人之所以能够具备贯通天人的大智慧，实与他们"仰则观象于天，俯则取法于地，观鸟兽之文与地之宜，近取诸身，远取诸物"的智慧开发方式，有着不可分割的内在联系。所以，道商不但善于对自然之天道进行"观测"，同时也善于从社会之人道进行"观察"。通过观天之道，执天之行，就可以深刻了解和掌握自然造化的玄妙之机，而与道同运。

真正的智慧不仅在于能明察眼前，而且还能预见未来。人类当前正在经历从知识经济时代向智慧经济时代的演变，伴随着智慧产业、智慧产品、智慧创意的不断提出，我们在道商六图思维模式的不断转化与切换中，借助于图像工具的神奇力量，巧妙地打开了智慧的重重玄关。在内在精神与道体相符，外在行为与德行协调的同时，精神世界丰富充实，灵性潜能勃发活跃，"以身观身，以家观家，以乡观乡，以天下观天下。"近可富己富家，经世致用；远则富国富民，道利天下。只有当智慧越发达时，我们的事业和人生也就因之而能获得巨大的成功与满足。

第四节　道商智慧体系的主要经典

社会的变革离不开思想的孵化，经济的发展离不开文化的复兴。萨姆·沃尔顿说："世界上没有什么纯而又纯的商业真理，所谓商业真理只是把那些古老的真理认真地全身心地运用在你的商业行为当中。"道商要获得对"道"的领悟力与执行力，就要从中国道家的经典著作中去汲取智慧营养，不断充实和丰富自我的知识素养，建立和优化自我的知识结构，培养科学而又系统的思维方式，提高自我的商业实践水平。

在汗牛充栋的道藏经籍中，道商应该重点阅读的主要经典有：《道德经》《阴符经》《黄帝四经》《文子》《管子》《庄子》《列子》《鹖冠子》《吕氏春秋》《淮南子》《太平经》《清静经》《心印经》等。

（1）《道德经》又称《道德真经》《老子》《老子五千文》，为道学之祖老子（李耳）所撰写。

《道德经》分上、下两篇共81章。文本以哲学意义之"道德"为纲宗，论述修身、治国、用兵、养生之道，内容涵盖哲学、玄学、生命学、伦理学、政治学、军事学等诸多学科，而多以政治为旨归，乃所谓"内圣外王"的南面之学，对中国的哲学、科学、政治、宗教等产生了深远的影响，成为了中国传统文化不可替代的灵魂与主干。

（2）《阴符经》又称《黄帝阴符经》，是我国传统文化中的典范，也是黄老学派的重要经典。

《阴符经》一书作者不详，旧题黄帝所撰，历代名家太公、范蠡、鬼谷子、张良、诸葛亮、李筌及宋朝大儒朱熹对此均颇有深研集注，有将此书列入兵家类，也有列入道家类，历来对其注释有上百种之多，可见其在中华文化上的重要性和影响之大。历代研究者认为它"辨天人合变之机，演阴阳动静之妙"，而将《阴符经》与《道德经》并称，视为黄老道学思想体系著作的经典双璧。

（3）《黄帝四经》又称《黄帝书》《黄帝帛书》，它出土于湖南长沙马王堆三号汉墓中，包含四篇经典：《经法》《十大经》《称经》《道原》。

《黄帝四经》主要是继承了老子而加以发挥，被认为代表了黄老学派"治国之本"的主要思想。《经法》主要是讲治国必须依靠法制，《十六经》是关于政治、军事斗争的策略问题，《称经》讲施政、行法必须权衡度量，区分轻重缓急，《道原》则主要讲宇宙观。其建立学术的出发点是教导君主如何用"道法"进行社会治理。

（4）《文子》又称《通玄真经》，是道家黄老学派的一部重要著作。

《文子》主要解说老子之言，阐发老子思想，继承和发展了道家"道"的学说。它每篇皆以"老子曰"三字开头，表明与老子的师承关系。按李定生的考证，文子是老子弟子，年少于孔子，曾游于楚，后至齐，齐国隐士彭蒙从而师之，后来彭蒙之徒田骈、慎到皆学黄老道德之术，因而文子可以说是黄老学之祖。

（5）《管子》稷下黄老道家推尊管仲的作品集结。

《管子》以黄老道家之道为基础，以其开放性在理论上解决了儒、法、名诸家之间的分歧，通过一系列环节论证礼、法出自于道，使得道融汇诸家理论，在中国思想史上具有不可抹杀的重要地位。汉初有86篇，今本实存76篇，其余10篇仅存目录。有学者统计，《管子》全书几乎各篇都有老子《道德经》的语言片段与哲学思想。

（6）《列子》又名《冲虚真经》，是战国早期列子、列子弟子以及其后学所著，其学说被古人誉为常胜之道。

《列子》属于早期黄老道家的经典著作。其书默察造化消息之运，发扬黄老之幽隐，简劲宏妙，辞旨纵横，内有大量先秦寓言、神话传说、养生故事等。主旨在于宣扬不可炫智于外而应养神于心，达到"天而不入"的顺其自然，达到"无用之用"的境界，是道家义理不可或缺的部分。其中家喻户晓的寓言故事百余篇，可与古希腊的《伊索寓言》相媲美。

（7）《庄子》又名《南华真经》，与《老子》《周易》合称"三玄"。

《庄子》一书反映了庄子的哲学、艺术、美学、思想与人生观、政治观等等，对宇宙、人与自然的关系、生命的价值等都有详尽的论述。其行文汪洋恣肆，瑰丽诡谲，意出尘外，乃先秦诸子文章的典范之作。《汉书·艺文志》著录五十二篇，今本三十三篇，大小寓言二百多个，其中内篇七，外篇十五，杂篇十一。

（8）《鹖冠子》传为战国时期楚国隐士鹖冠子所作，是先秦黄老学派学术发展的重要力量。

《鹖冠子》以《老子》的"道"为哲学基础，明确提出"泰一者，执大同之制"，着重阐明统一天下之道和"君人南面之术"，强调刑名、法术也是本于道。其行文古奥典雅，用辞古雅含蕴，字里行间中，处处表现出"道化腐朽为神奇，润物万物而无声"的神奇而不可抗拒的力量，堪与《庄子》、《离骚》《灵素》相颉颃。唐代大儒韩愈赞叹道："使其人遇其时，援其道而施于国家，功德岂少哉！"

在中国道商知识体系的教育传播中，我们将根据道商群体的兴趣爱好、人才类型、专攻领域与学习晋级，进行针对性、阶段性的传统道学智慧经典专题讲解，以培养更多的智慧型商业人才。

在系统深入地学习中国传统道学智慧经典的同时，我们也不应该排斥其他学派、其他国家、其他民族的智慧经典。应以兼收并蓄的精神，从古今中外的大师名家智慧经典中，获得理论的升华和实践的真知，在"为学日益"中走向"为道日损"。

第五节　道商智慧体系的等级层次

在道商智慧体系中，我们将人类的智慧等级和演进层次设计为五个层次，它们分别是：智力、智巧、智能、智谋、智慧。

智慧等级	来源	对象	五行类象	道商图象
智力	先天禀赋，后天学习	有我	土	有极图
智巧	技艺专攻，熟能生巧	物	木	有极图；真一图
智能	复归无物，恍惚杳冥	无我	金	无极图；中极图
智谋	创新思维，反常行为	事	水	太极图
智慧	合于天地，接通古今	自然	火	无极图；大成图

1. 智力

智力即学习认知能力，通常是指人能认识、理解事物并运用知识、经验等解决问题的能力，包括记忆、观察、想象、思考、判断等。

在知识经济时代，智力资本是相对于传统的物质资本而言的，它是一种潜在的、动态的、能够带来企业长期价值增值的无形的资产。英国摩根·威泽尔主编的《工商管理辞典》中将"智力资本"解释为："公司产生或拥有的知识，或者是后天学习的结果，或者是在研究和发展过程中自发产生的，更广泛地说，是公司可接触的知识和技术。"瑞典学者卡尔·爱瑞克·斯威比（Karl Erik Sveiby）在1997年的著作《新的组织财富》中认为，智力资本是体现在企业的员工能力、内部结构和外部结构等三个方面的综合价值。在我国，一些学者也对智力资本进行了研究，如复旦大学的芮明杰教授认为：智力资本是企业内所有因知识和智力的积累而形成的资源。

2. 智巧

智巧即实践操作能力，通常是我们对于某一专业领域或某一专项技术的娴熟掌握程度，和具有高难度性质的技巧实现。

道家不重智巧，甚至对工具性、技艺性的智巧带有本能的轻视和偏见，他们把智巧称为"机械之心"。道家站在智慧的最高层次来评论说，"有机械者必有机事，有机事者必有机心。机心存于胸中，则纯白不备；纯白不备，则神生不定；神生不定者，道之所不载也。"人一旦痴迷于"智巧"层次的小术，就会失去对大道的追求，影响人的"智慧"等级上升。

智巧的本领多来源于有极图思维模式，而成就于真一图思维模式。如何用标准化来规范一个产品或一项技术的工艺流程，是其技艺精湛的关键所在。在提倡产品创新、技术创新的时代背景下，我们不能忽视智巧的巨大价值。列子书中描述的宋国人为国君用玉来雕刻楮树树叶，三年方完工，叶脉和叶柄肥瘦得体，叶茂繁密而有光泽，即使掺在真的楮树叶中也难以辨别。即使在今天，这位深具"工匠精神"的工艺大师凭借其智巧，也足以获得国际性的工艺创新奖励。

《淮南子》告诉我们：善于射箭的人有一定的标准作为尺度，就像工匠有规矩来限制一样，他们都是借助一定的尺度标准最终达到了技艺神妙的境界。要达到技艺精湛，就必须专一精诚，不能做到面面俱到，行行皆精，具备"守一"的专业精神是实现工匠精神之魂。

事实上，道家在类似于"庖丁解牛""轮扁斫轮""梓庆为鐻"的故事中，充分向我们说明了如何通过工艺精湛的"智巧"来进一步认识和领悟智慧大道的。要达到道家先哲所描述的"智巧"境界，就必须要重点开发其"智能"。

3. 智能

智能即创造力与生发力，是智力和智巧的综合，是指感觉、记忆、回忆、思维、语言、行为的整个过程。它既包括敏锐、独特的观察力，高度集中的注意力，高效持久的记忆力和灵活自如的操作力，也包括创造性思维能力，还包括掌握和运用创造原理、技巧和方法的能力等。

智能之能，不仅仅是一种能力，更是人体内未被激活的潜能，和帮助人体获得智慧升华的独特能量。截至目前为止，智能及智能的本质仍然是古今中外许多哲学家、脑科学家一直在努力探索和研究的问题，但至今仍然没有完全了解，以致智能的发生与物质的本质、宇宙的起源、生命的本质一起被列为自然界四大奥秘。

智能是构成创造力的重要因素。创造力，是人类特有的一种综合性本领，是产生新思想，发现和创造新事物的能力。例如创造新概念，新理论，更新技术，发明新设备，新方法，创作新作品都是创造力的表现。在今天，以机器视、听、触、感觉及思维方式的模拟推动和丰富了人工智能领域的创新发展，这项正在改变人类的技术已经被广泛应用于指纹识别、人脸识别、视网膜识别、虹膜识别、掌纹识别、专家系统、智能搜索、定理证明、逻辑推理、博弈、信息感应与辨证处理等领域，成为延伸和扩展人的智能的一门新的技术科学。

人工智能是智能的变异，对人的意识、思维的信息过程的模拟，是人工智能的本质。在人工智能技术的开发与应用中，作为"物"的机器正在取代真实的人的思考活动和存在价值，当虚拟演变为现实，工具产生了意识，人类却在逐步失去感情，沦为有血有肉的工具。对人工智能的技术开发，我们应在重视道德伦理规则的前提下慎重对待。否则，一旦具备高智商的计算机拥有了自主意识，很可能直接导致人类的灭绝之灾，"有极图"模式下的逆天科技，完全有能力使人类成为牺牲品。

4. 智谋

智谋即思维力与创新力，主要表现为事业发展和人际交往、利益博弈中所采取选择的具有超前性、独特性和创新性的思维方式。关于智谋的课题是我们在道商兵法体系中探讨的重点内容。

道家认为，智有小智大智之分，小智谋于心计，大智合于自然。人类智慧也是大自然所赋予的，人类智慧是大自然智慧的一部分。然而世人往往专任小智而忽视大智。专任小智，也许会取得一时的成功，但最终难免失败。《鹖冠子》曰："主知不明，以贵为道，以意为法，牵时诳世，道下蔽上，使事两乖，养非长失，以静为扰，以安为危，百姓家困，人怨祸孰大焉。若此者，北走之日，后知命亡。"所谓"嗜欲深者天机浅"，如果我们把聪明才智都用在不择手段谋取个人私利上，那就成了可怜的小聪明，最终也会因小失大，得不偿失。只有以大智立身，方可永远立于不败之地。

庄子认为，智谋之士竭尽心力去追求一致性，却不知道万物之间本来就是混同而没有差异的。治理者用"名"的智谋来笼络欺骗那些愚笨的人，也就像养猴人用"朝三暮四"的概念笼络欺骗那些猴子一样，名义与实际都没有亏损，却能使它们时而高兴，时而发怒！这种毫无实际意义的概念性名词，在今天的商业经营中屡见不鲜，百试不爽。

5. 智慧

智慧表示智力器官的终极功能，与"形而上谓之道"有异曲同工之处。智慧对于内心世界和外界事物的领悟，具有过程的主控性和规律的总结提炼与复

第六章
中国道商智慧体系

制传播性,智慧能帮助我们平衡主观世界与客观世界的各种复杂矛盾,在人与社会、人与自然的利益牵缠纠纷中,能帮助我们快速做出正确的决策,平衡矛盾,消弭分歧,调和阴阳,达成共识。

何谓"智慧"? "智",从知,从日。内义为,知日,知太阳也。知太阳之阴阳也。《阴符经》曰:"观天之道,执天之行,尽矣。"道家要求我们,"圣人不察存亡,而察其所以然。"能够认识和掌握天道(日月)升降运动和盈虚明晦的人,就具备了智见。"慧",丰丰扫心。丰表示丰收,双丰代表着对内心世界与身外世界的充分认识与囊括掌握。扫,道家谓之"损之又损""涤除玄览",为复归于无极的先天状态。心,自我的道德修养、智慧思想、出众能力。《说文》注:"慧,儇,皆意精明。"《贾子道术》:"亟见窕察谓之慧。""慧"字要求我们,当我们对主观世界和客观世界进行充分认识后,要潜藏自己与众不同的智见与实力,韬光养晦,潜心于渊,示之以愚。

天之道,利而不害;圣人之道,为而不争。在"以道经商,以商显道"的过程中,我们当用心作为,以更好地帮助全社会的人都能实现"阴阳两利",获得身财、口财、钱财、智财、德财的五财具足,这才是最高层次的道商智慧。

● **案例:惠盎见宋康王**

宋康王在位时,发生了一件怪事,一只麻雀生出一只鹰来。

宋康王让巫师占卜,巫师说:"小鸟生出大鸟,这是小国战胜大国进而称霸天下的征兆。"宋康王听后大喜,认为天将帮助自己这样一个小国君称霸,便有恃无恐起来。他把布囊盛满鲜血戴上头盔,高高地悬挂起来当做"天帝",自己用弓箭去射,称这种行为为"射天";又用鞭子抽打地面,名为"笞地";把神的牌位折断焚毁,名曰"威服天下鬼神";咒骂朝中进谏的老臣;制造没有头顶的头盔以示勇敢……

面对宋康王的弃仁黩武,国人大为震惊,一个名叫惠盎的人准备去劝说纠正宋康王。宋康王见到惠盎显得很不耐烦,他不断地跺着脚,又不断地咳嗽并大声说:"我所喜欢的是勇敢且有力量的人,不喜欢谈论仁义道德的人。您打算用什么来教导我呢?"

惠盎回答说:"我这里有一种道术,能使别人即使勇敢,也刺不进我的身体;即使有力量,也打不中我。难道大王对此没有兴趣吗?"宋康王说:"好!

这正是我所想要听到的。"

惠盎说:"刺我不进,打我不中,这还是在受侮辱。我这里还有一种道术,能使人虽然勇敢却不敢刺我,虽有力量却不敢打我。不过不敢并不等于不想。我这里还有一种道术,能使人根本就不想打人。不过不想打还没有爱护帮助你的思想。我这里还有一种道术,能使天下的男人女子没有不高高兴兴要爱护帮助你的。这比勇敢、有力量要好得多,是比上述四种道术都好的道术。难道大王对此没有兴趣吗?"宋康王说:"这正是我所想要得到的。"

惠盎说:"孔子、墨子就是这样。孔丘、墨翟没有土地却成为君主,没有官职却成为官长,天下的男人女子没有不伸着脖子、踮着脚盼望他们,希望得到安定和帮助的。现在大王是一个拥有万乘兵车的君主,如果真有这样的志向,那么国境之内的百姓,就都会得到好处。那恩惠就会比孔丘、墨翟多得多了。"宋康王无话可说。

第六节 道商智慧体系的应用领域

生活离不开智慧。在中国道商知识体系内,我们以生命体系立身之本,以事业体系建功之果,以兵法体系创业之新,以智慧体系合道之真。其演进程序,完全遵循着黄老道家"始于无为,渐于有为,合于无为,行于无不为"的脉络而展开。如果说,道商兵法体系是为了"创新"的繁衍裂变,道商智慧体系就是反向性地进入了"返朴"的溯本抱一程序;道商兵法体系是为了应对"竞争"而采取的强力攻伐,道商智慧体系就是劝人"不争"的无为境界。但是,这种"不争"和"无为"绝非是无可奈何的放弃,而是窥破本然、宰制大有之后的潇洒从容与信步闲庭。

道商掌握了智慧体系后,可以充分理解和广泛应用于以下领域:

(1)**生命的智慧**:主要体现在道商生命体系中,包含有:如何认识生命的本源，了解生命的归宿，和掌握生命养护、生命优化的系统性方法技术，坦然积极地应对生、老、病、死的来临与突袭。

（2）**事业的智慧**：主要体现在道商事业体系和道商产业体系两大部分中，包含有：如何进行自我所从事的事业方向性定位；预测判断所关注、从事的事业领域前途命运和未来演变趋势规律；创新行业或产业、产品研发；梳理事业发展中的整体流程和重点环节；破解事业发展的经营难题和管理瓶颈；总结自我或他人的事业误区与成功经验；正确平衡个人事业与价值理想、家庭婚姻、社会事务、生活意趣之间的复杂关系；和如何实现"多、快、好、省、稳"的跨越式事业发展。

（3）**兵法的智慧**：主要体现在道商兵法体系中，包含有：预测的智慧、决策的智慧、执行的智慧、创新的智慧、竞争的智慧、合作的智慧及风险防范和危机化解的智慧。

（4）**生活的智慧**：主要体现在道商智慧体系、道商形象体系、道商伦理体系三大部分中，包含有：如何运用道家的智慧思想来走出人生的低谷，突破人生的困境，调谐人与人、人与社会、人与自然之间的交互关系，正确对待人生的既得利益和成功拥有，合理行使道德慈善的社会行为，在宠辱不惊、燕处超然中实现逍遥快乐的幸福生活。

（5）**个人实现的智慧**：主要体现在道商人才体系中，包含有：对"道"的整体认知智慧，对"道"的推衍分化智慧，对"道"的归纳统筹智慧、对"道"的应用发展智慧等。

当然，道商智慧体系也还可以借助太极图的思维模式，按照"有用"与"无用""显态"与"隐态""理性"与"非理性""思想"与"实践"等概念来予以区分。

《文子》总结称："人皆知治乱之机，而莫知全生之具，故圣人论世而为之事，权事而为之谋。圣人能阴能阳，能柔能刚，能弱能强，随时动静，因资而立功；睹物往而知其反，事一而察其变；化则为之象，运则为之应。是以，终身行之无所困。"

真实而透彻地理解和掌握了道商的智慧体系，我们也就具备了"终身行之无所困"的卓越能力，其运用之妙，惟存一心，心机发动，足以驭使"愚智贤不肖，莫不尽其能。"

第七节 道商智慧体系的作用效果

"夫体道者,天下之君子所系焉。"

管理学的最高境界就是"智慧管理""道商管理"。那些善于体悟大道、运用大道的人,其道德修养、智慧水平和人格魅力,足以使天下一切有道德修养的人都将归附于他,甚至无条件地凝聚和团结、投入在他的神圣事业之中。

《文子》曰:"真人者,通于灵府,与造化为人,执玄德于心,而化驰如神。……未发号施令而移风易俗,其唯心行也。"

《鹖冠子》曰:"彼天地动作于胸中,然后事成于外,万物出入焉,然后生物无害,阆阓四时,引移阴阳,怨没澄物,天下以为自然,此神圣之所以绝众也。"

总体而言,道商智慧体系的主要作用和效果有:

(1)突破知识和常理限制,超越逻辑思维和理性认知的局限,具备"知天之所为,知人之所为"的智慧领悟力。

(2)突破技艺和技术限制,获得技艺的升华与超越,实现神乎其技。

(3)培养对事物的全面、系统、独特、非凡的见解,具备"点石成金"和"化腐朽为神奇"的智慧应用力。

(4)提高对伪知识、伪理论、伪智慧、伪新兴产业的识别能力,实现"天地不能胁,怪物不能惑也"的清静定力,避免被眼前的短暂成功所障目。

(5)提高学识修养,提升人格魅力,修炼出一种使"王公简其富贵而乐卑贱,勇者衰其气,贪者消其欲"的强大气场,实现不需要说话就可以使他人感受到精神和畅的魅力。

(6)明于死生之分,达于利害之变,成败生死不能忧困身心。

(7)避免兵法体系所附带滋生的竞争毒害,防范收不住心、刹不住脚的智慧外驰;有效化解钱毒、财迷,保持超然物外的心境,避免被财富和声名所累。

《淮南子·俶真训》称:"是故圣人内修道术,而不外饰仁义;不知耳目之宣,而游于精神之和。若然者,下揆三泉,上寻九天,横廓六合,揲贯万物。此圣人之游也。"

在道家看来,如果能具备这样的智慧,他就可以在虚无的世界里自由活动,在无形的精神境界里畅达游乐,在世俗之外驰骋。对智慧的道商而言,天地之间还有哪些事物值得让他滞留心志呢?

第八节　道商智慧体系的难点诀窍

道商智慧体系的难点诀窍,在于我们是否具备"质疑"精神。

所谓质疑,就是质问和怀疑。通俗地讲,就是不轻信、不盲从、不跟风。保持有质疑精神的人认为,认识的可能性受限于思维的局限和思维客体的不可接近性。具备质疑精神,不仅昭示着人类对世界和生命本体的执着追求,亦是培育创新人才、智慧人才所必备的素质之一。

质疑精神是道家一种高品质智慧思维特征,可以有效地突破思维定式给人们带来的思想束缚。爱因斯坦说:"提出一个问题,往往比解决一个问题更重要。"在《道德经》的开篇,老子通过"可道"的质疑与反问,督促和激发了后世的求道者对于不易的先天大道进行"玄之又玄"的深刻反思,对涉及事物本质和人类灵魂归宿的真实不虚的大道智慧进行了直指本心的拷问。

《道德经·第二章》继续教导我们质疑说:"天下皆知美之为美,斯恶矣;天下皆知善之为善,斯不善矣。"智慧无处不在,质疑也是无处不在的。在中国历史上,齐桓公小白杀了他的哥哥才当上齐国的国君,当上国君后又把嫂子据为己有。对这样的人,著名的贤人管仲却心甘情愿地辅佐他。齐国的大臣田常杀死了齐王,窃取了齐国,自己当了齐王。对这样的窃国大盗,圣人孔子也毫无愧色地接收了田常送给他的钱。要是议论起来,这种事情真是让人不足挂齿,可是连圣贤都对他们没有非议。其实这事有什么奇怪呢?《尚书》上说:"孰恶孰美?成者为首,不成者为尾。"

在《道德经》中,充满质疑精神的智慧高论比比皆是。如《道德经·第十八章》曰:"大道废,有仁义;智慧出,有大伪;六亲不和,有孝慈;国家昏乱,有忠臣。"社会和人往往是这样,越缺什么越标榜什么,那些看似美好的表面现象,背后的真相可能恰恰相反。

> 春秋时期,最有名的大盗叫盗跖。盗跖的弟子问他:"我们做强盗的也有道吗?"盗跖回答说:"怎么会没有道呢!譬如,起意偷盗人家屋里的东西,首先要推测出屋内储藏财物的多少虚实,这就是圣德;率先进去就是勇;最后退出就是义;酌情判断见机行事就是智;分赃公平就是仁。没有这五种德性而能成为大盗的,可以说是绝不可能的。"

基于此,老子告诉我们:"上德无德,是以有德;下德不失德,是以无德。"同一件事情,因旁观者的角度不同,就会有不同的认识,产生不同的道德标准。在道家看来,真正的上品之德,其行为以"道"为标准,而不依据于世人以为的局限性的德,这个德为"活"德,亦是"水"德。下德不失德为什么终归还是无德呢?就是下德者所持守者,仅仅为形式表象之德,为追求"道德"而德,所得到的即是僵化呆板之"死"德。真正大德于天下、大成于天下者,必定会引起极少数人的反对和质疑,如果拘执于形式主义的道德名相,受限于世俗认识和短暂成功,今生必将难以有大作为了。

随着历史车轮的演进,现代社会迎来了高速发展的物质文明。在这个社会里,科技发达、经济繁荣、文化多元……时代的快速发展与全面进步,使得现代人愈来愈被物役,诗意渐行渐远,智慧更显苍白。高尔基说:"懒于思索,不愿意钻研和深入理解,自满或满足于微不足道的知识,都是智力贫乏的原因。这种贫乏通常用一个字来称呼,这就是'愚蠢'。"当前,质疑精神遭遇普遍缺失的情况在青少年身上表现得尤其突出。中国青年报社会调查中心在2013年发起的一项调查显示,98.9%的受访者觉得当下青少年缺少质疑精神。

在人生中,我们常常不能突破个人思维的局限,容易导致"顾此失彼"的错失过咎,最终陷于有极图的执迷不悟和太极图的动荡沉浮。山木做成了斧柄反倒过来砍伐了自己,油膏引燃了火结果却将自己烧干。商人也是如此,本来赚钱取利是为了改善生活享受美好,却在忙忙碌碌中意外损毁身体耗散元气,过早丧失了生命;自以为聪明智巧占尽便宜却神不知鬼不觉,却不知早就落入了他人的陷阱之中步步受制。所以学会质疑,尤其是反复而深刻的质疑更显可贵。质疑不同于简单的怀疑,也不代表对凡事都不相信,更不是让我们对真理和真相嗤之以鼻,道商智慧体系中重视和强调的"真信"原则,与"质疑"也并不矛盾。具有智慧等级的"真信",并不是让我们不加甄别地盲目投入和无原则地迷信崇拜,而是为了在不断的质疑中坚定信心,在反复的验证中强化信念。通过层层深入持续不断的"反常思考",隔离那些看起来似乎有道理的浅层认知,淘汰净化那些对人生毫无意义的无效知识和错误观点,以接近和掌握真正的"损之又损"的最高智慧。道商若能在反复的质疑中深思熟虑,定能获得远胜于常人的玄德智慧。

庄子说:"道隐于小成,言隐于荣华。"要成为一名智慧的道商,我们首先要具备质疑精神。道商要发现市场之先机,培育隐态之产业,赚取最大之利益,就要对传统老旧的行业领域、发展理念、商业模式、经营手法、管理方式、营销策略提出质疑,以获得超越性、替补性甚至颠覆性的创新。或者说,正是因为对俗商的质疑,才有了道商的新生;正是缘出于对那些习以为常的、一成不变的、看似权威不可推翻的商业理论的质疑,才有了中国道商知识体系的存在意义。

质疑,不仅仅是对来自传统的保守经验、技术、模式、做法进行反思反驳,也对我们今天层出不穷的所谓创新成果进行了彻底的反思质问。作为道商,一定要居其实而离其虚,求其真而去其浮,以"美言不信,信言不美"为火眼金睛,以符合商业世界和市场规律的真实判断为准绳,而质疑精神恰恰是识别机会真伪、过滤信息纯杂的核心枢机。我们可以从道德伦理、人文价值、概念真假、技术可行、利益大小、健康影响、环境生态等多方面进行质疑,最后在优化弥补、利害权衡中找到创新的价值所在,获得精准的落脚定位。在创新的进程中,我们需要具备一种"自我深虐千百遍"的锻造精神,能坚持到最后的推不翻、颠不覆、攻不破、弄不死的独立成果,才是道商的根本利益——"金丹"。

质疑,需要强大的内心、饱满的灵魂,以及充满生机敢于挑战和自我挑战的旺盛生命力。一个人会质疑,说明他能够独立思考、分析问题并作出自己的判断,这是成为智者最基本的素质。一名真正的道商不怕质疑,也不反对和抗拒质疑,甚至还不断创造出内部质疑的管理机制。质疑可以帮助我们认清真正的方向,以避免在错误的道路上越走越远。发现问题、提出质疑,正是推动人类思想不断深入发展的内在动力。

 思考与训练

1. 分析道商智慧对于当下的商人具有怎样的启示意义。
2. 分别从利弊真伪的角度,对智力、智巧、智能、智谋和智慧进行分析。
3. 探讨分析:智慧的开启应该以"有为"入手还是从"无为"入手?
4. 你当前最需要的是哪个领域的智慧?
5. 请以"清静经与道商智慧"为题,进行30分钟的演讲。

第七章
中国道商形象体系

> 本章从道商形象体系的理论依据入手，围绕道商的内在素养、外形素养、言语素养、手势礼仪和家风传承等方面，为社会公开了具有道家精神气质的魅力商人新形象，尤其是独创性的"道商五宝"和《道商三字经》等传承内容，对道商族群的智慧延续与家族传承更具有重要的意义。

中国自古以来就是礼仪之邦。在经济愈来愈发达的现代社会，商人群体被赋予了"成功人士"与"社会精英"的耀眼光环，其价值作用不断彰显，社会地位日益提高，他们的一举一动、一言一行都受到了广泛的关注。然而，不可否认的是，有一部分的商人虽然富裕有余，却因沉溺物欲忽略了精神修养，未加重视自我的社会形象塑造，在日常的工作、交往和社会生活中，常表现出了无礼失度和粗俗浅薄的负面形象，对商人群体的整体素质与文明程度产生了不良的影响。

道商是新时代商人群体的中流砥柱，其内在素养、外形素养、语言素养和交际礼仪作为道商五财中"身财"的重要内容，理当充分体现出道之尊、德之贵的"身态文明"。中国道商的形象体系，充分引用并植入具有独特道家人文气息的风范、风貌和风骨，修正和规范了道商的学识修为、言谈举止、外在形象、文明气质、精神气场，为塑造道商特有的"不与俗并"的人格魅力，恢复具有传统商魂精神与贵族气息的"陶朱世家"风范，提出了新的内容要求。

第一节　道商形象体系的理论依据

孔子说:"不知礼,无以立!"

富甲天下并不是商人追求的终极目的,利益长保也不是商人止步的最高阶段。诚如管子所言,"仓廪实而知礼节,衣食足而知荣辱。"商人要想"以商显道",就必须在财富积累之后迅速转化"阴阳",树立一个阳光、平易、淡泊、清静、智慧、快乐的道商形象,借助无形的精神气质和良好的自我修养,以全新而又正面的风貌来赢得社会的广泛尊重与高度认可,彰显其价值尊严与品行魅力,以"道魂商才"的独特气质成为中华传统文明的代言人,继而带动和促进商人群体乃至社会整体的文明上升。

道商的身份定位,从本质上说就是商人,但我们又不能仅仅用"商人"这个名词来狭隘定义。道商是商人不假,但他同时也是"有道之士"和"有道之师"。道商的社会形象既有类似于决策者、管理者、领导者、成功者的刚健强势信息,又有体道者、悟道者、行道者、布道者的优雅人文气息。

关于道商形象体系的理论来源,可以上溯老子对其门下诸子的教诲。

《道德经·第二十一章》说:"孔德之容,惟道是从。""孔德之容"究竟是一种什么样的状态?道商在与人交往、为人处世、经营管理、商务合作的日常生活中,给世人展现出来的是怎样的精神气质与行为举止?该如何为道商定"形"与"容"呢?

老子告诉我们:"古之善为道者,微、妙、玄、通、深,不可识。夫唯不可识,故强为之容:豫兮,若冬涉川;犹兮,若畏四邻;俨兮,其若客;涣兮,若冰之将释;敦兮,其若朴;旷兮,其若谷;混兮,其若浊。孰能浊以静之徐清,孰能安以动之徐生,保此道者,不欲盈。"

在这里，老子将自古以来"善为道者"的精神气质和言行举止做了详细的阐述。

首先是"微"。有道之人善于深入细致地观测到事物的精微之处，从小中见大，从微中通全。其次是"妙"。妙就是美好，优雅，无论是外在的形象面容，还是内在的精神气质，或是表现出的谈吐学识，一定要大方得体，给人美好文雅的感觉。再次是"玄"。玄就是深邃变通的意思，看问题、谈观点、寻机会，一定要看得远、看得透，要超越一般人的常规短浅认知，目透未来地看到事物尚未呈形的未来趋势与远景潮流。再次是"通"，通就是通达、旁通、通融。作为道商，不但应该具备多学科的知识和素养，使自己成为全方位的复合型企业家。同时，对任何存在的事物和现象都能够去深入探究其内在的规律，形成触类旁通、执一通万的领悟能力。然后是"深"，看问题深刻直接，有洞见之明，能直达事物的核心本质。最后就是展现出"不可识"的大智若愚、大巧若拙。

如果说，"微、妙、玄、通、深、不可识"体现出的是"善为道者"的内在素养，那么，"豫兮，若冬涉川；犹兮，若畏四邻；俨兮，其若客；涣兮，若冰之将释；敦兮，其若朴；旷兮，其若谷；混兮，其若浊。"则可以看作是道商外在形象的七条守则。

根据《列子》《庄子》《史记》等书的记载，老子对门下众弟子的教诲中，尤其善从其内在素养、外形素养、言语素养入手，对弟子提出真诚的批评。

当孔子去拜访老子"问礼"时，老子对他的建议中重点谈到了外在形象与内在品行的修炼之道。老子告诉他："吾闻之：良贾深藏若虚，君子盛德若愚。去子之骄气与多欲，态色与淫志，是皆无益于子之身。"要学会隐藏自己的实力，韬光自己的智慧，应当把那些不利于自身修养的因素去掉，如"骄气、多欲、态色、淫志"之类，这些都不利于你未来的发展。当孔子离开洛邑时，老子再次告诫孔子："聪明深察而近于死者，好议人者也；博辩广大危其身者，发人之恶者也；为人子者，毋以有已；为人臣者，毋以有已。"（《孔子家语·观周》）一个聪明深察的人而所以走近于失败者，就是因为他喜好议论别人的是非；一个博辩广大的人，而所以危害其本身者，就是因为他喜好揭发别人的罪过。为人子者不要只知有已，为人臣者不要只知有已。孔子回去后，不但虚心接受老子的教诲，"子绝四：毋意、毋必、毋固、毋我。"（《论语·子罕》）。他从老子"良贾深藏若虚，君子盛德若愚"的教诲中，也悟到了"聪明睿智，守之以愚；功被天下,守之以让;勇力振世,守之以法;富有四海,守之以谦。"并称这是"损之又损之道"。

除对孔子的善意批评和真诚建议外,老子还曾对杨朱也提出批评说:"你的神态,昂首挺胸,傲视旁人,唯已独尊,狂妄自大。我原以为你是可以教诲的,现在看来,并不可教啊。"见弟子有悔改之意,老子又语重心长地说:"大白若辱,盛德若不足。"君子与人处,当若冰释于水;与人共事,好似僮仆谦下。洁白无瑕,而似含垢藏污;德性丰厚,而似鄙俗平常。受老子的影响,作为知名学者的杨朱一改高傲的态度和举止,其貌不矜亦不恭,其言不骄亦不媚,变得平易近人,大家也慢慢开始接近他,不再拘束,甚至开始和他争席而坐。而这种改变,不仅让杨朱更受大家尊敬,而且在提升自身品行修养和学识方面,也有很大的帮助。

士成绮问老子:"修身之道是怎样的呢?"老子抓住机会批评他说:"你容颜伟岸高傲、目光突视、头额矜傲、口张舌利。你身形巍峨,好象奔马被拴住身虽休止而心犹奔腾;你行为暂时有所强制,一旦行动就象箭发弩机,你明察而又精审,自持智巧而外露骄恣之态,凡此种种都不能看作是人的真实本性。"

老子之后的道家诸子对"为道者"的形象也多有要求。《庄子·天地篇》曰:"无为为之之谓天,无为言之之谓德,爱人利物之谓仁,不同同之之谓大,行不崖异之谓宽,有万不同之谓富。故执德之谓纪,德成之谓立,循于道之谓备,不以物挫志之谓完。君子明于此十者,则韬乎其事心之大也,沛乎其为万物逝也。"

庄子所谓的十者,即"天""德""仁""大""宽""富""纪""立""备""完"这十个方面的道德修养与精神品质。君子具备了这"十"容,也就生成了容藏立功济物的伟大心志,而且像滔滔的流水汇聚一处似的成为万物的归宿。若能如此,就能藏黄金于大山,沉珍珠于深渊,不贪图财物,也不追求富贵;不把长寿看作快乐,不把夭折看作悲哀,不把通达看作荣耀,不把穷困看作羞耻;不把谋求举世之利作为自己的职分,不把领袖天下看作是自己居处于显赫的地位。

在《庄子·田子方》中,田子方对魏文侯描述自己的师父东郭顺子说,"其为人也真。人貌而天虚,缘而葆真,清而容物。物无道,正容以悟之,使人之意也消。"他为人真诚,具有人的体貌和天一样空虚之心,随顺物性而保持真性,心性高洁又能容人容物。人与事不合正道,他端正己之仪态使自悟其过而改之。

财富的积累并不一定能够给人带来尊严,尊严是靠我们每个人的道德修为、言行素养与社会形象来赢取的。一项调查显示,今天的中国富人形象不佳,奢侈、贪婪、腐败正在成为描述富人形象最常用的词。一部分"先富起来"的人在拥有了相当的财富之后,不是想着如何去承担更多的社会责任和义务,而是倚仗"家产万贯"的底子,以一种"财大气粗"的骄横和无知,屡屡有恃无恐地践踏法律底线,制造各种非正义的社会麻烦。为富不仁,已经成为商人群体的致命硬伤。

作为"陶朱世家"的传承者,中国道商知识体系将遵循文子"可以为天下仪"的教诲,内修其德,外布其道,带领新时代的商人重拾来自2500年前的古老道学智慧。我们可以从上述关于老子对待门人的教育中,深刻领悟了道家学派真正的教养——清静、厚重、谦逊、包容、真诚、平易、和善、内敛、退让、端庄、自省、守法、自律……这些优秀的道德品质,才是我们今天苦苦追寻的真正意义上的贵族精神。

道商将高擎"商商之富"的大旗,不以财富和成功而肆意妄为,不以无知而成为社会制度和礼仪的破坏者,而以浩然之道气,和善之魅力,柔逊之姿态,立志成为天下商人的表率。

第二节　道商的内在素养

《文子》曰:"故道者,虚无、平易、清静、柔弱、纯粹、素朴。此五者,道之形象也。"又称:"清静恬和,人之性也;仪表规矩,事之制也。"

有道之士,有道之商,其一言一行、一颦一笑、一举一动,都散发出一份独特的气质之美,体现了完备的道德修养和高超的内在品性。这种气质,代表了一种来自灵魂深处的纯净、优雅、高尚、独立、尊贵。这种气质,在今天被我们称之为"贵族精神"。

道商的内在素养,可以总结概括为"十六守"。这十六个字的内"守"可以连贯为:"道德本真,清静正朴,诚信柔和,玄微让虚。"

（1）守道：道商应法于阴阳，和于数术，守道循法，以道经商。参同三五之道，领悟黄老之学，明于盛衰之理，通于成败之数，审于治乱之势，达于进退之机，承认客观规律、顺应自然趋势，践行"唯道是从"。

（2）守德：道商应该具备"仁""义""礼""智""信"五德，以仁爱人，以义利人，以礼敬人，以智助人，以信约人。兼爱无私，慈救万物，宽恕益人，利而不害，以期获得道德全备，五财具足。

（3）守本：道商应以生命为本，以健康为首，以成己为始，以兴家为要，以孝养为贵，以利他为用。爱身惜命，自信自强，寻找价值使命，积极笑对人生。

（4）守真：道商当恬淡虚无，返璞归真，内心丰富，元神饱满，真实坦荡，光明磊落，废其伪智，去其毒苗，不欺不诈，无愧天地，使身心内外充满着灵魂的大美真光。

（5）守清：道商当超凡脱俗，少私寡欲，洗污荡垢，涤除不良，万事来往，不羁不绊，荣辱得失，不杂不乱，摄心一志，恬淡虚无，心智如天清地朗，明彻六合。

（6）守静：道商当静定安详，不焦不躁，举止泰然，老成持重，信念坚定，如山如岳。在管理之中当秉持常无为、常无欲、常好静之心，做到"不自现，不自贵，不自是，不自大，不自夸，不自耀，不自扰"。

（7）守正：道商当立天地之心，养浩然之气。恭敬静穆，端庄正直，立身中正，行于法度，公正严明，正气凛然，平等待物，平等待人，不以富贵贫贱亲疏恩怨而生是非颠倒之念。

（8）守朴：道商当去其华而居其实，处其厚而离其薄。含光内敛，见素抱朴；和光同尘，不显不扬；怀道涵德，保持本色；隐于闹市，俭朴低调；达于富贵，不骄不纵；行于商海，不奢不淫。有若愚示拙之容，有若讷忍辱之德，有被褐怀玉之态，有金钱不改之志，有威武不屈之骨。

（9）守诚：道商当精诚专一，不改初心，守诚执著，慎终如始，存诚于心，以诚动天，以诚动人，以诚感物。

（10）守信：道商当顺应天时，把握机遇，与时偕行，守信交易，与天地规律合发，与四时节气合运，与海内海外合作。强化信心，重视信用，彰显信义，凝聚信念，共寻信仰。

（11）守柔：道商当以水为师，以柔为用，顺理而为，因欲而变，卑弱示柔，化柔为强，柔软灵活，润物无声。

（12）**守和**：道商当用其中和，实现生意；致于中和，育其万物。以和为贵，让人如沐春风；和气生财，转化矛盾是非。知足知止，不辱不殆。

（13）**守玄**：道商当掌握枢机，通于变化，适应创新，领先时代，不循旧，不保守，不肤浅，不呆板。

（14）**守微**：道商当睹其为兆，思及未形，关注微小，培育新生，明察秋毫，见小曰明，保持微态，终不为大。

（15）**守让**：道商当行不争之德，示退让之礼。常能以后其身、外其身而行世待人，以施之心、让之心而体现价值。乐善好施，让利与人；富甲天下，谦逊为美；虽有荣观，燕处超然。

（16）**守虚**：道商当神畅天下，合于虚无，专注空白，发现未知。"学不学，知不知，欲不欲，为无为，用无用，事无事。"遗形忘体，铸造大我；出有入无，阴阳两利；道商合一，德普无疆；逍遥太虚，利乐天下。

第三节　道商的外形素养

道商追求心灵世界的逍遥自由与精神王国的纵横不羁，但他们绝对不是举止轻浮、动作夸张、形象邋遢、不修边幅的"奇人异士"，也不是脾气古怪、傲慢无礼、惟我独尊、放肆无忌的"世外高人"。

道商的外形素养主要体现在容貌气质、衣着服饰、行为方式、做事风格等方面。在中国道商知识体系中，我们概括为"九正"。

（1）**恭敬·正气**：道商应尊重天地，敬畏自然，崇仰先圣，追溯祖德，尊师贵友，敬让他人。不得放浪形骸，散漫无羁，狂言妄行，轻慢于人。

（2）**守法·正直**：道商应爱国守法，重视纲纪，服从规则，遵守盟约，真信实诚，以身作则。不得仰仗金钱，违法乱纪，挟于智谋，暗室欺心。

（3）**勤奋·正身**：道商应闻道之后，勤而行之，好学奋进，勤勉笃行，实干创业，强行有志。不得空谈阔论，尽作虚言，好高骛远，不切实际。

（4）**忠诚·正本**：道商应忠于国家，守职本分，敬业爱家，职责分明，守本勿失，不作非分。不得叛国失节，出卖灵魂，见利忘义，心生贪念。

（5）**活力·正阳**：道商应以身为宝，贵重生命，阳光积极，焕发活力，爱惜精气，葆养形神。不得本末倒置，贱身贵物，因事废命，劳而无功。

（6）**智慧·正明**：道商应思想独立，意气高远，兼收并蓄，博学睿智，专注深攻，精益求精，谨慎言行，灵机善谋。不得道听途说，卖弄聪明，不加甄别，人云亦云。

（7）**优雅·正容**：道商应举止优雅，自信从容，注重仪表，俨然若客，柔和谦逊，彬彬有礼，低调朴实，让人为先，不武不怒，有礼有节。不得骄奢淫逸，粗俗暴戾，自大张狂，堕落失态。

（8）**慈善·正行**：道商应尊重生命，爱护弱小，保护生灵，慈救众生，利人益物，俭约节用。不得追求伪善，荼毒生灵，浪费财物，破坏自然。

（9）**逍遥·正乐**：道商应快乐逍遥，浪漫诗意，天真无邪，无忧无虑，传递幸福，追求大美。不得故作悲悯，怨言横生，得失忧扰，宠辱若惊。

第四节　道商的言语素养

人能弘道，非道弘人。道商要走入社会中去大显身手，实现"以商显道""以商阐道"，就必须学习和掌握语言的技艺，重视和培养言语素养，这一部分内容也是道商五财中的"口财"内容。

如何让我们的说话更有智慧，更能体现道商的道学素养和语言修养呢？在道商中国形象体系中，我们对道商的"语言素养"列举了十种值得学习、掌握和运用的语言技巧，这"十言"就是：

（1）真言：发于内心，出于肺腑，无计得失，随心所欲；
（2）善言：祝福赞扬，激励嘉许，扬人之长，善莫大焉；
（3）巧言：巧舌如簧，纵横捭阖，圆转如环，言无瑕谪；
（4）感言：触景生情，有感而发，言者有心，听者有意；
（5）正言：实话实说，正言相告，信言不美，以理服人；
（6）良言：良言一句，利害参半，抑而后扬，三冬犹暖；
（7）谏言：暴风疾雨，苦口婆心，发人深思，催人梦醒；
（8）寡言：谨守秘密，少说为妙，言者不知，大辩若讷；
（9）默言：言难尽意，以默为守，上士神听，沉默是金；
（10）暗言：由此入彼，隐语暗递，知者易悟，昧者难通。

另外，道商在言语素养中，还应该杜绝此"四言"：

一曰妄言，胡言海吹，不知天高地厚；

二曰谎言，假话连篇，无风也能起浪；

三曰怨言，满腹怨气，世界阴霾密布；

四曰恶言，厉声恐吓，败坏天地和气。

第五节 道商的手势礼仪

道商的手势礼仪，属于道礼，又称抱拳礼、拱手礼、揖礼。

（1）**普通问候礼**：正面相对，双手抱拳，不论男女都要求左手抱住右手，左手在外，右手在内。然后以左手大拇指插入右手虎口内，轻掐右手无名指根部（子），右手大拇指自然在外，抵住左手掌背大拇指下第一掌骨处，外呈"太极图"。

自然抱合，掌心向下，松紧适度，举在胸前，连续三次拱手晃动，动作不宜过烈、过高，同时口颂问候语或祝福语。

（2）**商务合作礼**：正面相对，双手抱拳，不论男女都要求左手抱住右手，左手在外，右手在内。然后以左手大拇指插入右手虎口内，轻掐右手无名指根部（子），右手大拇指屈于左手大拇指下，掐住中指上纹（午），内成"子午诀"，外呈"太极图"。

自然抱合，掌心向下，松紧适度，举在胸前，连续三次拱手晃动，动作不宜过烈、过高，同时口颂问候语或祝福语。

（3）左手抱右手为"吉拜"，右手抱左手是"凶拜"，只适用于出席丧礼进行吊唁的特殊场合。

道商的"道礼"具有哪些文化内涵，蕴藏着怎样的人文精神呢？

"道礼"是来源于中国2500年前的传统礼仪。古代哲学认为，"一阴一阳之谓道"。阴阳作为存在于宇宙间的一切事物中的两大对立面，它在左右方位中也充分体现出阴阳哲学和尊卑观念。《道德经》说："君子居则贵左，用兵则贵右；吉事尚左，凶事尚右。"一般来说，前南后北，左东右西，东方是日出的方向，所以左手代表生机、生意，为道、为阳，为本，为尊，为荣华富贵，主吉；西方是日落的方向，所以右手代表衰败、退减，为术，为阴，为末，为卑，为困厄多难，主凶。故而，左手抱右手的"道礼"含义是：左道右术，以道经商，扬善隐恶，阴阳两利，内富其家，外富其国，道商合一，生意无穷。

道商为何要在商务合作的"道礼"中掐"子午诀"呢？十二地支中，子代表水，为金钱财富，午代表火，为思想信念。商务合作要实现交易生财，彼此共赢，就需要以"先与之，后取之"的道学思想，多为对方考虑，以互利共生的价值观来"水火既济"，成就长期利益。而在普通的交往中，道商只需要做到掐住子诀，在保持抱元守一、守本勿失和深藏若虚的状态下，以更开放的胸怀广纳博收，灵活变通。

道商的"道礼"与当前社会上流行的握手礼和西方的拥抱礼相比较，不但具有深邃的道学思想和中国文化内涵，同时还兼具有方便、卫生、省时、优雅、自主等优点，可以避免疾病传染带来的健康隐患，回避关系较疏离的人士或陌生男女肌肤接触的排斥心理，化解了身高差异带来的不协调，或由于某一方在握手中故意视而不见的傲慢强横带来的尴尬。

一般情况下，道商之间的见面致意，或在主动表示问候、友好、祝福、寒暄、祝贺、感谢、慰问、告别时，都可以行"道礼"，以优雅、真诚、古朴的风范给对方留下独特而又良好的印象。如果对方以大众通行的握手、鞠躬或拥抱等礼仪表达感情时，道商也当以"和光同尘"的心态平和相对，坦然相迎，而不应该选择排斥和拒绝，这是有失礼仪的。

道礼者，道理也！道利也！礼仪天下，就是利益天下；道礼天下，就是道莅天下。《道德经》曰："治大国，若烹小鲜。以道莅天下，其鬼不神。非其鬼不神，其神亦不伤人。夫两不相伤，故德交焉。"礼来礼往，利来利往，道商有义务、有责任广行道礼，弘扬道商。

第六节　道商的家族素养

道商的家族素养，主要表现为道商族群在以"传家"和"传人"为脉络路线的推广传承中，所彰显昭示出的家风、家教、家训、家范。它包括一个家庭或家族代代相承的，具有整体形象效应的思想智慧、精神风貌、伦理关系、道德修养、言行准则、价值主张和审美情趣。

家族素养的形成，往往是某一家族中具有宗祖地位的，曾经为社会和国家做出了巨大卓越贡献的灵魂性人物，他们的内在素养、外形素养、言语素养和思想主张成为家族素养的总源头，再经过后世子孙在恪守祖训的前提下，不断完善与丰富，形成的具有纲领性、规范性、传承性，甚至制裁性的鲜明主张，成为家族精神文化品牌在历史长河中不可磨灭的核心印记。以家风为代表的家族素养，是融化于家族成员血液中的血脉精神，也是沉淀于家族成员骨髓内的气节品性，是家族成员对家族文化的高度认同感、归宿感、自豪感的记忆之源，也是一个普通家族能否进化成为"贵族""世家"的根本财产。

道商在完成良好的自我修养后，就要从"修之于身"过渡外延到"修之于家"的领域，以身作则，教导家人，帮助宗亲，利益族人，以个体带动群体的力量谋求发展，实现最根本的资源整合与抱团扩张。

什么样的家族才能成其为贵族？

《道德经》曰:"故立天子,置三公,虽有拱璧,以先驷马,不如坐进此道。"

《论语》曰:"富与贵,是人之所欲也;不以其道得之,不处也。贫与贱,是人之所恶也;不以其道得之,不去也。"

《吕氏春秋》言:"贵富而不知道,适足以为患,不如贫贱。"

真正的贵族贵在有"道"。金钱和权势买不来真正的贵族精神与道德修养,物质生活的富有丰饶和政治地位的辉煌腾达,不一定能培养出真正的贵族。如果失去了"道",纵然拥有如山的财富,都势必充满着俗不可耐的铜臭味。

中国古代先贤认为:"上梁不正下梁歪。"管理的根本之道就在于自我管理。《大学》告诉我们:

"古之欲明明德于天下者,先治其国;欲治其国者,先齐其家;欲齐其家者,先修其身;欲修其身者,先正其心;欲正其心者,先诚其意;欲诚其意者,先致其知。致知在格物,物格而后知至,知至而后意诚,意诚而后心正,心正而后身修,身修而后家齐,家齐而后国治,国治而后天下平。"

道商要实现"经世济民"的根本之道,必先通过自正而后齐家,如果治家都散乱无策,人心涣散,无丝毫之功可言,那么在治理企业中管理更为复杂的人心,恐怕也是难以奏效的。要成为真正的道商,一定不能为了利益而不择手段,不能为了金钱而泯灭良知,不能践踏道德而颠倒是非混淆善恶。只有"宜兄宜弟,宜其家人",才能推而行之,广而用之,利益社会。

在中国文化历史上,周公旦的《诫伯禽书》、司马谈的《命子迁》、诸葛亮的《诫子书》、颜之推的《颜氏家训》、李世民的《诫皇属》、包拯的《包拯家训》、欧阳修的《诲学说》、司马光的《家范》、袁采的《袁氏世范》、朱柏庐的《朱子家训》,被后世评为传承千年的十大经典家训。近代社会,则有《左氏家训》、《林则徐家训》、《曾国藩家训》、《胡雪岩家训》等相继问世,作为家族素养和家族传承中不可或缺的精神财富,被广受尊重,大为流传,影响深远。

在中国传统的贵族世家中,代表儒家文化的"孔府世家"和代表道教文化的"天师世家",南北呼应,绵延千年,为历代帝王所尊崇。"陶朱事业,端木生涯。"由于中国历史上对待商业和商人的不公正地位,虽然代表道商文化的"陶朱世家"和代表儒商文化的"端木世家"其名不显,但是也以其独特的商诫训条和价值主张,潜移默化地左右影响了一代代商人,成为中国"商业家"以道经商、富而好德的标杆。

历史上，以范蠡为精神宗主、道商始祖的"陶朱世家"，在中国传统商业文化（道商）的历史传承中，为便于道商思想更大范围的传播和复制，范蠡和他的弟子们将那些高深莫测的道学思想通俗化、简易化、大众化，并整理成《致富奇书》《陶朱公术》等加以流传，将其核心理念镌刻于"聚宝盆"上，以有形的产品承载无形的思想，铸造成其"重宝"。及其后世，商人们又在此基础上加以发挥、充实、演绎和细化，撰写出一系列冠以"陶朱公"品牌的《理财致富十二法则》《理财致富十二戒律》《商场教训》《经商十八法》等，并统称为"商人之宝"。自称"范蠡后人"的北宋名臣范仲淹，曾在越州绍兴城翠峰院范蠡旧宅留诗曰："翠峰高与白云闲，吾祖常居山水间。千载家风应未坠，子孙还解爱青山。"这位被朱熹夸赞为"有史以来天地间第一流人物"的范氏后人，他对先祖范蠡推崇备至，倍感荣耀，并以"爱青山"作为范氏"家风"。

今天，当中国的商人和企业家为西方国家某些顶级富豪家族的家族素养和家训家风激动不已时，当我们在肯尼迪家族、瓦伦堡家族、盖茨家族、罗斯柴尔德家族、诺贝尔家族的家训中寻找商人的立身之本时，我们是时候该回头，从"陶朱世家"的道商文化中重拾家族素养了。

作为"陶朱世家"的传承者，道商的家族素养主要包括有以下内容：

（1）道商族群的千年荣誉——"陶朱世家"；
（2）道商族群的独特礼仪——道礼；
（3）道商族群的特殊礼服——督财服
（4）道商族群的传承信物——财神范蠡五宝赐福标准像；道商五宝（富贵鱼、玉如意、天星秤、聚宝盆、财神图箓）；
（5）道商族群的思想体系——《中国道商》学科知识体系；
（6）道商族群的女性修养——《女真术》；
（7）道商族群的子女教育——"道商书院"；
（8）道商族群的晋级体系——道商标准化人才九段制；
（9）道商族群的文化信条——《道商三字经》《道商二十四字诀》《中国道商赋》。

《道商三字经》

学道商，祖黄老，知根本，观天道。太上训，良贾虚，藏天下，无所积。计然传，轻重术，有七策，富国家，越国霸，天下宁，范子隐，入五湖，守中道，名陶朱。十九年，勤创业，不求财，财自来，三散金，济民庶，千载史，孰可比。陶朱术，猗顿传，有白圭，号商圣，璀璨名，万代显。后世人，渐失本，逐厚利，轻圣言，道商学，始沉隐。

大道运，万物生，守其一，执其根，贵命宝，富其身，定其位，养其神。一生二，二生三，阴阳利，物我安，家国兴，身心同。先与之，后取之，此交易，曰微明；开天门，闭地户，损有余，补不足，此天道，曰玄德。以智取，以义合，与时逐，得人兴；旱资舟，水资车，有无通，妙无穷；十二时，周期论，豫则立，持节倾；与物反，睹未形。致中和，勿过极，不知足，虚实逆；满堂金，莫能守，慎对待，勿失走。用其道，复其明，知其常，终生行。天地化，在身中，炼己纯，真不伪；有丹法，治事功，源古传，贯西东。八方术，分正隅，炼六神，生五财，七九势，三五型，七窍通，窍窍明。务完物，取薄利，外富国，内富家，天下富，百姓殷，神鬼钦，曰大顺。道商合，曰大通；持六图，天下式。

尊日月，贵星辰，知天伦，有五元，守国法，遵行规，不妄为，忠而诚。十二去，十六守，行九正，补四漏，有底线，良知纯，肝与胆，凌昆仑。报祖恩，孝父母，爱幼弱，重慈善，夫妇顺，邻友和，有礼仪，道气显。穷则独，达则济，勤俭乐，身心宁，急公利，重责任，行五施，定信仰。识潜力，不轻举，循规律，忌冒进，除狡诈，离奢华，干实事，尚公平，创新意，不畏难。后其身，外其形，守雌柔，常谦逊，方圆智，上善心，让人先，我无争，不义财，绕之行。掩人非，成人美，和气生，莫嫉恨，不攀贵，莫欺贫，来机会，须辨明。乐林泉，喜自然，不杀生，不害命，释怨结，救危困，常逍遥，隐功名。我道商，本无为，依此行，大德成，九祥至，五福临，生生意，商商富，可久长，耀乾坤。

思考与训练

1. 训练熟悉道商手势礼仪。
2. 熟记、背诵并小楷抄写《道商三字经》。
3. 分析讨论良好的道商形象对商业经营具有怎样的价值。
4. 从企业高层管理者的角度,细分道商语言素养在不同场合下的真实运用。
5. 结合你的自身情况,谈一谈该如何规划自己的家族传承。

第八章
中国道商伦理体系

> 本章立足道商伦理体系的时代背景,从道商伦理的理论依据、目标状态、赏罚机制、修复范围、践行手段和作用效果进行了具体阐述,为道商的"商商之富"提供了极具说服力的理论依据。

风起云涌的全球经济浪潮，日益加速的商业社会发展演变，在给人类带来乐享物质财富的诸多便利同时，也不可避免地发起了对传统道德伦理的挑战，使人们陷入了利益长矛的伤害与孔方兄的围困中。尤其是在全面鼓励创新的转型社会里，当科技进步和利益创造被单方面无限放大，经济价值成为优先甚至唯一的价值衡量标准后，道德价值正从边缘化处境中逐步沦丧，各种"非道德"的发展手段正在为整体社会的伦理失序埋下祸根。

中国道商的伦理体系，以尊道贵德、人天感应为总体纲要，以阴阳两利、人天有序为基本思路，以天道承负、福生于内为核心精要，以天、地、人、事、物"五元"为主要参照，以信仰、道德、良知、规则、责任为具体要求，以创业有法、取财有度、施财有智为日常运用，借助道家学派深邃厚重的文化思想和道德信仰，帮助人类在社会转型的变化动荡中，重建规范有序的商业伦理，重塑人天信仰的价值标杆，打破互害模式，走出利益陷阱，使道商成为全球商业经济社会的引领者、监督者与执行者。

第一节 道商伦理体系的时代背景

有其外者必有其内,有其形者必有其象。

道商要给人展示出优雅、文明、真实的神明之容,体现出道气浩然、良好有素的形象仪范,离不开长期根植于内心的坚定信仰、真实道德、饱满良知、有序规则和完备责任。或者说:良好的道商形象,来自于自觉、自发、有序的道德伦理。

道商伦理体系,或可称之为商业伦理、企业伦理、经济伦理、管理伦理、商业道德等,它是一门关于商业经济发展与道德伦理匹配的交叉学科,通过研究、平衡、控制经济活动、商业交易与企业经营中的内在规律和伦理关系,来建立和完善合理的商业道德秩序,使经济活动既充满和谐生机又有利于整体社会的全面健康发展。

《道德经·第十四章》告诉我们:"执古之道,以御今之有。能知古始,是谓道纪。"

道是天地的准绳,是宇宙间万事万物和谐有序发展演变的至高规矩。道纪,就是道的规律法则,也就是道的伦理秩序。在道家看来,宇宙万事万物运动变化、和谐有序的最高准则,就是无为自化的"道"。最高层次的管理之学,也就是无为而治的"道治"。但是,随着社会分工的越来越细,在利益的显化与诱惑下,人性中驳杂不纯的因素也越来越多,"道治"就很难实现"我无为,民自化"的境界,这个时候,就需要用"德"来规范矫正人心。如果"德"在社会中也难以推行,执政者和教化者就会以"仁""义""礼""法"等越来越细分的道德准则和法规律令,提出相对具体的、具有强制力、约束力的要求,通过在一定范围内控制其表象问题,来导人向善,实现稳定,回归有序。故而,《道德经·第三十八章》称:"故失道而后德,失德而后仁,失仁而后义,失义而后礼。"

虽然老子站在"圣人无为"的宏观高度,认为"夫礼者,忠信之薄而乱之首。"但是,他却不能不承认和正视那个时代普遍存在的社会病:道德沦丧、礼崩乐坏、背信弃义、仁风不在等等。什么是"礼"呢?荀子认为:"礼者,法之大分、类之纲纪也。"礼就是符合社会整体利益的行为准则,也就是我们在此探讨的"伦理"。失礼给人类社会带来的严重后果,就会人心混乱、治理失序、纲纪不张、准则失效、良善掩埋、贪婪肆行、索取无度。当人类社会失去了最基本、最底线的道德准则后,就会人人皆谋私利、好虚荣、行伪智,他们打着"贤良"和"精英"的幌子,以恶行为常理,以无知为炫弄,在"损不足以奉有余"的手段作用下谋求单边利益最大化。

在这样的特殊时代背景下,老子只能为社会乱象的治理者和思想者们开出了药方——"大丈夫,处其厚,不居其薄;处其实,不居其华。"故而,美国《韦氏大辞典》将"伦理"定义为:"一门探讨什么是好什么是坏,以及讨论道德、责任、义务的学科。"

在今天的社会里,伴随着现代工业文明和科学技术的飞速发展,利己主义思想蔓延蜂起,再加上传统道德伦理在经济领域出现了严重的缺位,我们的道德标准出现了向市场经济方向的严重倾斜,以追求利润为唯一目标的经营战略已遭来越来越多的诟病,"经商无道""富而无德"导致的各种混乱失序在商业的世界里肆意妄行。

《周易》曰:"观乎天文,以察时变;观乎人文,以化天下。"人作为自然的产物,居于天地之中,得天地之和气而生,应当循天理而为。然而,在人类经济的发展过程中,为了争夺更多更大的现实利益,我们总是以"天之骄子"的身份,打着"征服自然"的旗号,积极投身参与对自然资源的索取掠夺。在这个过程中,房地产绑架全民经济,互联网挤压线下空间,随着资源争夺的愈演愈烈,尤其是那些"不知足""不知止"的愚蠢行为,如违逆四时、戕伤天地、污染大气、破坏环境、采矿断流、毁山竭油、土地强占、道路翻挖、农田污染、坟茔暴露等等,更是为人与自然的和谐有序和正常交通制造了混乱,埋下了祸根。正如当年老子借批评子贡之口说:"上而不见日月的光明,下而违反了山川的精华,中而破坏四时的运行。由此可见,他们的心智毒如蝎子的尾端,就连小小的兽类,也不可能使本性和真情获得安宁,却还自以为是圣人,不是可耻吗?"

为了实现利润的最大化,不少商人和企业经营者抛弃道德良知,丧失信仰责任，无视法律条文，破坏生态环境，不讲公共意识，缺乏人文情怀。他们起家于血汗工厂，习惯于短线经营，把道德伦理看作是游离于经济利益之外的空洞概念，通过各种非法途径不择手段谋取暴利，采取卑劣的手段欺骗消费者，竭尽所能地追逐金钱利益，回避社会义务，以致于假伪横行，各种卑劣的丑恶现象屡禁不止。天下失道的表现形式之一，就是种菜的不吃自己的菜，养鱼的不吃鱼，养猪的不吃猪肉，人类正在成为"时代产物"的垃圾桶。毒大米、毒奶粉、地沟油、瘦肉精等引发的食品安全事件，不但严重地困扰着我们对幸福生活的追寻，也一度左右着我们赖以坚守的价值观念。

在互联网时代，我们利用科技本是为了追求更加自由的生活，实现更加自由的行动。然而，失去道德伦理约束的技术进步，给我们带来了科技绑架、信息打扰、隐私出卖、数据盗窃、甚至基因挑战。全球范围内普遍存在的信息垃圾给我们制造了每天不必要的打扰，社交媒体让人与人之间更加疏于交流沟通，电子产品让我们失去了宁静安恬的自由，银行卡可以在不明不白中被轻松复制，个人行踪可以在不知不觉中被轻易定位。据一份数据显示：近一年国内6.88亿网民因垃圾短信、诈骗信息、个人信息泄露等造成的经济损失估算达915亿元。高科技成了骗子肆意横行的最大助力，"科技以人为本"成了当下最大的谎言。由于人工智能技术的飞速发展，未来学家告诉我们，到2050年左右，机器人有可能最终取代人类性伴侣。失去伦理的高新科技也遭来越来越多的专家斥责，他们认为机器人保姆、无人驾驶汽车以及性爱机器人将严重破坏社会秩序，这不得不引起我们对"道"的重视，对"德"的思考。

在今天的经济界和商业界，资本操纵了舆论，恶俗与恶搞屡登头条，在"眼球经济"的掩盖下颠覆正义和良知，各种各样的道德冷漠、资本寡情、商业欺诈、畸形创新、恶性创意招摇于世。各种所谓的"解密历史""还原真相"大行其道，是非对错被颠覆，正义良知被泯灭，善良德行被曲解，英雄圣贤被鞭挞。庞氏骗局、集资陷阱、传销圈套、变态激励，疯狂洗脑的成功学与隔三岔五老板跑路的新闻形成了鲜明的对比，折射出了当前商业经济人士的轻浮与无德。虚伪慈善、不重诚信、背信弃义、不讲规则、信仰错乱、不讲责任，成了当代商人的通病。

企业界普遍存在的道德伦理问题引发了不少的思考。管理学研究学者陈淑英认为："为股东创造最大利润的商业目标模式是如此不合时宜，忠于该理念将带来大量不良的影响。商业创造了财富（对富人而言），但也造就了贫困（对穷人和中产阶级而言）。在生产过程中，他们是在破坏我们的自然环境（想想水污染和空气污染以及全球变暖）。我们需要一个商业新模式，该模式将确保地球未来可持续的发展。"正和岛创始人刘东华先生认为，"西方越来越多的人相信尼采所说上帝已死。金融危机之后，西方的价值理念更加不能支撑他们的精神世界，所以越来越多的目光开始转向东方。"

因为道德伦理失序而受到冲击的不仅仅是企业界和经济界，而是整个人类社会。罗马天主教教皇方济各在接受访问时说："我想我们正处在一个不那么好的全球经济体系中。人民的需求应该是经济系统的核心，但是我们将金钱放在了中心，金钱就是上帝，我们陷入了偶像崇拜的原罪，对金钱的崇拜。经济由攫取更多的欲望驱动，而矛盾的是，这却助长了一个一次性的文化。"方济各坦言："一旦资本成为偶像并主导人们的选择，一旦对金钱的贪婪主宰整个社会经济体系，它将败坏这个社会，谴责并奴役所有男人女人，摧毁人类的博爱精神，让人彼此对抗。我们能清楚看到，它威胁着我们共同的家园。"

《阴符经》曰："人发杀机，天地反覆。"目前的社会失礼乱象，苍白无力的"德"已经校准不了世人的欲望之心，人类应该选择"人与自然"共利共生的和谐发展模式，人类的幸福应该是道法自然的。只有通过天地的准绳——"道"，才能实现复位与有序。

故而，《阴符经》直言称："立天之道，以定人也。"

第二节　道商伦理体系的理论依据

道商的伦理体系，就是学术性的道学思想在社会生活与商业实践中，具有普遍性的指导意义和具体应用法则。道商伦理体系不仅包含着我们对天、地、人、社会、事物在关系协调中的行为规范，而且也深刻蕴含着"为什么会制订这些规范行为"的深刻道理。

伦理一词，首见于《礼记·乐记》："凡音者，生於人心者也；乐者，通伦理者也。"郑玄注为："伦，犹类也。理，分也。"所谓"伦"，即关系、类别、序列、归属。所谓"理"，就是法理、条理，或宗族、宗教中的宗法律令或道德准则。

五行	五方	五色	五音	五星	五帝	五正	五脏	五常	五器	五宝	五财
木	东	青	角	岁星	伏羲	句芒	肝	仁	规	天星秤	身财
火	南	赤	徵	荧惑	炎帝	祝融	心	礼	衡	玉如意	口财
土	中	黄	宫	镇星	黄帝	后土	脾	信	绳	财神箓	德财
金	西	白	商	太白	少昊	蓐收	肺	义	矩	聚宝盆	钱财
水	北	黑	羽	辰星	颛顼	玄冥	肾	智	权	富贵鱼	智财

伦理之说，多见于儒家学说。在儒家的伦理文化中，为我们所熟知的道德伦理主要包括"三纲""五常""五伦""十义"等具体内容。

在道家文化中，伦理常被冠以"规矩""纲纪""稽式""契约""盟约""符信""戒律""道法"等名词。

老子告诉我们："是以万物，莫不尊道而贵德。道之尊，德之贵，夫莫之命而常自然。"在道家先哲看来，如果因为求利益而失去了对道的坚持，丧失了内心的价值标准，这将是很可怕的行为。"严恢之问"，探讨的就是"利益与伦理"的话题。

严恢曰："所为问道者为富，今得珠亦富矣，安用道？"子列子曰："桀、纣唯重利而轻道，是以亡。幸哉余未汝语也！人而无义，唯食而已，是鸡狗也。强食靡角，胜者为制，是禽兽也。为鸡狗禽兽矣，而欲人之尊己，不可得也。人不尊己，则危辱及之矣。"

——《列子·说符》

严恢问列子："那些学道的人为的是想富有，现在我获得金珠财宝也能富有，还要用什么道呢？"列子回答："夏桀、商纣只重财利而轻视道，所以灭亡了。作为一个人却不懂道义，只知吃喝而已，不过是鸡狗罢了！逞强争食，相互角斗，胜者为王，这不过是禽兽罢了。干出鸡狗禽兽一般的行为，却希望别人尊重自己，这是不可能办到的。待到别人都不尊重自己的时候，灾祸耻辱就临身了。"

伦理也称"稽式"。列子对弟子严恢的回答，源于他的师父尹喜给予他的教诲。

尹喜告诉列子说："稽度皆明而不道也，譬之出不由门，行不从径也。以是求利，不亦难乎？"掌握行为的礼度在于自身，而考察它的客观效果却在于他人。别人敬爱我，我必定敬爱他；别人憎恶我，我必定憎恶他。成汤、周武因为爱惜天下百姓，所以君临一国；夏桀、商纣因为厌恶天下百姓，所以身死国亡，这就是客观检验的结果。所以，客观的检验和自身行为的礼度都已明确而又不遵守它，正如离家不通过门口，行走不顺着道路一般。依靠这种违反常理的方法去谋求利益，不是很困难的吗？

虽然道德和伦理表示的涵义基本一致，但是，人们往往把伦理看作是对道德标准的寻求，在日常运用中，道德多适用于对自身的修养要求，伦理则更适用于对社会团体的集体规范，任何持续影响全社会的团体行为或专业行为都有其内在特殊的伦理要求，只要由人组成的集合体在进行经营活动时，在本质上始终都存在着伦理问题。

管理活动作为人类社会活动的一种常见形式，也离不开伦理的规范作用。在黄老道学派看来，掌握了道学中的伦理体系，我们也就掌握了最高层次的管理学——王之术，就可以建定法度，正其纲纪，经纬阴阳，管理万物。

《黄帝四经》曰："君臣易位谓之逆，贤不肖并立谓之乱，动静不时谓之逆，生杀不当谓之暴。逆则失本，乱则失职，逆则失天，暴则失人。失本则损，失职则侵，失天则饥，失人则疾。"

黄老学派的治理者们，通过对"六逆""五逆""六顺""六危""四度""八度""三壅""三不辜""三凶"的分析判断，可以知存亡兴坏之分。若能"主执度，臣循理者"，就能够"正以明德，参之于天地，而兼覆载而无私也，故王天下"，可以实现天下太平，让国家兴盛，使团队强大。如果违背了伦理之道，"凡犯禁绝理，天诛必至。"所谓"五逆皆成，乱天之经，逆地之纲，变故乱常，擅制更爽，心欲是行，身危有殃。是谓过极失当。"其后果结局必然是福失于内，财去而仓廪空虚，与天相逆，则国贫而民荒。

《黄帝四经》告诉我们："道生法。法者，引得失以绳，而明曲直者也。"伦理还是人与人、人与自然、人与社会、人与事、人与物相安共处的法式、法规、章法、礼法和方法。这种"法"除了具有政治意义并带有强制执行性的国家法律、地方法规外，也包括了具有人文风俗、道德标准、宗族威权、行业规范、团队制度、信仰戒律、习惯约成的社会秩序，即"文"法。

黄老学派的另一重要著作《管子》，也对伦理管理提出了具体的要求。管子总结了八种永恒不变的礼法——八经。《管子·五辅》："所谓八经者何？曰：上下有义，贵贱有分，长幼有等，贫富有度。凡此八者，礼之经也。"在管子看来，上与下没有礼仪就要混乱，贵与贱不守本分就要相争，长与幼没有等差就要悖逆，贫与富没有限度就要失控。在道商管理思想中，盲目无度的"跨界"就是越位和失位，是混乱的"浊之源"。管子还认为，作为管理者要想社会有序，就要开展"九惠之教"，即行使九项具体的慈善惠民行为：敬老、慈幼、恤孤、养疾、合独、问疾、通穷、振困、接绝。

道德伦理是社会矛盾的调节器。有学者认为，中国对企业伦理的认识与研究处于起步阶段，对企业伦理的内涵缺乏了解。事实上，上述说法是一种典型的自贬门户之说，他们忽略了中国古代商业史。《文子》说："衡之于左右，无私轻重，故可以为平。"早在 2500 年前，道商始祖范蠡已经成功地将市场规则、商业伦理与产品创新相结合，发明了十六两的道商天星秤。范蠡为什么要用天星作为计量的标志呢？《河图帝览嬉》称："斗七星，富贵之官也。""斗主岁时丰歉。"道家文化认为，自然界天地的运转、四时的变化、五行的分布、以及人间世事，否泰皆由北斗七星所决定。南斗注生，北斗掌死，福禄寿三星定吉凶祸福。范蠡通过"天星秤"的创新研制，不但解决了商业交易中的公平问题，还警示后世经商者：商人作为货物流通的承载者，最重要的是信用，富贵必须要与道德匹配。否则，短一两无福，少二两少禄，缺三两折寿。

儒者，人之所需也；道者，元首之路也。东汉道教学者葛洪认为：道为儒之本，儒为道之末。道为三皇之学，老子为集大成者；儒为周朝之学，孔子为继承者。道家的伦理管理与儒家伦理最大的区别，在于儒家伦理重人伦，违背了三纲五伦的原则就是"乱伦"。道家的伦理体现在天伦，即人与自然的有序关系。人伦应该效法天伦，这才符合道儒之间的本末关系。按《庄子》书中记载，黄帝在崆峒山问道于广成子，黄帝首次欲求的"官阴阳、佐群生"之术，应属于道家伦理管理学的"天伦"内容。广成子对黄帝提出的批评是："自而治天下，云气不待族而雨，草木不待黄而落，日月之光，益以荒矣。"乌云还没有聚集起来就下雨了，秋天还没有到来，树叶尚未枯黄就凋落了，天地日月之光被"有为"地大肆盗取和遭致损害，自然资源以致于越来越匮乏。这就是道家治理思维下的天伦失序。

国以君为天，民以食为天。今天层出不穷的食物安全问题集中爆发，实则是天伦受损，天道受害，是人的私欲在失去约束克制的背景下"反了天"的结果。天伦混乱，就会失去了阴阳秩序，违背了四时之常，颠倒了是非之分，叛逆了善恶之论伦在这样的前提下，欲正天纲，惟有重塑天道信仰。在道家文化中，能够正天纲、理天伦、识天机的大智者，就是"天师"。天师的作用就是以天道的不言之教广行于世，阴利社会。在道商的五财价值观中，德财为土，口财为火，惟火能生土。我们只有以民生为重，以食品安全和口财为上，才能广积德财，实现补天有术。

《黄帝四经·论》曰："物各合于道者，谓之理。理之所在，谓之顺。物有不合于道者，谓之失理。失理之所在，谓之逆。逆顺各有命也，则存亡兴坏可知也。"

《太平经》曰："得道令人仁，失道者令人贪。"

顺理，首先要顺社会之法理，顺人之心理，顺事之机理，顺物之性理，顺自然之天理。只有循其理才能知其然，只有重其伦才能合其序。中国道商知识体系中的伦理体系，通过对管理者与被管理者、索取者与提供者、生产者与使用者、服务者与消费者、自然人与"机器"人、破坏者与保护者之间的"伦理"关系疏导，可以有效地优化单纯利益关系捆绑的冰冷制度设计，弥补现代管理学的人文关爱缺陷，建立合理、有序、共利的商业道德秩序。

郑玄说："有尚德者，附和气而兴利；为厉者，因害气而施灾。"重建道德秩序，是打通天人交通的渠道，内可以使身内气血和畅，周天自运；外可以使天地二气顺理，鬼神钦服。道商伦理，是"无为"的大道在发展残缺后的"有为"之补，是重建人天信仰的"五色石"，是培育人体道德血液的"生血剂"，是唤醒人性良知善意的"慈"与"爱"。

如果我们能够"以道经商""以利济世"，秉持道商伦理体系的"阴阳两利"的核心思想去作为，就可以重塑商人价值信仰，实现道德经济和道商产业。其功其德，诚如《黄帝四经》所言："万举不失理，论天下无遗策。故能立天子，置三公，而天下化之，之谓有道。"

第三节　道商伦理体系的目标状态

道商伦理体系的核心精魂，就是重建道德秩序，恢复人天交通、人天感应的有序化。

在公共社会中，为了维护共同利益，提高人性尊严，人们需要按照一定的规范有序地生活。什么是有序呢？《易经·系辞》告诉我们：

"天尊地卑，乾坤定矣。卑高以陈，贵贱位矣。动静有常，刚柔断矣。方以类聚，物以群分，吉凶生矣。在天成象，在地成形，变化见矣。鼓之以雷霆，润之以风雨，日月运行，一寒一暑，乾道成男，坤道成女。"

耗散结构理论创始人，比利时学者、诺贝尔奖获得者普利高津认为，无论是生命物质还是非生命物质，应该遵循同样的自然规律，生命的过程必然遵循某种复杂的物理定律。人类是一种高度发达的耗散结构，具有最为复杂而精密的有序化结构和严谨协调的有序化功能。宇宙间万事万物的生化运行，都可以用有序和无序两种状态来表示。有序则前进发展、共同受益；无序则崩溃消亡、共同受害。

人类社会的有序化，不但表现为个体生命的生理有序、行为有序、思维有序，还可以表现为整体世界的政治有序、经济有序、文化有序、科技有序和"人—天"生态的自然有序，以及时间有序、空间有序、结构有序、功能有序等多种形态。当人类社会的一切行为符合于自然之道时，就是有序的；当人类社会的一切行为偏离了自然之道，就是无序的。

有序化是如何被破坏的呢？

黄老学派认为，天地自然运行的规律总是这样的：凡物发展到极点就会走向反面，凡物盈满了就会有亏损。五光十色虽然明亮，但时间一长就要消褪；茂盛的草木，到一定的季节就要凋零；凡物都有它的兴与衰，不可能老是一个样子。所以圣人在事情实在行不通时就要改弦易辙，只有通过改革才能挽救破败振兴衰落、革除淫邪纠正错误,来调整天地社会之气氛,使万事万物在适宜的生存环境下得以发展。

有序化向无序化的位移,一方面来源于"道"与"非常道"二者之间交易的自然规律,另一方面则来自于人为的干预和破坏。

老子告诉我们:"勇于敢则杀,勇于不敢则活。此两者,或利或害。天之所恶,孰知其故?"在人类社会的发展进程中,如果我们只知道一昧贪图利益,为了追求最大利益而违背客观规律,肆意破坏自然环境,不择手段巧取豪夺,自以为是目无纲纪,逆天理,弃正道,背常情,逞刚强,突破了最基本的道德底线和行事准则,这都属于"勇于敢"的鲁莽行为,注定要遭受自然界的无情惩罚和世人的唾弃。而那些"勇于不敢"的人,他们以大勇若怯的道德坚守,行于浊世,谨慎言行,排除干扰,杜绝诱惑,谋事周密,绝不违逆天道自然的运行法则而逞一己之能,无论是个人生命还是事业前途,其生存发展的几率都将得以提高,以其"不敢"反而成了最大的利益赢家。

道商的伦理体系不仅仅关注人与人、人与社会的有序关系,更关注人与天地、人与自然、生命健康与环境保护的微妙关系。《太平经》认为,人命隶属于天地。"天者养人命,地者养人形",作为天地之子的人类,首先应该爱护和保护自然环境,而不应该去为了一己之私去破坏自然,恶化生态。"夫人命乃在天地,欲安者,乃当先安其天地,然后可得长安也。"在道家的眼里,天地就是父母,而我们人类"不共爱利之,反贼害之""穿地见泉,地之血也;见石,地之骨也;土,地之肉也。取血,破骨,穿肉,复投瓦石坚木于地中,为疮。"对自然的人为破坏,是造成自然界和人类社会灾难重重的根本原因。

在"人天同体""身国同存"的理论指导下,黄老道学派理所当然地认为,天地自然生病了,作为自然之子的人类,更兼"破坏者"的身份,自然难逃"天网恢恢,疏而不失"的承负惩罚。"夫天地乃人之真本,阴阳之父母也,而子何从当得伤其父母乎?"子女怎么能伤害父母呢?这是对天地的大不敬、大不孝。然而,在人类社会的发展过程中,各种逆天行事的过度开发却层出不穷。

《太平经》批评说:

"今天不恶人有庐室也,乃恶人穿凿地太深,皆为创伤,或得地骨,或得地血者。泉是地之血也,石为地之骨也。地是人之母,妄凿其母,母既病愁苦,所以人固多病不寿也。"

"是知穿地皆下得水,水乃地之血脉,宁不病乎?"

"故人乳者,人之泉也,若地有水泉也,可饮人也。今岂可无故穿凿母皮肤而饮其血汁耶?"

"今天下大屋丘陵冢,及穿凿山阜采取金石,陶瓦竖柱,妄掘凿沟渎,或闭塞壅阏,当通而不得通有几何乎?"

上医者医世,中医者医国,下医者医人。《淮南子·泰族训》曰:"所以贵扁鹊者,非贵其随病而调药,贵其摩息脉血,知病之所从生也;所以贵圣人者,非贵随罪而鉴刑也,贵其知乱之所由起也。"人们之所以崇拜扁鹊,不是因为扁鹊能根据病情调配药方,而是他可以根据切脉息而了解病因知道病根。同样,人们之所以看重圣人,也是因为圣人了解这产生动乱祸害的缘由。真正的道商其实也就是医世济世的道医。

《太平经》中独具一格的深刻思考,和人天相应的伦理学说,对今天的道商伦理体系影响至深。当我们面对混乱失序的道德信仰危机,催问道家有什么济世良方时,我们可曾思考:超常规、跨越式的经济发展带来的伤害,谁来弥补?无休止的利益索取埋藏的祸根,如何解除?那些异军突起的富贵尊荣制造出的道德裂痕,怎样修复?疯狂的房地产扩张与集中出现的移民潮,过度失控的矿产资源开发与能源开发与软骨病及"伪娘"现象流行,河流水源污染与心血管疾病持续居高,大气污染与精神信仰迷茫、森林破坏与道德冷漠,等等,自然现象与社会现象、病理现象到底是否存在着内在而隐秘的关联?

道商之商

道学思想认为:"有到极端就是无"。如果我们人类继续以"失道"的方式去追逐资本利益，无节制地放任人性中潜藏的贪婪欲望，在这样的"魔鬼经济学"指导下，利益的极致就是不可修复的巨大创伤。伴随着天、地、人三才系统的紊乱和阴阳二气的失衡，全球变暖正步步紧逼，非再生资源将逐步耗尽，正义颠覆、良知掩埋、社会异化、环境恶劣。在全球化的浪潮中，世界经济秩序的不可控因素将增加，人类将面临文明冲突与新的经济恐怖主义。

在普利高津看来，"道家的思想，在探究宇宙和谐的奥秘、寻找社会的公正与和平、追求心灵的自由和道德完满三个层面上，对我们这个时代都有新启蒙思想的性质。道家在两千多年前发现的问题，随着历史的发展，愈来愈清楚地展现在人类的面前。"

第四节　道商伦理体系的赏罚机制

人失信，天失序，天下失序的根本原因在于人心。

当诚信丧失，欺伪流行后，阴阳两利、仁爱互助的"和气生财模式"就彻底沦为了阴阳离绝、你争我夺的"主客互害模式"。我们不仅仅要研究如何重建道德信仰体系，弥补猜忌信任危机，以便于社会复归于安定有序的治理环境。我们也应该站在道学的智慧巅峰来探讨，当有序化的规则和秩式被人为破坏后，谁将承担责任？如何规范和杜绝见财贪利、见利忘义的非道行为？

天道的准绳是如何呢？《道德经·第七十七章》说：

"天之道，其犹张弓与？高者抑下，下者举之，有余者损之，不足者补之。天之道，损有余而补不足。"

至高无上的天道规律就是共富与共利，是自然平衡法则，就如同张弓射箭一样，弦拉高了就把它压低一些，低了就把它举高一些，拉得过满了就把它放松一些，拉得不足了就把它补充一些。天道的无私，就是在循环演变中，减少那些富足有余的，弥补和支持那些空虚不足的。所以，天之所喜，就是"利而不害"的施与和成全；天之所恶，就是"害而不利"的掠夺和伤害。

老子给后世留下的那句"天网恢恢，疏而不失"，绝对不是他悲愤无力的空洞呐喊，而是圣人为我们揭示天道"监察"机制的智慧棒喝。所谓善有善报，恶有恶报，不是不报，时候未到。一切违背天道规律的行为，都将受到最严厉的天谴，接受"天道承负"的安排。

什么是天道承负呢？就是黄老道学派用天道的循环机制来建立道德信仰、规范、约束和核算个人及家族所积累的善恶行为的赏罚体系。

《太平经》说："三统共生，长养凡物名为财，财共生欲，欲共生邪，邪共生奸，奸共生猾，猾共生害，而不止则乱败，败而不止，不可复理，因究还反其本，故名承负"。

财富本为天、地、人三才所共生。财为养命之资，也是进道之宝。然而，那些奉行"损不足以奉有余"的商人们，他们在有极图的欲望驱动下，却走上了"欲—邪—奸—猾—害—败"的不归路。伤害了天地的阴阳和气，加剧了贫富的矛盾冲突，打破了社会的平衡公正，制造了世道的动乱失序，滋生了灾难和衰败的根苗，直到财物穷尽，最后才恍然大悟"有到极处终归无"的本源之理。《太平经》把这一条天道规则的循环铁律称之为"承负"。

《太平经》又称："承者为前，负者为后。承者，乃谓先人本承天心而行，小小过失，不自知，用日积久，相聚为多，今后生人，反无辜蒙其过谪，连传被其灾。负者，乃先人负于后生者也。"

在社会中具有广泛教育意义的承负论，类似于一家天字号的无形"道德银行"。在这个"道德银行"中，贮存的是我们日常生活中的善恶行为的"功德分"，且具有无限期、无差错的储存、累计、核算、延续、兑换功能。按照承负论的理论来解释，如果祖先积德行善，就会以福寿延及子孙，如果祖先屡屡犯过作恶，"道德银行"就会出现严重亏空或透支，则后人将无辜蒙受灾祸，视为代替祖先还贷弥补罪恶。同样，如果我们今天能够持续地积德行善，不但会让自己享受利益，也会利及子孙后世，如果我们今天作恶多端，不但自己难逃惩罚，其恶果也会祸害后代子孙。天道承负，也就是人们常说的"前人种树，后人乘凉；前人惹祸，后人遭殃"。所谓"积善之家，必有余庆；积不善之家，必有余殃"，也正是此理。

根据"天道承负"的理论，如果一个商人富而无德，"积财亿万，不肯救穷周急,使人饥寒而死,罪不除也。"这是因为钱财本属于天地之和气而生的产物,商人只知聚敛钱财,就会使钱财失去了流通的功能,丧失了"润下"的水之德,其行为就是与天地和气为仇,自然难逃"天网恢恢"的惩处。

《太平经》要求我们:"人乃天地之子,万物之长也。今为子道,当奈何乎?俱各自深思,从今以往,欲乐富寿而无有病者,思此书言,著之胸心,各为身计。"作为商人,我们对于今天所取得的成就和积累的财富,也不应该沾沾自喜,自以为是,而应该深缅祖德,发愤图强。与此同时,道商还应该思索:对于后代子孙,我们留下了什么?是积善之家的丰厚福报与庞大德财,还是被我们提前透支的钱财,与留待子孙们弥补偿还的道德缺损和良心债务?

《淮南子·天文训》曰:"西方,金也,其帝少昊,其佐蓐收,执矩而治秋。"西方的金就是财富的象征,要获得财富必须仰仗财富之神的神力,而"规矩",就是财富之神给我们的最大启示。

《太平经》批评说:"今若多邪伪佞盗贼,岂可以为富邪?"须知天理昭昭,欺骗只能横行一时,岂能瞒得了天地司过之神?丧失底线的"原罪"必将其深深地钉在"奸商""恶贾"的耻辱柱上,注定为社会所不容,为天理所不容。

道商追求"阴阳两利"。阴阳两利,就是无形与有形的合序,人类与天地的和谐,财富与功德的匹配,社会生活与自然生态的同步。道商伦理体系,就是要从无序、失序中发现混乱的根本症结,拨乱反正,归于素朴。故而,"天网恢恢,承前负后,阴阳两利,福生于内。"这十六字箴言,也是道商伦理体系的基本思想。

《黄帝四经》告诉我们:"左执规,右执矩,何患天下?"只有执道循理,才能对症下药。只有人天同参,阴阳两利,功德双立,隐显两用,才能"与天地同其德,与日月同其明,与四时同其序,与圣王同其功,与鬼神同其吉凶。"

第五节　道商伦理体系的修复范围

道商的伦理学说不仅调节人与人之间的关系，而且还将平衡人与自然之间的关系。

《淮南子·泰族训》曰："昔者，五帝三王之莅政施教，必用参五。何谓参五？仰取象于天，俯取度于地，中取法于人。乃立明堂之朝，行明堂之令，以调阴阳之气，以和四时之节，以辟疾病之菑……此治之纲纪也。"

《太平经》曰："上法皇王，下法后地，中法经纬，星辰岳渎，育养万物。故曰大顺之道"。

在道商的伦理体系中，我们运用"与天地相参"的道学思维，充分考虑和兼顾到人与自然、人与社会、人与人、人与事、人与物之间交叉纵横、相互关联的多方因素，借鉴道商的"五元模式"，重新定义和划分了道商伦理体系的应用领域，为道商伦理在"人天绝通"后的修复提出了新的方案与思路。

1. 天元

中国传统文化教育我们："举头三尺有神明"。什么是神明？《关圣帝君觉世宝训》称："凡人心即神，神即心，无愧心，无愧神。若是欺心，便是欺神。"

在道商伦理体系的"天元"系统中，除了混沌元气、宇宙空间、日月星辰、风雨雷电、云雾气流、四季气候、精神理想、道义使命、信仰归属外，还包括有人类对未知空间、未知事物的敬畏，以及对那些为人类社会的文明、发展、和平、进步做出巨大贡献的圣贤哲人、英雄将相、行业之神的膜拜崇尚，乃至宇宙演化、生命诞生和人世祸福吉凶的掌管、监察和赏罚机构。

《太上感应篇》告诉世人，天上、地上和人体内都有录人罪过、降祸福于人的神灵，它们对人的规范和约束是时刻存在的。"有三台北斗神君在人头上，录人罪恶，夺其纪算"。身为道商，首先应该培育出对自然天地的敬畏之心，对日月星辰、风雨雷电、四季时令等一切现象保持尊重。如《太上感应篇》把对北方涕唾便溺和恶骂，以及"唾流星，指虹霓，辄指三光，久视日月，晦腊歌舞，朔旦号怒，夜起裸露、八节行刑"等行为，都视为恶行而要求禁止。

"反者道之动。"人类需要的并不仅仅是单向性的发展进步，而是需要人与自然和谐的文明进步与协调发展。在道的"相反相成"作用下，反思将有助于推动着真正的人类文明进步和成长升华。道商作为拥有清静智慧的反思者，当我们面对今天航空航天科技的飞速发展，享受到人造卫星、运载火箭、太空探测、人工降雨、气象干预等高精尖端技术在广泛民用中带来的便捷生活同时，更应该反思当前模式下的科技发展是否构成了对"人—天"秩序的打乱。当代社会普遍存在的信仰迷茫、精神空虚与全球气候变暖、大气污染等自然生态的恶化，是否与"逆天"的科技有着内在的隐秘关联？发展与修复二者之间的平衡枢机在哪里？

2. 地元

人也是大地之子。我们人类都生活在同一片蓝天下，居住在同一个星球上，厚德载物的大地对人类有养育承载的恩德，所以我们要感恩大地，维护和强化"子母关系"，才能更好地得"地之益"。道商的"地元"系统主要包括有：地球空间、土地农田、房屋建筑、崇山峻岭、丘陵平原、河流水源、海洋湖泊、地下矿藏、油气能源、沙漠森林等。

道家认为："地乃人之母。大兴土工，是子母害同……发掘土地而营家屋，作园地，皆害阴阳中和三位一体太甚。"既反对开掘山阜以取金石，也反对妄掘沟渎，更反对挖开山以后在地中建大屋，然后覆盖而为丘陵般的坟墓。在人类社会的发展中，过度的"城市化"在满足我们对优质生活向往的同时，也带来了各种显而易见的弊端。伴随着人口剧增、高楼林立、桥梁横贯、填海造城，各种被赋予"形象工程"意义的建筑开发如火如荼始终处于正在进行状态。

今天的地球，正被有为多欲的人类假以发展的崇高名义，修理得千疮百孔，面目皆非，大片的良田沃野逐渐消失，原本属于留传给子孙后代的地下资源，被我们穷奢极欲地挥霍享用。当我们在攫取经济利润、角逐各种闻名于世的"百强""百大"富豪榜单时,可曾回首自己一路参与制造的土地污染、河流污染、山林毁坏、资源消耗,是否有过真正的反思与忏悔弥补?

中国文化认为,"魂归大地""入土为安"。在中国道商知识体系的"地元"范畴中,还包括有城隍社令之神,及祖宗魂灵、阴气集聚的"九泉之地",以及对人类乃至万物生命最终归属的管理、监察和制裁系统。《太上感应篇》告诉世人:"是以天地有司过之神依人所犯轻重,以夺人算。"最终"算尽则死",人就离开了人世。

3. 人元

在道商伦理体系的人元系统中,可以简明扼要地概述为:"君""亲""师""友""敌""同""传"七人。

君:即管理者和领导者。

亲:即家庭、家族中具有血脉关系的直系亲属,或具有婚姻关系的配偶。

师:即进行学术思想、技艺能力、文化知识的教育传授者。

友:即具有相同价值观念或良好交情关系的支持者。

敌:即思想相左或行动相害的反对者。

同:也称同仁,主要是指在事业发展、工作开展中的合作伙伴与下属员工,即被管理者。

传:即实现学术思想、技艺能力、文化知识传承延续和发展创新的学习者、受教育者。

道商的本质是商人,商人要实现商业利益,就要和各种形形色色的人群、人物打交道,今天的"社群经济",都在研究如何得到他人的支持,如何赚取他人的钱财。在商业活动中,如何正确处理人与人之间的社交关系,摆正管理者与被管理者、教授者与受教者、父母与子女、夫妻与兄弟(姐妹)、生活中的朋友与事业中的合伙人、支持者与反对者之间的伦理关系,在不同的时空环境下,调整定位,转换频率,尤为重要。

孔子告诉他的弟子:"以富贵下人,何人不尊?以富贵而爱人,何人不亲?"以富贵的身份礼贤下士,谁不尊重你?以富贵的身份仁爱他人,谁不亲近你?人生不可犯的两大错误,一是把自己看得太高,一是把自己看得太贱,这都不符合人元的中正标准。《太上感应篇》要求我们:"忠孝友悌,正己化人,矜孤恤寡，敬老怀幼。宜悯人之凶，乐人之善，济人之急，救人之危。见人之得，如己之得。见人之失，如己之失。不彰人短，不炫己长。遏恶扬善，推多取少。受辱不怨，受宠若惊。施恩不求报，与人不追悔。"切不可"阴贼良善，暗侮君亲。慢其先生，叛其所事。诳诸无识，谤诸同学。虚诬诈伪，攻讦宗亲。讪谤贤圣，侵凌道德。"

《文昌帝君阴骘文》强调："勿谋人之财产；勿妒人之技能；勿淫人之妻女；勿唆人之争讼；勿坏人之名利；勿破人之婚姻。勿因私雠，使人兄弟不和；勿因小利，使人父子不睦。勿倚权势而辱善良，勿恃富豪而欺穷困。"

根据道家典籍的记载，我们每个人从出生开始，就被植入了类似于"后门程序""木马病毒"之类的秘密程序，用以记载人非义而动、背理而行、暗室欺心的不良行为和狡诈念想。"又有三尸神在人身中，每到庚申日，辄上诣天曹言人罪过。"根据"天""地""人"三元设置，分别有代表天道的三台北斗之神，代表地道的城隍神乃至山神土地井神灶神道路之神，以及暗居人体内的三尸神，他们从不同的角度观察世人的表现，彰显道德良知，为天地自然界的赏罚系统提供充分的说明依据。

4. 事元

一般是指我们在生活、工作、学习中所要面对的事业、事件、事情。具体可以划分为：公私、正邪、大小、利害、吉凶、祸福、成败、治乱、新旧等。

一个真正的道商应当重视人性，不与社会发生冲突与摩擦，而应该广泛采取对社会有益的行为。什么是真正的符合伦理道德的行为呢？《文昌帝君阴骘文》对我们的生活处世之道提出了具体的要求，值得道商参考。如："谈道义而化奸顽，讲经史而晓愚昧。济急如济涸辙之鱼，救危如救密罗之雀。矜孤恤寡，敬老怜贫，举善荐贤，饶人责己。措衣食，周道路之饥寒；施棺椁，免尸骸之暴露。家富，提携亲戚；岁饥，赈济邻朋。斗秤须要公平，不可轻出重入；奴仆待之宽恕，岂宜备责苛求。印造经文，创修道观。舍药材以拯疾苦；施茶水以解渴烦；点夜灯以照人行；造河船以济人渡。"能依此为行为标准，就是真正的慈善。

老子认为："我无事而民自富。"作为道商，我们应该杜绝什么行为呢？《太上感应篇》说："刚强不仁，狠戾自用。是非不当，向背乖宜。虐下取功，谄上希旨。受恩不感，念怨不休。轻蔑天民，扰乱国政。赏及非义，刑及无辜。

杀人取财，倾人取位。诛降戮服，贬正排贤。凌孤逼寡，弃法受赂。以直为曲，以曲为直。入轻为重，见杀加怒。知过不改，知善不为。自罪引他，壅塞方术。"

在道商伦理体系中，我们以"以道经商""以智启财""勤奋创业""同甘共苦""不争之善""处下之德"为创业准则，以"非道不取""非义不贪""不敢居贵""中和节制""互利共赢"为取财标准，以"尊道贵德""传智启财""雪中送炭""机会赠予""综合考核""利益多数"为施财要则。

5. 物元

道商的"物元"系统主要包括有：动物、植物、财物、器物和无形之物（如知识产权、学术成就、著作成果、创意作品等）。

老子告诉我们，"是以圣人，常善救人，故无弃于人；常善救物，故无弃于物。"对"物"的尊重、爱惜和合理使用，是一个人有道德的真实表现，是一种仁慈的善良行为。

《文昌帝君阴骘文》说："或买物而放生，或持斋而戒杀。举步常看虫蚁，禁火莫烧山林。勿登山而网禽鸟，勿临水而毒鱼虾。勿宰耕牛，勿弃字纸。"《太上感应篇》告诫我们："积德累功，慈心於物。昆虫草木，犹不可伤。"如果人"无故剪裁，非礼烹宰，散弃五谷，劳扰众生。破人之家，取其财宝，决水放火，以害民居，紊乱规模，以败人功，损人器物，以穷人用。"或者"射飞逐走，发蛰惊栖，填穴覆巢，伤胎破卵。"以及"无故杀龟打蛇，如是等罪，司命随其轻重，夺其纪算。算尽则死，死有余责，乃殃及子孙。"

身为道商，我们的任何思想、主张、决策和言行不仅要符合个人和组织的利益，也要符合社会乃至整个自然界的利益。对"物"的过分倚重和执迷，也是失道的具体表现。爱因斯坦曾预示世界的未来说："我担心有一天科技充斥人间时，世界将仅剩下白痴的一代。"我们只有建立真正系统、全面的道商伦理体系，在"天""地""事""物"中找准"人"的位置和价值，获得"人皆敬之，天道佑之，福禄随之，众邪远之，神灵卫之，所作必成"的无为之益，实现"不求财而财自来"的道商境界。

1994年，美国、日本和欧洲的企业界领袖在瑞士通过的《CAUX圆桌会议企业商务原则》认为：企业的经营活动应基于以"共生"和"人的尊严"二者为基点的伦理观念中，这种基本的伦理观念应该得到所有企业的普遍尊重和严格遵守。中国道商知识体系的"五元管理模式"与伦理思想，与之相较更具有立体性和系统性。

第六节　道商伦理体系的践行手段

意大利政治哲学家马基雅维利说："造就最强大国家的首要条件不在于造枪炮，而在于能够造就其国民的坚定信仰。"道商伦理体系是精神层面的知识，属于无形的价值观念。在道家的眼里，无形可以制控和驾御一切有形的成果，故而，符合"天、地、人、事、物"五元系统整体利益的道商伦理，对于道商企业的经营永续，具有关乎生死存亡的重要意义。

无形的思想必须借助有形的手段，才能得以彰显和推行。道商是"商商之富"概念的提出者，作为中国道商知识体系中的"德财"，道商伦理体系是对"商商之富"的技术性补充，具有真实的指导意义。我们在实施、践行道商伦理体系的过程中，可以采取下列几种手段和形式予以表达。

1. 敬仰天地、调理阴阳

道商应以自然之子的心态，常保持对天地自然的敬畏之心，不以贪婪之心、任性之行、怨恨之气行世，不以自私、愚昧、暴戾的不良心念，污秽天地清正之气。同时，山水自然，一草一木，都有造物的神灵和自然的神意存在，道商必须要懂得尊重自然、敬畏自然，力争做生态环保理念的践行者，不做自然环境的破坏者与挑战者，这样才能获得事业兴旺。

在道家思想中，东方之木，主仁主生；西方之金，主义主死。《吴越春秋》称："乃行第一术，立东郊以祭阳，名曰东皇公；立西郊以祭阴，名曰西王母。祭陵山于会稽，祀水泽于江州。"

道商应在内心重拾起中国传统文化中对"皇天""后土"的精神信仰。若从事农业生产、瓜果、药草种植时，道商应把握好四季有序，食饮有节的原则，做到符合农时，不逆天理，而非贪图厚利乱其天纲。

2. 忠于国家、安守本分

《太平经》说："天下之事，孝忠诚信为大，故勿得自放恣。"道商应时刻不忘自己的"商人"身份，坚定目标，安守本分，取利而不贪利，爱财而不迷财。应杜绝恃财乱政的不良言行，不以个人财富实力和社会影响力干预国家政令推行，不做任何有损国家利益的事。若逢国家有难或民族危困之际，道商应慷慨解囊，急公奉义，上利于国，下利于民。

3. 祭祀先祖、承前启后

道商应常念先祖之德，而生感恩报本之情，立光大门风之情。道商的先祖有"家祖""道祖""商祖"之别，通过祭祀先祖，就是随时提醒自己，"祀先人如在其上"，时刻不能忘本，不能丢掉祖宗的基业，不能背叛宗族的信念，要以光宗耀祖的行动来报答祖宗的恩德，守护自己的家园。同时，道商不应该易姓为荣，以免迷失根本，不知归宿所在。应立志为先祖建设祠堂会馆，引导族人，凝聚信念，传扬祖宗圣德，敢为一方一族之表率。

《左传》言："国之大事，在祀与戎。"商场如战场，在利益的争夺游戏中，商人不可避免地会出现顾此失彼、利己损人的情况，祭祀和超度也是道商们化解利益矛盾，实现阴阳两利的有效手段。在中国商业文化史中，潮汕商帮之所以能成为华人世界中最富有的族群，成为中国实力最大、影响最深远、唯一没有断代的大商帮，这与他们深植于灵魂深处的信仰文化与祭祀文化有着不可分割的联系。

4. 行业之神、确立标杆

三百六十行，行行有祖师，行行有神灵。《易·说卦》称："神也者，妙万物而为言者也。"神是什么？就是价值标杆、信仰目标、人生航向、精神灯塔。古往今来，那些能够悟透和掌握天地自然运行的规律法则，对世间智慧能够触类旁通，在某门学问、某项技艺上有特高成就的人，都是中国人心目中的神或圣。

世之商人多求私利，贪富贵，见财神则下跪，望弥勒而折腰，非为别，乃贪其财，欲厚己福。真正的信仰不是交易，也不是索取，而是信其精神，定其意志。所以，道商应尊崇和敬仰、祭祀所从事行业的行业之神，效其精专，用其功夫，通其智慧，行其德善。

5. 修之于企、兴旺发达

道商应坚持对内修之于家庭，对外修之于企业的协调同步原则。在企业经营发展中，道商应充分认识到经济利益与道德伦理二者之间的辩证关系，认真处理好"发展前进"与"回眸修复"的平衡关系，将"小我"的企业文化和"大我"的道商伦理结合，通过设定伦理目标，制订并执行伦理守则，把企业内的管理者、执行者和基层员工的思想和价值信仰具体化。

道商应以创建符合五元管理系统的"道商企业"为依据，从上层决策管理者开始，在企业内建立行之有效的道商伦理实施过程的监督、赏罚机制，时刻不忘企业"生存的意义"。通过加强对员工的道化教育，培育其精神气象，提升其诚信品质，加速道德风气的改善，使企业弃恶性从善，使企业的非道德行为无处藏身，避免企业随时将面临的经营危机，满足员工更高层次的精神归宿需求。

实践证明，一个企业只有"道""利"相兼，才能"德""财"兼备，只有阴阳并举，才能真正兴旺发达。

6. 立身正直、坚定信念

孔子说"政者，正也，子率以正，孰敢不正？"道德的基础是人类精神的自律。道商应在内心明确建立符合于"道"的利益价值观，进一步以伦理准则来约束自己，主动实现道德自律。

《吕氏春秋·贵信》曰："君臣不信，则百姓诽谤，社稷不宁；处官不信，则少不畏长，贵贱相轻；赏罚不信，则民易犯法，不可使令；交友不信，则离散郁怨，不能相亲；百工不信，则器械苦伪，丹漆染色不贞。"

人心生一念，天地悉皆知。道商当强化"契约"精神，开发信用资本。道商的"信"与"约"，不仅仅体现在商业合作中的责任双方，也体现在对员工、对企业、对消费者、对竞争者、对社会整体的责任和义务。此外，道商的"信"与"约"还体现有对天地自然的承诺，只有具备真信之心，才能感应天地正气，实现盟威之妙。

道商当谨记:"正己为先,治己为要,安己为魂,强己为本,大己为得,虚己为妙。"成为一个精神饱满、道德充沛、形神完美、智慧内敛、富贵双全的具备坚定信仰的商人领袖。

7. 忏悔反思、常清常静

《道德经》:"祸兮福之所倚,福兮祸之所伏。""物或益之而损,或损之而益。"在利益游戏的追逐中,道商当常怀清静之心,忏悔"原罪",常思已过。在逆向思考中看清方向,在责问驻足中杜绝野蛮扩张,通过对发展模式、经营理念、经营行为、管理手段、目标设置、生活习惯、言谈举止的反思,去伪存真,改恶从善,实现真正的大益和大利。

忏悔反思有利于道商释解心理压力,减轻身心负担。《太平经》认为:"病气阴阳不调和,此为子反父母天地之意而生者也。""头痛为天气不悦,足疾为地气不悦,五脏之病为五行之气相战,四肢之病为四时之气不和。"在天人合一、身国同体的思想指导下,《太平经》建议世人,"疾病之时,一室闲居,告白平生过失,饮符水愈。""太平道者,师持九节杖为符祝,教病人叩头思过,因以符水饮之。"除此之外,道教还常用"三官手书""忏悔文"等方式,帮助世人表达对天地自然或人神万物的忏悔之情。若站在公正客观的立场,抛开其中的神秘文化不论,忏悔思过作为一种特殊的手段,确实可以帮助我们排解体内的负面能量,减轻罪恶负担,让人在反思中获得相对的心神安定,并由此带动五脏有序、气血调谐,确实有利于身心健康。

《太平经》称:"古者圣贤,乃深居幽室,而自思道德,止所及贫富,何须问之,坐而自知矣。"

8. 乐善好施、服务社会

《太平经》认为:"故古圣王之理者,一曰常生,二曰常养,三曰常施。为行如是,谨以承仰天道。"一个真正意义上的道商,不但是一个经济学家、大商家、企业家,更应该是一个思想家、谋略家、慈善家和教育家。

道商应遵循"天之道,损有余以补不足"的至高准则,以"使财帛如流水"的积极状态,主动地参与到社会慈善中。钱财是流通之物,道商应该"见饥者赐以食,见寒者赐以衣。""如贤知以行施予,贫家乐,名仁而已。助地养形,助帝王存良谨之民。""不许聚敛固守，宜往来流通，周穷济急，不畜私财。"

道商进行慈善救助，并不局限于财物的捐助，我们也不应该以钱财捐助的多少来对商人进行道德绑架，这是违背"道化"的真正精神的。道商服务社会，可以进行"施财"，也可以进行"施物""施食""施教""施智"等。在道教发展初期，张鲁在汉中就大力提倡主导了对社会的慈善救助。"教使作义舍，以米肉置其中，以止行人；又教使自隐，有小过者，当治道百步，则罪除；又依月令，春夏禁杀；又禁酒。"又教人"教以诚信不欺诈"。及后来，第五十一代天师张显庸"好施予，遇岁歉，尽以所积赈邻里。"

道商可以制订内部计划，对贫困地区、贫困人群、弱势群体进行生活物资、社会物资、医药物资的捐赠，并承诺发展社会教育，推广知识技术，创建教育机构和智库机构，培养人才，发现机会，带动更多的参与支持，以教育改变、产业扶持、投资合作、机会给予、品牌感召的方式进行慈善，更具有时代化、人性化。

9. 无用之功、广积阴德

道商要实现阴阳两利，还必须掌握"不言之教，无为之益"的有效方法，以"大医医世"的仁者气魄，和"修之于天下，其德乃普"的道德情怀，帮助社会调理阴阳气机，化解矛盾对立，疏导负面能量，转化怨恨不满。

隐匿商海，劝人为善，广积阴德，功成不居。除了智慧的道商，谁能以商行道，和光同尘，在"身隐神用"中完成真正的人生修炼。

第七节　道商伦理体系的作用效果

建立道商伦理体系的目的，是在商业世界中构建一个道利相济、阴阳两利的理想秩序。在"仓廪实而知礼节"的演进中，不仅可以实现经济的良性增长与有序循环，而且能够在"道商合一"中帮助我们明确人生航向，树立正知正信，传递道德良知,强化社会责任。

在未来,那些善于"以商显道""借商阐道"的道商族群,将因其内心根植的道德信仰、智慧远见、规矩法度和文明礼仪,而成为人们倍加尊崇、无限仰慕的真正贵族,并将跃居新一代企业家的精神领袖。

(1)立规执矩:建立符合天道的道商信仰标准,矫正"唯利是图"的畸形利益观念,调整"唯发展论"的单向经济模式,践行"和气生财"的中国传统商业价值。

(2)燮理阴阳:建立道商企业双核系统(内部、外部)的稳定运行,理顺道商及道商企业与"天、地、人、事、物"的有序关系。

(3)培育威德:在规则和自律中提高领导威权,建立道德威望,培养员工忠诚,增强内部凝聚力。

(4)创造活力:调动员工自发性和积极性,提高工作效率,为团队管理注入活力与正能量。

(5)强化品牌:强化个人及企业的社会品牌价值,培养市场及消费者的信任、信赖和信仰,具备不战而胜的道德感召力。

(6)孵化潜力:赢取市场机会,拓宽合作渠道,在"重积德"中优先获得潜力优势。

(7)开发智慧:提升清静智慧,在常态化的反思忏悔中明确道路方向,杜绝非道德的利益诱惑,不为表象热潮迷惑,避免陷入经济危机和道德危机的陷阱。

(8)行善得福:践行自发式、随机式的慈善帮扶,改变社会道德冷漠,为个人和家族的"道德银行"积累雄厚德财,使商人的血脉中充满和流淌着"道德血液"。

(9)永生无伤:"含德之厚,比于赤子。"在道利天下的奉献中,让个人生命状态及企业发展状态,永远保持婴儿般的活力与能量,赢得全社会的祝福与呵护。

《太上感应篇》总结说:"祸福无门,唯人自召。善恶之报,如影随形⋯⋯所谓善人,人皆敬之,天道佑之,福禄随之。众邪远之,神灵卫之,所作必成,神仙可冀。"

《文昌帝君阴骘文》称:"诸恶莫作,众善奉行。永无恶曜加临,常有吉神拥护。近报则在自己，远报则在儿孙。百福骈臻，千祥云集，岂不从阴骘中得来者哉？"

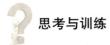
思考与训练

1. 结合自身所处的行业，谈一谈对道商伦理的独特认识。

2. 对照道商生命体系与伦理体系的相关知识要点，以自我身心健康为目标方向，总结整理适合于自身的道商伦理修复方式。

3. 以"积善之家，必有余庆；积不善之家，必有余殃"为题，结合身边熟知的企业家真实案例进行相关阐释。

4. 传统道学思想与传统文化传承中的"师徒制"，是该继承还是该放弃？其利弊有哪些？如值得继承应如何改进优化？

5. 案例探讨：如何将道商伦理体系与时代科技手段相结合，创新慈善发展模式？

第九章
中国道商人才体系

> 本章围绕道商人才的基本素质、必备知识、潜能开发、评定方式和发展方向进行了阐述,并重点介绍道商人才九段制的段位标准,为标准化道商人才培养提供了依据。

国以道兴，业以才旺。古往今来，人才都是富国之本，是先进生产力和先进文化的重要创造者和传播者，是社会文明进步、人民富裕幸福、国家繁荣昌盛的重要推动力量，决定着民族的兴亡、国家的发展和人类的进步！在新一轮的经济浪潮和产业变革中，人力资本尤其是高素质人才资本，作为一种非常重要的社会战略性资源，已经跃升为第一资源，成为经济增长的核动力。

创新的事业呼唤创新的人才。要实现道商文化的传承、传播和发展创新，必须加快培养一批能够真实领悟"道"的思想与精神，善于运用"道"的规律与力量的道商人才，这是当前阶段道商事业面临的重大发展瓶颈。如何在传承中培育人才，在传播中凝聚人才，在发展中锻造人才，在创新中规范人才，将成为道商人才体系的重要探索内容。

第一节　道商人才体系的基本素质

"致天下之治者在人才，成天下之才者在教化。"

在道家看来，人皆为才，人尽其才。但是，如果我们不通过量材施教的明师激活，不经过因人而异的科学规划，不体验社会生活的磨砺之力，就难以成为真正的"有用"人才，也难以在"材与不材"之间任意转换，获得真正的逍遥无羁。然而，可悲的是，由于一部分人对道家自然天性的错误理解和虚伪标榜，许多原本可以有一番更大作为的"人才"，因其盲目的放任自由和思维涣散，缺乏自我识别与自我约束，却又不愿意面对社会的打磨锻造，不甘心"为人所用"的奉献付出，最后的结局必然是庸庸碌碌一生，在不知不觉的岁月蹉跎中将自身的最大价值消失殆尽。

"天雨虽宽，不润无根之木；道法虽广，不度无缘之人。"一个人的资质决定了他未来的成就。要培养杰出的道商人才，我们必须重视道商人才的基本素质。在道商人才体系中，我们将道商的基本素质归纳为"九力"。

1. 学习力

"玉不琢，不成器。人不学，不知义。"学习力是我们接触、接受和接收知识的能力，是我们快速建立自己学问认知的基础素质。道商的学习力包含发现力、接收力和运用力。发现力可以帮助我们明确学习方向和学习目标；接收力可以帮助我们学习、传承和掌握他人、他国、他类的知识技能；运用力即知识的转化、调度与使用能力。

一个人如果缺乏学习力，就会失去成长机会，久之则思想保守、观念落伍、言谈浅薄、举止粗俗，既缺乏"腹有诗书"的底气，也缺乏"气质华贵"的才气，纵然得一时之财富,也不明就里,不知进退。

2. 思考力

道商的思考力也称为"悟性"。它主要包含判断力、反思力和想象力。

思考力是我们通往智慧彼岸的重要能力。如果我们只知道一味学习而不求甚解,就会形成"学习的压力"而苦不堪言,道家称此为"驼经之驴"。对知识和学问、信息、技能的反思、深思,有助于我们开启心智,在"明道若昧,进道若退"的逆向思考中,获得对事物本质及其深层次利弊的洞见,为"不争而善胜"的创新突破培育机会。

想象促进思考。想象能力是人的知识积累和智力开发的结果,也是思考力的重要表现。想象是智慧的基础,只有敢想才能敢谋。当然,没有学习力做基础,就不可能有合理有序的想象,在培养想象能力时,除了知识的积累外,还要学会动脑筋、联想、遐想甚至幻想。道商只有拥有足够的想象空间,具备清晰准确的判断能力和独立的思考及反思能力,才能发现先机,导引潮流,领航于未来。

3. 创新力

道商的创新力包含有创造力、转化力和控制力。

创造力即无中生有的原始创新。转化力一方面代表道商应具备学习、嫁接、移植后的创新能力,同时也代表将文化转化为科技,将概念转化为成果的能力。控制力即对创新的监控和约束,对那些违背社会道德伦理和商业规则的创新,应予以谨慎对待。

具有创新精神和创新能力的道商,会以"厚积薄发""上善若水"的真实品质,从传统文化中深掘创造源泉,从人文情怀中寻觅创新支点,最终为我们带来让人耳目一新,让沉寂的商业世界精神振奋的传世佳作。从某种意义上讲,道商文化及中国道商知识体系是创新的成果,道商人才也是名副其实的创新型人才。

4. 形象力

道商的形象力包括设计力、展示力和自律力。

道无形象,是因为触目皆道。道商的形象设计力来源于自我的风格定位,是高调绚丽、人皆仰慕的商业领袖,还是低调淡泊、业内无名的隐形富豪?是逍遥无羁、个性十足的时尚智者，还是坚韧厚重、大智若愚的实业名贾？定位决定着我们的对外形象与人生风格。道商崇尚真实，只要内心真实清静不虚，行为洒脱坦荡无累，虽高调而不放肆无忌，虽潜隐而不奸猾逃避。合理地、多角度地展示自己个人魅力，以良好的道商形象来亲近社会，赢取市场，赢得消费者和社会大众的认可和追随，是可取的。

良好的形象更在于自律，道商切不可得意忘形，迷失本性，或自恃高贵，欺辱他人。在享受到形象工程利好的同时，若留恋表象，热衷喧哗，而专营人前的务虚表演，动摇稳健厚重的经营之道，则为大憾。

5. 传播力

道商的传播力包含沟通力、说服力和推送力。

良好的沟通是顺利交易的前提，要沟通，就要学会倾听。道商应以"后其身"的智慧，行不争之德，听无声之音，了解他人内心需求，识别对手潜在欲望，在沟通交流中准确把握谈判要点，传递有效信息，在听得仔细、写得明白、看得透彻、说得清楚、总结精炼中，实现高效率的工作。

在道商文化的传播中，没有智谋的口才会变成信口乱说，没有善言能力的智谋方案也会被束之高阁、因得不到实践而成为水中之月。出于对人性私欲的合理认同，和对利益追求的宏观认知，道商围绕利益这一核心驱动，以真诚善意为前提，以阴阳、利害、远近、大小、得失为妙用，将感召、说服越来越多的人和企业参与支持，献计献策，出人出资，在利益及人中获得更多的同盟道友。

在推送中，要寻找最佳宣传途径，找准舆论切入点，理清事件脉络，梳理利害关系，善于借助天时、地利，和人之势、事之机、物之宜，制造传播的宣传价值和社会效应，在主、辅、高、低、集、散的通途中达到理想效果。

6. 领导力

道商的领导力包括有决策力、执行力和整合力。

道商在决策中，必须借助知识积累、技能应用、思维模式等手段，甄别信息真伪，调取数据分析。在处理信息数据时，要根据实际情况或浓缩、或引申、或推断、或充盈，直到熟能生巧，运用自如，了然于胸，恰倒火候。在执行中，要有十年磨剑的坚定信念，要有呆若木鸡的精诚意志，要有不竭江河的雄厚支持，要有摧山崩石的胆魄气度，要有力挽狂澜的超凡智慧，要有见好就收的清静定力。

道商还应具备令"万殊复归于一本"的整合力。在上德若谷的状态中，道商能抓住根本、突出灵魂，使趋利者与乐道者在"对冲"中，赢得共识，创造共利，各得其宜，使万象得以凝聚，使乱局得以治理。而道商，无疑是"万物归焉而不为主，可名为大"的整合高手与天生领导。

7. 平衡力

平衡力也是道商必备的重要素质。在人天交通、阴阳交会、利益交易的过程中，道商如何平衡人与自然、人与人、健康与财富、生活与事业、道德与利益、逍遥与责任的综合矛盾，如何在"功成名遂"中恰到好处地选择"身退"的时机，以真实领悟天之道，如何在最浑浊的利益商海中，避开风浪侵袭，独得清静智慧，等等。

平衡力，是最考验道商基本素质与真实智慧的一项评测内容。

8. 超能力

道商在"道"的领悟中，能够真实把握世界历史发展的规律和时代前进的方向，并根据此来认识未来的发展趋势和社会价值取向，具有"不出户，知天下；不窥牖，见天道"的智慧能力。同时，在生命体系、智慧体系的逐层学习和修炼中，通过"心斋""坐忘""存神""朝彻"等传统方式进行潜能开发，或以授箓、授信等仪范来进行人天参同的互为盟证，以清静智慧照鉴未来之先机，获得对"天、地、人、事、物"五元运化的立体动态认识，以及"如有神助"的预知、感应能力和风险化解能力，具有"不行而知，不见而明，不为而成"的超能力。

9. 传承力

水有源，树有根。道商最为核心、至关重要的一项基本素质，就是是否具有"传承力"。道商的传承力，一是其学术思想、理论体系、方法策略、智慧经验并不是单纯地来源于书本，也不是道听途说或自我揣摩而出，而是具有传承清晰、系统完整、安全可靠的正统学术流派。事实上，中国道商知识体系在传播和传承中，其授传方式也分为公开性质的"普传"和私密性质的"隐传"，后者是为了保障学术思想中传承的正统性,而采取的带有私密性、针对性的核心知识教学。

身为道商,我们不但要获得和接续学派前辈先知的传承力,学黄老之思想,兴道商之事业。并且要以"上承下传"的精神,主动担当起更多道商人才的教育培养使命,推陈出新,广结硕果,使青出于蓝而胜于蓝,实现道商文化的永续传承和不断丰富,在人类文化历史和经济发展史上谱写出重要的篇章。

第二节　道商人才体系的必备知识

道商人才的核心本质,是中国古代黄老学派的思想传承者与应用创新者,是能够"观天之道,执天之行"的复合型人才。要成为真正的道商人才,必须要以开放、不弃的兼容心态,充分学习、借鉴和运用东西方先进文化知识与前沿技术,融会贯通古往今来实用智慧思想,从"道+商"的双核模式中获得平衡提升,在思维能力和实践能力的同步中迈入大成之境。

真正的黄老学派是最富有包容精神与兼容能力的学术流派,是当之无愧的先秦时代诸子百家优秀文化的集大成者。司马谈认为其:"因阴阳之大顺,采儒、墨之善,撮名、法之要。"《鹖冠子·学问篇》将黄老学派的学术总纲概括为"九道":"一曰道德,二曰阴阳,三曰法令,四曰天官,五曰神征,六曰技艺,七曰人情,八曰械器,九曰处兵。"中国道商知识体系将道学思想划分为"九脉":"道家、道教、道政、道谋、道医、道武、道术、道艺、道商。"

在当代道商的身上,将充分体现出全备的道学思想特质。他们既有道家人士的逍遥淡泊风骨,也有道教信仰者的坚定信念和济世情怀,亦不乏道政的卓越治理能力,道谋的高深智谋远见,道术的创造创新思维,道艺的优雅人文修养,道武的责任担当气魄,和道医的平衡修复能力。

在道商人才测评系统中,一个接受过专业系统的中国道商知识体系培训教育的道商人才，应掌握和具备下列必备的知识与技能：

（1）**全面系统的道学理论基础**：道商应掌握系统宏观的道学思想理论知识、了解其经典著作，及其历史发展中的衍生体系与学术流派。

（2）**清晰明确的道学传承谱系**："道贵师承，无师不度。"道商应具备对道商文化在历史传承中的谱系认知，且自身拥有在道学内部的正统传承资格。

（3）**独特兼容的道学思维模式**：道商应掌握有《中国道商》知识体系中最具独创性的核心思维模型——"六图思维模型"及其衍生的洛书思维模式、五元思维模式等。

（4）**鲜明的价值主张及思想诉求**：道商要具备"以道经商，以商显道，道商合一，富民强国"的发展理念，及"富家富国、阴阳两利"的思想诉求，并具备"身财""口财""钱财""智财""德财"的五财合一的财富价值观。

（5）**丰富前沿的经济学与现代管理知识**：道商应以道学为体，以商学为用。在与时代信息接轨，与未来趋势同步的领航中，道商应掌握丰富的现代企业经营管理知识，对古今中外留传久远具有普遍指导意义的经济学、领导学、管理学、战略学、品牌学、营销学、投资学、理财学、传播学、策划学、伦理学，乃至环境科学、信息技术等，都应广泛涉猎，撷取精华，与时同进。

同时，道商还应学习商业、企业、经济、金融、管理、人才方面的政策法规与法律知识。对与自身相关或本行业相关的国际国内相关法律条文，应予以充分了解和熟悉。

（6）**科学合理的生命养护与健康管理知识**：道商应掌握系统性、简易性、实效性的生命养护技术，精通来自古老传统的生命修炼体系及具备现代健康管理知识。

其必备的学习内容为：龙门太极拳、太极真元九式、乾坤日月掌、彭祖导引养生术、内丹养生法、青城道膳、青城道医、道家剑术等。

（7）**独树一帜的道商事业体系知识**：道商应具备丰富的事业开创经验与立体高效的治理手段。在中国道商知识体系内，道商要学习掌握传统的黄老道学治道思想与事业体系。其必备的学习内容为：道商九品丹法、洛书管理模式、吉祥象数设计、企业诊断学、企业识人学等。

（8）**娴熟的兵法谋略与出奇制胜的竞争手段**：道商应具备娴熟的兵法应用能力，其必备的学习内容为：道商决策模式、道商执行模式、道商创新技法、道商创意学、未来预测学、符号（品牌）兵法、隐态竞争兵法等。

（9）**对道学经典智慧解读传播的推广知识**：道商应具备对中国古代道学经典名著的学习领悟能力，以及在一定环境下对道学经典的运用能力、解读能力和传播能力。并且能够根据时代需要和目标群体的特殊性，掌握利用传统媒体和新媒体结合的方法，进行道商文化推广，实施道商文化普及战略。

除此之外，道商人才还应该具备：良好的形象礼仪素养；良好的艺术修养与艺术鉴赏知识；卓越的口才沟通能力；前瞻性的预测能力与趋势判断知识；危机化解与风险控制知识；洞悉人性的心理破译能力，与心智开启、心灵安抚能力；理论创新与技术创新、产品创新的综合知识能力；古为今用与洋为中用的知识转化能力；学术思想传承和技术技能传授的知识能力。

第三节　道商人才体系的潜能开发

所谓潜能，即潜在的功能。潜能是人类被封存、埋没和隐藏的特殊能力，是人类思想富矿中没有得到重视，没有经过开发的宝藏。只有经过特殊的训练开发手段，或在一定的时间、空间及社会环境中，潜能才能得以激活、释放和展示。虽然每个人的潜能是无限的，但是人类对自身大脑的开发和利用程度仅在10%以内。

真正的黄老道学，是一套被喻为"国之利器不可以示人"的极高深隐藏之学。道商人才要实现"以道经商"，这个学道、知道、悟道、体道、行道、变道的系统过程，也就是潜能开发和逐步释放、有效运用的过程。也只有进入"道商合一"的大同，我们才能实现"不求财而财自来"的大顺与大通。

在道商人才体系中，我们将道商人才的潜能开发归纳为"四能""六法""四信"。

"四能"，即人类潜能的主要表现形式与应用领域：生命潜能、身体潜能、创造潜能；应用潜能。

"六法"，即综合运用道商"六图思维模式"进行潜能开发的六项具体训练方法。

"四信"，即开发、激活道商人体潜能的四种手段与工具，分别是"信仰""信念""信仪""信物"。

1. 信仰

信仰指道商的精神归宿与灵魂依止。道商以"道"为核心信仰，通过对道学思想的深刻领悟与充分理解，注重对天道规则的服从效法与把握运用，强调对自然生态的爱惜呵护与和谐共处。在尊道贵德、道法自然的思想指导下，以道德为根本，以经典为源泉，以导师为开启，在商业经营中重塑道德信义，在积极有为中创造财富人生。

"道生一，一生二，二生三，三生万物。"道商将在对"道"的信仰中，获得最根本的无穷"生意"，与道偕行，终得大成。

2. 信念

信念指道商的价值理念与方向目标。信念是意志行为的基础，没有信念道商就无从立足，难有行动成就。道商的信念，在于其谋求的利益，非一己之私利，而是属于"利天下之大利"。为了"上富其国，下富其民"的理想信念，为了"阴阳两利，天下共富"的崇高使命，道商坚信"长风破浪会有时，直挂云帆济沧海"。拥有和具备道德之光，一定会让道商形成无坚不摧的内在动力，在天人相参、道商合一的经营活动中，道商将五财相生、大受其益，获得前所未有的尊重和崇敬。

3. 信仪

信仪指道商在表达信仰、强化信念的过程中，所采取的一定形式的仪式与仪范。在道商的信仪中，最具有特色的仪式叫"授信"。道商的"授信"，并非是今天金融活动中被频频使用的名词，它不是"银行向客户直接提供资金支持，或对客户在有关经济活动中的信用向第三方作出保证"的行为，而是近似于道教的"授箓"的特殊仪式。

《列子》认为："至信之人，守一而诚。"《吕氏春秋》称："信而又信，重袭于身，乃通于天。"道商通过"授信"，来获得人天感应、人天交互的真实体验，打通道与商之间的路径障碍，在心力加注的祝福和认可中进一步强化道德信念，开发暂时处于封闭状态的人体潜能，凝聚和调动潜能、智能的合理功用，以此推动商业经济的良性发展，培育产生和集中引爆一批具有巨大未来价值和无限想象空间的新兴产业。

4. 信物

信物指道商在进行生命修炼、智慧开启、事业合作、社会交流和思想传承中，所运用、展示、传递的被赋予有特殊意义的凭信物件。

道商的信物主要为"道商五宝"。在道商五宝中，玉如意代表商人谨守本心，降服欲望贪婪的心魔；富贵鱼代表在道商阴阳运动和有无交易中"如鱼得水"；天星秤作为古代的衡器，代表着商业伦理的最高标准，寓意有"称量天下商人道德良心"的深刻内涵；聚宝盆代表虚心实腹、大度能容的道学精神，体现出能生、能聚、能散的道商智慧；财神图箓则是将古往今来的道商经营核心思想和诉求主张、方法策略，通过符号象形的形式予以整合和展现，传递了"道商思想是可以传承千年的最大财富"的主张。

通过"道商五宝"等信物，道商可以在长期的关注、思考、揣摩、领悟中，排除杂乱干扰，专注精神意识，强化规则准绳，深悟内在智慧，体现独特气质，实现传承有法。

第四节　道商人才体系的评定方式

评定是使用人才的前提。将非专业人才和专业人才，普通人才和优秀人才进行科学有效地识别、筛选、评价、定位与使用，这个过程称之为"人才评定"。所谓"评"，即评估、测评；所谓"定"，即定位、定论。

当前,随着中国高等教育的逐步普及,"惟学历论"的观点正在被淡化和颠覆,以学历高下来判断人才优劣的权威标准正招致越来越多的质疑和非议,真正的人才不应该被学历和职称绑架。人才专家认为,随着各种文凭和职称的越来越多,高文凭、高职称的光环将逐渐被淡化,人才评价标准将从惟学历、惟职称到重能力、看贡献、重品行、看业绩的方向转变,个人的能力和贡献才是未来竞争的关键。以创造性劳动成果的不断取得作为评判人才的重要标准,就可以避免以一个人过去的名气、地位、成果和影响来评判人才的弊端。

在中国道商知识体系中,我们通过一系列的评定方式来选拔人才,规范定义"道商人才"的评价标准,主导"道商人才"的评定过程,是为了规范学派传承的身份认可,是体现思想延续的公平选拔,也是当代"陶朱世家"的门槛准入,和打开道商思想富矿的密钥验证。对道商人才进行规范化、标准化的评定,可以帮助道商进行自我认识、自我提升和自我管理,以获得"自知者明"和"自胜者强"。

评定也是有效规范的最佳方式。自2009年国际道商文化研究院成立,我们在中国经济出版社正式出版的《道商》一书中,大胆地对"道商"一词进行了准确定义,开展了中国道商知识体系的初步探索。伴随着"道商"学科建设的不断完善与丰富,社会上关注道商、热爱道商、自诩道商的人也越来越多,在全社会对"道商"之名的狂热追觅和巨大需求中,不可忽略的概念炒作乱象也相继产生,势必会对道商人才的建设产生不必要的负面干扰和严重搅局。为此,我们只有通过实施标准化人才战略,借助有效的激励和合理的筛选手段,才能澄清乱象,在尊道贵德的前提下,培养出真正的具有"经世济民"情怀与"富民强国"气度,以及真实践行"阴阳两利、天下共富"思想的道商人才。

道商人才"三定九段制"									
自我认定			机构鉴定			社会评定		
一段	二段	三段	四段	五段	六段	七段	八段	九段
‖ 面试 ‖ 笔试 ‖ 事试 ‖								

所谓"三定",即三种评定方式——自我认定;机构鉴定;社会评定。所谓"九段",即道商人才体系中颁布和实施的九大段位标准。

《论语》说:"夫有国之主,不可谓举国无深谋之臣,合朝无智策之士,在听察所考精与不精，审与不审耳。"一个国家的发展和政权的稳定，如果我们把内部的管理体制与体制内人才看做是"内核"的话，那么，出自民间的、山野的、非主流的外部智慧型人才更是必不可少的"外脑"。只有以完善的制度和良好的心态进行内外结合，才能实现水火既济，形成其长远的竞争优势。

在黄老道学派看来，社会难以实现真正的治理，是由于人才的匮乏，所以贤士是国之重宝，人才的价值比金玉还要贵重。《太平经》说："赐国家千金，不若与其一要言可以治者也；与国家万双璧玉，不若进二大贤也。夫要言大贤珍道，乃能使帝王安枕而治，大乐而致太平，除去灾变，安天下"。又说："故不择选人而妄事署其职，则名为愁人而危其国也，则名为乱治政败也"。如果国家具备"尚道德、理阴阳、上得天心，下定四海"的高级智囊人才，再加上国家治理者能够选贤任能，就可以实现真正的无为而治，使社会治理趋于有序。

在全球经济一体化、全球思想一体化的今天，国际标准的地位被提高到了一个空前的高度，成为世界经济有序发展的必备条件。国外发达国家为了维护本国的经济利益，已经开始实施标准化战略，把控制国际标准的主导权作为其经济竞争追求的最高目标；发展中国家则把提高本国技术标准对国际标准的影响程度、追求国际标准和规则的公平合理，作为国际竞争中的奋斗目标。在这场竞争中，标准化人才是各国参与国际竞争的关键要素，标准化专业人才的数量和质量，是决定标准化发展水平的根本条件。近年来，一些科研机构不断创新人才评价机制，带给我们很多启示。他们的共同点是，遵循国际科研规则、成果评价规则和人才评价规则。这些标准的提出来自行业、市场和社会，而不是来自政府部门和上级领导。要迎接新的挑战，我们必须尽快培养一大批各个不同层次、不同领域的标准化专业人才，以适应形势发展需要。

道商的标准化人才段位设定，共分九段。其中，一二三段为初阶道商，只要经过"自我认定"即可；四五六段为中阶道商，必须要通过"机构鉴定"才能得到行业认可，获得道商族群的集体承认；七八九段为高阶道商，属于"社会评定"的大成阶段。而成为中高阶道商人才的前提，在于其是否接受了系统完整的中国道商学科知识体系教育。

道商人才段位制标准化管理体系，主要包括教育培训内容标准化、考试内容标准化和管理方式标准化。中国道商知识体系重点培养教育的道商人才，是四五六三个段位。我们通过中国道商的系统化、标准化、递延式学科培训体系，让道商人才接受专业教育，成为"陶朱世家"这个特殊商人族群的代言人。在"机构鉴定"的过程中，道商人才将通过"面试""笔试""事试"的综合考评，从系统知识、思维模式、方法掌握、策略运用、形象仪范、口才言谈、健康活力、案例分析、个人成果、品牌影响、社会贡献等方面，进行立体式、全维度的深度考评。参评的"道商"若能勇闯三关，才能获得"三试而行"的权威认可。

在未来的社会里，思想创造力与道德平衡力将作为人类能力的最高阶位，其巨大的功用正逐步得以凸显，也引起了世界各国政治首脑、经济先知、文化大家、宗教领袖的重视与关注。启动道商人才段位制标准化管理体系建设，是推动中国道商知识体系全球化传播的重要举措，是加快道商人才培养建设的具体行动。我们将从道商知识体系的标准化、规范化、国际化发展高度，从建设文化强国、提高国家文化软实力、弘扬民族精神的高度，面向全球推广道商人才段位制的标准教材，使中国道商向着更加规范有序的方向发展，向世界商业经济领域奉献一个具有典型中国文化符号的成熟商业思想体系，作出我们共同的努力！

第五节　道商人才体系的段位标准

段位是级别的一种表现方式，也是人类社会用来表示等级制度的具体方法。尤其是在某些行业、专业领域，通过设定标准化"段位"，可以建立身份识别和系统准入，有效区分等级水平或社会成就的高低，体现个人奋斗精神及声望、权威、权益与影响力。

道商人才"九段制"的历史渊源，我们可从东汉末年的"九品中正"人才选拔制度中发现其原始雏形。在现代社会里，以"九段"的标准等级来培养和区分专业人才，在体育、文化、艺术等领域得到了普遍认可。如韩国在推广跆拳道运动时，就以严格的技术等级考核制度来实施人才标准化战略，通过"十级""三品""九段"的划分，满足跆拳道爱好者对实力的追逐和对荣誉、责任的向往。中国武术在推广中，也根据个人从事武术锻炼和武术活动的年限、掌握武术套路技术和理论的水平、研究成果、武德修养以及对武术发展所做出的贡献，由低至高依次设置分别为"九段"，并以"鹰""虎""龙"分别代表初、中、高三个阶位。

1. 道商一段，朴商，下下

标准：创业之初，简单乐道，热爱传统文化，性情质朴单纯，似未经雕琢之朴玉。虽对"道"兴趣萌发，惜无师无门，不得真入。喜贴标签符号，常以道商自诩，以为人生志向。此阶段的道商，尚属空白期，仅表现在个人兴趣爱好上，停留在概念符号阶段，若能坚定信念，勤诵经典，更兼明师指引，则可快速提升。

1. 道商二段，术商，下中

标准：此阶段之道商，或小本经营，创业渐安；或日积月累，略有积贮，但皆能诚信经营，和气生财，不欺不诳，能随大流；或踞山而创业，或倚庙而谋利，在文化景区或宫观庙宇内外，接触道教文化，售卖文化产品；或挟术数之技能，或言道法之玄奥，往来商海，服务他人，释疑解惑，风水安居。此阶段的道商，多冠以"大师"之名标榜身份，常借助"道教"内容论于人前，多为生计所迫，专攻术业，亦属咨询服务，管中窥豹，一知半解，真假难辨，虽名为道，实挟于术，若能抛弃私心，循术演道，善莫大焉。

3. 道商三段，信商，下上

标准：此阶段之道商，沉浮商海多年，深陷利益漩涡，虽钱财富足，生活逸乐，却常忧于身乏体困，感慨生命易老；虽厚德守信，生意无亏，却暗思财富常易主，行业多变幻。多年光景，犹自浑噩，前程未知，心无依止。便生超然解脱之志，或皈依玄门而悟大道，或投师黄冠而积善德，或静阅经典以求智慧，或动作导引以求延年。然自行揣摩，终不得要领，虽有师教，亦不能豁然。或止于小善，或惑于空谈，如蒸煮沙石，终不得其美味。有其信仰，未得智见，虽名为道商，实困于"道商"之名也。

4. 道商四段，正商，中下

标准：此阶段之道商，因缘所启，接触道商体系，虔心问道，修学系统知识。或少年才俊，风华正茂，或商场老将，富甲一方，忘其尊卑老幼，摈其学识经验，重返虚无，悉受教诲。探规律而知定式，用智谋而晓化机，体系之内，泾渭分明，纵横之间，理法贯通。内心充实，喜悦频生，信仰坚定，神魂两安，一招一式，身财为先，利来利往，取舍有准。能循规蹈矩，能创新出奇，犹枯木逢春，得生意无穷。如此，渐入"道商"，始归坦途，千里之行，惟道是从。

5. 道商五段，高商，中中

标准：此阶段之道商，理法既明，务于实践，执天之行，振奋事业。或睹未兆之先机，潜心耕耘，战略领先；或挽狂澜于既倒，变中夺机，扭亏为盈；或立志向于前沿，或注神光于技艺，或驭资源于平台，或倾厚利于文化；或倒行逆施，发掘土拙；或领航未来，开创虚无；或羽扇纶巾，指点商场；或纵横捭阖，授讲圣学。此阶段之道商，得道商之一源，生鲲鹏之壮志，冲霄高飞，各逞其能，千行百业，尽得其宜。融通社会，实践真知，参于万物，合于天地，以商显道，借假修真。

6. 道商六段，玄商，中上

标准：此阶段之道商，商中悟道，日新月异，五财渐积，人皆仰慕。于事业之中，深悟开关进出之玄妙；于人情之中，遍察真伪善恶之始终。静心存神，参学黄老，恬然虚无，收摄霸气。其智高玄，孤独少有人懂；其状愚讷，寡语且多妙言；其骨清正，气节不输名将；其气和畅，仁爱不逊良医。能修之于家，能利之于族，能动之于人，能感之于物。道商至此境，世人非以"商人"而名之，乃以"师长"而钦之。

7. 道商七段，义商，上下

标准：此阶段之道商，财力雄厚，能聚能散，急公好义，乐善好施。能以实力报国，拯行业于迷途；能创新高，开百年之泰运。下富其家，上富其国，举手投足，名商风范；阳能施财，阴能施德，带动一方，广受其益。或为商界之领袖，荣华富贵；或为行业之标杆，陶朱遗风。道商至此境，世以"财神"赞之，然其德可见，其迹可循，故为上品之初，无中之有。

8. 道商八段，德商，上中

标准：此阶段之道商，常能以口财、德财济世利人。传经用典，道德治家，上承先贤之道，以教化育启迪后学；著书立说，开启心智，下授根本之学，以理论涤清乱象。无我虚己，修之于国，为民请利，阴功浩瀚。能燮理阴阳伦理，以正道德纲纪；能制定规则秩序，以司祸福权衡。道商至此境，能借产品而演道化，能执有形而通无为，其功与德不可测，可配"商圣"之位。

9. 道商九段，天商，上上

标准：此阶段之道商，观天之道，执天之行，静合天心，动于无形，开宗立派，非道非商，智慧思想，百年传世。其行"生而不有，为而不恃，功成而不居"，浩浩然如江海，深远兮如星河，虽"知我者稀"，却能大利天下，德普无疆，使子孙祭祀不辍。道商至此境，世或以思想家、哲学家、谋略家诸名冠之。

麒麟 （七）	神龙 （九）	彩凤 （八）
青牛 （四）	鲲鹏 （五）	玄武 （六）
白鹿 （二）	金乌 （三）	玉兔 （一）

名为得道，实无所得，虽名"道商"，实无所居，乃妙合先天，神满太虚也。

道商人才体系的"九段制"中，我们还分别以"九祥之物"予以形象代言。分别是：玉兔、白鹿、金乌、青牛、鲲鹏、玄武、麒麟、彩凤、神龙。

第六节　道商人才体系的发展方向

对于社会高级人才的身份定位与发展方向，《太平经》将人才归纳为"贤者""明者""智者""辩者""力者""勇者"这六杰。《鹖冠子·道端第六》

则更为详细地总结了九种人才，分别是"仁者""勇者""辩者""智者""谦者""礼者""贤者""信者"和"圣者"。

《鹖冠子·道端第六》："故临货分财使仁，犯患应难使勇，受言结辞使辩，虑事定计使智，理民处平使谦，宾奏赞见使礼，用民获众使贤，出封越境适绝国使信，制天地御诸侯使圣。"

在道商人才体系中，我们将"道商"的人才类型和发展方向总结为"三派五型"。

三派：即**学院派、企业派、江湖派**。

五型：即道商人才的五种发展类型，他们分别是：

（1）**以道经商**：商业经营的实践探索人才；

（2）**以道阐商**：商业教育的智慧传播人才；

（3）**以道辅商**：商业服务的咨询智囊人才；

（4）**以道联商**：商业平台的组织建设人才；

（5）**以道正商**：商业规则的制定监督人才。

事实上，这五型人才虽各有侧重，但又互相关联、共成整体。

思考与训练

1. 根据道商人才的"九力"素质，对照自身进行优劣分析。
2. 对照道商人才的必备知识，测一测自己具备和拥有哪些知识与技能。
3. 结合自身现状，为自己规划出一条适宜于身心的潜能开发之路。
4. 详细阐述道商"五型人才"的异同，并分析五者之间的转换通道。
5. 制订出自我年度成长计划。

第十章 中国道商产业体系

> 本章围绕道商产业体系的发展趋势、类型划分和主要特征进行预测展望,以"三环分布法"对道商产业进行了战略布局,对道商产业的研发模式提出了独到的思路,对道商产业的内容贡献提供了真实的素材。

当前，新一轮全球性的产业变革正在孕育，如何寻找新的发展道路，成为催生新经济、新技术、新产业的最根本动力，也势必将给人类的生活方式、消费方式带来重大改变。传统经济模式下以资源索取为主要手段的财富扩张，在创造了大量物质财富的同时，也给人类社会带来了难以修复的创伤，破坏了我们赖以生存的最基本的生态环境，如何寻找一条"阴阳两利"的绿色健康发展之路，抢占未来社会产业发展的战略制高点，是引起社会各界广泛关注的聚焦点。

中国道商的产业体系，遵循"道生之，德蓄之，物形之，势成之"的发展规律，以"阴阳""虚实"的总纲来概括产业兴衰的交替现象。同时，通过传统道学"两仪四象""五行八卦"的思维模式，对社会上各种主要产业形态进行了归纳梳理，对道商产业这一新生的、未被重视的"思想富矿"进行了发掘揭示，为我们奉献了一种既增加物质财富，又不损害生态环境的良性发展路径。

第一节 道商产业体系的发展趋势

所谓"产业",即产生、创造的事业。《列子·周穆王》:"周之尹氏大治产。"《史记·苏秦列传》曰:"周人之俗,治产业、力工商,逐什二以为务。"今天社会中普遍谈论的产业,是指由利益相互联系的、具有不同分工的、由各个相关行业所组成的业态总称。

道商产业,是指围绕"道"或"道商"这一文化命题,以及根据中国道商知识体系中所提出的思想理论与方法技术,对传统产业形态进行创造发现、调整改变和突破超越的文化创新专属产业。

进入新世纪以来,中国的经济体制改革创造了令世界瞩目的成绩,成为仅次于美国的世界第二大经济体。在"硬实力"逐渐增强的同时,提升"软实力"的重要性正日益凸显。和西方文化相比,中国文化有一个显著的优势,那就是中国文化有一个伟大的终极真理——"道"。"道"是中国文化的原始依据,它不是与自然界对立的"神",而是创造宇宙、化育万物、揭示规律、宰制变化却又始终和万事万物紧密相连的"天下之宗",是中华民族最根本的文化软实力。

《阴符经》告诉我们:"观天之道,执天之行,尽矣。"产业革命与产业创新,是推动世界经济发展的重要表现形式。对道商文化的认识与掌握,对道商产业的揭示和参与,其本质上是对"道"的演化过程的自信把握。

在人类社会的漫长发展进程中,世界经济史大致经历了以下几个重大历史革命转折:以土地为利用的农业生产技术革命;以机械为利用的工业机械技术革命;以石油为利用的能源技术革命;以电脑为利用的信息技术革命。在今天,伴随着科学技术水平的飞跃发展,产业革命的步伐也愈发提速,新一轮科技革命和产业变革正在孕育兴起。新技术替代旧技术、智能型技术替代劳动密集型技术趋势明显，许多重要科技领域都已经取得或正酝酿着重大突破，智能设备、精微电子、高端制造、能源替代、生物科技、基因改良、虚拟体验将得到大融合、大交汇。这一过程，不仅将推动一批新兴产业诞生替代已有产业，还将导致社会生产方式、消费模式和经济结构相继发生重大变革，并直接影响甚至彻底颠覆人们固有的生活方式。

曾几何时，谁掌握货币资本，谁就掌握了生产资料、生产工具和劳动力。随着经济全球化、世界一体化、智慧共享化的不断加速发展，各国文化呈现出与经济全球化相适应的新的发展态势，文化在综合国力竞争中的地位和作用越来越凸显。这种地位和作用，一方面体现在意识形态属性和社会效益上，体现在民族凝聚力、社会向心力、文化吸引力、国际影响力、战略谋划力、道德感染力、精神鼓舞力、思想能动力上；另一方面也体现在商品属性和经济效益上。早在信息社会端倪初现后不久，哥本哈根未来研究院的未来学家们就曾以振聋发聩的"梦想社会"预言，为我们描述出一个正在走近的未来世界。罗尔夫·詹森称："信息时代已经日薄西山，人类的发展在历经渔猎文明、农业文明、工业文明和目前以计算机为标志的信息时代之后，即将跨入第五种社会形态：梦想社会。所谓的梦想社会，是一种完全新型的社会，其中的企业、社团和个人都凭借自己的故事扬名立业，而不再仅仅依赖于数据和信息。"

道商在进行产业发展趋势预测时，常借助"阴阳两仪""四象六图""五行八卦"等道学思想，以"演进式""互补式""分衍式"来发现未来先机，抢先做好战略储备。

（1）五行演进式：

土	金	水	木	火
农业/土地	工业/制造	能源/信息	文化/生态	太空/信仰

（2）四象演进式：

少阳	老阳	少阴	老阴
实虚	实体	虚实	虚拟
人工劳作	机器制造	人工智能	思想创造

（3）六图排序式：

有极图	无极图	太极图	中极图	真一图	大成图
生产制造	贸易流通	产销一体	平台服务	品牌专注	多元发展

经济社会的发展进步，是以科学技术、高等教育和思想文化的进步为前提。老子告诉我们："有之以为利，无之以为用。"当纯物质的文明发展到极限时，世人只有通过新兴产业和消费内容的创新来满足精神的追求。阿里巴巴董事局主席马云认为，未来30年，传统制造业会迎来巨大的变革，传统企业会因为互联网而发生裂变、发生重构，带来创新。"过去20年我们习惯把人当成机器，未来20年则要把机器当作人，未来制造业靠的是大脑和思想力"。在这个特殊的时代，推动经济发展的真正财富是思想、知识、技能、天才和创造力，它来自我们的头脑。在一个越来越趋向追求消费和沉迷物质的社会，快乐的生活将会逃离更多有形的东西，而表现出追逐感情、信仰、体验、精神、故事、价值、温暖等无形的感觉。而在全球观察家眼里，中国有着极其丰富的传统文化、精神遗产，这些都是今天全世界——尤其是物质发达的社会急需要的资源。

这个世界最伟大的产业是思想产业！我们今天所处的时代，是一个动态频率异常，更新速度过快的特殊时代。然而，无论人类社会的演进程序多么异彩纷呈，"天下万物生于有，有生于无""有无相生"将是永恒不变的最高真理。虽然巨大的变革让人类的生活看起来更有效率，更富有生产力和更独立，但与此同时，也使得人类更加孤独，与人隔离。《庄子》认为："其分也，成也；其成也，毁也。"在这场近乎变态的跨越式发展变革中，人类社会的走向正呈现出"二极"分化模式，既追求"一本化为万殊"的快速裂变和顺势推进，也呼唤着"万殊复归于一本"的漩涡回流和逆势上升。

《道德经》说："物或损之而益，或益之而损。"这场经济产业的变革，让我们人类的"形"和"神"在不知不觉中分离远行，使得大多数身处其中的人们并无真正的幸福感和成就感可言。联合国环境署主席劳伦斯·布罗姆告诉世人："人类正处在一场由三重危机叠加而成的'完美风暴'中，这三重危机是：环境、经济、社会的危机。这三重危机源自于一个共同的更深层次的危机，这就是价值危机。"劳伦斯·布罗姆同时指出，靠目前这种经济与金融模式构成的西方价值体系已经变得无法维系。这种以国民经济总值衡量成功的体系，这种不惜一切代价求增长的价值取向，以及这种伴随着贪婪的价值观而完成自己使命的行为必须被抛弃，给更加可持续的进程和目的让路。罗尔夫·詹森更是大胆预言："公司纯粹追逐利润目标的时代已经落下帷幕，理性规则引导下的游戏已经结束，一场新规则游戏正待崛起，而且规则更加复杂。当然公司还必须考虑到利润率，但是他们首先面临的是信念的抉择。"

道商产业从本质上讲是一种思想产业、文化产业，在世界格局剧变的今天，未来的胜利必将属于思想者的胜利。在新的商业规则下，那些具有强烈价值信念和丰富人文思想，具备独特气质的公司，将得到更多人的尊重和认可。我们正处在必须转变经济思想观念、调整经济发展模式才能实现可持续发展的重要阶段，如何向世界各国展现中华文化魅力，让全球商业经济界人士在对"道"的追寻与复归中激活自身道德血液，找到解决全球性道德危机、生态危机、信仰危机、经济危机的良方，是发展道商产业的关键，也是对老子给出的"修之于天下，其德乃普"的真实践行。

人类的精神需要滋润、支持和陪伴，我们的灵魂需要安慰和停泊，需要寻求更多的精神食粮。英国天文学家沙里斯（M.Shalls）在其1985年出版的《新科学的诞生》一书中认为："前进的惟一道路是转过身来重新面向东方，带着对它的兴趣以及对其深远意义的理解离开西方的污秽，朝着神圣的东方前进。"

在道德与信念的推动下，道商的时代正在悄然来临！

第二节　道商产业体系的类型划分

自第二次世界大战后，在以经济发展为主要手段和核心动力的世界格局演变中，各国纷纷走上了产业化发展之路。在对产业的划分中，各国大多采用了新西兰经济学家费歇尔首创的"三次产业分类法"，即：第一产业、第二产业和第三产业。可以这样讲，所有的传统产业经济理论都是建立在三次产业划分基础上的。

由于新经济、新产业、新技术的创意发展和快速裂变，人类产业活动的规模和方式有了巨大变化，"三次产业分类"理论的局限性日益突出。"一尺之锤，日取其半，万世不竭"的道学思维，让我们在产业细分中产生了新的问题和疑惑，"第四产业""第五产业""第六产业"的提法相继出炉，难有统一标准。单纯借助数字的演进来划分产业类型，必然会导致当前产业结构理论体系的尴尬和局限。

中国文化认为，"物以类聚，人以群分。"《尚书·洪范》曰："五行：一曰水，二曰火，三曰木，四曰金，五曰土。水曰润下，火曰炎上，木曰曲直，金曰从革，土爱稼穑。润下作咸，炎上作苦，曲直作酸，从革作辛，稼穑作甘。"

道商对于产业体系的分类方式，主要采取"虚实法""五行法"和"八卦法"等进行划分。

五行	行业分类
木	森林、绿化、木材、木器、竹器、芦苇、水果、茶叶、中药材、草编、苗圃、菜园、家俱、造纸、服装、布匹等一些与木有关的行业。及文化、文艺、文教、文具、教育、培训、写作、出版、宗教、慈善事业等。
火	电子、电脑、电器、电力、电厂、核电、热电、瓦斯、通信、IT、通讯、网吧、冶炼、爆破、光学、照明、灯具、煤炭、煤气、天然气、油类、石油化工、火车、铁路、餐饮、烹煎、厨师、化妆品。及修理加工、手工制作、人身饰物、歌舞艺术、电影娱乐、宣传舆论、政府事物、行政管理、心理学家、演说评论等。
土	建筑行业、房地产、房屋租赁、房屋买卖、土地开发、土壤研究、农业种植、土特产、畜牧、饲料、化肥、陶瓷、水泥、石料、矿藏、道路桥梁、、鞋业、山货、服装、山庄、景区、典当、古玩、丧葬、公墓等。及所有中间商人、经纪人、平台提供、担保、顾问、代办、僧尼等。
金	金属、钢铁、五金、加工、制造、机械、机器、电脑硬件、金融、财务、招商、融资、银行、理财、证券、保险、博彩、汽车、珠宝、金银首饰、医疗器械、刀剑枪械、司法、杀伐、刑律、制裁、武术、拳击、医药针剂、伐木等。及一切有关金属，和以金属的性质延伸的行业。

五 行	行 业 分 类
水	航海、捕捞、水族馆、水禽、鱼虾、轮渡、水利、航空、游泳、酒店、旅游、漂游、冷藏、贸易、运输、交通、音响、声乐、加油站、酒水、饮料、矿泉水、净水、雨伞、雨衣、清洁、洗涤、食盐、酱醋、冷食、凉拌食物、药水、医疗、理发、美容、桑拿、杂技、魔术、智库、策划、演艺、设计、销售、搬运、玄学、侦探、记者等。及一切与水有关的行业，和以水的性质延伸的行业，如灭火器具、钓鱼器具等。

当然，饱含黄老道学思想特色的"五行分类法"，仅仅是给我们提供了一套有别于"三次产业分类法"的独特视角，让我们在掌握纵向性的细分思维的同时，兼具有横向性的平行思维。在《道德经》中，老子所提出的"五色""五味""五音"，对我们今天的"五行"产业分类，同样具有借鉴价值。

事实上，随着跨界、整合等名词的频繁使用，事物之间彼与此的界限正在被打破，对流与融合无时无处不在发生，生活中我们曾熟知的事物、行业和领域，已经呈现出"旧貌换新颜"的翻天覆地变化。在阴阳交易和虚实演化中，"互联网+"让未来的产业业态愈发复杂，我们也很难采用某种单一方法、单一行业（产业）来界定新事物的属性。在这样的时代背景下，需要我们以开放不羁的胸怀、超越常知的眼界，多元并用，理顺脉络，在复杂多变中掌握"大道简易"的本质，方能提炼精髓，化混乱为有序，不致于随波逐流，迷失"企业法人"真实的自我。

在道商产业体系中，道商以"三次产业分类法"为经，以"五行分类法"为纬，以"八卦分类法"为循转之环，以"虚实分类法"为核心中枢。"枢始得其环中，以应无穷。"就可以遍察万事之变，宰制奇正之机。"八卦分类法"是对"五行分类法"最有利的补充；"虚实分类法"是对"五行分类法"最本质的收敛。

在庄子看来，掌握了大道的思维模式，就能超脱事物之间彼与此、是与非的对立关系，也就能深入到大道的核心枢要中。具备了道学的思维方式，就可以"位天地，统阴阳，运五行，育万物。其大无外，其小无内，放之则弥六合，卷之则退藏于密。"

第三节　道商产业体系的主要特征

道商产业体系是"现代产业新体系"的代表之作。一个新概念、新经济或新产业的出现，并不是偶然，而是时代的产物，是天道的规律运化。

随着经济发展进入新常态，现代产业体系建设的背景、内容和机制等有了新变化、新要求和新内涵。了解道商产业体系的主要特征，有助于我们准确识别产业机会，掌握产业创新工具，推动产业优化升级。

1. 虚拟性

道商产业具有"虚无生妙有"的特征。如何从看似无形、无用的文化思想中获得创意源泉，或从看似荒诞、虚幻的奇思妙想中实现技术嫁接，必须要深入"虚空"，遨游智海，培育信仰，点亮心灯，才能化无为有，拈花成圣。

2. 隐态性

道商产业具有"朴""小""细""弱"等"常无为"的内涵，具有隐态性特征。关注和发展道商产业，应从细微之处下手，从不为人知、不引人注目之处用功，在"见小曰明""守弱曰强"中爆冷门出奇招，在"若愚"的隐态中培育生机、保存实力，完成产业战略布局。

3. 创造性

道具有生天地、育万物的造物功能。故而，道商产业具有"天下万物生于有，有生于无"的创造本性，和"独立而不改"的核心竞争优势。在创造过程中，亦不乏激水飘石、破旧立新的磅礴之势。

4. 整合性

道具有能兼并万物、涵藏阴阳的统一性和包容性，道商产业也体现有"可名为大"的系统性和整合性。无论是虚拟还是实体，无论是异业还是同业，无论是制造还是智造，无论是稀缺还是普及，无论是阳春白雪还是下里巴人，道商产业都具有"无弃于人、无弃于物"的强力整合性。在"大道泛兮，其可左右"的整合中，理顺序列，见好就收，培育生发、利益广大。

5. 逆向性

道商产业具有逆向、反常、颠覆、脱俗的逆向性。在常规产业发展模式之外，道商产业常表现为创新立奇，复古用反，多以"古法""土法"的传统工艺，求质不求量，求缓不求速，求精不求平，求专属订制不求大众拥有。道商产业的逆向性，在放眼皆是科技、精密、人工智能、互联网＋的时代，为我们保留了传统工艺和传统精神，以其坚守而得成功。

6. 交互性

道商产业具有阴阳对冲、虚实转化的交互性，这种交互性主要表现为：实体经济与虚拟经济的交互；生产制造与资本运作的交互；技术优势与文化优势的交互；埋头苦干与口财传播的交互；局外人与局内人的交互；地区化与全球化的交互；资金共助与数据共享的交互；线上交易与线下经营的交互；事业发展与身心健康的交互；利益捆绑与价值共赢的交互；惟利是图与道德良知的交互；自私自利与利人济物的交互；以人为本与人天同参的交互；企业家与思想家的交互，等等。在交互中打破了"道"与"商"的界限，实现了交易共享。

7. 平衡性

在发展与破坏，拥有与掠夺，利人与毁物的阴阳运动中，道商产业应具有平衡特征，能够从生与克、耗与养的规律入手，在中和节制中维护"生态文明"，在阴阳两利中诠释"循环经济"。

8. 高雅性

道商产业作为传统文化的创新成果，代表着"道尊德贵"的独特品位，彰显有"利而不害"的价值主张，体现出最贴近时代、符合潮流的势能，具有高明、高雅、高端的特征。

9. 裂变性

道商产业具有执一法而通万变，牵一发而动全身的核心优势，在产业整合与创造中具备"子又生孙，孙又生子"的裂变效应。

10. 控制性

"道贵制人而不贵制于人。"道商产业所具有的控制性，并非是强加于人的主观干预与自作主张，而是对时代节律的把控，对发展局势的掌控，对产业盛衰进退出入及动静变化的过程控制。这种控制具有"生而不有，为而不恃，长而不宰"的隐态放任特征。

第四节　道商产业体系的整体布局

《素书》言："道者，人之所蹈也。"面对日益激烈的综合国力竞争，如何深化产业结构调整，构建现代产业发展新体系，是当前政府经济工作的重点，也是提高经济发展质量，化解产能过剩矛盾的关键所在。

中国道商知识体系内定义的"道商产业"，主要分为三大类：道商特色产业类；道家文化产业类；传统新兴产业类。这三大产业体系我们也称之为"三环分布"模式。

一、道商特色产业类，是道商产业体系的"内环"

道商特色产业类，是围绕"道商"文化及中国道商知识体系提出的概念要点、理论主张、创意思维、形象信物、行为风范等文化元素，进行创造性、衍生性和整合性产业开发。

在中国道商知识体系的学科化、体系化建设中，我们秉承"执一守中"的道学思想指引，一方面专注于"道商"命题，深掘其文化根本，另一方面结合时代背景，赋予其产业创新。在深度与广度的双线同进中，以图书出版、版权登记、商标注册等多种形式，对"道商"的核心文化进行了明确与保护。围绕中国道商核心知识体系，一大批具有文化传承价值和产业开发价值的诸如"青城道医""青城道膳""青城女真术""龙门太极拳""道商六图模式""道商五宝"等子体系相继出炉。上述内容以其原创属性，居于道商产业体系的核心内圈，是道商产业的根本所在。

道商特色产业类又可以细分为：道商教育培训产业、道商智库咨询产业、道商文创产品系列、道商养生产业、道商旅游产业、道商会议产业、道商信息产业、道商信仰产业、道商游戏产业、道商科技产业、道商文娱产业、道商产业园区、道商智慧社区等等。

1. 教育产业

根据道商的人才标准化培养战略，以"道商学院""道商书院"的独立形式，或通过与国内外高等院校、商学院、专业培训教育机构进行战略合作，培养标准化的道商段位人才。道商的教育产业具有"化零为整"和"化整为零"的独特优势，既可根据中国道商知识体系的八大系统进行标准化教育，又可根据市场进行灵活拆分，衍生为"道商养生课程""道商经营课程""道商兵法课程""道商礼仪课程"以及以"黄老道学""青城道膳""龙门太极拳"为主题的专项教育课程。

2. 智库产业

充分提取道商"以道经商""以道辅商"的实践智慧,将"道商事业体系"和"道商兵法体系""道商智慧体系"广泛应用于企业经营之中,以专业智库机构的形式为企业客户提供战略、品牌、管理、营销、竞争、文化、创新、投资、设计、布局等领域的专业服务,以道商智慧真实解决企业经营难题和企业家的思想困惑,帮助企业走出困境,获得发展机会。

3. 文创产业

发掘道商文化在历史传承中的丰富素材,通过对"道商信物""道商服饰""道商配饰"的设计开发,深入发掘中国古代的传统商业文化,再以现代人的审美视角,借助道商创意人才的智慧手笔,向社会奉献出具有文化内涵、使用价值、现代形象和彰显独特身份的文创产品。通过对道商文化奢侈品的研究与转化,不但可以使传统文化元素和商业思想焕发新的生命活力,更可以创造长久不衰的经典品牌,实现"以商显道"。

4. 养生产业

根据道商生命体系的系统规划,道商既可针对企业家和商人群体开展导引养生、内丹养生、太极拳养生、膳食养生、节气养生、雅趣养生的教学项目,又可深度发掘道商系统内部具有文化传承性质的养生道膳、养生茶、养生酒、养生丹等,以产品开发、项目合作、服务提供的形式做大做强。

在道商养生产业中,最具魅力的莫过于青城山111岁道教宗师蒋信平道长留下的宝贵养生文化遗产,及国际道商文化研究院发掘整理并独立开发的"青城道膳""青城道医""青城女真术"三大子系统。道商族群作为蒋信平养生文化遗产的传承者,利用现代手段和产业思路进行文化延续与文化创新,堪为济世利人的方便途径。

5. 会议产业

倡导、发起和组织具有国际性、高端性的"全球道商论坛",举办围绕"以道经商""以道阐商""以道辅商""以道联商""以道正商"相关主题的商业思想论坛、企业人文论坛、产业创新论坛。提炼传统文化核心价值，促进商业经济有序发展，探讨符合于天道规则的商业新模式、经营新法则、管理新主张，为促进人类健康文明的新经济献智献策。

6. 旅游产业

围绕道商始祖范蠡及其师徒的出生地、创业地、归宿地进行文化策划，以"道商""财神""商圣"的文化题材开展旅游产业，开发道商景区或文化园区，组织中外道商开展财富寻根之旅。在人文旅游的过程中，吸引国内外的道商文化追随者和企业家，在旅游中求学，在行进中悟道，帮助企业家充分领略传统商业文化的思想教育，培育出道商文化的认同和信念、信心，强化其"以道经商""认祖归宗"的崇高信仰，和立志传承弘扬道商文化的使命感。

7. 软件产业

借助于软件开发、信息科技、游戏研发、影视制作、动漫创作等科技手段，将道商历史文化传承的故事题材进行影视与动漫制作，使道商文化借助现代科技和媒介手段得以深入人心。同时，可以将道商事业体系中的"丹法系统"道商兵法系统中的"决策九势""执行七势"进行管理决策类软件研发，使古老智慧插上现代科技的双翼得以翱翔。

8. 信仰产业

中国人的最高信仰是"道"。道商的信仰产业并非是指对道教的宗教信仰，而是对广义的道文化以及民俗性质的财神文化信仰。围绕道商的文化题材，针对商人群体祈福求财、趋利避害、富传千载的心理需求，开发基于"以智启财"模式下的信仰产品、艺术作品、珠宝首饰、吉祥配饰，也具有巨大的市场潜力。

二、道商产业体系的中环，也称"道家文化产业类"

道家文化产业类，是围绕大众熟知的道家文化和本书提出的"道学"九脉进行文化发掘、文化移植与文化创意的新兴产业。

道家文化产业类可以细分为：以老庄思想和《道德经》为核心的道家文化思想教育、道家文化产品、道医养生服务、道医养生产品、道艺奢侈产业、武术教育产业、道术发明创新、道教心灵产业、宫观智库服务等。

与"内环"相比，"中环"所囊括的产业体系更具有开放性与广博性。斯科特·贝德帕里告诉我们："品牌是一个不断变化的隐喻故事，它和深层次的东西联系起来——人类对神话的欣赏。"在中环的道商产业中，丰富的道家文化题材，深厚的道家养生体系、动人的道教神话故事，那些来源于《庄子》书中的上古存在：鲲鹏、大椿、河伯、神龟的动人传说，以及姑射山、华胥国、无何有之乡等等，给我们提供了不可穷尽的创意来源。如何利用道教的三十六洞天七十二福地的文化资源，巧妙嫁接《山海经》《封神榜》《西游记》的故事，让人们在对天地自然的感悟中悟道，对于安抚世人心灵，医治集体烦躁，调谐社会频率，功莫大焉。

三、道商产业体系的外环，也称"传统新兴产业类"

传统新兴产业类，是指传统产业中植入或引入道商思想体系来指导经营，利用道商体系的新思想、新理念来实现商业模式创新或管理方式创新，并主导企业产业变革与升级。

《周易》曰："百姓日用而不知，故君子之道鲜矣。"如果说，道商产业体系的内环具有有极图、真一图的封闭性和专属性，中环则具有太极图、中极图的一定开放性与交互性，而外环则具有无极图、大成图的无限开放性和辐射延展性。具体可以分为：①传统产业产品变革创新；②传统产业经营模式创新；③传统产业管理模式创新；④传统产业传播营销创新；⑤传统产业伦理慈善创新；⑥传统产业经营生命突破。

居于外环的道商产业，虽然淡化了"道商"知识体系和"道"文化的符号意识，但是却蕴藏和洋溢着道商思维的内在神韵，由于其经营行为、创新手法、价值主张符合道学的思想特征，故而仍属道商产业。外环道商产业的这些属性，也正体现了"道"

大而无外、小而无内、无所不包、无所不运的先天本性。

在古今联通、新旧交替、东西交汇、虚实转换的社会大变革中,如何把握好"传统文化复兴"这一历史性战略契机,乘势而起,顺时而动,以信仰价值矫正商业利益的非道德获取,以清静智慧平衡经济增速的脱轨性危机,是一项利国利民,功在千秋的宏伟大计。在"以道经商"的旗帜下,我们若能重建道德伦理,恢复人天序列,其行符合天道,其业顺治人心,就可以实现"以柔弱胜刚强"的不争之善,这亦是道商产业的真正利益和价值所在。

第五节 道商产业体系的研发模式

产业创新是世界各国迎接未来挑战、走向富强发展的必由之路。如何进行产业发展的基础研究,发现其一般规律,总结其通行模式,是孵化培育道商产业体系的先决条件。老子告诉我们:"千里之行,始于足下"。通过提出和探讨道商产业的研发模式,将有助于我们构建起有别于常规产业发展的核心优势和竞争潜力,实现道商产业体系的有序化、健康化推进。

本书提出的道商产业七大研发模式并非孤立性质,而是具有是一体化、系统化的特征,我们在产业创新中应根据当下的时代背景、环境人物等实际情况,灵活地调配先后,分列主次,以彰纲目。

1. 兴趣为先模式

创新立业,兴趣为先。如何选择合适的道商产业创新模式,应根据创新主体、创新主导者的个人兴趣与先天优势,积极调动和有效把握人性中最不具备功利意识的天性禀赋,以天然的喜爱、快乐的心境、生动的感应、持久的专注,来谋求"以智启财"的自由任性,实现最具生态化的发展之路。

2. 使命驱动模式

道商产业的创新与常规产业的创新,二者最大的区别就是内在的道性激励与使命驱动。事实证明,一个有信仰力、有使命感、有责任心的人,往往能够在"道与商合"的过程中,获得未知世界和未来空间的灵感眷顾,具备强大的想象力和超前的领悟力,其创新的技术、模式往往带有领先潮流的独特价值。

3. 利益主导模式

利益是推动产业发展和创新升级的最有效手段,也是让产业体系能够实现健康良性发展的真正动力。在道商产业体系中,如果缺乏利益的主导性与推动性,产业创新就会丧失存在价值,难以凝聚持久。

4. 实践真知模式

实践出真知,实践过程中所积累下来的丰富经验和独到经历,也是产业创新中不可多得的优势。如果缺乏实践,就容易失去行动的指导,陷入空想的误区,多走弯路,错失时机,就难以超越人前。

5. 素材提取模式

道商应善于从书本理论、生活实践、社会见闻、信息交流中提取各种有效素材,对文化历史、独特技艺、故事传说、传奇人物、新闻事件、政策趋势、时尚潮流中,能够保持足够的敏感度、具备发现力与放大力。道商具备了素材提取模式,就可以在产业创新中信手拈来,随意加工,任取所需,化腐朽为神奇。

6. 协同联动模式

人无完人,金无足赤。在道商产业体系的创新中,要善于把握道商五型人才的特色优势,互补共利,用人之长,善于协作,注重联动。充分运用人才的差异性和互补性,在创新思维、技术攻坚、管理实施、平台嫁接、资金引入、传播推广、价值提升中,聚众人之智,谋长久之功。

7. 超越突破模式

道商应保持"若婴儿"的生命活力、谨守"上德若谷"的虚怀心态，不自是、不自满、不自骄，与道偕行，超越现实成就，谦虚低调，永无创新止境。在对道的领悟与笃行中，坚定信仰、饱含激情，突破现实束缚，超越技艺局限，追求永屹潮流之先的睿智潇洒。

第六节　道商产业体系的内容贡献

中国传统文化孕育出来的道商产业，在"万物负阴而抱阳"的整体原则下，一方面强调思想为圣，一方面注重内容为王，将始终高度重视虚拟经济与实体经济的平衡之道。在"文化产业化"与"产业文化化"的交互演变中，以文化价值塑造引领风气之先，以技术优势凝铸强化产业之魂，谋求中国优秀传统文化的全球普及与全球认同。

不断升级的全球消费理念，正在推动道商产业成为新经济时代的香饽饽。2016年里约奥运会期间，美国金牌"飞鱼"菲尔普斯以"神秘的东方红圈"而走红奥运赛场，伴随菲利普斯走红的还有中国古老的养生疗法——"拔火罐"。据说，除菲尔普斯外，很多外国运动员也发现了这一古老的中国疗法的独特魅力，纷纷变成拔罐的"粉丝"，美国体操队、白俄罗斯游泳选手桑科维奇等都选择拔罐作为训练比赛恢复的一种手段。在里约，拔罐成为外国媒体争相了解的神秘东方医疗手段，英国广播公司还专门做一期节目解释为什么运动员都"带着一身暗红色大圆印子"，他们把这种来自亚洲的古老神技，他们称之为"Cupping"。而国际拔罐疗法协会代理负责人杰茜卡·麦克莱恩称，里约奥运会开幕后短短几天，拔罐设备的购买量增加20%，想获得拔罐资格证的理疗师人数增加50%。

第十章
中国道商产业体系

当中国古老的医疗技术和简单易行充满想象的民间"神器",成了广受国际社会追捧的"摇钱树"时,我们不禁要思考:我们还有多少真正的"中国制造"正被埋没无视,或被当成免费午餐遭到疯狂开发和恶意篡改?

道商产业既是文化产业和思想产业,又不完全是纯粹的文化产业,还具有科技创新和工艺创造的内在本质。英国著名学者李约瑟认为:"道家乃是中国的科学和技术的根本。"在产业创新的历史进程中,我们不能把目光和希望仅仅投向遥远的西方,而无视脚下厚重的文化土壤,舍本逐末的外求方式,将注定是浅薄而可笑的。

2015年10月8日,中国科学家屠呦呦获得2015年诺贝尔生理学或医学奖,成为第一个获得诺贝尔自然学奖的中国人。随着媒体对青蒿素发现过程的揭秘,东晋道教学者、炼丹家葛洪和他的《肘后备急方》《抱朴子》成为网络搜寻热点。"青蒿一握,以水二升渍,绞取汁,尽服之。"一段来自《肘后备急方·治寒热诸疟方》中的记载,出乎意料地帮助屠呦呦创造性地研制出了抗疟新药——青蒿素和双氢青蒿素,其对疟原虫的抑制率高达100%。诺贝尔生理学或医学奖评选委员会主席齐拉特评价说:"中国女科学家屠呦呦从中药中分离出青蒿素应用于疟疾治疗,这表明中国传统的中草药也能给科学家们带来新的启发。"

"天地有大美而不言。"中国的传统文化和传统科技能否给科学家、经济学家、企业家带来新的启发,关键在于我们能否克服近两百年以来深埋的文化自卑阴影,走出"只见树木不见森林"的狭隘认知,以超越的目光揭开"道学"系统的神秘面纱,以敏锐的意识发现老祖宗无私馈赠的更多礼物。真正的智库不仅仅是来源于个人的头脑思想,而是脱胎于贯通天人涵藏古今的文化传承,我们不要一听说道商产业,就片面地理解为风靡于世的辟谷、打坐等养生概念这一技一术的市场化运作,而忽略了对"筦百家之总钥,揽国家之结晶"的道学智慧宝库的开发利用。

中国经济的持续升温,带来了中国传统文化"魂兮归来"的复归之旅。当"青蒿素"让全世界认识了道教学者葛洪的同时,殊不知葛洪的夫人鲍姑首创的艾灸术,早已悄然形成了健康养生市场上不可忽视的大产业。"一炷艾、一根针、一碗汤"曾被列为中医和道医养生治病的三大法宝,"一炷艾"指的就是艾灸。它通过采用艾叶制成的艾绒卷点燃作用于体表,可达到温通经络、消瘀散结等目的。随着养生文化的持续升温，及"健康中国"国家战略的全面实施和"全球健康治理"的推进，一个小小的艾灸产业将在历史发展新机遇中创造大奇迹。

老子认为："高以下为基，贵以贱为本。"孔子称："礼失而求诸野。"在未来，真正撬动道商产业数以万亿产值的核心动力，极有可能来自于民间和山林。

2014年，国际道商文化研究院在四川进行了为期两年的道商产业田野调查，通过对川内二三线小县城的走访了解，对隐藏于民间亟待系统开发的道商产业有了更加清晰的认识。四川威远县的民间道脉传承人王智修道长，将道家炼丹术、酿酒术与养生术三者结合，通过特殊的全息药物炮制方法，将以雷震子为主的十多味药材制丸成丹，然后以丹酒醇化术进行醇化。通过在特定的时间内开炉炼制，精准控制时间、方位、火温，能最大程度的祛除酒中大量的甲醇和杂醇油等有害物质（甲醇含量仅为国家标准的15%）。其炼制成功后的丹酒，呈现天然的宝石红色泽，被誉为"道秘龙尊"。早在2008年5月22日，道秘龙尊的酿造工艺就被四川威远县人民政府命名为第一批非物质文化遗产。

果酒在中国具有2000多年历史，相传秦始皇派方士徐福出海寻找长生不老的仙药，徐福曾在征集三千童男童女的过程中，命人建造酒坊，酿制果酒以御海上寒潮。而高度果酒，通常是以葡萄或其他水果为主原料，同时具备中国白酒和西方烈酒的特点，但由于其发展缓慢，属于小酒种。青城道医传承人李久云曾在四川金堂县参与主导了一种天然野生的橙柚类果酒开发，在没有任何添加剂和其它任何辅助原料，不做任何人工勾兑的条件下，使其具备从38度到85度不等的酒精度，且入口没有粮食高度酒的烧灼感，实堪一绝。伴随着人们对健康和自然的重视，那些来源于天然的、生态的果酒，将以其强大的文化想象空间和卓越的健康养生价值，具有巨大的潜力市场。

当前，人民健康被放在了优先发展的战略地位，如何普及健康生活、优化健康服务、完善健康保障、建设健康环境、发展健康产业成为实现"中国梦"的重点工程。依据国家相关发展规划，到2020年国内健康服务业总规模将达8万亿元以上。人们对健康养生的重视，对以食为天的回归，使得全国各地道教圣地的功能性道膳、文化性道膳正呈现出前所未有的大好机遇。在道商产业体系中，我们赋予膳食的本质不仅仅是享受美味，而是补充生命能量。道家极力推崇和输出"不食人间烟火"的饮食理念，并非是杜绝饮食，而是所食乃非普通的、超凡脱俗的具有高能量、高品质的珍馐食饮。被誉为道教第五大洞天的青城山道教人士曾研制出不少扬名海内的道膳食品，如：荇藻仙蔬、瑶柱蕨苔、玫红脆线、白果炖鸡、洞天乳酒、太极豆花、天师拂尘等。2015年8月17日，武侠小说名家温瑞安先生"问道青城"，他在青城仙馆中品享到了传说中的正宗青城道膳。在离开青城山后，温瑞安先生多次撰文回忆他与一代道膳宗师潘崇福的深情厚谊，回味名绝天下的青城道膳，并希望通过自己的努力，将青城道膳推广到全球各地。

在跨界、交互、共享、变革等名词的高频率使用下，源自西方的现代商业模式正在与东方的古老神秘文化进行着大胆对接，常常被我们嗤之以鼻的"迷信""老土""落伍"的生活方式和传统技术正在颠覆着我们的锢式思维，"老酒装新瓶"影响和改变着我们熟知的商业世界，新经济思维下的产业变革，不断刷新和重启着我们的传统价值观。

我们认为：当前道商产业的发展重点，并不是急于创新谋求突变，那些藉希望于"一锄挖个金娃娃"的投机心理是不对的。真正的道商，当以清静之心反其道而行之，组织人力和投入资金对散落民间的道学、道术、道艺等进行抢救性的发掘、保护和开发利用。如何从战略的高度进行顶层设计和远景规划，提取素材，搭建平台，培育市场，突出亮点，合纵连横，步步为营，利用互联网技术的核心优势和资本、智本的撬动作用，必将给人类的健康生活与文明进步带来革命性、持续性的深刻变化。

当然，在商业资本无孔不入的今天，道商的产业发展要保守道德信仰的底线，保持清静不乱的定力。那些将"道商产业"片面地误解为经营道观和实施道教商业化之路，是极其肤浅和注定要失败的。倘若以为"资本万能"而甘冒天下之大不韪，在烧高香撞头钟捐功德开神光的一条龙式产业链中，涉足和践踏人类精神信仰的净土，将道教宫观变成牟利发财的独特资源，都是"失道"的行为。

思考与训练

1. 请分析自身所处行业的五行属性与八卦属性,并预测该行业的未来方向。

2. 请选择一位熟知的朋友所从事的产业,探讨分析他该如何转化升级为道商产业。

3. 从你儿时某些记忆深刻的经历与见闻中,寻找整理出正被人遗忘的道商产业。

4. 讨论:如何利用信息化、智能化的新科技手段来传播传统文化?

5. 发展道商产业最大的障碍与难关是什么?请整理列举出不低于五条的看法建议。

附录 1

中国道商赋

夫道者，开天地之造化，定生杀之纲纪，示盛衰之轨辙，正损益之法度，穷性命之源元，运本末之妙用，启仙圣之堂奥，通天人之神机。上通无极，下达幽冥，远及十方，近观分寸，尊以度君，卑以立身，红颜皓首，雅士俗人，道通天下，无物不存。

夫商者，乃国之基，民之本也。众人熙熙，皆为利来，众人攘攘，皆为利往，利之所在，犹道之所处也！太上有言："圣人无常心，以百姓心为心"。众人皆趋利，圣人独让利，众人皆好利，圣人乐施利。故圣人之治也，明之以道，示之以德，诱之以善，共之以利。共利者，利天下之利也！此岂非愚人之心哉！

无道不立，无商不活，无德不贵，无利不生。天下有大利者，非聚敛财货之谓，乃顺万物之情，盗三才之用，养天下之民，演大道之化也。仙道贵生，利物则益生；治道贵平，中正则和平；商道贵富，智富则财富；人道贵利，利人则利己。此阴阳之变、大小之别，财货之交，本末之用也。故曰：以道经商，天下大利。

生万物者，大道也；育万物者，天地也；利万物者，圣人也；用万物者，道商也。商统于道，非道而弗之为；利和于义，非义而弗之取。观天之道，明盈虚盛衰贵贱之理；执天之行，定进退取予涨伏之机。均平用中，不贪为贵；守慈用柔，不争为宝；四海三江，上善若水；神州内外，陶朱遗风。循天之道，取地之利，集人之智，合神之机，故能"我不求财而财自来"，譬江海之纳百谷也，财富亦复如是。

大商若水，圣商若朴，富商若虚，道商若无。道商之利，乃天下之大利也；俗商之利，乃一己之私利也。后世学者，不识天下大利而耻言之，故言利者悉归于小人。以小人而谋利，则损不足以奉有余，终成天下国家之祸患也；以君子而谋利，则损有余以补不足，实乃乾坤九域之福祯也。故谋利者当如君子，君子者贵为道商。道商之利，甘食美服，安俗乐业，上富其国，下富其家，利而不害，为而不争也。

道商者，商之大也！道为神，商为形；道为体，商为用。以道启心，以心启智，以智启财，以财启众，众皆归道。使天下之众趋道若趋利者，非道商而孰能担之？

故中国道商曰：治国之道，必先富民。民富则国强，民安则国泰，民裕则国福，民利则国兴。强之在国，富之在民，神而化之，传之无穷，道商合一，利物益生矣！

附录2

中国道商知识体系原创名词术语检索表

序号	名词	定义与内容	类别
01	道商	秉承道的思想与精神，运用道的规律与力量去经商创业，实现人生大成的智慧商人。	概念定义
02	Daosun	道商英文名词，为道文化的传承者与传播者	
03	陶朱世家	道商族群的品牌名词	
04	商商之富	商业规则与商业体系的制订者、执行者与监督者	
05	道商理念	以道经商，以商显道，道商合一，富民强国。	
06	道商使命	以道启心，以心启智，以智启财，以财启众，众皆归道。	
07	道商宗旨	上富其国，下富其家，阴阳两利，天下共富。	
08	道学九脉	道家；道教；道政；道谋；道医；道武；道术；道艺，道商	知识架构
09	阴阳两利	"看得见"的利益与"看不见"的利益同步发展	
10	道商三易	不易；变易；交易	
11	道商三事	持盈之道；节事之法；定倾之术	
12	道商三品	下品富己富家；中品富族富国；上品富天下	
13	道商四正	生命体系；事业体系；兵法体系；智慧体系	
14	道商四漏	身漏；心漏；功漏；福漏	
15	道商五财	身财；口财；钱财；智财；德财	
16	道商五宝	天星秤；玉如意；聚宝盆；富贵鱼；财神图箓	
17	道商五利	明利、创利、聚利、运利、保利	
18	道商六图	无极图、有极图、太极图、中极图、真一图、大成图	
19	八大体系	生命；事业；兵法；智慧；形象；伦理；人才；产业	
20	身态文明	个人修身素养和形象气质所体现出的文明状态	
21	生命三法	通法；正法；真法	生命体系
22	道商丹法	以道学中丹道思维来谋求企业永续经营的管理系统工程	事业体系
23	五元管理模式	天元；地元；人元；事元；物元	

序号	名词	定义与内容	类别
24	洛书管理模式	以洛书九宫数字方阵为思维模型的道商管理法则	事业体系
25	吉祥象数设计	运用传统"象""数"思维为企业进行品牌设计的应用体系	
26	战略七定	定性；定态；定尚；定量；定点；定法；定阶	
27	管理三系统	职司；人力；制度	
28	品牌六神	聚神；养神；净神；炼神；运神；守神	
29	兵法四胜	天；地；内；外	兵法体系
30	隐态竞争	利用非常规的手段方式来参与竞争谋取利益和胜利的谋略	
31	符号兵法	对品牌标识、信仰图腾赋予全新理念及丰富内容的竞争体系	
32	决策九势	内势；外势；时势；地势；气势；形势；名势；权势；局势	
33	决胜七势	生势；蓄势；审势；借势；攻势；兴势；化势	
34	道商五智	智力；智巧；智能；智谋；智慧	智慧体系
35	道商三字经	道商家族传承中的文化信条	
36	道商九正	正气；正直；正身；正本；正阳；正明；正容；正行；正乐	形象体系
37	道商十六守	道德本真，清静正朴；诚信柔和；玄微让虚	
38	道商十二病	庸、俗、浅、短、浮、躁、懒、散、贪、妄、顽、背	
39	道商四信	信仰；信念；信仪；信物	
40	道商九力	学历力；思考力；创新力；形象力；传播力；领导力；平衡力；超能力；传承力	形象体系
41	五型人才	以道经商；以道阐商；以道辅商；以道联商；以道正商	
42	三定九段制	三定即自我认定、机构鉴定、社会评定。九段即九大段位。	
43	道商九祥	玉兔；白鹿；金乌；青牛；鲲鹏；玄武；麒麟；彩凤；神龙	
44	道商五施	施财；施物；施食；施教；施智	伦理体系
45	产业十性	虚拟性；隐态性；创造性；整合性；逆向性；交互性；平衡性；高雅性；裂变性；控制性	产业体系
46	产业三类	道商特色产业类；道家文化产业类；传统新兴产业类	